D1873807

ALEXANDER ULFIG GROSSE DENKER

ALEXANDER ULFIG

GROSSE DENKER

Parkland Verlag

Herausgegeben von: Abraham Melzer
2006 Lizenzausgabe für Parkland Verlag, Köln
© Melzer Verlag GmbH, Neu Isenburg 2006
Alle Rechte vorbehalten
Umschlagentwurf: Klaus Dempel
Satz & Layout: Publikations Atelier, Sprendlingen
Druck und Bindung: GGP Media GmbH, Pößneck
ISBN 3-89340-078-8
Printed in Germany

Vorwort

Wir leben gegenwärtig in einer Welt, in der unterschiedliche Welt- und Lebensauffassungen gleichberechtigt nebeneinander stehen. Wir befinden uns in der schwierigen Situation, zwischen ihnen wählen zu müssen. Vielen traditionellen Auffassungen können wir nicht mehr folgen und sind daher auf der Suche nach neuen, unserem Leben Sinn und Orientierung gebenden Deutungen der Welt und des Lebens.

In dieser Situation können uns große Denker mit ihren Einsichten, Ideen und Konzepten weiter helfen. Es ist sogar notwendig, sich mit ihrer Gedankenwelt auseinanderzusetzen. Eine solche Auseinandersetzung führt zum besseren Verständnis der Welt, des in ihr lebenden Menschen und nicht zuletzt zum besseren Selbstverständnis des einzelnen Menschen, des Individuums.

Alle hier vorgestellten Denker haben bedeutende Beiträge zur Entwicklung unserer Kultur und Zivilisation geleistet. Ihre Konzepte und Theorien stellen großartige Versuche dar, die Welt – oder zumindest vieles in der Welt – zu erklären. Einige von ihnen zeigen Wege auf, wie der Mensch leben und handeln soll. Mit anderen Worten: Sie liefern nicht nur fundamentale *theoretische Erkenntnisse*, sondern schildern auch Möglichkeiten der *praktischen Lebensgestaltung*.

Das Buch ist ein Nachschlagewerk, das in erster Linie nicht an Fachleute, sondern an das breite Publikum gerichtet ist. Es bietet eine erste Orientierung in der Gedankenwelt großer Denker. Es kann auch als eine Einführung in diese Welt gelesen werden. Über dies soll es den Leser dazu ermutigen, sich mit den in ihm behandelten Autoren auseinanderzusetzen.

In einem Artikel werden die wichtigsten Lebensdaten eines Denkers, sodann seine grundlegenden Einsichten, Ideen und Konzepte vorgestellt. Die Literaturangaben (Primär- und Sekundärliteratur) wurden auf den neuesten Forschungsstand gebracht. Unter »Werke von ...« oder »Weitere Werke von ...« wird meist eine Auswahl der Werke eines Autors präsentiert.

Besonderen Wert legte ich auf *Klarheit* und *Verständlichkeit* der Darstellung. Der Philosoph Karl Raimund Popper schreibt: »Wer's nicht einfach und klar sagen kann, der soll schweigen und weiterarbeiten, bis er's klar sagen kann«. Meine Vorliebe gilt daher Denkern, die sich darum bemüht haben oder bemühen, ihre Gedanken in einer klaren und verständlichen Sprache darzustellen. Diese Vorliebe spielte eine wichtige Rolle bei der Auswahl der Autoren. Sie erleichterte mir die Qual der Wahl.

Ferner haben Denker, die eine gewisse *Systematik* und *Wissenschaftlichkeit* in ihr Werk einbringen und den Anspruch auf Nachprüfbarkeit und Begründbarkeit ihrer Gedanken stellen, mehr Gewicht bekommen als solche, die dies nicht tun.

Nicht zuletzt bin ich der Überzeugung, dass von einer *sachlich-informativen Darstellungsweise* der Leser mehr profitieren kann als von einer feuilletonistischen. Der Text sollte Informationen vermitteln, die zum festen Wissensbestand des Lesers werden könnten.

Ich hoffe, dass die Lektüre des Buches zum besseren Verständnis der in ihm behandelten Autoren und zu einer tiefgreifenden Auseinandersetzung mit ihnen führen wird.

Alexander Ulfig, Frankfurt am Main, Mai 2005

A

ABAELARD, PETER (Petrus Abaelardus, Pierre Abailard): der französische Philosoph und Theologe wurde 1079 in Le Pallet (bei Nantes) geboren. Er war Schüler der berühmten Scholastiker Roscelinus und Wilhelm von Champeaux. Er lebte und unterrichtete an verschiedenen Orten, hauptsächlich in und bei Paris. Bekannt wurde seine Liebesbeziehung zu Héloïse, der Nichte

des Pariser Kanonikers Fulbert. Abaelard und Héloïse heirateten nach der Geburt eines Sohnes. Fulbert, der mit dieser Verbindung nicht einverstanden war, überfiel Abaelard und ließ ihn kastrieren. Daraufhin gingen beide, sowohl Abaelard als auch Héloïse, ins Kloster. 1113 gründete er seine eigene Schule und wirkte entscheidend auf das geistige Leben seiner Zeit. Sein Denken war gegenüber der damals herrschenden und dogmatisch vertretenen kirchlichen Lehren sehr kritisch. Seine Thesen waren sehr umstritten und wurden kontrovers diskutiert. Der größte Gegner Abaelards war der Abt Bernhard von Clairvaux, der die traditionellen Lehren und Autoritäten der Kirche vertrat und alle Abweichler verfolgte. Abaelards Lehren wurden auf den Kirchentreffen von 1121 und 1140 auf Betreiben Bernhards von Clairvaux verurteilt. Er starb am 21. 4. 1142 im Kloster St. Marcel bei Chalon-sur-Saône.

Abaelard kann als der bedeutendste Vertreter der *Früh-Scholastik* (9.-12. Jh.) bezeichnet werden. Sein Ziel ist es, *Vernunft* und *Glauben* miteinander zu verbinden. Vernunft sollte dabei nicht gänzlich dem Glauben untergeordnet werden. Viele der damaligen Theologen forderten eine solche Unterordnung.

Vernunft und Zweifel sollen nach Abaelard ein Gegengewicht zur Tradition und Autorität bilden. Zwar wird von ihm der Vorrang des Glaubens vor der Vernunft bzw. vor dem Wissen propagiert, die Aufgabe der Vernunft ist es jedoch, die Gründe des Glaubens darzulegen. Darüber hinaus kann mit ihrer Hilfe festgelegt werden, welchen Autoritäten man folgen sollte. Einander widersprechende Meinungen der kirchlichen Autoritäten werden dabei vorgeführt und es wird der Weg gezeigt, diese Widersprüche aufzulösen.

Theologen sollen nicht starr auf den überlieferten kirchlichen Meinungen und Lehren beharren, sondern sich auch mit nicht-christlichen Denkern auseinandersetzen. Andererseits können auch nicht-christliche Denker von der göttlichen Wahrheit inspiriert werden. Dies bedeutet, dass auch in anderen Religionen göttliche Wahrheit erfahren werden kann. Dies widersprach entschieden der damals herrschenden kirchlichen Lehre.

Auch Abaelards Forderung, Lehrmeinungen sollen ausgelegt und nicht blind und unkritisch übernommen werden, hat ihm viele Feinde eingebracht. Wichtig dabei waren seine logischen und sprachphilosophischen Schriften, in denen es um die Klarheit der sprachlich vermittelten Erkenntnis ging. Die Bestimmung des Inhalts bzw. der Bedeutung von Aussagen war in diesem Zusammenhang genauso wichtig wie die Analyse der formalen Struktur von Argumenten.

Entscheidend war der Beitrag Abaelards zum sog. *Universalienstreit*. In diesem Streit ging es um die Frage, ob Universalien, d.h. Allgemeinbegriffe bzw. Ideen (z.B. der Allgemeinbegriff »Baum«) unabhängig von den Einzeldingen (den einzelnen Bäumen) existieren. Die *Realisten* bejahten diese Frage; für sie haben Ideen eine eigenständige Existenz unabhängig von den Einzeldingen. Für ihre Gegner, die *Nominalisten*, haben die Allgemeinbegriffe/Ideen keine selbstständige Existenz; sie sind nur von Menschen gebrauchte Namen bzw. bloße Vorstellungen, Konstrukte des menschlichen Verstandes. Es gibt den Nominalisten zufolge z.B. nur einzelne Bäume, der Allgemeinbegriff »Baum« existiert nicht.

Abaelard nimmt in dem Universalienstreit eine vermittelnde Position ein: Allgemeinbegriffe haben zwar keine selbstständige Existenz, sie sind jedoch mehr als bloße Namen. Sie können als geistige Vorstellungen bestimmt werden, die als Ergebnis einer Abstraktion, d.h. des Absehens von den Einzeldingen, entstehen. Sie sind demnach Denkkonzepte. Abaelards Vorschlag zur Lösung des Universalienproblems wurde später als *Konzeptualismus* bezeichnet.

In seiner Ethik zeigt Abaelard, dass es bei Handlungen auf die Gesinnung des Handelnden, seinen Willen und sein Gewissen, ankommt, nicht auf äußere Werke. Modern ausgedrückt: Es kommt auf die Motive, Beweggründe des Handelns an, nicht so sehr auf die Handlung bzw. das Ergebnis der Handlung. Der Einzelne handelt gut, wenn er gemäß dem göttlichen Willen handelt. Als höchstes Gut wird Gott und die Liebe zu ihm bezeichnet.

Werke von Abaelard: Philosophische Schriften, B. Geyer (Hg.), 1973.

Literatur zu Abaelard: L. Grane, P. Abaelard. Philosophie und Christentum im Mittelalter, 1969; D. E. Luscombe, The School of Peter Abelard, 1970; R. Thomas (Hg.), P. Abaelard: Person, Werk und Wirkung, 1980; M. Perkams, Liebe als Zentralbegriff der Ethik nach Peter Abaelard, 2001; S. Ernst, Petrus Abaelardus, 2003.

ADLER, ALFRED: der österreichische Psychologe wurde am 7. 2. 1870 in Rudolfsheim (einem Vorort von Wien) als Sohn eines jüdischen Getreidehändlers geboren. Er studierte von 1888 bis 1895 Medizin in Wien und arbeitete anschließend in einem Krankenhaus. 1897 eröffnete er eine eigene psychologische Praxis in Wien. Zeit seines Lebens stand Adler der sozialistischen Bewegung nahe. Seine Frau, die aus Moskau stammende Raissa Timofeyewna lernte er im Sozialistischen Studentenbund Wiens kennen (Heirat 1897). Um 1902 stieß er zum Kreis um Siegmund Freud; er gehörte zu den festen Mitgliedern der

von Freud gegründeten »Mittwochsgesellschaft« und war jahrelang ein Verfechter der Freudschen Psychoanalyse. Aufgrund inhaltlicher Differenzen brach er 1911 mit Freud und gründete seine eigene psychologische Schule. Adler engagierte sich sozial in unterschiedlichen Bereichen, so z.B. in der Erziehungsarbeit und in der Volksbildung. Darüber hinaus war er ein gefragter Redner und Organisator. 1934 emigrierte er in die Vereinigten Staaten. Er starb am 28. 5. 1937 bei einer Europareise in Aberdeen (Schottland).

Adler ist der Begründer der *Individualpsychologie*. Sie gehört neben der Psychoanalyse Freuds und der Analytischen Psychologie C. G. Jungs zu den drei wichtigsten Schulen der Tiefenpsychologie. Das Individuum, der einzelne Mensch, ist ein zielgerichtetes, ganzheitliches und soziales Wesen. Es handelt willentlich und kann nur in all seinen sozialen Bezügen angemessen verstanden werden.

Adler stimmt mit Freud darin überein, dass das Unbewusste einen entscheidenden Einfluss auf das bewusste Verhalten des Menschen hat. Er bestreitet jedoch, dass der Sexualtrieb die treibende Kraft im menschlichen Leben ist. In Anlehnung an die Philosophie Schopenhauers und Nietzsches behauptet er, dass das Streben nach Geltung und Macht diese treibende Kraft ist.

Die meisten Menschen leiden unter *Minderwertigkeitskomplexen*. Sie kompensieren (gleichen aus) diese Komplexe, indem sie Macht über andere zu gewinnen trachten. Das Minderwertigkeitsgefühl wird durch das Überlegenheitsgefühl kompensiert. Somit kann sich der einzelne Mensch gegen weitere Erniedrigungen absichern.

Das Minderwertigkeitsgefühl kommt bei allen Menschen vor. In verstärkter Form führt es zur Neurose. Ein Minderwertigkeitsgefühl entsteht durch das Vorhandensein eines minderwertigen Organs und eine kalte oder verwöhnte Erziehung. Eine Neurose entsteht z. B. durch die missglückte Kompensation eines minderwertigen Organs.

Für Adler hat die Neurose mehr als für Freud einen *sozialen* Charakter. Er verweist immer wieder auf die sozialen Aspekte der menschlichen Psyche und der Entstehung von Neurosen.

Ein besonderer Wert wird von Adler auf die Prävention von psychischen Krankheiten gelegt. Wichtig ist in diesem Zusammenhang die Entwicklung von Erziehungsmaßnahmen, die das Entstehen von psychischen Krankheiten von vornherein verhindern sollen.

In Adlers Spätwerk spielt der Begriff des *Gemeinschaftsgefühls* eine zentrale Rolle. In der Entwicklung des Gemeinschaftsgefühls kann das Geltungs- und Machtstreben überwunden werden; es kann in eine positive soziale Richtung gelenkt werden.

Werke von Adler: Studie über Minderwertigkeit von Organen, 1907; Über den nervösen Charakter. Grundzüge einer vergleichenden Individual-Psychologie und Psychotherapie, 1912; Praxis und Theorie der Individualpsychologie, 1920; Der Sinn des Lebens, 1933.

Literatur zu Adler: J. Rattner, Individualpsychologie. Eine Einführung in die tiefenpsychologische Lehre von Alfred Adler, 1963; M. Sperber, Alfred Adler oder das Elend der Psychologie, 1970; H. L. und R. Ansbacher, Alfred Adlers Individualpsychologie, 1972; H. Orgler, Alfred Adler. Der Mann und sein Werk. Triumph über den Minderwertigkeitskomplex, 1972[2]; D. Horster, Alfred Adler zur Einführung, 1984; A. Bruder-Bezzel, Die Geschichte der Individualpsychologie, 1991; H.-W. Hannen, Alfred Adler, 1994; J. Rattner, Alfred Adler, 1997; E. Ringel (Hg.), Ein Österreicher namens Alfred Adler, 1999[3]; U. E. Oberst, Adlerian psychotherapy, 2003.

ADORNO, THEODOR W. (WIESENGRUND): der deutsche Philosoph wurde am 11. 9. 1903 in Frankfurt am Main geboren. Sein Vater Oscar Alexander war ein Weingroß-

händler. Er konvertierte vom Judentum zum Protestantismus. Seine Mutter Maria Calvelli-Adorno della Piana war eine Sängerin. Adorno studierte Philosophie, Psychologie und Musikwissenschaft an der Frankfurter Universität. An dieser Universität schloss er sein Studium mit dem Thema »Die Transzendenz des Dinglichen und Noematischen in Husserls Phänomenologie« (1924) ab. Von 1924-26 absolvierte Adorno ein Kompositionsstudium bei Alban Berg in Wien. 1926 kehrte er nach Frankfurt zurück und unternahm einen Habilitationsversuch bei Hans Cornelius, der jedoch scheiterte. Erst 1931 konnte er seine Habilitation bei Paul Tillich mit dem Thema »Kierkegaard. Konstruktion des Ästhetischen« mit Erfolg abschließen. Sehr fruchtbar für Adornos intellektuelle Entwicklung war seit 1923 der Kontakt zu Walter Benjamin und seit den 20er Jahren zu Max Horkheimer, dem Leiter des 1923 in Frankfurt gegründeten »Instituts für Sozialforschung«. Nach der Habilitation lehrte er an der Frankfurter Universität Philosophie. Die Lehrerlaubnis wurde ihm 1933 von den an die Macht gekommenen Nationalsozialisten entzogen. 1934 emigrierte er zunächst nach Oxford (Großbritannien), wo er mit der Arbeit »Zur Metakritik der Erkenntnistheorie. Studien über Husserl und die phänomenologischen Antinomien« (erschienen 1956) nochmals promovierte, 1938 auf Einladung Horkheimers in die

USA. Dort wird er Mitglied des von Frankfurt nach New York verlegten »Instituts für Sozialforschung«. Die Zusammenarbeit mit Horkheimer gipfelt in der gemeinsamen Abfassung des Buches »Dialektik der Aufklärung« (1947), in dem das Programm der *Kritischen Theorie*, auch »Frankfurter Schule« genannt, entworfen wird. 1949 kehrt Adorno zusammen mit Horkheimer nach Frankfurt am Main zurück. Er wird dort Professor für Philosophie und Soziologie und Leiter des »Instituts für Sozialforschung« (auch zusammen mit Horkheimer). 1966 erscheint die »Negative Dialektik«, postum erscheint 1970 sein unvollendet gebliebenes kunsttheoretisches Werk »Ästhetische Theorie«. Adornos Verhältnis zur Studentenbewegung der 60er Jahre ist sehr problematisch. Einerseits lieferte er dieser Bewegung wichtige gesellschafts- und kulturkritische Impulse, andererseits wurde seine Philosophie von vielen Studenten als praxisfeindlich kritisiert. Während der Studentenrevolte kam es zu massiven Störungen seiner Veranstaltungen. Von diesen Vorgängen stark getroffen, stirbt Adorno am 6. 8. 1969 in seinem Schweizer Ferienort Visp (Wallis).

Schon in der Oxforder Dissertation zeigen sich einige Grundzüge des Adornoschen Denkens, die für seine weitere Entwicklung maßgebend sind. Er wendet sich hier gegen jegliche *System-Philosophie*, in der versucht wird, von einem Prinzip aus die gesamte Wirklichkeit zu erfassen und allgemeingültige, universelle Erkenntnisse über sie zu gewinnen. Um das Allgemeingültige, Begriffliche zu gewinnen, muss von dem Einzelnen, Konkreten abgesehen werden. Dadurch kann das Einzelne, das Besondere und Individuelle, in Adornos Terminologie: das *Nichtidentische*, nicht angemessen erfasst werden. Das Nichtidentische muss sich dem Allgemeinen-Begrifflichen unterordnen. Insofern wohnt der Systemphilosophie, genauer: ihrem Zugang zur Wirklichkeit, ein Herrschaftsanspruch inne.

Adornos Denken, insbesondere seine *pessimistische Weltsicht*, kann nur dann angemessen verstanden werden, wenn man sich die historische und gesellschaftliche Situation seiner Zeit vergegenwärtigt. Diese Situation ist geprägt durch katastrophale politische Prozesse und Ereignisse, wie Faschismus, Holocaust, Zweiter Weltkrieg und Stalinismus. Wichtig waren aber auch Adornos Erfahrungen mit der amerikanischen Massenkultur, insbesondere mit der dortigen Unterhaltungsindustrie.

Die Grundfrage der »Dialektik der Aufklärung« lautet: Wie ist es möglich, dass die neuzeitliche Aufklärung, die den Menschen aus Unmündigkeit und vom mythischen Denken befreien wollte, in die Barbarei (Faschismus) umschlägt. Mit dem Prozeß der *Aufklärung* geht offensichtlich ein Prozeß der *Gegenaufklärung* einher. Der mit der Aufklärung verbundene technische Fortschritt führt zur Herrschaft der Technik über Mensch und Natur. Das rationale, d.h. auf Vernunft basierende, Denken schlägt in irrationales, mythisches Denken um.

Einen Ausweg bietet hier eine radikale *Gesellschaftskritik*, insbesondere die Kritik an technischem Denken, das Mensch und Natur nur als Mittel zum Zweck ansieht. Eine Theorie ist nur dann kritisch, wenn sie auf den gesamtgesellschaftlichen Zusammenhang, auch ihre eigene gesellschaftliche Bedingtheit, reflektiert.

Im sog. *Positivismus*, in positiven Einzelwissenschaften, in denen hauptsächlich das Tatsachenwissen zählt, wird solche Kritik nicht geleistet. Insofern dient er der Stabilisierung der bestehenden Verhältnisse.

In der »Negativen Dialektik« kritisiert Adorno in der Auseinandersetzung mit Heidegger, Kant und Hegel das begriffliche Denken, das das Seiende verallgemeinert und es dadurch verfügbar und beherrschbar macht. Als Alternative zu diesem Denken schlägt Adorno das Konzept der *negativen Dialektik* vor. Sie ist negativ, weil sie bestehende Widersprüche aufzeigt und festhält, anstatt sie zu versöhnen. Sie wendet sich gegen die Herrschaft der Begriffe. Das bedeutet, dass sie die begriffliche Vermittlung negiert. Dadurch kommt das unmittelbar Gegebene, das Besondere und Individuelle, in Adornos Terminologie: das Nichtidentische, zum Ausdruck.

Das Nichtidentische kann jedoch am angemessensten in der *Kunst* erfahren werden. Dies zeigt Adorno in seiner unvollendet gebliebenen »Ästhetischen Theorie«. Die »Rettung« des Nichtidentischen ist allerdings nur dort möglich, wo Kunstwerke in keinen Kanon eingeordnet werden. Nur auf diese Weise kann die Besonderheit bzw. das Individuelle des Kunstmaterials zum Vorschein kommen. Darüber hinaus ist die Kunst für den Betrachter und Produzenten der Ort der authentischen, d.h. durch das technische Denken nicht entstellten, Erfahrung.

Adorno prägte maßgeblich die Entwicklung der Kritischen Theorie. Viele seiner Gedanken wurden u.a. von J. Habermas aufgegriffen. Mit seiner Kritik am Positivismus löste er eine heftige Kontroverse in den Sozialwissenschaften (den sog. »Positivismus-Streit«) aus. Besonders wirkungsvoll waren seine Überlegungen zur Ästhetik.

Weitere Werke von Adorno: Gesammelte Schriften, R. Tiedemann (Hg.), 1970ff.

Literatur zu Adorno: K. Sauerland, Einführung in die Ästhetik Adornos, 1979; L. v. Friedeburg/J. Habermas (Hg.), Adorno-Konferenz, 1983; R. Wiggershaus, Theodor W. Adorno, 1987; H. Brunkhorst, Theodor W. Adorno: Dialektik der Moderne, 1990; W. v. Reijen, Adorno zur Einführung, 1992³; S. Müller-Doohm, Die Soziologie Theodor W. Adornos, 2001²; R. Behrens, Adorno-ABC, 2003; A. Schäfer, Theodor W. Adorno, 2004.

ALBERTUS MAGNUS (auch »Theutonicus« und »Coloniensis« genannt): der deutsche Theologe, Philosoph und Naturforscher wurde um 1200 (1193?) in Lauingen (Schwaben) geboren. Er studierte in

Padua, wo er 1223 in den Dominikanerorden eintrat. Den Doktorgrad erwarb er in Paris. 1248 wurde er nach Köln an das neu gegründete »studium generale et sollemne« berufen, wo zu seinen Schülern u.a. Thomas von Aquin zählten. In der Folgezeit übernahm er mehrere Ämter, von 1254 bis 57 war er Provinzialoberer der deutschen Ordensprovinz, von 1258 bis 1260 lehrte er wieder in Köln, von 1260 bis 62 war er Bischof von Regensburg, kehrte jedoch 1262 zu seiner Lehrtätigkeit nach Köln zurück. Er war auch politisch tätig, z.B. schlichte er zwischen dem Kölner Erzbischof und den Kölner Bürgern. Albertus starb in Köln am 15. 11. 1280. Er wurde 1622 von Papst Gregor XV selig gesprochen und 1931 durch den Papst Pius XI heilig gesprochen und zum Kirchenlehrer erhoben.

Albertus gehört zu den herausragendsten Forschern seiner Zeit. Seine Vielseitigkeit und sein breites Wissen brachten ihm den Beinamen »doctor universalis«. Neben theologischen und philosophischen Schriften verfasste er Aufsätze zur Zoologie, Botanik, Mineralogie, Geographie, Geologie und Meteorologie.

Seine größte Leistung war die Erschließung der aristotelischen Schriften für die christliche Theologie und Philosophie des Mittelalters. Er war der Erste, der in Westeuropa die aristotelischen Schriften ausführlich kommentierte. Die Ausbreitung der aristotelischen Philosophie wurde durch seinen Schüler Thomas von Aquin in der Folgezeit vorangetrieben. Bis dahin war es die platonische Philosophie, die das christlich-mittelalterliche Denken entscheidend beeinflusste. Einige Schriften des Aristoteles – vor allem die naturwissenschaftlichen – wurden sogar bis zur Mitte des 13. Jh. verboten. Die von Albertus durchgeführte Kommentierung der aristotelischen Schriften führte zu heftigen Auseinandersetzungen innerhalb der christlichen Theologie und Philosophie und bestimmte entscheidend ihre Weiterentwicklung.

Albertus strebt nach einer *Vermittlung von Wissen und Glauben*, genauer: von aristotelischer Philosophie und christlichem Glauben. Dabei soll jedoch der Glaube einen Vorrang vor dem Wissen bzw. der menschlichen Vernunft haben. Die göttliche Offenbarung steht über der menschlichen Vernunft. Das »natürliche Licht« der menschlichen Vernunft reicht nicht aus, um die göttliche Wahrheit zu erkennen. Sie kann nur Gegenstand des Glaubens sein.

Die auf Vernunft basierende Philosophie und Naturwissenschaft können Glaubensfragen nicht beantworten, so z.B. die Frage nach dem Eingreifen Gottes in die Welt. Daher weist Albertus der Philosophie und den Naturwissenschaften einen ganz eignen, spezifischen Forschungsbereich und eine eigene Forschungsmethode zu.

Wissenschaftliche Erkenntnisse müssen auf *Erfahrungen* und *Beobachtungen* gründen. Auch philosophische Erkenntniss soll auf unser Erfahrungswissen Bezug nehmen bzw. auf es angewandt werden. In seinen Schriften zur Naturkunde spielen eigene Beobachtungen und das daraus gewonnene Erfahrungswissen eine zentrale Rolle.

Werke von Albertus: Opera omnia, B. Geyer u.a. (Hg.), 1951ff.

Literatur zu Albertus: I. Craemer-Ruegenberg, Albertus Magnus, 1980; M. Entrich (Hg.), Albertus Magnus. Sein Leben und seine Bedeutung, 1982; M. Lohrum, Albert der Große, 1991; G. Wieland, Zwischen Natur und Vernunft, 1999; W. Senner (Hg.), Albertus Magnus, 2001.

ALEMBERT, JEAN LE ROND D': der französische Mathematiker, Physiker und Philosoph wurde als uneheliches Kind von Madame de Fencin und dem Artilleriegeneral Destouches am 16. 11. 1717 in Paris geboren. Er wurde von seiner Mutter nach der Geburt auf den Stufen der Kirche Saint-Jean-le-Rond ausgesetzt und als Findelkind in einer Handwerkerfamilie aufgezogen. Nach anfänglicher Beschäftigung mit Theologie, Jurisprudenz und Medizin wandte er sich dem Studium der Mathematik zu und wurde 1741 Mitglied der

»Académie des sciences«, 1754 der »Académie Française«, deren ständiger Sekretär er ab 1772 war. Seine wohl bekannteste wissenschaftliche Leistung war die Herausgabe der »Encyclopédie« von 1751 bis 1759 (zusammen mit Diderot). Er lehnte das Angebot Friedrich des Großen ab, Präsident der »Königlichen Akademie der Wissenschaften« in Berlin zu werden. Auch eine Einladung der Zarin Katharina II, die Erziehung ihres Sohnes zu übernehmen, wurde von ihm zurückgewiesen. Er starb am 29. 10. 1783 in Paris.

Alembert ist einer der wichtigsten Vertreter der *Aufklärung*, einer Bewegung, die das Programm verfolgt, alle traditionellen und auf Autorität basierenden Meinungen und Lehren einer kritischen Prüfung zu unterziehen und sie gegebenenfalls zu ändern oder durch andere Meinungen zu ersetzen. Dabei soll die menschliche *Vernunft* das alleinige Richtmaß des Denkens und Handelns sein.

Alembert wendet sich gegen starres Beharren auf bestimmte Meinungen, den Glauben an ein System und Vorurteile. Die menschliche Vernunft muss sich von allen Bindungen an Autoritäten, sei es politischer oder religiöser Art, lösen. Mittels der Vernunft kann sich der Mensch von allen Kräften befreien, die ihn unterdrücken und seine Unmündigkeit fördern. Diese Befreiung wird auch *Emanzipation* genannt. Kritisches Denken wird zum wichtigsten Postulat der Aufklärung.

Eine wichtige Rolle im Prozess der Aufklärung und der Emanzipation des Menschen spielt die *Wissenschaft*. Sie soll den Ansprüchen der Vernunft genügen. Dies bedeutet für Alembert, dass sich wissenschaftliche Erkenntnis durch *Klarheit* und *Systematik* auszeichnen soll. Seine Vorbilder sind dabei Mathematik und Physik. Nur ihnen traut er zu, gesicherte Erkenntnis zu liefern. Die methodischen Grundpfeiler der rationalen, d.h. auf Vernunft basierenden, Wissenschaft sind: Beobachtung, Analyse, Deduktion (Ableitung aus obersten Prinzipien) und Experiment.

Neben mathematischen und naturwissenschaftlichen Schriften veröffentlichte Alembert zahlreiche Abhandlungen philosophischer, historischer, literarischer und musikalischer Art. Er verkörpert damit das in der Aufklärung vertretene Ideal des *Universalgelehrten*.

1743 erscheint sein wissenschaftliches Hauptwerk »Traité de dynamique« (dt. »Abhandlung über Dynamik«, 1889). Er stellt darin das nach ihm benannte *Prinzip der Mechanik* auf, wonach die Bewegung eines Körpers unter der Einwirkung äußerer Kräfte berechnet werden kann. Er trägt mit seiner Arbeit zur Formalisierung der Physik bei. Einen grossen Einfluss hatten seine mathematischen Arbeiten über die Integration von Differentialgleichungen.

Die von ihm zusammen mit Diderot herausgegebene »Encyclopédie« wird als das »Kompendium der Aufklärung« bezeichnet. Sie ist wie ein systematisches Wörterbuch aufgebaut und sollte das gesamte Wissen der damaligen Zeit beinhalten. Alembert schrieb für die »Ecyclopédie« physikalische, mathematische und philosophische Artikel. Seine »Einleitung« zur »Encyclopédie« gilt als die wichtigste programmatische Schrift der französischen Aufklärung.

Alemberts philosophische Position orientiert sich an dem englischen *Empirismus*, genauer: dem Sensualismus als eine extreme Form des Empirismus. Die Sinne des Menschen bilden die einzige Quelle der Erkenntnis. Alle unsere Vorstellungen, auch die rein geistigen und die sittlichen, werden auf unsere Sinnesempfindungen zurückgeführt. Damit radikalisiert Alembert die Position von Locke, dem Hauptvertreter des englischen Empirismus, der von den durch die Verstandestätigkeit vermittelten »inneren Erfahrungen« spricht.

Als Aufklärer vertrat Alembert einen uneingeschränkten *Fortschrittsglauben*. Die menschliche Erkenntnis entwickelt sich immer höher. Der Prozess der Aufklärung wird zu einer Verbesserung der Lebensverhältnisse und zu einer gerechten Gesellschaft führen. Er lehnte jedoch die Durchsetzung der Ideale der Aufklärung durch einen (aufgeklärten) Herrscher ab. Die Gesellschaft soll etappenweise mit Idealen der Aufklärung durchdrungen werden. Eine entscheidende Rolle sollten dabei wissenschaftliche Institutionen, die Akademien, spielen.

Weitere Werke von Alembert: Œuvres, I – XVIII, 1805; Einleitung zur Enzyklopädie von 1751, E. Köhler (Hg.), 1955.

Literatur zu Alembert: E. Cassirer, Die Philosophie der Aufklärung, 1932; J. Mittelstraß, Neuzeit und

Aufklärung, 1970; A. Schober, J. Le R. d' Alembert, 1983; V. LeRu, D'Alembert philosophe, 1994; P.B. Blom, Encyclopédie, 2004.

ANAXAGORAS: der griechische Philosoph wurde zwischen 500 und 496 v. Chr. in Klazomenai, einer griechischen Kolonie an der Küste Kleinasiens, geboren. Er ging um 460

nach Athen, wo er 30 Jahre lang lebte und eine Schule leitete. Zu seinen Freunden gehörten der Politiker Perikles und der Schriftsteller Euripides. Gegner des Perikles, die ihn stützen wollten, klagten Anaxagoras wegen Gottlosigkeit an. Der Grund dafür war, dass er die Sonne, die damals als göttlich betrachtet wurde, für ein glühendes Gestein erklärte. Anaxagoras verließ daraufhin Athen und ließ sich in Lampsakos an der Südküste des Hellespont nieder. Dort starb er 428 v. Chr.

Anaxagoras gehört zu den *Vorsokratikern*, den zeitlich ersten abendländischen Philosophen. Sie fragten nach einem Urstoff bzw. Grundprinzip, der Entstehung und der Struktur der gesamten Wirklichkeit. Die gesamte Wirklichkeit wird von ihnen auch als Natur bezeichnet (wobei der Mensch als Teil der Natur betrachtet wird). Sie werden deshalb auch *Naturphilosophen* genannt.

Anaxagoras, wie auch die anderen Vorsokratiker, sind Kritiker des damals herrschenden *mythischen Weltbildes*. Ihm zufolge sind Gestirne nicht lebende Wesen, sondern materielle Körper, der Mond erhält sein Licht von der Sonne und die Mondfinsternis wird durch den Erdschatten hervorgerufen.

Entstehen und *Vergehen* werden von Anaxagoras als Verbindung und Trennung von bestehenden, unveränderlichen Teilchen gedeutet. Diese Teilchen werden als die »Samen« der Dinge aufgefasst. Gleichartige Teilchen verbinden sich zu den betreffenden Körpern; Holzteilchen verbinden sich zu einem Stück Holz, Fleischteilchen zu einem Stück Fleisch.

Das die gesamte Wirklichkeit ordnende Prinzip wird von Anaxagoras als die *Vernunft* (griech. »nous«) bezeichnet. Sie ist rein, unbegrenzt und allgegenwärtig. Über die Frage, ob die Vernunft von Anaxagoras als etwas Abstrakt-ideelles, Immaterielles oder etwas Stofflichmaterielles bestimmt wurde, streiten sich bis heute die Forscher.

Der ursprüngliche Zustand der Welt war ein *Chaos*, in dem alle Teilchen ungeordnet nebeneinander existierten. Die Vernunft versetzte die ungeordneten Teilchen in eine Wirbelbewegung, wodurch ungleichartige Teilchen sich voneinander trennten, die gleichartigen hingegen sich zu Dingen zusammensetzten. Auf diese Weise hat die Vernunft die Welt geordnet, ihr eine Struktur gegeben.

Zur wahren Erkenntnis kann man nicht über die Wahrnehmung gelangen. Dazu ist die Tätigkeit des Verstandes bzw. der menschlichen Vernunft notwendig. Die wahrnehmbaren Dinge sind die Grundlage für die Erkenntnis des Nichtwahrnehmbaren.

Werke von Anaxagoras: Die Fragmente der Vorsokratiker, H. Diels/ W. Kranz (Hg.), 1989[17].

Literatur zu Anaxagoras: W. Bröcker, Die Lehre des Anaxagoras, in: Kant-Studien 42, 1942/1943; F. M. Cleve, The Philosophy of Anaxagoras, 1949; M. Schofield, An Essay on Anaxagoras, 2004.

ANAXIMANDER: der griechische Philosoph wurde ca. 611 v. Chr. in Milet, einer Stadt in Ionien (an der Westküste der heutigen Türkei) geboren. Im 7. und 6. Jh. v. Chr., einer Zeit der griechischen Kolonisation, war die Hafenstadt Milet ein bedeutendes wirtschaftliches und intellektuelles Zentrum. Sie war eine Vermittlerin zwischen West und Ost.

Anaxagoras ist der Schüler von Thales und der Lehrer von Anaximenes. Die drei Denker werden als ionische Naturphilosophen bezeichnet und gelten als die Begründer der griechischen Philosophie und Wissenschaft. Anaximander entwarf die erste Erdkarte und einen Himmelsglobus, übernahm von den Babyloniern den Gnomen, den Schattenstab, mit dem er die Sonnenwenden bestimmte. Er soll darüber hinaus die Sonnenuhr erfunden haben. Von seiner Schrift »Über die Natur«, der ersten und bekanntesten Prosaschrift, sind nur wenige Zeilen erhalten. Er starb in Milet um 546 v. Chr.

Anaximander zählt zu den ersten abendländischen Philosophen, zu den sog. *Vorsokratikern*. Sie fragten nach einem Urstoff bzw. Prinzip der gesamten Wirklichkeit, nach der Entstehung und Beschaffenheit der Welt und der Stellung des Menschen in ihr.

Charakteristisch für die Philosophie der Vorsokratiker ist die *Abkehr vom Mythos*, das bedeutet, dass sie eine nicht-mythische Welterklärung lieferten. Für Anaximander wird die Welt nicht von Göttern, sondern von einem allgemeinen *Prinzip* bestimmt. Die Gestirne sind keine Götter, sondern materielle Körper. Für Naturereignisse und -prozesse (z. B. Mondfinsternis, Entstehen und Vergehen) gibt er nicht göttliche, sondern natürliche Ursachen an.

Das allgemeine Prinzip bzw. den allumfassende Grundstoff wird von Anaximander *Apeiron* genannt. Es ist unbegrenzt und ewig. Überdies wird es auch als das qualitativ und quantitativ Unbestimmte bezeichnet, als etwas, das sinnlich nicht wahrgenommen werden kann. Es ist der Urgrund aller Dinge, aus dem die Welt entsteht und in den sie wieder zurückgeht.

Die Entstehung der Welt aus dem Apeiron wird als eine kreisende Bewegung beschrieben, durch die die Gegensätze warm-kalt und feucht-trocken ausgesondert werden. Die Welt entwickelt sich im ständigen »Kampf« dieser Gegensätze. Zunächst entsteht die unbelebte, dann die belebte Natur. Lebewesen entstanden im Meer. Der Mensch entstand aus fischähnlichen Lebewesen.

Die Erde ist nach Anaximander ein Zylinder mit einer gewölbten Oberfläche. Sie schwebt in der Mitte der Welt und hält sich dadurch, dass sie einen gleichmäßigen Abstand zu den Grenzen der Welt hat. Sie ist von Luft und von kreisenden feuerigen Radkränzen umschlossen. Die Gestirne sind Öffnungen, durch die das Feuer ausströmt. Wichtig waren die von Anaximander durchgeführten astronomischen Untersuchungen.

Werke von Anaximander: Fragmente der Vorsokratiker, H. Diels/W. Kranz (Hg.), 1989[17].

Literatur zu Anaximander: M. Heidegger, Der Spruch des Anaximander, in: ders., Holzwege, 1950; Ch. H. Kahn, Anaximander and the Origins of Greek Cosmology, 1960; U. Hölscher, Anaximander und der Anfang der Philosophie, in: ders., Anfängliches Fragen. Studien zur frühen griechischen Philosophie, 1968; W. Röd, Die Philosophie der Antike I, 1976; H. Schmitz, Anaximander und die Anfänge der griechischen Philosophie, 1988; M. Enders, Natürliche Theologie im Denken der Griechen, 2000; D. L. Couprie u. a., Anaximander in context, 2003.

ANSELM VON CANTERBURY: der Theologe und Philosoph wurde 1033/1034 in Aosta (Norditalien) geboren. Er entstammte einer wohlhabenden lombardischen Familie. Nach einem Streit mit dem Vater verließ er seine Familie und studierte in Frankreich Theologie. Dort

wurde er Schüler von Lanfranc, dem Prior des Benediktinerklosters Bec. 1060 trat er in den Benediktinerorden ein. 1063 wurde er – als Nachfolger Lanfrancs – Prior in Bec, 1079 Abt dieses Klosters. Lanfranc wurde 1070 Erzbischof von Canterbury (England). Er holte Mönche von Bec nach Canterbury, um die Kirche Englands zu reformieren. Unter diesen Mönchen war Anselm. Dieser wurde 1093 als Nachfolger Lanfrancs der Erzbischof von Canterbury. Er kämpfte in dieser Position um die politische und rechtliche Unabhängigkeit der Kirche vom König. Der Streit mit den Königen von England, zunächst mit Wilhelm II, nach dessen Tod 1100 mit seinem Nachfolger Heinrich I, wird als Investiturstreit bezeichnet. Anselm musste zwei mal ins Exil gehen, setzte jedoch am Ende (auf dem Konkordat in London 1107) viele seiner Forderungen gegenüber dem König durch. Er kehrte nach Canterbury zurück, wo er am 21. 4. 1109 starb.

Anselm ist einer der wichtigsten Vertreter der *Scholastik*, der Hauptströmung der christlichen Philosophie und Theologie in der zweiten Hälfte des Mittelalters (10. – 16. Jh.). Er wird von vielen als der »Vater der Scholastik«, ihr eigentlicher Begründer, bezeichnet.

Anselm lebte in einer Zeit des »Konkurrenzkampfes« zwischen dem Christentum, dem Islam und dem Judentum. Von der Überlegenheit des christlichen Gottes überzeugt, propagierte er die Kreuzzüge gegen die Moslems und bemühte sich, die Existenz des christlichen Gottes zu beweisen, d.h. auch für Nichtchristen einsichtig zu machen.

Sein Ziel ist es, *Glaube* und *Wissen* bzw. Vernunft miteinander zu vereinbaren. Glaubensdogmen sollen rational, d.h. mittels der Vernunft, begründet werden. Dies soll jedoch nicht zu einer Aufhebung, sondern zur Bestätigung der Dogmen führen. Sein Grundsatz, den er von Augustinus übernimmt, lautet: »credo ut intelligam« (dt. »Ich glaube, damit ich begreifen kann«).

Die in den Glaubensdogmen enthaltene Wahrheit soll *begriffen* werden. Dies kann nur mittels der Vernunft bzw. aufgrund philosophischer Überlegungen erreicht werden. Anders ausgedrückt: Mittels der Vernunft gelangt man zu einem intellektuellen Verständnis der Wahrheit, die in Glaubensdogmen formuliert wird.

Anselms größte bzw. folgenreichste intellektuelle Leistung war die Formulierung eines Gottesbeweises, der später als *ontologischer Gottesbeweis* bezeichnet wurde. In der Schrift »Proslogion« (1078; dt. »Selbstgespräch«, 1836) wird dieser Gottesbeweis vorgeführt. Die Existenz des (christlichen) Gottes soll »allein aus Vernunftgründen« bewiesen werden. Dieser Beweis muss für alle, auch für Nichtchristen, einleuchtend sein. Die Existenz Gottes wird aus dem Gottesbegriff abgeleitet.

Anselm bezeichnet Gott als »dasjenige, über das hinaus nichts Größeres gedacht werden kann« (lat. »aliquid quo nihil mains cogitari possit«). Gott ist das Größte, was wir denken können, das Größte in unserem Intellekt (Verstand). Das Größte kann jedoch nicht nur in unserem Intellekt existieren, denn dann ließe sich ein noch Größeres denken, das auch noch in der äußeren Wirklichkeit außerhalb unseres Intellekts wäre. Daraus folgt, dass das Größte sowohl im Intellekt als auch in der äußeren Wirklichkeit, unabhängig von uns existieren muss – Gott wird nicht nur von uns gedacht, sondern existiert auch unabhängig von uns.

Dieser Gottesbeweis wurde in der Folgezeit von vielen kritisiert, u.a. von Kant. Er betont, dass von der Denkbarkeit von etwas nicht auf dessen objektive Existenz in der Welt geschlossen werden kann.

In seiner Schrift »Cur deus homo?« (1094-98; dt. »Warum Gott Mensch geworden«, 1936) zeigt Anselm, dass Gott mit logischer Notwendigkeit in Gestalt Christi Mensch werden musste. Die durch Adams Sünde über die Menschheit gebrachte Schuld kann vom Menschen nicht beseitigt werden. Weil Gott absolut gerecht ist, beabsichtigt er die »unendliche Wiedergutmachung« (lat. »satisfactio«). Zu diesem Zweck musste er Mensch werden. Nur er kann in seiner Unendlichkeit die Menschheit erlösen.

Weitere Werke von Anselm: Opera omnia I, F. S. Schmitt/I. Seccovii (Hg.), 1938, II -VI, 1946 – 61.

Literatur zu Anselm: I. Kant, Kritik der reinen Vernunft, 1781, 1787²; K. Barth, Fides quaerens intellectum. Anselms Beweis Gottes im Zusammenhang seines theologischen Programm, 1931; D. Henrich, Der ontologische Gottesbeweis, 1960; W.

Cramer, Gottesbeweise und ihre Kritik, 1967; K. Kienzler, Gott ist größer, 1997; J. L. Scherb, Anselms philosophische Theologie, 2000; M. Tillmann, Einheit des Geistes und Gotteserkenntnis, 2003.

ARENDT, HANNAH: die Philosophin und Politologin wurde am 14. 10. 1906 in Linden bei Hannover geboren. Sie studierte ab 1924 Philosophie, Theologie und Altgriechisch

in Marburg, dann Heidelberg und schließlich in Freiburg im Breisgau. Zu ihren Lehrern, die ihr Denken stark beeinflusst haben, gehören M. Heidegger, R. K. Bultmann, E. Husserl und K. Jaspers. Bei dem letzten schloss sie ihr Studium 1928 mit der Promotion »Der Liebesbegriff bei Augustinus« ab. Als Jüdin emigrierte sie 1933 zunächst nach Frankreich, dann 1941 in die USA. In den USA arbeitete sie als Lektorin (bei dem Verlag »Schocken Books« und war u.a. für die Herausgabe der Tagebücher Kafkas verantwortlich) und freie Autorin. Darüber hinaus unterrichtete sie als Gastdozentin an mehreren amerikanischen Universitäten. Sie starb am 4. 12. 1975 in New York.

Arendt war eine politisch engagierte Denkerin. Sie arbeitete hauptsächlich für jüdische Organisationen, wie die »Jugend Alijah« und die »Deutsche Zionistenorganisation«. Sie trat für die Gründung einer jüdischen Armee gegen Hitler ein.

Arendts Denken kann nur vor dem Hintergrund der katastrophalen politischen und gesellschaftlichen Ereignisse und Entwicklungen im 20. Jh. angemessen verstanden werden. Sie reflektiert diese Ereignisse und Entwicklungen, insbesondere den Totalitarismus, und zwar sowohl der faschistischen als auch der stalinistischen Prägung.

In ihrem wichtigsten politologischen Werk »The Origins of Totalitarianism« (1951; dt. »Elemente und Ursprünge totaler Herrschaft«, 1955) analysiert sie die historischen Ursprünge des *Totalitarismus* im Nationalstaat des 18. und 19. Jh., die Entstehung des Antisemitismus und allgemeine Merkmale des Totalitarismus.

Umstritten war Arendts Auffassung, wonach Faschismus und Stalinismus eine ähnliche Struktur aufweisen. Totalitäre Systeme streben nach Allmacht und nach totaler Welterklärung. Sie behindern die freie Entfaltung des Individuums und eine friedliche Koexistenz der Menschen. Sie sind der Ausdruck des *Bösen*.

In ihrem philosophischen Hauptwerk »Vita activa« (1958; dt. »Vita activa oder vom tätigen Leben«, 1960) betont Arendt, dass der Mensch von Natur aus ein *aktives, handelndes Wesen* ist. Sie wendet sich damit gegen die in der traditionellen Philosophie herrschende Bevorzugung der rein betrachtenden (theoretischen) Lebensweise (lat. »vita contemplativa«).

Sie unterscheidet drei Typen der menschlichen Aktivität: die *Arbeit*, die zur Befriedigung der Grundbedürfnisse des Menschen führt und in einer ständigen Auseinandersetzung des Menschen mit der Natur vollbracht wird; das *Herstellen* von künstlichen, nicht zur Natur gehörenden Dingen, mit denen sich der Mensch umgibt; das *Handeln* als die ausgezeichnete Tätigkeit des Menschen, die das Politische konstituiert. Arendt meint mit Letzterem das politische Handeln bzw. das die Gemeinschaft bildende Handeln.

Das Handeln gründet in der *Freiheit* des Menschen, es unterliegt nicht der Mittel-Zweck-Relation. Es kann sich letztlich nur zwischen gleichen Menschen abspielen.

Während in der Antike das Handeln als Aktivitätsform einen Vorrang vor anderen Aktivitätsformen hatte, werden im Mittelalter das Herstellen, in der Neuzeit die Arbeit höher bewertet. Die Vorrangstellung der Arbeit, die mit Technisierung und Automatisierung zusammenhängt, führt zur Verkleinerung des Freiheitsspielraums des Menschen.

Arendt hat einen wichtigen Beitrag zum Verständnis des Totalitarismus geliefert. Mit der Hervorhebung der aktiven Rolle des Menschen gab sie der praktischen Philosophie neue Impulse.

Weitere Werke von Arendt: Rahel Varnhagen, 1958 (dt. Rahel Varnhagen, 1959); The Human Condition, 1958; On Revolution, 1963 (dt. Über die Revolution, 1963); Eichmann in Jerusalem, 1963 (dt. Eichmann in Jerusalem, 1964); The Life of the Mind, I-II, 1977/78 (dt. Vom Leben des Geistes, I-II, 1979).

Literatur zu Arendt: A. Reif (Hg.), Gespräche mit Hannah Arendt, 1976; A. Reif (Hg.), Hannah Arendt, 1979; F. G. Friedmann, Hannah Arendt, 1985; W. Heuer, Hannah Arendt, 1987; D. Barley, Hannah Arendt, 1990; H. Brunkhorst, Hannah Arendt, 1999; K.-H. Breier, Hannah Arendt zur Einführung, 2001²; E. Young-Bruehl, Hannah Arendt, 2004.

ARISTOTELES: der griechische Philosoph wurde 384 v. Chr. in Stageira, einer Stadt im Nordosten Griechenlands geboren. Sein Vater war Hofarzt des makedonischen

Königs Amyntas III. 367 ging Aristoteles nach Athen, um in der Akademie Platons zu studieren. Er verbrachte dort 20 Jahre, in denen er sich immer mehr von der Lehre Platons entfernte. 347 verließ er Athen und ging auf Einladung seines Studienfreundes Hermias nach Assos (Kleinasien), später nach Mytilene, eine Nachbarinsel von Lesbos. 343/342 wurde Aristoteles von dem makedonischen König Philipp II als Erzieher seines Sohnes Alexander, des späteren Alexander des Großen, an den makedonischen Hof berufen. Nach Beendigung seiner erzieherischen Tätigkeit kehrte er 335 nach Athen zurück und gründete dort seine eigene philosophische Schule, die sog. »peripatetische Schule« (vom griech. »peripatos«, »der Spaziergang«), auch Lykeion genannt. Nach dem Tode Alexanders (323) kam es in Athen zu antimakedonischen Ausschreitungen. Aristoteles befürchtete wegen seiner promakedonischen Haltung zum Tode verurteilt zu werden. Er floh 323 auf seinen Landgut bei Chalkis auf Euböa, wo er weniger Monate später 322 starb.

Aristoteles wird mit Sokrates und Platon als der bedeutendste Philosoph der Antike bezeichnet. Auf ihn geht die Unterscheidung zwischen *theoretischer* und *praktischer Philosophie* zurück. Zur theoretischen Philosophie gehören die Disziplinen Mathematik, Physik und Metaphysik (Erste Philosophie). Die Gegenstände der Mathematik sind unveränderlich und unselbstständig, die der Physik selbstständig und veränderlich, die der Metaphysik selbstständig und unveränderlich. Dagegen sind die Gegenstände der praktischen Philosophie unselbstständig und veränderlich. Zur praktischen Philosophie gehören die Disziplinen Ethik und Politik.

Zu seinen wichtigsten theoretischen Schriften gehören »Metaphysik«, »Organon« und »Physik«, zu den wichtigsten Schriften aus dem Bereich der praktischen Philosophie »Nikomachische Ethik«, »Eudemische Ethik« und »Politik«.

Aristoteles ist der Begründer der *formalen Logik*. Die Gültigkeit eines Arguments beruht in der formalen Logik nicht auf seinem Inhalt, sondern auf seiner Form. In ihr werden Begriffe und Schlüsse analysiert, die jeglichem Argumentieren zugrunde liegen.

Aristoteles' Lehre von formalen Schlüssen wird als *Syllogistik* bezeichnet. Ein Syllogismus ist ein Schluss, bei dem aus zwei Sätzen auf einen dritten Satz gefolgert (geschlossen) wird. Beispiel für einen Syllogismus:

M – P (Alle Menschen sind sterblich)
S – M (Sokrates ist ein Mensch)

S – P (Also: Sokrates ist sterblich)

Die ersten beiden Sätze werden als Prämissen, der dritte Satz als Konklusion bezeichnet. Die von Aristoteles entwickelte Logik wurde bis Ende des 19. Jh. nicht wesentlich erweitert.

Aristoteles will – ähnlich wie sein Lehrer Platon – das *allgemeine Wesen*, die Wesensstruktur der Wirklichkeit bestimmen. Er geht dabei von den wahrnehmbaren, konkreten Einzeldingen und von der Alltagssprache aus. Im Gegensatz zu Platon, für den das Wesen der Dinge unabhängig von diesen Dingen existiert, liegt für Aristoteles das Wesen in den Einzeldingen selbst. Es ist ihnen immanent. Das Wesen eines Dinges kann nicht außerhalb dieses Dinges liegen. Aristoteles wird deshalb als derjenige Denker angesehen, der mehr als Platon Wert auf das Beobachtbare, Konkrete, kurz: das *Empirische*, legt.

Für die Bestimmung des allgemeinen Wesens der Dinge ist die Unterscheidung von *Materie/Stoff* (griech. »hyle«) und *Form* (griech. »eidos«) von zentraler Bedeutung. Ein bestimmter Stoff wird zu einem Gegenstand geformt: Ein Stück Holz wird zu einem Stuhl geformt. Stoff und Form können nicht voneinander getrennt existieren. Nur Gott existiert als reine Form ohne Stoff.

Eine weitere, von Aristoteles vorgenommene Unterscheidung ist die zwischen *Möglichkeit* (griech. »dynamis«) und *Verwirklichung* (griech. »energeia«). Ein Stück Holz ist der Möglichkeit nach ein Stuhl oder ein Tisch. Der fertiggestellte Stuhl oder Tisch sind Verwirklichungen dieser Möglichkeiten. Nur *Gott* ist reine Wirklichkeit ohne Möglichkeit, ohne Potentialität.

Damit ein Gegenstand, z. B. ein Tisch, entstehen kann, sind folgende *Ursachen* notwendig: die Wirkursache, die Stoffursache, die Formursache und die Zweckursache. Bei der Entstehung eines Tisches ist die Wirkursache die Arbeit/Tätigkeit des Handwerkers, die Stoffursache ist das Material (z. B. Holz), aus dem der Tisch hergestellt wird, die Formursache ist die spezifische Form des Tisches (im Unterschied z. B. zur Form eines Stuhls), die Zweckursache ist der Zweck des Tisches, z. B. kann auf einem Tisch gegessen werden.

Die letzte Ursache des gesamten Geschehens, der gesamten Bewegung ist *Gott*. Er hat selbst keine Ursache und wird als *unbewegter Beweger* bezeichnet.

Die allgemeinsten Wesensmerkmale der seienden Gegenstände nennt Aristoteles *Kategorien*. Er unterscheidet zehn Kategorien: Substanz, Qualität, Quantität, Relation, Ort, Zeit, Lage, Haben, Wirken und Leiden. Die wichtigste Kategorie ist die der *Substanz*. Sie bezeichnet das einem Gegenstand Zugrundeliegende, das Wesentliche und das Bleibende an ihm. Sie ist selbstständig, existiert ohne Bezug auf ein anderes. Alle anderen Kategorien sind akzidentiell; sie sind unselbstständig und existieren immer in bezug auf ein anderes.

Im Bereich der *praktischen Philosophie*, wo es um unselbstständige und veränderliche Gegenstände geht, ist die Unterscheidung von *Herstellen* und *Handeln* von zentraler Bedeutung. Das Herstellen von Gebrauchsgegenständen hat seinen Zweck außerhalb seines selbst. Die Tätigkeit gilt als Mittel für andere Zwecke. Die handwerkliche Tätigkeit ist ein Mittel zur Herstellung von Gegenständen. Eine (praktische) Handlung ist kein Mittel für andere Zwecke; sie hat ihren Zweck in sich selbst.

Für das Vollziehen und Beurteilen von Handlungen ist ein praktisches Wissen notwendig, das Aristoteles *Phronesis* nennet. Es meint die Einsicht in die Prinzipien und Gründe des Handelns und die Anwendung dieser Prinzipien auf konkrete Handlungen.

Als oberster Zweck des Handelns wird das *gute Leben* in der Gemeinschaft, in der griechischen *Polis*, bezeichnet. Das Gute ist das, wonach ein Seiendes strebt, die Verwirklichung seines Wesens, d. h. seiner Vermögen und Fähigkeiten.

Das höchste Gut des Menschen ist die *Glückseligkeit* (griech. »eudaimonia«). Nur ein tugendhaftes und vernünftiges Leben in der Gemeinschaft kann zur Glückseligkeit führen.

Aristoteles unterscheidet zwischen *dianoetischen* und *ethischen Tugenden*. Zu den dianoetischen Tugenden (sie werden auch »Verstandestugenden« genannt) zählen: Weisheit, Klugheit, Wissen, Wohlberatenheit und Können. Ihre Beherrschung ermöglicht die Erkenntnis der Wahrheit. Als ethische Tugend wird die Fähigkeit bezeichnet, die rechte Mitte zwischen zwei Extremen zu finden. So liegt z. B. die Tapferkeit zwischen Tollkühnheit und Feigheit.

Der Mensch ist ein soziales, Staaten bildendes Wesen (griech. »zoon politikon«), das sich nur in der Gemeinschaft entfalten und glücklich werden kann.

Die höchste Form der Gemeinschaft ist der *Staat*. Er gründet in der Natur des Menschen. Aristoteles unterscheidet folgende Staatsformen: Monarchie, Aristokratie, Politie (Bürgerstaat), Tyrannei, Oligarchie und Demokratie. Er bevorzugt die Staatsform der *Aristokratie*, die Herrschaft der Besten. Zwischen den einzelnen Staatsformen bzw. deren Verfassungen sind auch Mischformen möglich. Auf Aristoteles geht auch die Aufteilung der Staatsorgane in beratende, ausführende und Recht sprechende zurück.

Unter *Aristotelismus* bezeichnet man philosophische Positionen, die an die Lehre des Aristoteles anknüpfen. Sie wurde in der sog »peripatetischen Schule« (Theophrast) weiter entwickelt. Wichtige Impulse erhielten von Aristoteles Averroës und Maimonides. In der Scholastik des 13. Jh. wurde die Philosophie des Aristoteles mit christlich-theologischen Elementen in Verbindung gebracht (u.a. bei Albertus Magnus und Thomas von Aquin). Im 19. Jh. kam es zu einer Wiederbelebung seiner Philosophie (Trendelenburg, Brentano, Hartmann).

Werke von Aristoteles: Werke in deutscher Übersetzung, 20 Bde., E. Grumach/H. Flashar (Hg.), 1956ff.

Literatur zu Aristoteles: W. Bröcker, Aristoteles, 1935; W. Wieland, Die aristotelische Physik, 1962; I. Düring, Aristoteles, 1966; W. Jaeger, Aristoteles. Grundlegung einer Geschichte seiner Entwicklung, 1967[3]; E. R. Sandvoss, Aristoteles, 1981; E. Tugendhat, Ti kata tinos. Eine Untersuchung zu Struktur und Ursprung aristotelischer Grundbegriffe, 1982[3]; J. Barnes, Aristoteles, 1992; Ch. Rapp, Aristoteles zur Einführung, 2001; Ch. Mueller-Goldingen, Aristoteles, 2003.

AUGUSTINUS: der römische Philosoph und Theologe wurde am 13. 11. 354 in Thagaste in der damals römischen Provinz Numidien (Nordafrika) geboren. Sein Vater Patricius war ein Beamter und Anhänger des römischen Götterglaubens, seine Mutter Monnica eine überzeugte

Christin, die die geistige Entwicklung des Sohnes entscheidend beeinflusste. Augustinus studierte in Karthago Rhetorik und wurde 375 Lehrer in diesem Fach. Die Lektüre der von Cicero verfassten, verlorengegangenen Schrift »Hortesius« führte ihn zur Beschäftigung mit Philosophie. Im Vergleich dazu erschien ihm damals die Heilige Schrift als geistig wertlos. Im Laufe seiner weiteren intellektuellen Entwicklung setzte er sich mit dem Manichäismus auseinander, einer aus Persien stammenden Lehre, der zufolge die Welt von zwei Grundprinzipien, dem Guten und dem Bösen, beherrscht wird. 383 geht Augustinus nach Rom, 384 nach Mailand, wo er Rhetorik unterrichtet. In Mailand wird er durch den christlich geprägten Neuplatonismus, insbesondere durch die Predigten des Mailänder Bischofs Ambrosius maßgeblich beeinflusst. In das Jahr 386 fällt seine Bekehrung zum Christentum. Das Bekehrungserlebnis, das sog. »Gartenerlebnis« von Mailand, wird in seiner heute bekanntesten Schrift, den »confessiones« (entst. um 400; dt. »Bekenntnisse«, 1950), geschildert. Augustinus wird 387 von Ambrosius getauft, gibt sein Amt als Rhetoriklehrer auf und führt in den nächsten Jahren ein von der christlichen Askese und von philosophischen Gesprächen geprägtes Leben, zunächst in Cassiciacum und Mailand, dann in Rom und seiner Heimatstadt Thagaste. Auf einer Reise nach Hippo Regius wird er 391 zum Priester berufen. Von 396 bis zu seinem Tode am 28. 8. 430 ist er Bischof in dieser nordafrikanischen Stadt.

Augustinus ist der bedeutendste Vertreter der *Patristik*, einer Hauptströmung der christlichen Philosophie (vom 1. bis ca. 7. Jh. n. Chr.). *Christlicher Glaube* und *Philosophie*, insbesondere die Philosophie Platons und des Neuplatonikers Plotin, bilden für ihn eine Einheit. Das Christentum ist für ihn die wahre Philosophie und das legitime Erbe des Platonismus. Die dem Christentum entstammenden Gedanken können in philosophischer Sprache ausgedrückt werden, die wichtigsten Grundsätze des christlichen Glaubens können philosophisch bewiesen werden.

Von Augustinus stammt der berühmte Satz: »Ich glaube, damit ich erkennen kann« (lat. »credo, ut intelligam«). Wie ist dieser Satz zu verstehen? Maßgebend für Augustinus ist die platonische Unterscheidung zwischen der Welt der veränderlichen und vergänglichen *Einzeldinge* (Erscheinungswelt) und der Welt der ewigen und unveränderlichen *Ideen* (Ideenwelt).

Die Dinge der Erscheinungswelt werden sinnlich wahrgenommen, die Ideen bzw. höhere Wahrheiten können nur mittels der Vernunft erkannt werden. Die Gegenstände der Vernunfterkenntnis sind also ewig und unveränderlich; sie gehören zu einer nicht-wahrnehmbaren (intelligiblen) Welt. Ethische Prinzipien oder mathematische Grundsätze können als Beispiele für Vernunfterkenntnis angesehen werden.

Das *göttliche Licht* erleuchtet den menschlichen Geist bzw. Intellekt und befähigt ihn dazu, die Vernunftwahrheiten zu erkennen. Anders ausgedrückt: Die im Glauben erfahrene göttliche Erleuchtung ermöglicht erst die Erkenntnis der Vernunftwahrheiten.

Die höchste Erkenntnis ist die *Erkenntnis Gottes*. Sie kann in einem gedanklichen (philosophischen) Aufstieg erreicht werden (auch hier sind Ähnlichkeiten mit dem platonischen Gedanken des Aufstiegs zu den Ideen und dem neuplatonischen Gedanken einer Hierarchie von Erkenntnis- und Seinsstufen deutlich zu erkennen).

Zur Erkenntnis Gottes kann man nur dann gelangen, wenn man sich von den veränderlichen, vergänglichen und sinnlich wahrnehmbaren Einzeldingen abwendet und über die Stufe der menschlichen Seele zu Gott aufsteigt. Gott wird dabei als *das höchste Seiende* bezeichnet.

Von besonderer Bedeutung für die Philosophie sind die Augustinischen Überlegungen zum Begriff der *Zeit* in den »Bekenntnissen«. Augustinus fragt: »Was ist Zeit?«, »Wie kann die Zeit gemessen werden?« Zeit ist für ihn nicht die Dauer eines bestimmten in der Natur beobachtbaren Prozesses bzw. einer Bewegung, vielmehr spielt sie sich in der menschlichen Seele bzw. im menschlichen Bewusstsein ab. Zeit ist somit an das menschliche Bewusstsein gebunden – es gibt keine Zeit ohne Bewusstsein (psychologischer Zeitbegriff).

Die Vergangenheit wird in Form von Bildern im Gedächtnis gespeichert. Auf diese Weise verfügt das Bewusstsein in der Gegenwart über die Vergangenheit in Form von Erinnerungen und es verfügt über eine Zukunft in Form von Plänen, Vorwegnahmen, Zukunftsvisionen usw. Gegenwart, Vergangenheit und Zukunft »existieren« somit im menschlichen Bewusstsein.

Für die Theologie ist die von Augustinus vorgeschlagene Lösung des *Theodizeeproblems* (Theodizee: Rechtfertigung Gottes) von besonderer Wichtigkeit. Die Frage der Theodizee kautet: Wie kann die Allmächtigkeit und Güte Gottes mit dem Übel bzw. mit dem Bösen in der Welt vereinbart werden? Das Übel/Böse ist für Augustinus ein Mangel, die »Privation«, bzw. eine Abwesenheit des Guten.

Nur dem Guten kommt die wahre Existenz zu. Das Böse ist nicht das Produkt Gottes, sondern des Menschen, genauer: die Folge seines freien Willens. Es kommt dann in die Welt, wenn der Mensch sündigt, d.h. wenn er sich von Gott abwendet und sich selbst zum Mittelpunkt macht. Das Böse ist die Folge der Sünde.

In seinem Werk »De civitate Dei« (entst. 413-426; dt. »Vom Gottesstaat«, 1955) entwickelt Augustinus seine geschichtsphilosophische und staatstheoretische Konzeption. Er lehnt darin die in der Antike herrschende Deutung der Geschichte als eines sich ewig wiederholenden Kreislaufs ab. Statt dessen wird Geschichte als ein Kampf zwischen zwei »Reichen«, dem *Reich der Gottesbürger* (lat. »civitas dei«) und dem *Reich der der Selbstliebe verfallenen Bürger* (lat. »civitas terrena«), betrachtet. Im ersten Reich leben die Menschen in Übereinstimmung mit den Gesetzen Gottes, im zweiten weichen sie von ihnen ab.

Es handelt sich hierbei nicht um zwei real existierende Reiche, sondern um zwei fiktive Modelle bzw. »Prinzipien« der Weltgeschichte. In der realen Welt durchdringen beide Reiche einander. Erst nach dem jüngsten Gericht werden sich die beiden Reiche voneinander trennen. Die Gottesfürchtigen werden nach dieser Trennung wahre Glückseligkeit erreichen.

Augustinus übt auf die christliche Philosophie und Theologie bis in die heutige Zeit einen großen Einfluss aus.

Weitere Werke von Augustinus: Werke in deutscher Sprache, C. J. Perl (Hg.), 1950ff.

Literatur zu Augustinus: S. Gilson, Der heilige Augustinus. Eine Einführung in seine Lehre, 1930; H. Jonas, Augustinus und das paulinische Freiheitsproblem, 1965²; W. v. Loewenich, Augustinus. Leben und Werk, 1965; A. Schöpf, Augustinus. Eine Einführung in sein Philosophieren, 1970; C. Richter (Hg.), Das Leben des heiligen Augustinus, 1984; C. P. Mayer (Hg.), Augustinus-Lexikon, 1986ff.; K. Flasch, Augustinus. Einführung in sein Denken, 1994²; W. Geerlings, Augustinus, 2002; H. Ch. Schmidbaur, Augustinus begegnen, 2003; N. Fischer (Hg.), Freiheit und Gnade in Augustins Confessiones, 2003.

AUSTIN, JOHN LANGSHAW: der englische Philosoph wurde am 26. 3. 1911 in Lancaster geboren. Er studierte ab 1929 zunächst klassische Philologie in Oxford (Balliol College), später Philosophie. Von 1933-1935 war er Fellow am All Souls College (Oxford), danach Fellow und Tutor für Philosophie am

Magdalen College ebendort. Während des Zweiten Weltkrieges war er Offizier beim britischen Geheimdienst. Austin wurde 1952 White's Professor für Moralphilosophie in Oxford und hatte seitdem zahlreiche Gastprofessuren inne, u.a. in Harvard und Berkeley. Er starb am 8. 2. 1960 in Oxford.

Austin ist ein herausragender Vertreter der sog. *Philosophie der normalen Sprache* (engl. »Ordinary language philosophy«). Sie ist neben der *Philosophie der idealen Sprache* (engl. »Ideal language philosophy«) eine der beiden Hauptrichtungen der *Analytischen Philosophie*. In beiden Richtungen wird versucht, philosophische Probleme mittels einer Analyse der Sprache zu klären. Während in der Philosophie der idealen Sprache zu diesem Zweck eine ideale Sprache aufgebaut wird, dient in der Philosophie der normalen Sprache diesem Zweck die Analyse der Alltags- bzw. Gebrauchssprache.

Der Grundsatz der Philosophie der normalen Sprache stammt von Ludwig Wittgenstein und lautet: »Die Bedeutung eines Ausdrucks ist sein Gebrauch in der Sprache«. Die Bedeutung eines sprachlichen Ausdrucks zeigt sich in seinem Gebrauch in der Alltagssprache.

Entscheidend für die Analyse der Bedeutung eines Ausdrucks ist der *Kontext* bzw. die konkrete Situation, in der dieser Ausdruck gebraucht wird. Ein und dasselbe Wort kann je nach Kontext unterschiedliche Bedeutungen haben. Das Wort »Bank« kann je nach Kontext eine Sitzgelegenheit oder ein Kreditinstitut bezeichnen. Der Satz »Geben Sie mir das Geld zurück« kann je nach Kontext als eine Bitte, eine Aufforderung oder als eine Warnung gebraucht werden.

Austin gilt als Begründer der *Sprechakttheorie*, einer Theorie, in der sprachliche Äußerungen als *Handlungen* (Sprechakte) betrachtet werden (die Sprechakttheorie gehört zur Pragmatik, der »Lehre von Handlungen«). Die Sprache ist nicht nur dazu da, die Welt zu beschreiben, vielmehr können wir mit sprachlichen Äußerungen Handlungen vollziehen.

In seinem Hauptwerk »How to do things with words« (1962; dt. »Zur Theorie der Sprechakte«, 1972) unterscheidet Austin anfänglich zwischen *konstativen* und *performativen Äußerungen*. Mit konstativen Äußerungen stellen wir etwas in der Welt fest, behaupten oder beschreiben etwas (Beispiel: »Rudolf ist ein Philosoph«). Demnach sind solche Äußerungen Feststellungen, Behauptungen oder Beschreibungen. Sie können wahr oder falsch sein.

Mit performativen Äußerungen vollziehen wir Handlungen. Beispiel: Mit der Äußerung »Ich verspreche Dir, dass ich Dir morgen das Geld zurückgeben werde« vollziehen wir die Handlung des Versprechens. Solche Äußerungen sind weder wahr noch falsch, sie können entweder gelingen oder misslingen.

Im Laufe seiner weiteren Untersuchungen gibt Austin die strikte Unterscheidung zwischen konstativen und performativen Äußerungen auf. Auch konstative Äußerungen haben einen performativen Charakter, auch sie stellen Handlungen/Sprechakte dar. Mit der Äußerung »Rudolf ist ein Philosoph« wird die Handlung des Feststellens vollzogen.

Jeder Sprechakt besteht nach Austin aus drei Teilakten: dem *lokutionären*, *illokutionären* und *perlokutionären* Akt. Der lokutionäre Akt besteht darin, *dass* man etwas sagt (zu ihm gehören: die Äußerung von Lauten, Wörtern und die Bedeutung einer Äußerung); der illokutionäre Akt ist die Handlung, die man ausführt, indem man etwas sagt (mit einer Äußerung kann ein Versprechen abgegeben, eine Warnung ausgesprochen, eine Frage gestellt werden); der perlokutionäre Akt bezeichnet die Wirkung, die mit einer Äußerung gemacht wird (wenn z. B. der Adressat einer Aufforderung dieser Folge leistet, so wurde ein perlokutionärer Effekt, eine Wirkung auf den Adressaten, erzielt).

Austins Ansatz hatte einen grossen Einfluss auf die Sprachphilosophie und auf die Linguistik. Die Sprechakttheorie wurde u. a. von J. R. Searle und von J. Habermas weiterentwickelt.

Weitere Werke von Austin: Philosophical papers, 1961 (dt. Wort und Bedeutung, 1975); Sense and sensibilia, 1962 (dt. Sinn und Sinnerfahrung, 1976).

Literatur zu Austin: J. R. Searle, Sprechakte, 1971; E. v. Savigny, Die Philosophie der normalen Sprache, 1974; D. Wunderlich, Studien zur Sprechakttheorie, 1976; G. Meggle (Hg.), Handlung, Kommunikation, Bedeutung, 1979; S. C. Levinson, Pragmatics, 1983; J. J. DiGiovanna, Linguistic phenomenology, 1988; S. Krämer, Sprache – Sprechakt – Kommunikation, 2001; G. Hindelang, Einführung in die Sprechakttheorie, 2004[4].

B

BACON, FRANCIS (Baron von Verulam): der englische Staatsmann und Philosoph wurde am 22. 1. 1561 in London geboren. Nach dem Studium der Jurisprudenz in Cambridge und London wurde er mit 23 Jahren

Abgeordneter im Unterhaus. Hierzu verhalf ihm seine Freundschaft mit dem Grafen von Essex. Um seine politische Karriere zu beschleunigen, stellte er sich ganz in den Dienst des englischen Königshauses. Auf Befehl der Königin betrieb er die Verurteilung seines Gönners, des Grafen von Essex, wegen Hochverrats. 1607 wurde Bacon oberster Kronanwalt, 1613 Justizminister, 1617 Großsiegelbewahrer, 1618 Lordkanzler und Baron von Verulam. 1621 wurde Bacon wegen Korruption verurteilt. Er entging zwar einer Gefängnisstrafe, alle seine Ämter und Würden wurden ihm jedoch aberkannt. Er starb am 9.4.1626 in London.

Bacon kann als einer der Begründer des modernen *technisch-wissenschaftlichen Weltbildes* bezeichnet werden. Wissenschaften und Philosophie sollen sich auf die durch Beobachtung und Experiment nachprüfbare Erfahrung (Empirie) stützen. *Empirische Erfahrung* wird zur einzig sicheren Quelle der Erkenntnis. Somit ist Bacon der Vorläufer des englischen Empirismus. Seine Werke sind für die Entwicklung der modernen naturwissenschaftlichen Methodologie und Denkweise maßgebend. In seiner Begrifflichkeit lehnt er sich jedoch sehr stark an die von Platon und Aristoteles beeinflusste Tradition der Scholastik an. Er steht noch mit einem Bein im Mittelalter, mit dem anderen in der Neuzeit.

Wissenschaftliche Methode muss sich auf Beobachtung und Experiment stützen. Durch Beobachtung und Experiment können wissenschaftliche Erkenntnisse nachgeprüft bzw. ausgewiesen werden. Sie basieren auf dem Gebrauch der menschlichen Vernunft und können deshalb als rational bezeichnet werden. Im Gegensatz dazu basiert der Offenbarungsglaube in der Religion nicht auf Beobachtung und Experiment.

Die Frage nach der Beschaffenheit der menschlichen Seele, z. B. ihrer Vermögen, kann nur von der rationalen Psychologie beantwortet werden (sie ist eine Frage des Wissens), die nach der Unsterblichkeit der Seele ist eine Frage des Glaubens.

Von besonderer Wichtigkeit für die Folgezeit ist Bacons Kritik an den *Idolen*. In seinem Hauptwerk »Novum Organum« (1620; dt. »Neues Organ der Wissenschaft«, 1830) bestimmt er Idole als Trugbilder bzw. Vorurteile, die eine rationale, wissenschaftliche Erkenntnis verunmöglichen. Bacons Kritik wird auch als *Idolenlehre* bezeichnet.

Er unterscheidet vier Arten von Idolen: 1) die Idole der menschlichen Gattung (lat. »idola tribus«) sind unsere Neigungen, den Menschen zum Maßstab der Natur zu machen und in ihr menschliche Eigenschaften zu sehen; 2) die Idole der Höhle (lat. »idola specus«) sind individuelle Vorlieben, Wünsche und Standpunkte; 3) die Idole des Marktes bzw. der Gesellschaft (lat. »idola fori«) sind sozio-kulturelle Vorurteile, die meist durch falsche Zuordnung der Wörter zu den Dingen, also durch falschen Sprachgebrauch entstehen; 4) die Idole des Theaters (lat. »idola theatri«) sind Neigungen, sich an überlieferten Meinungen der Autoritäten, philosophischen Schulen und Kirchen zu orientieren, ohne sie in Frage zu stellen. Nur wenn man sich von diesen Vorurteilen befreit, kann man rational, d. h. gemäß der menschlichen Vernunft, denken und zur wahren Erkenntnis gelangen.

Für die Gewinnung wissenschaftlicher Erkenntnis ist die Methode der *Induktion* von zentraler Bedeutung. Gemäß dieser Methode wird von Einzelfällen, genauer: einzelnen Beobachtungen, auf das Allgemeine, auf allgemeine Regelmäßigkeiten und Naturgesetze geschlossen. Bacon spricht von einem Aufstieg von Einzelbeobachtungen zu allgemeinen Erkenntnissen.

Die gesellschaftlich-politische Vision Bacons wird in seinem utopischen Roman »New Atlantis« (1626; dt. »Neu Atlantis«, 1890) geschildert. Bacon ist ein großer Verfechter der technisch-wissenschaftlichen Entwicklung und der technisch-wissenschaftlichen Beherrschung der Natur und des Lebens. Wissenschaftliche Erkenntnis soll zur vollkommenen Herrschaft über die Natur führen. Das mit Hilfe der Wissenschaften gewonnene Wissen ist nach Bacon Macht. Durch den technisch-wissenschaftlichen Fortschritt sollen die Bedürfnisse der Menschen hinreichend befriedigt werden. Auf diese Weise kann der Frieden in der Gesellschaft gewährleistet werden.

Weitere Werke von Bacon: The works of Francis Bacon, J. Spedding (Hg.), 1857-74, Neudruck 1963.

Literatur zu Bacon: E. Lewalter, Francis Bacon. Ein Leben zwischen Tat und Gedanke, 1939; F. H. Anderson, The Philosophy of Francis Bacon, 1948; H. Blumenberg, Rechtfertigungen der Neugierde als Vorbereitung der Aufklärung, in: Ders., Der Prozess der theoretischen Neugier, 1984³; W. Krohn, Francis Bacon, 1987; W. Röd, Von Francis Bacon bis Spinoza, 1999²; S. Gaukroger, Francis Bacon and the transformation of early-modern philosophy, 2001.

BARTH, KARL: der Schweizer Theologe wurde am 10. 5. 1886 in Basel geboren. Er studierte in Bern, Berlin, Tübingen und Marburg Theologie. 1909 wurde er Hilfsprediger in Genf, 1911 Pfarrer in Safenwil (Schweiz). 1921 wurde er zum Professor für reformierte Theologie in Göttingen berufen. 1925 wurde er Professor für Theologie in Münster, 1930 in Bonn. In den 30er Jahren war er aktiver Gegner des Nationalsozialismus. In diesem Zusammenhang kritisierte er die Bestrebungen

national gesinnter Christen, insbesondere der »Deutschen Christen«, die göttliche Offenbarung an ein bestimmtes Volkstum zu binden. Nachdem er den Eid auf Hitler abgelehnt hatte, musste er 1935 Deutschland verlassen. Im selben Jahr erhielt er eine Professur in Basel. Er starb dort am 10. 12. 1968.

Barth war zeitlebens ein sozial und politisch engagierter Theologe. Seit 1915 war er Mitglied der Sozialdemokratischen Partei der Schweiz, 1932 wurde er Mitglied der SPD. Er setzte sich schon sehr früh für die Interessen der Arbeiter ein. Der Glaube an Gott und der Kampf um eine bessere, gerechtere Gesellschaft gehören für ihn zusammen. Der Christ soll sich für die Befreiung der Unterdrückten einsetzen. Barths politische Position kann daher als *religiöser Sozialismus* bezeichnet werden.

Barth ist der Begründer der *Dialektischen Theologie* und der Glaubensbewegung der »Bekennenden Kirche«. Entscheidend ist für ihn die strikte *Trennung von Gott und Welt.* Gott steht dabei als höchstes Wesen über der Welt und damit über dem Menschen. Alle menschlichen Belange werden letztlich von Gott bestimmt. Der Mensch kann von sich aus Gott nicht erfahren. Gott kann sich dem Menschen nur *offenbaren.*

Auch der *Glaube* kann dem Menschen nur von Gott aus Gnade »gegeben« werden. Die Existenz Gottes kann vom Menschen nicht bewiesen werden. Auch die Erkenntnis Gottes, ein Wissen von ihm, ist nicht möglich. Der Mensch kann sich daher nur an der Offenbarung der göttlichen Wahrheit durch Jesus Christus orientieren. Über Gott kann man eigentlich nicht reden, man kann über ihn keine positiven Aussagen machen.

Dennoch reden wir über ihn und versuchen mittels des Verstandes zu begreifen. Daher entsteht, so Barth, eine *dialektische Spannung* zwischen dem Reden über Gott und Gottes Wirken in der Welt.

Wissenschaftliche Erkenntnis, also Verstandeserkenntnis, und auch das politische Handeln werden vom Offenbarungsglauben bzw. von Glaubensfragen strikt getrennt. Wissenschaftliche Erkenntnis und politisches Handeln beziehen sich auf die Welt und nicht auf Gott. Die strikte Trennung von Politik und Theologie, von Welt und Gott wird in seinem Spätwerk immer mehr aufgehoben.

Werke von Barth: Der Römerbrief, 1918; Das Wort Gottes und die Theologie, 1925; Kirchliche Dogmatik, 1932-67; Evangelium und Gesetz, 1935; Credo, 1935; Die protestantische Theologie im 19. Jh., 1947; Theologische Fragen und Antworten, 1957.

Literatur zu Barth: H. U. von Balthasar, Karl Barth, 1976[4]; E. Jüngel, Barth-Studien, 1982; O. Weber, Karl Barths kirchliche Dogmatik, 1984[10]; E. Busch, Karl Barth, 1993[5]; Ch. Frey, Die Theologie Karl Barths, 1994[2]; E. Busch, Die große Leidenschaft, 2001[2]; M. Fischer, Was ist Offenbarung?, 2003.

BAUMGARTEN, ALEXANDER GOTTLIEB: der deutsche Philosoph wurde am 17. 6. 1714 in Berlin geboren. Er studierte zunächst Theologie, dann Philosophie in Halle. 1737 wurde er in Halle zum Professor für Philosophie berufen. 1740 folgte eine Berufung als Professor für Philosophie an die Universität Frankfurt an der Oder. An beiden Universitäten unterrichtete er vor allem

Ästhetik (die »Lehre vom Schönen«). Baumgarten verfasste seine Schriften in lateinischer Sprache. Er starb am 27. 5. 1762 in Frankfurt an der Oder.

Baumgarten knüpft in seinen Überlegungen an die Philosophie von Leibniz und Wolff an (er war der berühmteste Schüler von Wolff). Er steht insofern in der Tradition der deutschen Aufklärung und gilt als ein Vorläufer Kants. Sein Werk »Metaphysica« (1738) wurde später von Kant als Vorlage für seine Vorlesungen benutzt.

Baumgarten führt in Deutschland die *Ästhetik* als eigenständige philosophische Disziplin ein. Sie gehört zur Erkenntnistheorie (Gnoseologie). Im weiteren Sinne des Wortes ist Ästhetik die Wissenschaft von der sinnlichen Erkenntnis, im engeren Sinne die Wissenschaft von den freien Künsten (vgl. »Aestetica«, I-II, 1750).

Als *Aufklärer* betont Baumgarten zwar die herrschende Rolle der Vernunft, lehnt jedoch die von Leibniz und Wolff vertretene Abwertung der sinnlichen Erkenntnis, des unteren Erkenntnisvermögens, ab. *Sinnliche Erkenntnis* wird als ein eigenständiges und gleichberechtigtes Erkenntnisvermögen neben das rationale Denken gestellt, genauer: sie ergänzt das rationale Denken.

Das menschliche Erkennen kann nur dann angemessen begriffen werden, wenn die sinnliche Erkenntnis in den Erkenntnisprozess einbezogen wird. Baumgarten ist damit der Vorbereiter der Kantischen Lehre von der spezifischen Funktion der Sinnlichkeit für die Erkenntnis.

Die Ästhetik als die Lehre von den freien Künsten gliedert sich in einen *theoretischen* und einen *praktischen Teil*. Zum theoretischen Teil gehören die Verfahren/Methoden der Erkenntnisgewinnung und die Lehre von Zeichen, zum praktischen Teil Anleitungen für die Herstellung von Kunstwerken. Die Ästhetik umfasst also beides: das theoretische Nachdenken über die Kunst und die praktische Anwendung von Regeln der Wissenschaft vom Schönen.

Weitere Werke von Baumgarten: Ethica philosophica, 1740; Acroasis logica, 1761; Philosophia generalis, 1770.

Literatur zu Baumgarten: E. Bergmann, Die Begründung der deutschen Ästhetik durch A. G. Baumgarten und G. F. Meier, 1911; U. Franke, Kunst als Erkenntnis, 1972; H. R. Schweizer, Ästhetik als Philosophie der sinnlichen Erkenntnis, 1973; H.-M. Schmidt, Sinnlichkeit und Verstand, 1978; M. Jäger, Kommentierende Einführung in Baumgartens »Aestetica«, 1980; E. Witte, Logik ohne Dornen, 2000; S. W. Groß, Felix aestheticus, 2001.

BENTHAM, JEREMY: der englische Jurist und Philosoph wurde am 15. 2. 1748 in London geboren. Er studierte von 1763 bis 1766 Rechtswissenschaft in Oxford. Sein Interesse richtete sich vor allem auf juristische und rechtsphilosophische Probleme. Er wurde zum Gegner der damals herrschenden Rechtsordnung und zum Befürworter von tiefgreifenden Reformen. Zu diesen Reformen gehörten: mehr Demokratie, Ausdehnung des Wahlrechts, geheime Wahlen und die Umgestaltung des Strafrechts. In seinem Buch »Fragment on Government« (1776) unterzog er die englische Verfassung einer radikalen Kritik. Zu seinen Schülern gehören: J. St. Mill, D. Ricardo, P. E. L. Dumont und H. Spencer. Bentham starb am 6.6. 1832.

Bentham gilt als Begründer des *Utilitarismus*, einer Lehre, wonach der *Nutzen* den höchsten Zweck des Handelns darstellt. Er geht davon aus, dass jeder Einzelne selbst am besten feststellen kann, was für ihn nützlich oder am nützlichsten ist. Das Nützlichkeitsprinzip wird zum höchsten Grundsatz des Handelns.

In seinem moralphilosophischen Hauptwerk »An Introduction to the Principles of Morals and Legislation« (1789) betont er, dass die Menschen nach Vermehrung von Lust und nach Vermeidung von Schmerz streben. Dieses Streben stellt eine nicht hintergehbare Tatsache dar.

Die Lust und alles, was Lust erzeugt, ist demnach das höchste Gut. Es kommt darauf an, die Handlungen auszuführen, die den höchsten Anteil an Lust mit sich bringen und damit auch für den Einzelnen am nützlichsten sind. Lustbringende Handlungen sind also nützliche Handlungen.

Die Lust kann nach verschiedenen Faktoren berechnet werden, z.B. nach Intensität und Dauer, im Hinblick auf die Wahrscheinlichkeit ihres Auftretens, nach ihren Folgen und nach der Anzahl der Personen, die sie haben.

Die Vermehrung von Lust führt zu einem *glücklichen Leben*. Handlungen sollen jedoch nicht nur das individuelle Glück, sondern auch das Glück bzw. Wohlergehen der Gemeinschaft fördern. Es besteht nach Bentham kein Widerspruch zwischen individuellem und gemeinschaftlichem Wohlergehen. Im Gegenteil: Wenn der Einzelne sein persönliches Wohlergehen steigert, fördert er damit auch das Wohlergehen der Anderen. Das Wohlergehen der Gemeinschaft ist die Summe des Strebens der einzelnen Individuen nach Lust und Glück.

Das Ziel des sittlichen Handelns ist das »größtmögliche Glück der größtmöglichen Anzahl«. Ein extremer Egoismus muss daher abgelehnt werden. Aus »wohlverstandenem Interesse« soll auch das Wohlergehen der anderen Menschen berücksichtigt werden; der Einzelne muss dazu fähig sein, über seine egoistischen Interessen hinauszugehen, um einen gemeinschaftlichen Nutzen zu erbringen.

Bentham hatte einen starken Einfluss auf Reformbestrebungen in England, Frankreich und den Vereinigten Staaten und auf die Weiterentwicklung des Utilitarismus bzw. der utilitaristischen Ethik.

Weitere Werke von Bentham: The Works of Jeremy Bentham, I-XI, J. Bowring (Hg.), 1838-1843 (repr. New York 1976); The Collected Works, J. H. Burns, 1968ff.

Literatur zu Bentham: D. Baumgard, Bentham and the Ethics of Today, 1952; O. Höffe, Einführung in die utilitaristische Ethik, 1975; D. G. Long, Bentham on Liberty, 1977; W. Kohler, Zur Geschichte und Struktur der utilitaristischen Ethik, 1979; M. Baurmann, Folgenorientierung und subjektive Verantwortlichkeit, 1981; J.-A. Miller, Utilitarismus, 1996; W. Hofmann, Politik des aufgeklärten Glücks, 2002.

BERGSON, HENRI-LOUIS: der französische Philosoph wurde am 18. 10. 1859 als Sohn jüdischer Eltern in Paris geboren. Er besuchte die Universität »École normale supérieure«. Nach langjähriger Tätigkeit als Gymnasiallehrer, zunächst in Angers, dann in Clermont-Ferrand und schließlich in Paris, wurde er 1900 Professor für griechische und lateinische Philosophie, 1904 für zeitgenössische Philosophie am »Collège de France«. 1914 wurde er

zum Mitglied der »Akadémie Française« gewählt. Er erhielt 1927 den Nobelpreis für Literatur. Bergson war ein politisch engagierter Denker. 1922 wurde er Präsident der »Völkerbundkomission für geistige Zusammenarbeit«. Er beeinflusste u.a. den Schriftsteller Marcel Proust. Seine Vorlesungen am Collège de France zogen berühmte Persönlichkeiten des geistigen Lebens aus der ganzen Welt an. Er starb am 4. 1. 1941 in Paris.

Bergson kann als ein *Lebensphilosoph* bezeichnet werden. In seinem Hauptwerk »L'évolution créatrice« (1907, dt. »Schöpferische Entwicklung«, 1912) betont er, dass das gesamte Geschehen im Universum, insbesondere seine Bewegungsgesetze, aus dem Begriff des Lebens erklärt werden sollen. Die *schöpferische Lebenskraft*, die das ganze Universum durchdringt und seine Entwicklung vorantreibt, nennt er »élan vital«. Es ist das allem Geschehen zugrundeliegende Lebensprinzip. Die höchste Stufe der von diesem Prinzip bewirkten Entwicklung ist der Mensch, genauer: sein Bewusstsein.

Bergson kritisiert das vom *Verstand* geleitete Denken, das seine deutlichste Ausprägung in Wissenschaft und Technik findet. Der Verstand ist nicht in der Lage, das Wesen der Wirklichkeit, den »élan vital«, zu erfassen. Für den Verstand ist die Wirklichkeit etwas räumlich Ausgedehntes und Materielles. Sie besteht aus Teilen, die gezählt und gemessen werden können. Auch die Zeit wird in Analogie zur räumlichen Messung aufgeteilt und gemessen.

Nur die *Intuition* kann sich diesem räumlich-messenden Zugriff des Verstandes entziehen und damit das Wesen der Wirklichkeit erfassen. Der mechanistische Zeitbegriff, wonach die Zeit als etwas Aufteilbares und Messbares, z.B. als eine Gerade, bestimmt wird, wird von Bergson als für die Erfassung des Wesens der Wirklichkeit ungeeignet abgelehnt.

Er spricht statt dessen von der *reinen Dauer* (franz. »durée«), die in der Intuition erfasst werden kann.

Die reine Dauer ist ein *Erlebnis-* bzw. *Bewusstseinsstrom*. Sie ist das kontinuierliche Fließen der Zeit, wobei die Zeit nicht in irgendwelche Einheiten aufgeteilt bzw. als Abfolge von getrennten Zuständen verstanden wird. Die Zeit ist an das menschliche Bewusstsein gebunden, das der Erfassung der Zeit und der Wirklichkeit zugrunde liegt. Nach Bergson ist die reine Dauer die Bedingung für die menschliche Freiheit.

Bergsons Religionsphilosophie ist sehr stark vom *Christentum* beeinflusst. Die schöpferische Lebenskraft kann sich in einer christlichen Gemeinschaft, in der Freiheit und Liebe herrschen, am besten entfalten. Die christliche Moral ist für die der schöpferischen Lebenskraft gemäße Lebensgestaltung maßgebend.

Weitere Werke von Bergson: Essai sur les données immédiates de la conscience, 1889 (dt. Zeit und Freiheit, 1911); Matière et mémoire, 1896 (dt. Materie und Gedächtnis, 1908); La pensée et le mouvant, 1934 (dt. Denken und schöpferisches Werden, 1948).

Literatur zu Bergson: ; C. A. Teodorescu, Die Erkenntnislehre Bergsons, 1914; R. Ingarden, Intuition und Intellekt bei Henri Bergson, 1921; H. Rickert, Die Philosophie des Lebens, 1922; T. Hanna (Hg.), The Bergsonian Heritage, 1962; G. Deleuze, Le Bergsonisme, 1966; G. Deleuze, Henri Bergson zur Einführung, 2001; M. Vrhunc, Bild und Wirklichkeit, 2002.

BERKELEY, GEORGE: der irische Philosoph und Theologe wurde am 12. 3. 1685 in Kilkenny geboren. Er studierte Philosophie, alte Sprachen, Mathematik und Theologie am »Trinity College« in Dublin.

1707 wurde er dort Dozent. Von 1713 bis 1720 unternahm er Reisen durch Italien und Frankreich. 1724 wurde er Domprobst in Derry. Von 1728 bis 1731 versuchte er auf den Bermudainseln ein College zu gründen, in dem Kinder der Eingeborenen zu Priestern ausgebildet werden sollten. Dieser Versuch scheiterte, so dass Berkeley 1731 nach Irland zurückkehrte. Er wurde dort 1734 anglikanischer Bischof von Cloyne. 1753 unternahm er eine Reise nach Oxford, wo er am 14. 1. desselben Jahres starb.

Berkeley gilt neben Locke und Hume als der bedeutendste Vertreter des *englischen Empirismus*. Seine Theorie hat theologische Grundlagen. Er möchte zeigen, dass die Welt eigentlich geistig ist. *Gott* ist der Schöpfer der Welt und der Garant ihrer Existenz. Berkeley wendet sich gegen die zu seiner Zeit herrschende *materialistische* Weltsicht, der zufolge eine vom menschlichen Bewusstsein unabhängige materielle Außenwelt existiert.

In seinem Hauptwerk »A Treatise Concerning the Principles of Human Knowledge« (1710, dt. »Abhandlung über die Prinzipien der menschlichen Erkenntnis«, 1869) leugnet er die Existenz einer solchen materiellen Außenwelt. Er teilt zwar mit Locke die Auffassung, dass die Sinneswahrnehmung die einzige Quelle unserer Erkenntnis ist. Er lehnt jedoch die Locksche Wahrnehmungskonzeption ab, wonach »Ideen« (Vorstellungen des Bewusstseins) durch die Wirkung von bewusstseinsunabhängigen materiellen Einzeldingen entstehen (die Vorstellung eines Apfels entsteht z.B. durch die äußere Einwirkung eines real existierenden Apfels).

Wir haben in unserer Erfahrung, so Berkeley, nur direkte Kenntnis von diesen Vorstellungen, nicht von einem Gegenstand selbst. Einzeldinge bestehen aus einer Summe, einem Bündel von Vorstellungen/Empfindungen. Ein Apfel ist z.B. eine Summe von folgenden Vorstellungen/Empfindungen: etwas Rundes, Süßes, Saftiges usw.

Der Grundsatz der Berkeleyschen Erkenntnistheorie lautet demnach: »esse est percipi« (dt. »Sein ist wahrgenommen werden«). Die erfahrbaren Einzeldinge existieren nur in unserem Bewusstsein. Es ist ausgeschlossen, dass Einzeldinge irgendeine Existenz außerhalb unseres Bewusstseins haben, von welchem sie wahrgenommen werden.

Auch allgemeinen Ideen bzw. Allgemeinbegriffen (z.B. der Allgemeinbegriff »Apfel« im Gegensatz zu dem oder jenem konkreten Apfel) spricht Berkeley jegliche Existenz ab. Sie sind Produkte einer unzulässigen Abstraktion, d.h. eines Absehens von den Einzelvorstellungen. Nur einen bestimmten Apfel können wir uns vorstellen. Die Vorstellung der allgemeinen Idee bzw. des Allgemeinbegriffs »Apfel« ist nicht möglich.

Allgemeinbegriffe sind nur Namen von Einzelvorstellungen, die eine Klasse von Dingen repräsentieren. Auch komplexe Begriffe, wie z.B. Raum oder Zeit, die für physikalische Theorien von großer Bedeutung sind, entstehen nach Berkeley letztlich auch durch eine »Kombination« von Vorstellungen, Empfindungen oder Erlebnissen.

Berkeley möchte jedoch den *Solipsismus* vermeiden (der Solipsismus ist eine erkenntnistheoretische Position, der zufolge die gesamte Wirklichkeit, auch die anderen Menschen, im eigenen Bewusstsein existieren). Er betont, dass *Gott* der Urheber aller Vorstellungen ist. Er erlebt sie selbst ohne Unterbrechungen. Selbst wenn alle Menschen verschwänden, würden Einzeldinge als Summe von Vorstellungen im Geiste Gottes weiter existieren. Ein Apfel, der von keinem Menschen wahrgenommen wird, hört dadurch nicht auf zu existieren. Er existiert als eine Summe von Vorstellungen im Geiste Gottes.

Nur Gott kann die Beziehung zwischen einzelnen Menschen, genauer: zwischen ihren Bewusstseinen bzw. Vorstellungen, aufrechterhalten. Somit kann die Existenz der Vorstellungen im Bewusstsein anderer Menschen anerkannt werden. Gott ist der Garant für ein gemeinschaftliches Leben.

Weitere Werke von Berkeley: An Essay Towards a New Theory of Vision, 1709 (dt. Versuch einer neuen Theorie der Gesichtswahrnehmung, 1912); Siris. A Chain of Philosophical Reflexions and Inquiries Concerning the Virtue of the Tar Water, 1724 (dt. Siris, 1913); The Works of George Berkeley. Biscop of Cloyne, I-IX, A. A. Luce/T. E. Jessop (Hg.), 1948-1957.

Literatur zu Berkeley: E. Cassirer, Berkeleys System, 1914; A. Kulenkampff, George Berkeley, 1987; R. Schantz, Der sinnliche Gehalt der Wahrnehmung, 1988; W. Breidert, George Berkeley, 1989; H. Wintzer, George Berkeley, 1998; G. S. Pappas, Berkeley's thought, 2000; T. Stoneham, Berkeley's world, 2002.

BLOCH, ERNST: der deutsche Philosoph jüdischer Herkunft wurde am 8. 7. 1885 in Ludwigshafen geboren. Er studierte Philosophie, Physik und Musik in München

und Würzburg. Er schloss das Studium 1908 mit einer Dissertation über H. Rickert ab. In Berlin nahm er zwischen 1908 und 1911 an Privatseminaren des Soziologen G. Simmel teil. Von 1912 bis 1914 lebte er in Heidelberg, wo er von G. Lukács in den Kreis um Max Weber eingeführt wurde. Die letzten Jahre des Ersten Weltkrieges verbrachte der überzeugte Pazifist in Bern. Nach dem Krieg kehrte er nach Deutschland zurück, wo er an verschiedenen Orten als freier Journalist arbeitete. Nach der Machtergreifung der Nationalsozialisten 1933 folgten Jahre der Emigration, zunächst in Zürich, dann in Wien, Paris und Prag. 1938 siedelte er in die USA über, wo er an seinem dreibändigen Hauptwerk »Das Prinzip Hoffnung« (erschienen 1954-1959) arbeitete. 1949 ging Bloch als überzeugter Marxist und Sozialist in die DDR. Dort erhielt er im selben Jahr eine Professur in Leipzig. Er geriet jedoch schnell in Konflikt mit Vertretern des DDR-Regimes. Bloch kritisierte u.a. den orthodoxen und dogmatischen Charakter des Regimes, die Verletzung der Meinungsfreiheit und anderer fundamentaler Rechte des Einzelnen. 1957 wurde er von den Behörden zwangsemeritiert. Seine Arbeit wurde immer mehr behindert. Als die Berliner Mauer 1961 errichtet wurde, kehrte er von einer Vortragsreise in der Bundesrepublik nicht mehr in die DDR zurück. Er erhielt im selben Jahr eine Gastprofessur in Tübingen, wo er bis zu seinem Tod am 4. 8. 1977 lehrte.

Das Grundmotiv der Blochschen Philosophie ist die Suche nach einem besseren Leben. Eine entscheidende Rolle spielt dabei das Prinzip *Hoffnung* und das Aufzeigen von *konkreten Utopien*. Die Hoffnung auf ein besseres Leben drückt sich in solchen Utopien aus. Sie sind konkret, insofern in ihnen Wege zu ihrer Verwirklichung aufgezeigt werden. Sie stellen demnach kein bloßes Wunschdenken dar, wie es in den meisten Utopien der Kulturgeschichte der Fall ist (z.B. bei Thomas Morus).

Konkrete Utopien und die mit ihnen verbundene Hoffnung kommen in vielen Bereichen des Lebens zum Ausdruck: im Alltag (in Tagträumen, Phantasien, Wunschvorstellungen und Märchen), in Philosophie, Kunst, Wissenschaft und Religion. Auch in der Trivialliteratur (z.B. in den Schriften von Karl May), in Werbung und Mode können Bloch zufolge Vorwegnahmen eines besseren zukünftigen Lebens entdeckt werden.

Blochs Philosophie kann auf die folgende Kurzformel gebracht werden: »S ist noch nicht P«. Das Subjekt (der einzelne Mensch) ist ein Träger potentieller Entwicklungsmöglichkeiten. Es strebt danach, diese Möglichkeiten zu verwirklichen. Und erst wenn diese Möglichkeiten verwirklicht sind, ist das Subjekt voll entfaltet. Das »Noch-Nicht-Bewusste« soll bewusst, das »Noch-Nicht-Gewordene« soll Wirklichkeit werden.

Bloch ist ein *marxistischer Denker*. Die Marxsche Theorie stellt für ihn den wichtigsten Entwurf einer konkreten Utopie dar. Dabei hebt er die humanistischen Postulate dieser Theorie hervor: die Abschaffung des Herr-Knecht-Verhältnisses, die Befreiung von Unterdrückung, Ausbeutung und Entfremdung, soziale Gleichheit, Meinungsfreiheit und die Errichtung einer klassenlosen Gesellschaft. Diese Ziele können nur in einer zukünftigen sozialistischen Gesellschaft verwirklicht werden. Somit kann die Verwirklichung der konkreten Utopien letztlich nur in einer solchen Gesellschaft erreicht werden.

Bloch kritisiert jedoch an Marx, dass er die Zukunft zu wenig positiv bestimmt hat; er hat zu wenig darüber gesagt, wie eine zukünftige sozialistische bzw. kommunistische Gesellschaft aussehen sollte (so hat er z.B. nichts über die Gestaltung der Kunstpolitik in einer kommunistischen Gesellschaft gesagt).

Darüber hinaus hat Marx es versäumt zu zeigen, wie die Diktatur einer Partei verhindert werden kann. In den sozialistischen Staaten Osteuropas wurde aus der von Marx geforderten Diktatur des Proletariats eine Diktatur *über* das Proletariat, d.h. die Diktatur einer Partei bzw. Partei-Elite. Zu den Marxschen Postulaten muss noch, so Bloch, das Postulat der Einhaltung von Menschenrechten hinzukommen. Nur so können individuelle Freiheiten gewährleistet werden.

Weitere Werke von Bloch: Geist der Utopie, 1918; Erbschaft dieser Zeit, 1935; Subjekt-Objekt, 1949; Tübinger Einleitung in die Philosophie, I-II, 1963/64; Gesamtausgabe in 16 Bänden, Frankfurt/M 1959ff.

Literatur zu Bloch: H. Schelsky, Die Hoffnung Blochs, 1979; A. F. Christen, Metaphysik der Materie, 1979; H.-E. Schiller, Metaphysik und Gesellschaftskritik, 1982; B. Schmidt, Ernst Bloch, 1985; P. Zudeick, Der Hintern des Teufels, 1987²; D. Horster, Bloch zur Einführung, 1987⁶; J. R. Bloch (Hg.), Ich bin. Aber ich habe mich nicht. Darum werden wir erst, 1997; R. E. Zimmermann, Subjekt und Existenz, 2001.

BÖHME, JACOB: der deutsche Philosoph wurde 1575 in Seidenberg bei Görlitz geboren. Er war gelernter Schuster. Nach mehreren Visionen wandte er sich der Philosophie und Theologie zu. Böhme war Autodidakt, eignete sich die Schriften großer Denker, u. a. die von Paracelsus und Weigel, an. Er besaß Kenntnisse in Alchemie, Astrologie und

Kabbala (jüdischer Mystik). Böhme war zwar selbst protestantisch geprägt, wurde jedoch von den Vertretern der lutherischen Kirche heftig angegriffen und erhielt zeitweise Schreibverbot. Er wandte sich gegen die Erstarrung des Protestantismus in Dogmen. Böhme sah sich nicht als Theoretiker, sondern als Prophet, der seine Lehre in die Praxis umsetzen wollte. Er starb am 17. 11. 1624 in Görlitz.

Böhme ist einer der bedeutendsten Vertreter der *christlichen Mystik*, einer Lehre, der zufolge die Welt, darin auch der Mensch, und Gott eine Einheit bilden. In seinem ersten Werk »Aurora oder Morgenröte im Aufgang« (1612) geht Böhme von einer Vision (»Durchbruchserlebnis«) aus. Er gewinnt darin Einblick in das Wesen Gottes und den Prozess der Weltschöpfung. Gott als die absolute Einheit vereinigt in sich alle Gegensätze. Die ganze Welt besteht aus *Gegensätzen*. Sie sind aufeinander »angewiesen«. Ohne Dunkelheit gibt es kein Licht, ohne Böses gibt es kein Gutes.

Gott ist an sich ein »Ungrund«, ein unterschiedsloses Nichts, das vor der Offenbarung existiert und durch Gegensätze zum Ausdruck kommt und sich entwickelt (Gott ist ein dynamisches Prinzip).

In seinem Werk »Die Beschreibung der drei Prinzipien göttlichen Wesens« (1619) wird der dynamische Prozess vom Ansichsein Gottes bis zur Erschaffung der materiellen Welt geschildert. Drei Prinzipien bzw. drei Welten bestimmen das göttliche Wesen. Die erste Welt , der Gottvater, ist das Grimmige bzw. Zornige, das »Angst-Feuer«, das sich durch die Geburt des Sohnes in der zweiten Welt in Licht und Liebe verwandelt. Die ersten beiden Prinzipien nehmen in der dritten Welt Gestalt an, sie treten hervor und können begriffen werden.

In der Schrift »Von der Geburt und Bezeichnung aller Wesen« (1622) zeigt Böhme, dass Gottes Worte in der Schöpfung Spuren, »Signaturen«, hinterlassen haben. Der Mensch, der sich dem göttlichen Licht öffnet, ist dazu befähigt, die Signaturen zu lesen, sie zu entschlüsseln und dadurch das wahre Wesen der Natur zu erkennen. Das Innere der Natur offenbart sich äußerlich auch in der Sprache. Böhme hatte einen großen Einfluss u. a. auf Hegel, Schelling und Goethe.

Weitere Werke von Böhme: Vom dreifachen Leben des Menschen, 1620; Mysterium Magnum, 1623; Von der Gnadenwahl, 1623; Schlüssel der vornehmsten Punkte (Clavis), 1624; Sämtliche Schriften, W.-E. Peuckert (Hg.), 1955ff.

Literatur zu Böhme: E. Benz, Der vollkommene Mensch nach Jacob Böhme, 1937; G. Graf zu Solms-Roedelheim, Die Grundvorstellungen Jacob Böhmes und ihre Terminologie, 1962; G. Wehr, Jacob Böhme in Selbstzeugnissen und Dokumenten, 1971; E.-H. Lemper, Jacob Böhme, 1976; G. Bornheim, Zeichendeutung und Natursprache, 1992; A. Gauger, Jacob Böhme und das Wesen seiner Mystik, 1999; Ch. Steineck, Grundstrukturen mystischen Denkens, 2000; F. Ferstl, Jacob Böhme, der erste deutsche Philosoph, 2001.

BOETHIUS: der Philosoph und Staatsmann wurde um 480 in Rom geboren. Er stammte aus einer der bedeutendsten Familien Roms. Die Familie wurde in der Spätantike christlich. Nach dem Tod seines Vaters leitete der Politiker Memmius Symmachus seine Erziehung. Boethius studierte wahrscheinlich in

Athen und Alexandria. Von dem Ostgotenkönig Theoderich wurde er zu hohen Staatsämtern (u. a. zum Konsul 510) berufen. Er wurde zu einem wichtigen geistigen und politischen Vermittler zwischen der weströmischen und oströmischen Kirche. Aufgrund seiner Zusammenarbeit mit Ostrom wurde er des Verrats beschuldigt und nach einer Haft in Pavia um 524 hingerichtet.

Boethius gilt als der letzte große Vertreter der *klassisch-römischen Philosophie.* Er ist ein Wegbereiter der scholastischen Philosophie. Sein Werk bildet die Grundlage der christlich-mittelalterlichen Kultur.

Boethius sah deutlich den Verfall der antiken Kultur angesichts der politischen Verhältnisse und der historischen Umbruchssituation (Völkerwanderung). Sein Ziel war es, die griechische Philosophie und Wissenschaft der lateinischen Welt, auch den neu eingewanderten Völkern, zugänglich zu machen. Insbesondere wollte er das klassische Bildungsideal der Antike erneuern. Er übersetzte und kommentierte wichtige Schriften des Aristoteles (»Categoriae«, »Analytica«, »Elencha sophistica«, »Hermeneia«). Er war aber auch ein großer Verehrer Platons.

Boethius strebte eine *Einheit der aristotelischen und platonischen Philosophie* an. Überdies veröffentlichte er Lehrschriften zu Arithmetik, Musik, Geometrie und Astronomie (diese vier Fächer werden von ihm als »quadrivium« bezeichnet), übersetzte die »Eisagoge« des Porphyrios und die »Topik« Ciceros. Beeinflusst wurde er auch durch die Philosophie der Stoa und durch christliches Gedankengut.

Berühmt wurde Boethius durch seine Trostschrift »De consolatione philosophiae« (um 523, dt. »Trost der Philosophie«, 1473), die er im Gefängnis von Pavia auf seine Hinrichtung wartend schrieb. Sie wurde zu den berühmtesten und meistgelesenen Schriften der Spätantike, des Mittelalters und der Renaissance.

Die Philosophie, die als Frau erscheint, spendet Boethius Trost, indem sie ihm den wahren Weg der Erkenntnis zeigt. Die Ursache für sein Leiden liegt darin, dass er sich selbst und den Sinn des Ganzen noch nicht erkannt hat. Es besteht jedoch eine Hoffnung auf die Aufhebung seines Leidens, da er erkannt hat, dass Gott der Weltschöpfer und das höchste Gut ist.

Die Philosophie zeigt zunächst Boethius, wovon er sich fernhalten soll, was die wahre Glückseligkeit verhindert. Äußere Güter wie Reichtum, Ruhm, Macht und Würden sind unbeständig und zufällig. Sie verschaffen keine echte Befriedigung und führen somit nicht zur wahren Glückseligkeit.

Boethius soll daher auf die Pflege der inneren Güter, der inneren Tugenden und der inneren Haltung achten. Nur sie kann den Weg zur Glückseligkeit ebnen.

Das wahre Wesen der Glückseligkeit liegt jedoch in *Gott*, dem letzten Zweck aller Dinge. Beides, die Erkenntnis des eigenen Selbst und die der göttlichen Allmacht, führen zur *Glückseligkeit.*

Da Gott die Welt erschaffen hat und sie mit voller Güte lenkt, stellt sich die Frage, wie angesichts der göttlichen Allmacht und Güte das *Böse* in der Welt eine so große Rolle spielt. Das Böse hat nur auf den ersten Blick einen großen Einfluss auf die Welt und die Menschen. Die Bösen können niemals glücklich werden, weil sie nicht die inneren Tugenden vervollkommnen und an Gottes Güte nicht teilhaben.

Zwar können auch die Guten von schweren Schicksalsschlägen getroffen werden. Dies hat dann jedoch einen tieferen Sinn: Die Auseinandersetzung mit dem eigenen schweren Los führt zur Veredelung der Seele; aus schweren Lebenssituationen geht der Einzelne gestärkt hervor.

Abschließend wird in der Trostschrift die Frage erörtert, wie die göttliche Vorsehung mit der menschlichen *Willensfreiheit* vereinbart werden kann. Nur Gott besitzt die uneingeschränkte Willensfreiheit. Nur er kann über die Geschicke der Welt und des Menschen vollkommen frei entscheiden.

Je näher der einzelne Mensch zu Gott steht, um so größer ist auch seine Willensfreiheit. Je weiter er sich von Gott entfernt, d.h. je stärker er an die Bedürfnisse des Körpers verhaftet bleibt, um so schwächer wird sie. Gott kennt alle Handlungsmöglichkeiten des Menschen, schränkt jedoch seine Freiheit nicht ein.

Boethius beendet seine Schrift mit dem Appell an den Leser, die Tugenden zu pflegen, den Lastern zu widerstehen und zu Gott zu beten. Interessant an der Schrift ist der Umstand, dass sich Boethius als Christ in seiner Not an der klassisch-griechischen Philosophie und nicht an dem christlichen Glauben orientiert.

Weitere Werke von Boethius: Opera omnia I-II, 1882-1891.

Literatur zu Boethius: V. Schmidt-Kohl, Die neuplatonische Seelenlehre in der »Consolatio Philosophiae«, 1965; P. Huber, Die Vereinbarkeit von göttlicher Vorsehung und menschlicher Freiheit in der »Consolatio Philosophiae«, 1976; M. Fuhrmann (hg.), Boethius, 1984; H. Chadwick, Boethius, 1990.

BOHR, NIELS HENRIK DAVID: der dänische Physiker wurde am 7.10.1885 in Kopenhagen geboren. Er studierte Physik in seiner Heimatstadt und promovierte dort

1911 mit einer Arbeit über die Elektronentheorie der Metalle. Seit 1912 arbeitete er zusammen mit E. Rutherford in Manchester. Rutherford

führte zur Erklärung der Atomstruktur Streuexperimente mit von radioaktiven Quellen ausgesandten Teilchen durch. Da die allermeisten Teilchen die beschossenen Metallfolien ungehindert durchquerten, kam Bohr zu dem Schluss, dass Atome im Wesentlichen aus leerem Raum bestehen und dass sie im Zentrum einen winzigen massereichen und positiv geladenen Kern haben, der von den viel leichteren negativ geladenen Elektronen umkreist wird (vgl. »On the Constitution of Atoms and Molecules«, 1913; dt. »Abhandlungen über Atombau aus den Jahren 1913-1916«, 1921).

Der klassischen Physik zufolge müssen die Elektronen bei ihrer Bewegung Energie abstrahlen und in den Kern stürzen. Bohr konnte die Stabilität des Atoms unter Benutzung der *Quantenhypothese*, mit der M. Planck zuvor die Wärmestrahlung berechnen konnte, erklären. Danach können die Elektronen nur auf bestimmten Bahnen kreisen, wobei Übergänge zwischen den Bahnen nur in Quantensprüngen möglich sind. Dabei wird Licht aufgenommen oder abgegeben. Bohr konnte so aufgrund des nach ihm benannten Atommodells die vom Wasserstoff-Atom ausgesandten Lichtfarben, die *Spektrallinien*, berechnen. Er ebnete damit den Weg für die Entwicklung der *Quantenmechanik*.

Bohr wurde 1916 Professor für Physik an der Kopenhagener Universität und 1921 Direktor des dort für ihn erbauten Instituts für theoretische Physik. 1922 gelang ihm auf der Grundlage seines von A. Sommerfeld erweiterten Atommodells die Erklärung des Periodensystem der Elemente und ihrer chemischen Eigenschaften. Für seine Verdienste um die Erforschung der Struktur der Atome und der von ihnen ausgehenden Strahlung erhielt er 1922 den Nobelpreis.

1924 kam der 22-jährige W. Heisenberg als Rockefeller-Stipendiat nach Kopenhagen und wurde 1926 Bohrs Lektor und Hauptassistent. Die Zusammenarbeit beider Forscher gipfelte 1927 in der Entstehung der sog. *Kopenhagener Deutung der Quantentheorie*. Heisenberg formulierte die *Unschärferelation*, Bohr das *Komplementaritätsprinzip*. Nach diesem Prinzip können zwei Eigenschaften eines Objekts nicht gleichzeitig bestimmbar sein. Sie bestehen deshalb als komplementäre (sich ergänzende) Eigenschaften.

Bohr stellte fest, dass die Messinstrumente, die bei der Beobachtung von Atomen benutzt werden, einen Einfluss auf das Beobachtbare haben. Es gibt demnach eine Wirkung des Beobachters auf das beobachtete Objekt. Bohr versuchte, das Komplementaritätsprinzip auch auf andere Bereiche, z. B. auf biologische Vorgänge, anzuwenden.

Ab 1930 wandte sich Bohr der *Kernphysik* zu. 1935 entwickelte er zur Klärung der auf Teilchenbeschuss folgenden Kernreaktionen das *Tröpfchenmodell des Atomkerns*. Dieser wird als ein homogenes Tröpfchen einer inkompressiblen (nicht zusammendrückbaren) Flüssigkeit aus Protonen und Neutronen, die sich in ständiger Wechselwirkung befinden, betrachtet. Das Modell ermöglicht die Berechung der Kernbindungsenergie, deren Kenntnis für die Nutzung der Kernenergie von großer Wichtigkeit ist.

1939 entwickelte Bohr zusammen mit J.A. Wheeler eine Theorie der 1938 von O. Hahn und F. Straßman entdeckten Spaltung des Uran-Kerns.

1943 emigrierte Bohr, dessen Mutter jüdischer Herkunft war, über Schweden und England in die Vereinigten Staaten. Dort arbeitete er von 1943 bis 1945 an der Entwicklung der Atombombe. Schon 1944 versuchte er jedoch, führende amerikanische und britische Politiker von der Notwendigkeit einer internationalen Kontrolle der Herstellung von Atomwaffen zu überzeugen.

1945 kehrte er nach Dänemark zurück und forderte 1950 in einem offenen Brief an die Vereinigten Nationen eine friedenssichernde Politik der Großmächte und den freien Austausch aller wissenschaftlichen Informationen zwischen den Völkern. 1955 fand in Genua die von Bohr organisierte »Erste Konferenz zur friedlichen Nutzung der Atomkraft« statt. Er starb am 18.11.1962 in Kopenhagen.

Weitere Werke von Bohr: Collected Works, L. Rosenfeld (Hg.), 1972ff.

Literatur zu Bohr: K.M. Meyer-Abich, Korrespondenz, Individualität, Komplementarität, 1965; U. Hoyer, Die Geschichte der Bohrschen Atomtheorie, 1974; K. von Meyenn u.a. (Hg.), Niels Bohr, 1985; E.P. Fischer, Niels Bohr, 1987; U. Röseberg, Niels Bohr, 1992[3]; P. Strathern, Bohr & die Quantentheorie, 1999; C. Held, Die Bohr-Einstein-Debatte, 1999[2]; S. Brock, Niels Bohr's philosophy of quantum physics, 2003.

BOLZANO, BERNARD: der böhmische Philosoph, Mathematiker und Theologe wurde am 5. 10. 1781 in Prag geboren. Er studierte in seiner Heimatstadt Philosophie, Mathematik und Theologie. Er schloss das Studium 1805 mit einer mathematischen Promotion. Im selben Jahr wurde er als Priester geweiht und erhielt eine Professur für Religionslehre. Bolzano wurde zu einem der wichtigsten Vertreter der sog.

»Böhmischen Aufklärung«; er hob hervor, dass sich die katholische Lehre an der menschlichen Vernunft und nicht an Mythen orientieren sollte. Darüber hinaus befürwortete er weitreichende soziale Reformen.

Sein reformatorisches Engagement führte 1819 zu seiner Amtsenthebung. Auf dem Landgut einer befreundeten Familie widmete er sich von 1823 bis 1841 seiner wissenschaftlichen Tätigkeit. Er kehrte 1841 nach Prag zurück, wo er als Sekretär der philosophischen und mathematischen Abteilung der »Königlichen Böhmischen Gesellschaft der Wissenschaften« arbeitete. Bolzano starb am 18. 12. 1848 in Prag.

Im Bereich der *Mathematik* waren seine Arbeiten zur Analysis folgenreich. Er nahm u.a. das später von A.-L. Cauchy formulierte Konvergenzkriterium für unendliche Reihen vorweg. Er stellte den später sog. »Satz von Bolzano-Weierstrass« auf, definierte den Begriff der »stetigen Funktion« und den Zwischenwertsatz für stetige Funktionen. In »Paradoxien des Unendlichen« (1851) nahm er zentrale Begriffe und Aussagen der Mengenlehre Cantors vorweg.

Bolzano ist einer der wichtigsten Wegbereiter der modernen *Logik* und *Wissenschaftstheorie*. In seinem wichtigsten philosophischen Buch, in der »Wissenschaftslehre« (1837), unterscheidet er streng zwischen dem *psychologischen Erkenntnisprozess* und dem *logischen Inhalt*. In der Logik geht es nicht um psychische Denkvorgänge, sondern um »Vorstellungen an sich«, »Sätze an sich« und »Wahrheiten an sich«. Von den gedachten Sätzen und den Sätzen der Sprache sind demnach die *Sätze an sich* zu unterscheiden. Die letzteren sind der »Stoff« bzw. die Bedeutung der ersteren.

Sätze an sich sind Bolzano zufolge zeitlos wahr oder falsch. Diese Sätze bestehen aus *Vorstellungen an sich*, die von den subjektiven Vorstellungen (Denkvorgängen) zu unterscheiden sind. Bolzano spricht auch von *Wahrheiten an sich* (auch von »objektiven Wahrheiten«). Es gibt sie unabhängig davon, ob sie jemand erkennt oder nicht.

Bolzanos Kritik am *Psychologismus*, also an der Lehre, der zufolge logische Grundsätze auf psychische Vorgänge zurückgeführt werden, hatte einen großen Einfluss auf Brentano, Husserl und Frege.

In seiner *Ethik* versucht Bolzano, das individuelle Streben nach Glückseligkeit mit dem Wohl der Allgemeinheit zu verbinden. Aus einem obersten *Sittengesetz* sollen alle moralischen Normen abgeleitet werden. Im Prozess der moralischen Vervollkommnung spielt die *Religion* eine wichtige Rolle. Sie fördert Tugend und Glückseligkeit.

In seinem politischen Buch »Von dem besten Staate« (erschienen 1932) entwirft Bolzano das Modell einer Sozialautopie, das sozialistische Züge trägt. Er fordert die Gleichheit aller Menschen und weitreichende soziale Reformen. Das Privateigentum wird als die Ursache sozialer Ungleichheit angesehen. Deshalb muss es abgeschafft werden.

Weitere Werke von Bolzano: Beiträge zu einer begründeten Darstellung der Mathematik, 1810; Erbauungsreden an die akademische Jugend, 1813; Rein analytischer Beweis des Lehrsatzes, dass zwischen zwei Werthen, die ein entgegengesetztes Resultat gewähren, wenigstens eine reelle Wurzel der Gleichung liege, 1817; Athanasia oder Gründe für die Unsterblichkeit der Seele, 1827; Lehrbuch der Religionswissenschaft, 1834; Was ist Philosophie?, 1849; Gesamtausgabe, E. Winter u. a. (Hg.), 1969ff.

Literatur zu Bolzano: H. Scholz, Die Wissenschaftslehre Bolzanos, in: Ders., Mathesis universalis, 1961; F. Kambartel, Bernard Bolzanos Grundlegung der Logik, 1963; C. Christian, Bernard Bolzano, 1981; S. Dähnhardt, Wahrheit und Satz an sich, 1992; M. Textor, Bolzanos Propositionalismus, 1996; Ch. Beyer, Von Bolzano zu Husserl, 1996; W. Löffler (Hg.), Bernard Bolzanos Religionsphilosophie und Theologie, 2002.

BONAVENTURA: (eigentlich Giovanni di Fidanza): der italienische Theologe und Philosoph wurde um 1217 in Bagnoreggio (Toscana) geboren. Er trat dem Franziskanerorden bei und studierte Theologie bei

Alexander von Hales. 1248 übernahm er eine Professur für Theologie an der Pariser Universität. 1257 wurde er zum Generalminister des Franziskanerordens gewählt, 1273 wurde er Bischof von Albano und Kardinal. Bonaventura starb am 15. 7. 1274 auf dem ökomenischen Konzil von Lyon. 1482 wurde er heiliggesprochen, 1588 zum Kirchenvater ernannt.

Bonaventura gehört zu den bedeutendsten Denkern des Mittelalters. Sein Ziel war es, *Glaube* und *Vernunft* in Einklang zu bringen. Die Vernunft, d.h. die philosophische und wissenschaftliche Erkenntnis, muss sich dabei dem christlichen Glauben unterordnen. Nur vom Glauben her lässt sich die Welt angemessen erkennen. Philosophie und Wissenschaft haben der Theologie zu dienen. Sie sind nur dann von Nutzen, wenn sie eine geeignete Darstellung der Glaubensinhalte liefern.

Bonaventura ist hauptsächlich von Aristoteles, aber auch vom Neuplatonismus und von Augustinus beeinflusst. *Allgemeinbegriffe* (Ideen) existieren im göttlichen Geiste als Vorbilder für die erschaffenen materialen Einzeldinge. Die Welt ist der Spiegel Gottes.

Wahre Erkenntnis ist nur dann möglich, wenn man Klarheit über die Abhängigkeit der Welt von Gott gewinnt. Anders ausgedrückt: Nur wenn der Mensch im Dienste Gottes steht, ein gottesfürchtiges Leben führt, kann er die Wahrheit erkennen. Da wahre Erkenntnis und wahres Leben nur mit Gott möglich sind, ist das oberste Ziel des Handelns die *Vereinigung* mit ihm.

In seiner Schrift »Itinerarium mentis in Deum« (1274, dt. »Pilgerweg der Seele zu Gott«, 1472) schildert Bonaventura den Weg zu einer solchen mystischen Vereinigung. Der Aufstieg zu Gott verläuft über folgende Stufen: die Sinne, die Einbildungskraft, den Verstand, die Vernunft, die Intelligenz. Auf der höchsten Stufe findet im Zustand der Ekstase die Vereinigung mit Gott statt. In diesem Zustand wird jegliche intellektuelle Tätigkeit ausgeschaltet. Als Franziskaner betont Bonaventura die emotionale Komponente der Vereinigung mit Gott.

Weitere Werke von Bonaventura: Opera omnia, I – XI, 1883-1902.

Literatur zu Bonaventura: A. Gerken, Theologie des Wortes, 1963; F. Sakaguchi, Der Begriff der Weisheit in den Hauptwerken Bonaventuras, 1968; M. Wiegels, Die Logik der Spontaneität, 1969; F. van Steenberghen, Die Philosophie im 13. Jahrhundert, M. A. Roesle (Hg.), 1977; R. Jehl, Melancholie und Acedia, 1984; H. Baum, Das Licht des Gewissens, 1990; M. Schlosser, Bonaventura begegnen, 2000.

BRENTANO, FRANZ: der deutsche Philosoph und Psychologe wurde am 16. 1. 1838 in Marienberg bei Boppard geboren. Er ist ein Neffe des Dichters Brentano. Er studierte Philosophie in München, Würzburg, Berlin und Münster. Sein Studium schloss er 1862 mit der später einflussreich gewordenen Promotion »Von der mannigfachen Bedeutung des Seienden nach Aristoteles« ab. Nach einem Aufenthalt im Dominikanerkloster in Graz und nach Studium der Theologie in München und Würzburg erhielt er 1864 Priesterweihe. 1866 habilitierte sich Brentano für Philosophie in Würzburg und erhielt dort

1872 eine Professur. Aus Protest gegen das Unfehlbarkeitsdogma des Papstes legte er 1873 sein Amt nieder und trat aus der katholischen Kirche aus. 1874 wurde Brentano Professor für Philosophie in Wien. Er legte 1880 auch dieses Amt nieder und lehrte in Wien als Privatdozent. Ab 1895 lebte er in Florenz, ab 1915 in Zürich, wo er am 17. 3. 1917 starb.

Für Brentano bildet die *Psychologie* die philosophische Grundwissenschaft. Sie soll von der sinnlichen Erfahrung ausgehen und sich an den Methoden der Naturwissenschaften orientieren. Sie geht deskriptiv (beschreibend) vor. Ihre Aufgabe ist demnach die Beschreibung der psychischen Erscheinungen bzw. Phänomene und deren Struktur, nicht das Aufzeigen ihrer Entstehung.

In seinem Hauptwerk »Psychologie vom empirischen Standpunkt« (1874) möchte Brentano die Eigenart des Psychischen bestimmen. Das Psychische (die psychischen Phänomene) unterscheidet sich grundlegend von dem Physischen (physischen Phänomenen). Das Grundmerkmal der psychischen Phänomene ist die *Intentionalität*, d.h. das Gerichtetsein auf Gegenstände.

Psychische Phänomene lassen sich unterteilen in: Vorstellungen, Urteile und Gemütsbewegungen. All diese Phänomene haben eine intentionale Struktur: In der Vorstellung stellt man sich etwas vor, in dem Urteil bejaht oder verneint man etwas, in der Liebe liebt man jemanden usw. Brentano betrachtet die Vorstellungen als die fundamentalen psychischen Phänomene. Man kann sich nicht urteilend oder gefühlsmäßig auf etwas beziehen, ohne dass es vorher vorgestellt wäre.

Brentano hatte einen großen Einfluss auf Husserl, Heidegger, Meinong und auf die sprachanalytische Philosophie.

Weitere Werke von Brentano: Vom Ursprung sittlicher Erkenntnis, 1889; Grundlegung und Aufbau der Ethik, F. Mayer-Hillebrand (Hg.), 1952; Religion und Philosophie, F. Mayer-Hillebrand (Hg.), 1954; Die Lehre vom richtigen Urteil, F. Mayer-Hillebrand (Hg.), 1956; Grundzüge der Ästhetik, F. Mayer-Hillebrand (Hg.), 1959; Wahrheit und Evidenz, O. Kraus (Hg.), 1974.

Literatur zu Brentano: O. Kraus (Hg.), Franz Brentano, 1919; W. Stegmüller, Philosophie der Evidenz: Franz Brentano, in: Ders., Hauptströmungen der Gegenwartsphilosophie, 1976[6]; R. M. Chisholm/ R. Haller (Hg.), Die Philosophie Franz Brentanos, 1978; E. Tiefensee, Philosophie und Religion bei Franz Brentano, 1998; F. Larsson, Intentional objects, 2003.

BRUNO, GIORDANO: der italienische Philosoph, Naturforscher und Theologe wurde 1548 in Nola (bei Neapel) geboren. 1565 trat er in das Dominikanerkloster in Neapel ein. 1576 entzog er sich durch Flucht einer Festnahme wegen Ketzerei. Er verbrachte viele Jahre an führenden europäischen Universitäten, u. a. in Genf, Lyon, Toulouse, Paris, London, Oxford, Marburg, Wittenberg, Prag und Frankfurt am Main. Er lehrte dort seine Philosophie und trat mit bedeutendsten Wissenschaftlern seiner Zeit in Kontakt. 1591 kehrte er nach Italien (Venedig) auf Einladung des Adligen Z. Mocenigo zurück. Er wurde verraten und fiel in die Hände der Inquisition. Es wurde ihm sodann ein Prozess wegen seiner Lehren von der Unendlichkeit der Welt und der Vielheit

der Sonnensysteme gemacht. Bruno wurde 1593 nach Rom ausgeliefert und dort nach siebenjähriger Gefangenschaft am 17. 2. 1600 auf dem Scheiterhaufen verbrannt. Er soll bei der Urteilsverkündung zu den Inquisitoren gesagt haben: »Ihr sprecht mir das Urteil mit größerer Furcht, als ich es empfange«. Auf dem Campo di Fiori in Rom, auf dem Platz, auf dem Bruno verbrannt wurde, hat man ihm 1889 ein Denkmal gesetzt.

Bruno lehnte mit Kopernikus die geozentrische Ansicht ab, wonach die Erde im Mittelpunkt des Universums steht. Im Gegensatz zu Kopernikus richtete er sich auch gegen die heliozentrische Auffassung, wonach die Sonne das Zentrum des Universums ist.

Er vertrat vielmehr die These von der *Unendlichkeit des Universums*. Es gibt im Universum kein Zentrum. Es ist unbegrenzt und besteht aus einer Vielzahl von Sonnensystemen, die sich von sich selbst bewegen. Fixsterne stellen keine Begrenzung der Sonne dar, sondern sind ferne Sonnen, die von ihren Planeten umkreist werden.

Alle Körper im Universum bestehen aus den fünf Elementen Wasser, Erde, Feuer, Luft und Äther. Da das Weltall aus den gleichen Elementen besteht, so sind andere Planeten von Lebewesen bewohnt wie unsere Erde. Auf diese Weise verlieren unsere Erde und unser Sonnensystem ihre zentrale Stellung.

Gott selbst bildet das Weltall; er ist überall in der Welt, in den Dingen (diese Auffassung wird als *Pantheismus* bezeichnet). Aus der Unendlichkeit Gottes schließt Bruno auf die Unendlichkeit des Universums. Es kann nicht angenommen werden, dass Gott Endliches hätte erschaffen können. Gott ist nach Bruno jedoch übersubstantiell, er kann nicht Gegenstand der Philosophie, sondern nur der Theologie sein. Gegenstand der Philosophie ist die *Natur*, genauer: die Prinzipien und Ursachen in der Natur.

Die ganze Welt ist beseelt. Das Prinzip der *Weltseele* ist die *Vernunft*. Sie ist die Ursache aller Dinge, des gesamten Geschehens. Alles wird durch die Vernunft bewirkt.

Neben der Weltseele und der Vernunft wird als drittes Element der Natur von Bruno die *Materie* genannt. Sie ist keine passive, sondern eine aktive, selbst wirkende Substanz. Sie enthält alle Formen in sich selbst, entwickelt sich aus sich selbst. Kleinste Einheiten der Natur sind die *Monaden*. Sie sind kreisförmig, einerseits geistige, andererseits materielle, atomartige und in sich geschlossene Kräfte.

Bruno hatte mit seinem Pantheismus einen großen Einfluss auf Spinoza, Goethe und Denker der Romantik, mit seiner Monadenlehre auf Leibniz. Er war eine Symbolfigur der antikirchlichen Bewegung des 19. Jh. in Italien.

Werke von Bruno: Gesammelte Werke, I-VI, L. Kuhlenbeck (Hg.), 1904-1909; Von der Ursache, dem

Princip und dem Einen, W. Beierwaltes (Hg.), 1977[5]; Heroische Leidenschaften und individuelles Leben, E. Grassi (Hg.), 1957.

Literatur zu Bruno: L. Kuhlenbeck, Giordano Bruno, 1913; D. W. Singer, Giordano Bruno, 1950; A. Groce, Giordano Bruno, 1970; J. Kirchhoff, Giordano Bruno, 1980; A. Eusterschulte, Giordano Bruno zur Einführung, 1997; P. R. Blum, Giordano Bruno, 1999; J. Winter, Giordano Bruno, 1999; M. Thiel, Giordano Bruno, 2002; A. König, Giordano Bruno, 2003.

BUBER, MARTIN: der jüdische Philosoph und Theologe wurde am 8. 2. 1878 in Wien geboren. Er wuchs

in Lemberg (Galizien) auf, wo er der Welt des osteuropäischen Chassidismus begegnete, einer volkstümlichen religiösen Bewegung des Ostjudentums. Er studierte Philosophie und Kunstgeschichte in Wien, Berlin, Leipzig und Zürich. Von 1924 bis 1933 war er Professor für jüdische Religionswissenschaft und Ethik in Frankfurt am Main. Nach der Machtübernahme durch die Nationalsozialisten verzichtete er 1933 auf seinen Lehrstuhl und arbeitete danach in der jüdischen Erwachsenenbildung. 1938 emigrierte Buber nach Palästina und lehrte von 1938 bis 1951 als Professor für Religionsphilosophie in Jerusalem. Er starb dort am 13. 6. 1965.

Buber engagierte sich als Zionist für die Errichtung eines jüdischen Staates, geriet aber in Opposition zu der herrschenden Richtung des Zionismus um Th. Herzel. Der Zionismus sollte nach Buber vor allem eine geistige Erneuerungsbewegung des Judentums werden. Buber setzte sich für eine friedliche Koexistenz von Juden und Arabern und für einen Dialog zwischen Religionen ein.

Buber ist einer der wichtigsten Vertreter der *Dialogphilosophie*. In seinem philosophischen Hauptwerk »Ich und Du« (1923) unterscheidet er zwischen zwei Weisen der menschlichen Existenz: »Ich-Es« und »Ich-Du«. In der *Ich-Es-Beziehung* sehe ich den Anderen als ein mir gegenüberstehendes Objekt, als einen Gegenstand, an; er ist für mich ein Mittel, mit dem ich meine Ziele und Interessen durchsetzen möchte.

In der *Ich-Du-Beziehung* betrachte ich den Anderen als einen gleichberechtigten Gesprächspartner; er ist für mich kein Ding, kein Mittel zum Zweck, sondern eine freie Person. Die Ich-Du-Beziehung ist fundamentaler als die Ich-Es-Beziehung. Sie ist nicht weiter ableitbar.

Der Mensch kann sein eigentliches Wesen nur in einer Beziehung zu einem anderen Menschen erfahren. Buber schreibt hierzu: »Nicht durch ein Verhältnis zu seinem Selbst, sondern nur durch ein Verhältnis zu einem anderen Selbst kann der Mensch selbst werden«. Die Dialogpartner erfahren sich in dem Ereignis der Begegnung. Aus dem Ich entspringt das Du und aus dem Du entspringt gleichursprünglich das Ich.

Die Beziehung zwischen Ich und Du ist *unmittelbar*. Zwischen Ich und Du gibt es keine »Begrifflichkeit« und kein »Vorwissen«. Jede Begegnung entspringt aus dem interpersonalen *Zwischen*.

Die alleinige Wirklichkeit des Zwischen ist Buber zufolge das Sein Gottes. *Gott* wird als die Mitte bezeichnet, in der die Begegnungen gründen. Das »ewige Du Gottes« spricht mich in jeder Begegnung mit dem Du an.

Eine fundamentale Rolle spielt für Buber die *Sprache*. Nicht die Sprache ist im Menschen, sondern der Mensch ist in der Sprache. Der einzelne Mensch kann nur im Dialog mit dem Anderen er selbst sein.

Weitere Werke von Buber: Werke, I-II, 1962-1964; Briefwechsel aus sieben Jahrzehnten, I-II, G. Schaeder (Hg.), 1972-1975.

Literatur zu Buber: M. Theunissen, Der Andere, 1965; A. Anzenbacher, Die Philosophie Martin Bubers, 1965; G. Schaeder, Martin Buber, 1966; H. Kohn, Martin Buber, 1979[4]; H.-J. Werner, Martin Buber, 1994; G. Wehr, Martin Buber, 1996; P. Stöger, Martin Buber, 2003; C. W. Mayhall/T. B. Mayhall (Hg.), On Buber, 2004.

BUDDHA: (eigentlich Siddhartha Gautama): der indische Religionsstifter wurde ca. 560 v. Chr. in Kapilavastu geboren. Er entstammte einer Fürstenfamilie. Mit 16 Jahren heiratete er seine Kusine, mit der er einen Sohn hatte. Im Alter von 29 Jahren verließ er seine Heimat, um in der Abgeschiedenheit als Asket nach der Erlösung zu suchen. Sieben Jahre lang studierte er verschiedene Lehren und übte sich in strenger Askese, was jedoch nicht zu der erhofften Erlösung führte. Er wandte sich sodann vom asketischen Leben ab und begann, alleine zu meditieren. Unter einem Feigenbaum erlebte er eine

Erleuchtung. Seither wurde er Buddha (dt. »der Erleuchtete«, »der Erwachte«) genannt. Die nächsten 40 Jahre verbrachte er als wandernder Prediger. Buddha gründete einen Mönchsorden. Er starb ca. 480 v. Chr. bei Kushinagara.

Buddha hat der Überlieferung zufoge selbst nichts geschrieben. Seine Predigten wurden jedoch zunächst mündlich überliefert und später schriftlich niedergelegt.

Im Zentrum seiner Lehre stehen vier Wahrheiten: 1) Das Leben ist von *Leiden* geprägt; 2) die Ursachen des Leidens sind das *Begehren* und die *Unwissenheit* (fehlende Erkenntnis); 3) man kann dem Leiden entgehen, sich von ihm *befreien*; 4) der Weg der Befreiung von Leiden ist der *achtgliedrige Pfad*.

Das Leiden ist fast überall im Leben vorzufinden. Bekommt man nicht das Objekt des Begehrens (z. B. eine Person, die man liebt), dann leidet man. Besitzt man das Objekt, dann muss man Angst haben, dass man es verliert, was auch Leiden bedeutet. Leiden ist aber nicht nur eine negative Empfindung, sondern auch das aus der Vergänglichkeit des Daseins resultierende Unheil.

Das Begehren entsteht in den Sinnen. Das sexuelle Begehren wird als das stärkste betrachtet.

Das Leiden kann nur aufgehoben werden, wenn der Mensch nichts mehr begehrt. Er muss sein Begehren überwinden. Dafür sind die *rechte Erkenntnis* (vor allem die Erkenntnis der vier Wahrheiten), die *Befolgung von Geboten* (Enthaltsamkeit, Liebe, Gewaltlosigkeit und Tötungsverbot) und eine *Meditationspraxis* (meditative Geistesschulung) erforderlich.

Zum achtgliedrigen Pfad gehören dem gemäß folgende Elemente: rechte Erkenntnis, rechte Gesinnung, rechte Rede, rechtes Tun, rechter Lebensunterhalt, rechte Anstrengung, rechte Achtsamkeit und rechte Sammlung. Eine wichtige Rolle spielt dabei die *Meditation*, die zur Bewusstseins-Erhellung und Bewusstseins-Erhöhung führen soll.

Als *Erleuchtung* wird die höchste Erkenntnis bzw. eine tiefgründige Einsicht, als *Nirvana* der Zustand der völligen Begehrenslosigkeit bezeichnet.

Es gibt nach Buddha keine unvergängliche Seele bzw. keinen festen Persönlichkeitskern (Ich). Vielmehr besteht der Mensch aus folgenden Daseinselementen: körperliche Form, Wahrnehmen, Empfinden, Willenskräfte und Bewusstsein. Mit dem Tod ist das Dasein des Menschen nicht abgeschlossen. Der Tod bedeutet die Auflösung der einzelnen Daseinselemente.

Die *Willenskräfte*, die das Begehren konstituieren, werden nach dem Tod eines Menschen (oder Lebewesens), der sich von Begehren während seines Lebens nicht befreit hat, zur Grundlage der Herausbildung eines neuen Wesens.

Buddha vertritt demnach keine Lehre von der Seelenwanderung. Er spricht von dem *Kreislauf von Geburt, Tod und Wiedergeburt*. Das Symbol dieses Kreislaufs ist das Rad. Der Mensch kann nur im Zustand des Nirvana diesem Kreislauf entrinnen. Der Erleuchtete ist von allen Willenskräften, die zur Grundlage eines neuen Daseins werden könnten, befreit. Er erreicht damit eine höhere Daseinsform.

Buddha lehnte im Gegensatz zum Brahmanismus das Kastensystem und die Autorität der Veda (religiöse Literatur der Inder) ab. Jeder Mensch kann zur Erleuchtung gelangen, und zwar unabhängig von seiner Kastenzugehörigkeit. Damit setzte er eine *Reformbewegung* im damaligen Indien in Gang.

Die von Buddha gestiftete Religion heißt *Buddhismus*. Es entwickelten sich zwei Hauptrichtungen dieser Religion: das *Hinajana* (»kleines Fahrzeug«) und das *Mahajana* (»grosses Fahrzeug«). Im Hinajana steht die Selbsterlösung im Zentrum der Lebenspraxis. Nur einige Auserwählte können erleuchtet werden. Im Mahajana soll ein erleuchteter Mensch anderen Menschen helfen und sie zur Erleuchtung führen.

Der Buddhismus erlosch zwar um 1200 in Vorderindien, konnte sich jedoch in Ceylon, Hinterindien, China, Korea, Japan, Tibet und Mongolei ausbreiten. Einen gewissen Einfluss übte er in der europäischen Philosophie, insbesondere bei A. Schopenhauer und E. Fromm, aus.

Werke von Buddha: Also sprach der Erhabene, K.E. Neumann (Übers.), 1986; Auswahl aus dem Palikanon, P. Dahlke (Übers.), 2000; Die Reden des Buddha, H. Bechert (Hg), 2000.

Literatur zu Buddha: J. Lehmann, Buddha, 1980; H.W. Schumann, Der historische Buddha, 1982; B. Scherer, Buddha, 2001; H.-J. Frisch, Der Buddha, 2001; K. Amstrong, Buddha, 2004.

BULTMANN, RUDOLF KARL: der deutsche Theologe wurde am 20. 8. 1884 in Wiefelstede (Oldenburg) geboren. Er studierte evangelische Theologie in Tübingen, Berlin und Marburg. Nach der Promotion 1910 wurde er Privatdozent für Neues Testament in Marburg. 1916 übernahm er eine Professur für Neues Testament in Breslau, 1920 eine Professur in Giessen. Seit 1921 lehrte er evangelische Theologie in Marburg.

Dort lernte er M. Heidegger kennen, der einen großen Einfluss auf seine Theologie hatte. Bultmann starb am 30. 7. 1976 in Marburg.

Bultmann ist der Begründer der *Existenztheologie*. Er prägte entscheidend die Entwicklung der evangelischen Theologie nach 1945. Die Frage nach Gott hängt aufs Engste mit der Frage nach dem einzelnen Menschen, nach seiner Existenz, zusammen. Wenn man von Gott spricht, so spricht man vom Menschen, und umgekehrt: Spricht man vom Menschen, so spricht man von Gott. Glaube als ein Verhältnis des Einzelnen zu Gott gründet in einem Selbstverständnis des Menschen. Die Lehre vom Menschen (Anthropologie) ist daher für Bultmann von der Lehre von Gott (Theologie) nicht zu trennen.

Bultmann fordert eine *Entmythologisierung* (Befreiung von Mythen) des Neuen Testaments. Zu den Mythen des Neuen Testaments zählen u. a. Wundergeschichten und die Geschichte von Auferstehung und Himmelfahrt Jesu. Diese Geschichten sind in Bultmanns Worten »erledigt«. Sie entsprechen nicht dem heutigen rationalen, d. h. auf Vernunft basierenden, Weltbild. Sie widersprechen den Erkenntnissen der Wissenschaften.

Die mythischen Glaubensaussagen sollen jedoch nicht eliminiert, sondern ausgelegt, interpretiert werden. In diesen Aussagen kommt das Wesen der menschlichen Existenz zum Ausdruck. Die Bibel vermittelt keine ewigen Wahrheiten. Biblische Aussagen sollen stets neu auf die Existenz des Menschen, auf seine konkrete Lebenssituation, bezogen und daraufhin gedeutet werden.

Eine zentrale Rolle spielt für Bultmann die Kunst des Verstehens: die *Hermeneutik*. Er übernimmt wichtige Elemente der Hermeneutik von Schleiermacher, Dilthey und vor allem von Heidegger. Er macht sie jedoch für die Auslegung biblischer Schriften nutzbar. Die Auslegung der biblischen Schriften wird zur wichtigsten Aufgabe der Theologie.

Der ungläubige Mensch denkt, dass er über sich selbst und die Welt verfügen kann, Herr über sich selbst und die Welt ist. Er ist dieser Welt, in der alles vergänglich ist, verfallen. Er lebt in der ständigen Angst, dass ihm das, worüber er verfügt, genommen werden kann. Der gläubige Mensch hingegen distanziert sich von dieser Welt im Vertrauen auf Gott. Er kann sich von dieser Welt befreien, indem er von Gott, also von außerhalb seiner selbst, angesprochen wird. Den Wunsch, über sich selbst verfügen zu wollen, wird von ihm dabei fallen gelassen.

Werke von Bultmann: Jesus, 1926; Glauben und Verstehen, 4. Bde., 1933-1965; Offenbarung und Heilsgeschehen, 1941; Theologie des Neuen Testaments, 1953; Jesus Christus und die Mythologie, 1958.

Literatur zu Bultmann: G. Ebeling, Theologie und Verkündigung, 1962; W. Schmithals, Die Theologie Rudolf Bultmanns, 1966; F. Vonessen, Mythos und Wahrheit, 1972; W. Stegemann, Der Denkweg Rudolf Bultmanns, 1978; E. Jüngel, Glauben und Verstehen, 1985; M. Dorhs, Über den Tod hinaus, 1999; U. H. J. Körtner (Hg.), Jesus im 21. Jahrhundert, 2002.

C

CAMPANELLA, TOMMASO: der italienische Philosoph und Politiker wurde am 5. 9. 1568 in Stilo (Kalabrien) geboren. 1583 wurde er Dominikaner. Er studierte 1588 Theologie in Cosenza. Wegen seines Eintretens für die Lehre B. Telesios, die der offiziellen Kirchendoktrin widersprach, wurde er als Ketzer von der Inquisition mehrmals verhaftet. Nach seiner Freilassung 1598 organisierte er einen Aufstand gegen die spanische Fremdherrschaft. Durch Verrat geriet er 1599 in die Hände der Spanier und wurde zu lebenslanger Haft verurteilt. Im Kerker verfasste er wichtige Schriften, u. a. seinen »Sonnenstaat«. Nach fast dreißigjähriger Haft wurde er 1626 entlassen, geriet jedoch erneut in Gefahr und floh 1634 nach Paris. Dort wurde er vom König Ludwig XIII und Kardinal Richelieu protegiert. Sie betrieben eine antispanische Politik und nutzten dabei seine politischen Kenntnisse und Erfahrungen. Er starb am 21. 5. 1639 im Dominikanerkloster in Paris.

Campanella ist einer der wichtigsten Vertreter der *Renaissancephilosophie* und ein Universalgelehrter. Er verfasste philosophische, theologische, physikalische, astronomische, astrologische, ökonomische und politische Schriften. Man geht davon aus, dass er führende Gelehrte seiner Zeit wie Galilei und Bruno kannte und mit ihnen im regen Gedankenaustausch stand.

In seiner Erkenntnistheorie vertritt er in Anlehnung an Telesio den sog. *Sensualismus*, eine Lehre, der zufolge alles Erkennen im Denken, Urteilen und Schließen nicht nur auf sinnlicher Empfindung beruht, sondern selbst sinnliche Empfindung in modifizierter Form darstellt. Er fordert eine neue Betrachtung der Natur, bei der nicht mehr nur die Werke des Aristoteles und die Heilige Schrift als Grundlage dienen sollen; vielmehr soll sich der Forscher mit der Natur direkt auseinandersetzen, sie zum Gegenstand der empirischen Untersuchungen machen. Damit soll auch die Philosophie auf eine neue (empirische) Grundlage gestellt werden.

Campanellas bekanntestes Werk ist die Sozialutopie »Civitas solis idea republicae philosophiae« (1602, dt. »Der Sonnenstaat oder die Idee einer philosophischen Republik«, 1789). Er entwirft darin das Modell eines streng organisierten, hierarchischen Staates. In diesem Staat gibt es kein Privateigentum (Privateigentum ist die Quelle der sozialen Ungleichheit). Es besteht für alle eine Arbeitspflicht. Da alle arbeiten, beträgt die Arbeitszeit nur vier Stunden am Tag. Den Rest der Zeit verbringen die Bürger mit der Vervollkommnung ihrer Persönlichkeit, d.h. mit sportlichen, geistigen und sozialen Betätigungen.

Eine besondere Rolle in der Erziehung spielen Kenntnisse in Mathematik und Naturwissenschaften sowie das Erlernen eines Handwerks. Die Vermehrung des technischen Wissens und die Anwendung dieses Wissens auf die Praxis sind wichtiger als das Studium »alter Bücher«, d.h. der Bücher des Aristoteles.

Im Sonnenstaat gibt es keine Armut und keinen Reichtum. Es herrscht politische und ökonomische *Gleichheit*. Die Produkte der Arbeit werden nach Bedürfnissen der Bürger verteilt. Essen, Wohnraum, Frauen und Kinder gehören der Gemeinschaft. Vieles, z.B. die Fortpflanzung, wird streng geregelt. An der Spitze des Staates steht ein Herrscher, der gleichzeitig Priester, Gelehrter und Politiker ist. Ihm stehen drei Statthalter zur Seite, die der Macht, der Weisheit und der Liebe.

Campanella hatte einen großen Einfluss auf die Entwicklung des neuzeitlichen Weltbildes und das utopische Denken (z.B. auf Thomas Morus).

Weitere Werke von Campanella: Philosophia sensibus demonstrata, 1591; Apologia pro Galileo, 1622; Metaphysica, I-III, 1638; Opera di T. Campanella, I-II, 1854.

Literatur zu Campanella: E. Bloch, Das Prinzip Hoffnung, 1959; G. Bock, Tommaso Campanella, 1974; R. Ahrbeck, Morus, Campanella, Bacon, 1977; N. Badaloni, Tommaso Campanella, 1965; R. Hagengruber, Tommaso Campanella, 1994.

CAMUS, ALBERT: der französische Schriftsteller und Philosoph wurde am 7. 11. 1913 in Mondovi (Algerien) geboren. Da er an Tuberkulose erkrankt ist, wurde er zur Eingangsprüfung für das Lehramt

nicht zugelassen. Er studierte an der Universität Algier Philosophie und schloss das Studium 1936 mit einer Arbeit über Neuplatonismus und Christentum ab. Schon in der Studienzeit verfasste er literarische Essays und gründete eine Theatergruppe. Während des 2. Weltkriegs war er Mitglied der Resistance. Nach dem Krieg engagierte er sich für die Rechte der arabischen Bevölkerung in Algerien und versuchte ab 1954, im Algerienkonflikt zu vermitteln. Er war zeitlebens ein entschiedener Gegner des Totalitarismus, und zwar sowohl des faschistischen als auch des kommunistischen. Er setzte sich unermüdlich für die Unterdrückten in totalitären Staaten ein, z.B. für Oppositionelle im faschistischen Spanien, für griechische Kommunisten und für die Aufständischen in Berlin 1953 und Ungarn 1956. Camus erhielt 1957 den Nobelpreis für Literatur. Er starb bei einem Autounfall am 4. 1. 1960 in Petit-Villeblevin.

Camus gehört zu den führenden geistigen Persönlichkeiten der Nachkriegszeit. Er wird oft als ein *Existentialist* bezeichnet, obwohl er selbst diese Bezeichnung für die Charakterisierung seiner Philosophie ablehnte. Seine Grundfrage lautet: Wie kann der moderne Mensch, der weder an Gott noch an Vernunft glaubt, einen *Sinn* im Leben finden?

In seinem Werk »Le mythe de sisyphe« (1942, dt. »Der Mythos vom Sisyphos«, 1950) entwickelt er den Begriff des *Absurden*. Angesichts der Möglichkeit des eigenen Todes sieht der Einzelne in seinem Leben keinen Sinn. Seine Pläne, Ziele und Hoffnungen verlieren angesichts dieser Möglichkeit ihre sinnstiftende Rolle. Auch übergreifende Werte und religiöse Konzepte können ihm keinen Lebenssinn geben. In dieser Sinnlosigkeit erfährt der einzelne Mensch sein Leben als absurd.

Die Möglichkeit, dem Absurden durch Selbstmord zu entgehen, lehnt Camus ab. Stattdessen soll das Absurde, die Sinnlosigkeit, ausgehalten werden. Dieses Aushalten bedeutet *Freiheit*; der Mensch ist davon befreit, sein Leben nach einem bestimmten Sinn auszurichten und kann dadurch in höherem Maße über sich selbst verfügen und seine

Lebensintensität in der Gegenwart steigern. Das negative Gefühl der Absurdität kann damit in ein positives Gefühl des *Glücks* umgewandelt werden.

Ein Beispiel für eine absurde Existenz ist in der griechischen Mythologie *Sisyphos*. Er ist von den Göttern dazu verdammt, einen Stein auf einen Berg hinauf zu rollen. Der Stein rollt kurz vor dem Gipfel immer wieder nach unten. Durch das bewusste Aushalten der Absurdität seiner Existenz wird Sisyphos zum Herrn seines Schicksals – er verfügt über sich selbst. Deshalb kann man sich Sisyphos als einen glücklichen Menschen vorstellen.

Das Absurde begegnet dem Menschen nicht nur bezüglich seiner individuellen Existenz, sondern auch in der Gesellschaft, und zwar in Gestalt der Unmenschlichkeit und Ungerechtigkeit. In seinem Werk »L'homme révolté« (1951, dt. »Der Mensch in der Revolte«, 1953) betont Camus, dass der Mensch gegen das Absurde *revoltieren*, d. h. einen Kampf für die *Würde* des Menschen führen soll. Das Ziel der geschichtlichen Entwicklung ist die *Humanität*. Im Kampf für die Würde des Menschen kann das Leben einen Sinn bekommen.

Camus wendet sich gegen die Entartung der Revolte in der »metaphysischen« und »historischen« Revolte. In der ersten opponiert der Mensch gegen Gott bzw. ein religiöses Weltbild. Diese Revolte kann jedoch dazu führen, dass sich der Mensch verabsolutiert und sich selbst als Gott betrachtet. Er kann zur Rechtfertigung seiner Herrschaft zu Mord und Unterdrückung greifen.

Die *historische Revolte*, die Revolution, die mit dem Ziel auftritt, die Menschen aus Unterdrückung zu befreien und eine sozial gerechte Gesellschaft zu errichten, kann zur neuen Unfreiheit und zum neuen Terror führen. Als Rechtfertigung hierfür wird ein übergreifender »Sinn der Geschichte« (z. B. klassenlose Gesellschaft) herangezogen. Diese Entartungen können nur dann vermieden werden, wenn in der Revolte auf die Verabsolutierung ihrer Ziele verzichtet und Humanität zum obersten Ziel der Geschichte erhoben wird.

Weitere Werke von Camus: L'étranger, 1942 (dt. Der Fremde, 1948); La peste, 1947 (dt. Die Pest, 1949); La chute, 1956 (dt. Der Fall, 1957); L'exil et le royaume, 1957 (dt. Das Exil und das Reich, 1958); Carnets, I-II, 1962/64 (dt. Tagebücher, 1963/67).

Literatur zu Camus: M. Lebesque, Camus in Selbstzeugnissen und Bilddokumenten, 1960; H. R. Schlette, Albert Camus, 1980; A. Pieper, Albert Camus, 1984; H. R. Lottmann, Albert Camus, 1986; B. Sändig, Albert Camus, 1988[2]; A. A. Schillinger-Kind, Albert Camus zur Einführung, 1999; O. Todd, Albert Camus, 1999; S. E. Bonner, Albert Camus, 2002; R. Doschka, Naturmythos und Geschichte im Werke von Albert Camus, 2003.

CARNAP, RUDOLF: der deutsch-amerikanische Philosoph, Logiker und Wissenschaftstheoretiker wurde am 18. 5. 1891 in Ronsdorf (bei Wuppertal) geboren. Er studierte Philosophie, Mathematik und Physik in Jena. Sein Lehrer war dort der Logiker Gottlob Frege. Carnap promovierte 1921 in Jena mit einer Arbeit über den Raumbegriff. 1926 wurde er Dozent für Philosophie in

Wien, wo er an den Treffen des sog. »Wiener Kreises« teilnahm. Zu diesem Kreis gehörten Denker, die sich um ein neues, wissenschaftliches Verständnis der Philosophie bemühten. 1931 erhielt Carnap eine Professur für Naturphilosophie in Prag. Aufgrund der politischen Verhältnisse nach der Machtergreifung Hitlers emigrierte er 1935 in die USA. Er war von 1936 bis 1952 Professor für Philosophie an der University of Chicago, 1936, 1940/41 Gastprofessor in Harvard und von 1954 bis 1961 Professor an der University of California in Los Angeles. Er starb am 14. 9. 1970 ebendort.

Carnap ist der bedeutendste Vertreter des *logischen Empirismus*, einer der wichtigsten philosophischen Richtungen des 20. Jh. Im logischen Empirismus wird die Methode der logischen Analyse der Sprache mit der Hervorhebung der Rolle der sinnlichen Erfahrung verknüpft (sinnliche Erfahrung ist die wichtigste Quelle der Erkenntnis).

Mit der logischen Analyse der Sprache sollen einige philosophische Probleme gelöst oder zum Verschwinden gebracht werden. Formale Logik wird auf die empirischen Wissenschaften, insbesondere die Physik, angewandt. Für Carnap soll die Philosophie eine Theorie der Wissenschaftssprache bzw. -logik sein. Ihre Aufgabe liegt in der logischen Analyse der Sätze und Begriffe der empirischen Wissenschaften.

Carnap führt ein *Sinnkriterium* ein, mit dessen Hilfe sinnvolle Sätze von sinnlosen unterschieden werden könnten. Nur solche Sätze sind sinnvoll, die empirisch verifiziert werden können. Es ist notwendig, Bedingungen anzugeben, unter denen diese Sätze wahr oder falsch sind. Darüber hinaus werden analytische Sätze (z.B. Sätze der Mathematik) als sinnvoll aufgefasst.

Sätze, die das Sinnkriterium nicht erfüllen, sind sinnlos. So sind metaphysische Sätze, also Sätze, die empirisch nicht überprüft werden können, sinnlos. In ihnen kommen nur *Scheinprobleme* zum Ausdruck. Solche Sätze enthalten Begriffe, deren Bedeutung man nicht klar, d.h. im Rückgriff auf empirische Realität, auf beobachtbare Sachverhalte, festlegen kann. Es sind Begriffe wie »das Absolute«, »das Unbedingte«, »der Geist« und »Gott«.

Carnaps Hauptinteresse gilt der Analyse von formalen Strukturen der Sprache. Diese Strukturen werden in der *formalen Logik*, auch »logische Syntax der Sprache« genannt, am klarsten herausgestellt. In ihr geht es nicht um die Festlegung bzw. die Analyse des Inhalts (Bedeutung) von Wörtern und Sätzen, sondern um die Angabe von Regeln, mit deren Hilfe eine formale Sprache aufgebaut werden kann.

Im Alltag oder in den empirischen Wissenschaften beziehen wir uns inhaltlich auf etwas in der Welt, in der formalen Logik beziehen wir uns auf die Struktur bzw. die Eigenschaften der Sprache. Der Grundgedanke der formalen Logik besagt, dass es ausschließlich von der formalen Struktur der Sprache abhängt, welche Schlussfolgerungen in der Sprache gültig sind.

In diesem Zusammenhang übernimmt Carnap von dem Logiker Alfred Tarski die Unterscheidung zwischen *Objektsprache* und *Metasprache*. In der Objektsprache bezieht man sich auf Sachverhalte in der Welt, in der Metasprache bezieht man sich auf die Struktur bzw. die Eigenschaften der Objektsprache. In den empirischen Wissenschaften wird die Objektsprache gebraucht, in der Philosophie die Metasprache.

Neben der formalen Logik entwickelt Carnap auch eine Bedeutungslehre: die *Semantik*. Zentral ist für ihn die Unterscheidung zwischen der *Extension* und der *Intension* eines sprachlichen Ausdrucks. Die Extension eines Ausdrucks ist sein Umfang, d.h. die Klasse aller Gegenstände, die unter diesen Ausdruck bzw. Begriff fallen. Die Extension des Begriffs »Gitarrenspieler« ist die Klasse/Menge aller Gitarrenspieler. Die Intension eines Ausdrucks ist dessen Inhalt, die Angabe der Eigenschaften, die die Bedeutung des Ausdrucks bestimmen.

In seinem Spätwerk beschäftigte sich Carnap mit der Problematik der Induktion und der Wahrscheinlichkeit. Er hat der modernen Logik, Sprachphilosophie und Wissenschaftstheorie entscheidende Impulse verliehen.

Werke von Carnap: Der Raum, 1922; Der logische Aufbau der Welt, 1928; Das Fremdpsychische und der Realismusstreit, 1928; Logische Syntax der Sprache, 1934; Introduction to Semantics and Formalization of Logic, 1943; Meaning and Necessity, 1947 (dt. Bedeutung und Notwendigkeit, 1972); Einführung in die symbolische Logik, 1954; Induktive Logik und Wahrscheinlichkeit, 1959; Mein Weg in die Philosophie, 1999[2].

Literatur zu Carnap: V. Kraft, Der Wiener Kreis, 1950; J. Hintikka (Hg.), Rudolf Carnap, 1975; W. Stegmüller, Moderner Empirismus. Rudolf Carnap und der Wiener Kreis, in: Ders., Hauptströmungen der Gegenwartsphilosophie I, 1976[6]; L. Krauth, Die Philosophie Carnaps, 1997[2]; Th. Mormann, Rudolf Carnap, 2000; P. Parrini (Hg.), Logical empirism, 2003.

CASSIRER, ERNST: der deutsche Philosoph und Philosophie-Historiker wurde am 28. 7. 1874 in Breslau geboren. Er studierte von 1892 bis 1899 Jura, Germanistik und Neuere Literaturgeschichte, seit 1896 Philosophie und Mathematik. Sein Lehrer

war der Neukantianer Hermann Cohen. 1906 wurde Cassirer Privatdozent in Berlin, von 1919 bis 1933 Professor für Philosophie in Hamburg. 1933 emigrierte er als Jude nach England (Oxford), wo er bis 1935 eine Professur innehatte. Von 1935 bis 1941 hatte er eine Professur in Göteborg (Schweden), nach der Übersiedlung in die USA ab 1941 eine Professur in Yale, von 1944 bis 1945 eine Gastprofessur in New York. Er starb am 13. 4. 1945 in New York.

Cassirer knüpft in seinen Arbeiten vor allem an Kant, Leibniz und Hegel an. Neuere Philosophiegeschichte wird von ihm als eine Geschichte der Erkenntnistheorie betrachtet. Sie ist keine Ansammlung von historischen Fakten, sondern stellt eine Entwicklung dar. Der philosophische Geist kommt im Laufe dieser Entwicklung zu einer immer größeren Klarheit über sich selbst.

Philosophie kann nur dann angemessen begriffen werden, wenn man ihre Entwicklung, ihre Geschichte, kennt. In diesem Zusammenhang unterscheidet Cassirer zwischen einem *absoluten Apriori* im Sinne Kants und einem *relativen Apriori* (»a priori« bedeutet der sinnlichen Erfahrung vorausliegend). Absolut a priori sind bestimmte Formen der Erkenntnis, die für immer und unabhängig von der sinnlichen Erfahrung gelten (z.B. die Anschauungsformen Raum und Zeit und die Verstandeskategorien). Sie sind statisch, unterliegen daher nicht der historischen Entwicklung.

Zum relativen Apriori hingegen gehören Begriffe, die sich historisch entwickeln und auf ein bestimmtes, auch historisch gewordenes, Wissenssystem bezogen sind. Die Geschichte der Philosophie kann als die Entwicklung solcher relativer Begriffe/Wissenssysteme betrachtet werden. Diese Entwicklung ist jedoch letztlich nur ein Spezialfall der allgemeinen Entwicklung von *Symbolen*, Zeichen, die etwas ausdrücken.

Der Mensch ist für Cassirer ein symbolverwendetes Tier. Die Symbole, besser: die Gesamtheit der Symbole, bilden die *Kultur*. Er geht somit von der Erkenntnistheorie zur Kulturphilosophie über.

In seinem Hauptwerk »Philosophie der symbolischen Formen« (3 Bde. 1923 – 1929) untersucht Cassirer die Rolle der Symbole in Sprache, Mythos, Religion, Kunst und Wissenschaft. Der menschliche Geist bildet die Welt der bloßen Eindrücke in eine Welt des geistigen Ausdrucks um. Das Wesensmerkmal des Menschen ist seine *symbolbildende Kraft*.

Ganz besondere Aufmerksamkeit schenkt Cassirer dem Begriff des *Mythos* bzw. dem mythischen Denken. Der Mythos bildet eine eigenständige Form des Weltverstehens und er stellt darüber hinaus eine Lebensform dar. Mythisches Denken ist der Gegensatz zum rationalen (vernunftgeleiteten) Denken. In seinem Spätwerk untersucht Cassirer die Rolle des Mythos in modernen Gesellschaften, insbesondere sein Aufblühen im Nationalsozialismus.

Cassirer hatte große Wirkung auf den Kunsthistoriker und -theoretiker E. Panofsky und auf die Philosophie von H. Blumenberg, S. K. Langer und N. Goodman.

Weitere Werke von Cassirer: Das Erkenntnisproblem in der Philosophie und Wissenschaft der neueren Zeit, 3 Bde., 1906-20; Individuum und Kosmos in der Philosophie der Renaissance, 1927; Die Philosophie der Aufklärung, 1932; The Myth of the State, 1946 (dt. Der Mythos als politische Waffe, 1949); Wesen und Wirkung des Symbolbegriffs, 1956.

Literatur zu Cassirer: P. A. Schlipp (Hg.), Die Philosophie Ernst Cassirers, 1966; H. Lübbe, Cassirer und die Mythen des 20. Jh., 1975; J. M. Krois, Cassirer, 1987; A. Graeser, Ernst Cassirer, 1994; E. W. Orth, Von der Erkenntnistheorie zur Kulturphilosophie, 1996; O. Schwemmer, Ernst Cassirer, 1997; H. Paetzold, Ernst Cassirer zur Einführung, 2002, E. Rudolph, Ernst Cassirer im Kontext, 2003.

CHOMSKY, AVRAM NOAM: der amerikanische Sprachwissenschaftler und Sprachphilosoph wurde am 7. 12. 1928 in Philadelphia geboren. Er studierte von 1945 bis 1950 an der Universität von Pennsylvania Linguistik, Mathematik und Philosophie. Seine Lehrer waren u. a. der Linguist Zellig Harris und der Philosoph Nelson Goodman. Chomsky ist seit 1955 Professor für moderne Sprachen und Sprachwissenschaft am Massachusetts Institute of Technology (MIT).

Chomsky gilt als der bedeutendste Sprachwissenschaftler der Gegenwart. Er entwickelte die sog. *generative Transformationsgrammatik*, mit der er die moderne Sprachwissenschaft revolutionierte.

Chomsky kritisiert die traditionelle Sprachwissenschaft, insbesondere das Modell der Schulgrammatik. Sie kann nicht erklären, wie aus einer endlichen Menge von sprachlichen Daten prinzipiell unendlich viele Sätze gebildet werden können. Sie analysiert nur die *Oberflächenstruktur* der Sprache, nicht deren *Tiefenstruktur*. Die Aufgabe der generativen Transformationsgrammatik ist es, eine solche Tiefenstruktur aufzudecken.

Zentral ist für Chomsky der Begriff der *Kompetenz*. Sie ist im Gegensatz zur *Performanz* (dem konkreten Gebrauch der Sprache) die Tätigkeit, aus einer begrenzten Zahl von sprachlichen Daten eine unbegrenzte Zahl von grammatisch korrekten Sätzen zu bilden und zu verstehen.

Kinder können mit einer begrenzten Menge von sprachlichen Daten eine prinzipiell unendliche

Menge neuer, nie zuvor gesagter oder gehörter Sätze bilden und verstehen. Die sprachliche Kompetenz ist demnach etwas Kreatives. Sie beinhaltet die Kenntnis einer Menge von Grammatikregeln. Die Aufgabe der Sprachwissenschaft (Linguistik) ist es, die Kompetenz als ein System von Grammatikregeln zu rekonstruieren.

Chomsky behauptet überdies, dass Sprache, genauer: die Sprachfähigkeit, dem Menschen *angeboren* ist. Alle Sprachen haben eine gemeinsame Grundstruktur. Diese Gemeinsamkeiten werden als *linguistische Universalien* bezeichnet und sind in der Tiefenstruktur zu finden. Chomsky bezeichnet deshalb sein Modell auch als »Universalgrammatik«.

Chomsky nahm und nimmt heute noch an vielen politischen Debatten teil. Er setzte sich gegen den Vietnamkrieg und die expansive Außenpolitik der USA ein. Dabei kritisierte er die opportunistische Haltung vieler amerikanischer Intellektuellen. Darüber hinaus tritt er für eine friedliche Lösung des Nahostkonflikts ein und verweist auf die negativen Folgen des Globalisierungsprozesses.

Werke von Chomsky: Syntactic Structures, 1957 (dt. Strukturen der Syntax, 1973); Aspects of the Theory of Syntax, 1965 (dt. Aspekte der Syntax-Theorie, 1969); Cartesian Linguistics, 1966 (dt. Cartesianische Linguistik, 1971); Language and Mind, 1968 (dt. Sprache und Geist, 1970); American Power and the New Mandarines, 1969 (dt. Die Verantwortlichkeit der Intellektuellen, 1971); Reflections on Language, 1975 (dt. Reflexionen über Sprache, 1977); Language and problems of knowledge, 1988 (dt. Probleme sprachlichen Wissens, 1996); Lectures on government and binding, 1984; Language and politics, 2004.

Literatur zu Chomsky: G. Harman (Hg.), On Noam Chomsky, 1974; J. A. Fodor, The Language of Thought, 1975; H. Weydt, Noam Chomskys Werk, 1976; A. v. Stechow/W. Sternefeld, Bausteine syntaktischen Wissens, 1988; J. Maher/J. Groves, Chomsky for beginners, 1996; J. McGilvray, Chomsky, 1999; L. M. Anthony (Hg.), Chomsky and his critics, 2003.

CICERO, MARCUS TULLIUS: der römische Philosoph, Staatsmann und Redner wurde am 3.1.106 v. Chr. in Arpino geboren. Er studierte Philosophie in Athen. Danach machte er eine politische Karriere und wurde 63 v. Ch. Konsul. Er war ein Anhänger der Römischen Republik

und bekämpfte jegliches Streben nach Alleinherrschaft. Nach Caesars Machtergreifung verlor Cicero seine politische Macht und widmete sich ganz der Philosophie. Erst nach der Ermordung Caesars 44 v. Chr. kehrte er zur Politik zurück. Kurz darauf wurde er jedoch von den Anhängern des Caesarfreundes Antonius, den er in seinen Reden angegriffen hatte, am 7. 12. 43 v. Chr. auf der Flucht ermordet.

Ciceros größter Verdienst ist es, die griechische Philosophie der lateinischen Welt vermittel zu haben. Er ist der wichtigste Schöpfer der lateinischen philosophischen Sprache. Somit hat die von ihm geprägte Begrifflichkeit die weitere Entwicklung der Philosophie entscheidend beeinflusst.

In der Erkenntnistheorie vertritt Cicero den *Skeptizismus*. Die Wahrheit kann nicht endgültig gefunden werden. Trotzdem soll der Einzelne nach ihr suchen. Nur auf diese Weise kann er glücklich werden.

In der Ethik folgt Cicero der *stoischen Philosophie*. Der Weise kann die Angst vor Tod, Schmerzen und Leidenschaften überwinden, weil er sich selbst genügt und nicht auf die Anerkennung der anderen Menschen angewiesen ist. Der Einzelne soll an der eigenen Veredelung und Vervollkommnung arbeiten. Insbesondere soll er die rechten *Tugenden* pflegen. Das Glück kann der Einzelne nur selbst erreichen. Es ist seine individuelle Leistung.

Auf der anderen Seite soll er im Dienste der Gemeinschaft stehen – Philosophie soll dem Staate dienen. In seinem Werk »De republica« (54-51 v. Chr., dt. »Republik«, 1824) zeigt sich Cicero als Anhänger der Römischen Republik. Das Werk handelt von dem besten Zustand des Staates und den besten Bürgern. Mit seinen Ausführungen will Cicero den Verfall der Republik verhindern.

Die beste Staatsverfassung ist eine Mischform aus Monarchie, Aristokratie und Demokratie. Die römische Republik stellt für Cicero die beste Verfassungsform dar. Jeder einzelne Bürger muss etwas zur Erhaltung und Stärkung des Gemeinwesens, des Staates, beitragen. Der oberste Zweck des Staates ist *Gerechtigkeit* für seine Bürger.

Cicero hatte eine große Wirkung auf Augustinus, Boethius und die Denker der Renaissance ausgeübt.

Weitere Werke von Cicero: De finibus bonorum et malorum, 45 v. Chr. (dt. Cicero an Brutus über das höchste Gut und über das höchste Übel nebst deren Paradoxien, 1789); De logibus, 52 v. Chr. (dt. Drei Bücher von den besten Gesetzen, 1783); De natura deorum, 44 v. Chr. (dt. Drei Bücher von dem Wesen und den Eigenschaften der Götter, 1739); Tusculanae disputationes, 45 v. Chr. (dt. Tusculanische Unterredungen, 1799).

Literatur zu Cicero: K. Büchner, Cicero, 1964; G. Radke, Cicero, 1968; W. Görler, Untersuchungen zu Ciceros Philosophie, 1974; Ch. Habicht, Cicero der Politiker, 1990; J. Leonhardt, Ciceros Kritik der Philosophenschulen, 1999; A. Everitt, Cicero, 2003.

COHEN, HERMANN: der deutsche Philosoph wurde am 4. 7. 1842 in Coswig (Anhalt) geboren. Er besuchte das jüdisch-theologische Seminar in Breslau, studierte von 1861 Philosophie in Breslau und Berlin. Er promovierte 1865 in Halle und habilitierte sich 1873 bei F. A. Lange in Marburg. Dort wurde er 1875 außerordentlicher, 1876 ordentlicher Professor für Philosophie. Nach der Emeritierung wurde er 1912 Lehrer an der jüdisch-theologischen Lehranstalt in Berlin. Er starb dort am 4. 4. 1918.

Cohen ist der Gründer der »Marburger Schule«, einer der Hauptrichtungen des *Neukantianismus*. Ziel dieser philosophischen Richtung ist es, die Kantische Philosophie zu erneuern und weiter zu entwickeln. Eine tiefgreifende Auseinandersetzung mit Kant bildet die Grundlage der Überlegungen Cohens.

Aufgabe der Philosophie ist es, zu zeigen, wie *Erkenntnis* überhaupt möglich ist. Die Grundlegung der Erkenntnis soll »rein« im Denken, d.h. ohne Bezugnahme auf sinnlich Gegebenes (sinnliche Erfahrung), vollzogen werden. Erst durch das Gedachtwerden ist ein Gegenstand für uns, die Erkennenden, überhaupt da. Gegenstände der Erkenntnis werden im Denken *erzeugt*.

Der von Kant geprägte Begriff »Ding an sich« verliert damit seine systematische Bedeutung. Es hat keinen Sinn von einem getrennt von unserem Denkvermögen existierenden Ding an sich zu sprechen.

Gegen Kant behauptet Cohen, dass wir nicht mit der sinnlichen Erfahrung, sondern mit dem Denken anfangen sollen. Das sinnliche Material, also das, was wir sinnlich wahrnehmen, muss durch das Denken verarbeitet werden; es muss geordnet und in allgemeingültiges Wissen umgewandelt werden, und zwar in einem Prozess, der ins Unendliche geht. Dies soll analog zu der Infinitesimalmethode in der Mathematik geschehen.

In seinen letzten Lebensjahren wandte sich Cohen Problemen der *Religion* zu. Die Vernunft waltet nicht nur in Philosophie und Wissenschaft, sondern auch in der Religion. Die jüdischen Quellen nehmen dabei eine ganz besondere Stellung ein. Sie sind »Urquellen«, in denen die religiöse Ursprünglichkeit am reinsten zum Ausdruck kommt.

Cohen beeinflusste mit seinen religionsphilosophischen Studien die Dialogphilosophie von Martin Buber und Franz Rosenzweig.

Werke von Cohen: Kants Theorie der Erfahrung, 1871; Kants Begründung der Ethik, 1877; Das Prinzip der Infinitesimal-Methode und seine Geschichte, 1883; Kants Begründung der Ästhetik, 1889; System der Philosophie, Teil I, Logik der reinen Erkenntnis, 1902, Teil II, Ethik des reinen Willens, 1904, Teil III, Ästhetik des reinen Gefühls, 1912; Der Begriff der Religion im System der Philosophie, 1915; Die Religion der Vernunft aus den Quellen des Judentums, 1919.

Literatur zu Cohen: W. Kinkel, Hermann Cohen, 1924; H. Liebeschütz, Von Georg Simmel zu Franz Rosenzweig, 1970; H.-L. Ollig, Der Neukantianismus, 1979; M. Dreyer, Die Idee Gottes im Werk Hermann Cohens, 1985; G. Edel, Von der Vernunftkritik zur Erkenntnislogik, 1988; H. Holzhey, Hermann Cohen, 1994; W. Marx, Hermann Cohen und die Erkenntnistheorie, 2001; F. Albertini, Das Verständnis des Seins bei Hermann Cohen, 2003.

COMTE, AUGUSTE: der französische Philosoph und Soziologe wurde am 19. 1. 1798 in Montpellier geboren. Er studierte ab 1814 an der École Polytechnique in Paris Mathematik, Astronomie, Physik und Philosophie, wurde jedoch als Republikaner der Lehranstalt verwiesen. Von 1817 bis 1824 war er der Sekretär von Saint-Simon. Differenzen zwischen den beiden Denkern führten zu einem Bruch. Kurze Zeit unterrichtete er an der École Polytechnique, lebte dann von Einnahmen aus öffentlichen Vorträgen und

von der Unterstützung durch Freunde (u.a. J. S. Mill). In den öffentlichen Vorträgen und Vorlesungen formulierte er die Grundzüge seiner Theorie. Er starb am 5. 9. 1857 in Paris.

Comte gilt als einer der Begründer des modernen *Positivismus*, einer wissenschaftlichen Strömung, der zufolge die gegebenen, beobachtbaren Tatsachen die wichtigste Quelle der Erkenntnis und der Hauptgegenstand der wissenschaftlichen Forschung sind. Die Welt kann nicht mehr durch ein verborgenes bzw. jenseitiges Wesen (z.B. Gott) erklärt werden, weil ein solches Wesen nicht beobachtbar, als Tatsache in der Welt nicht gegeben ist.

Die positivistische Denkweise soll jedoch nicht nur Wissenschaften und Philosophie, sondern alle Bereiche des Lebens beherrschen. Eine ganz besondere Rolle spielt für Comte die *Soziologie* (er führt das Wort »Soziologie« ein), denn sie beschäftigt sich mit sozialen Belangen des Menschen und dient dem gesellschaftlichen Fortschritt.

Das Werk »Cours de philosophie positive« (1830-1842, dt. »Die positive Philosophie«, 1883) gilt als die programmatische Schrift des Positivismus. Comte stellt darin sein *Dreistadiengesetz* auf. Der menschliche Geist und die Geschichte durchlaufen drei Entwicklungsstadien: Im ersten, *theologischen* bzw. *fiktiven Stadium* sucht der Mensch nach einem Urgrund aller Dinge und betrachtet alle Phänomene der Welt als Ausdruck des Wirkens eines jenseitigen, übernatürlichen Wesens. Dieses Wesen wird meist als allen Dingen zugrundeliegender und alles Geschehen bestimmender *Gott* aufgefasst.

Im zweiten, *metaphysischen Stadium* wird das göttliche Wesen durch abstrakte Prinzipien und Wesenheiten/Ideen ersetzt. Sie gelten dort als der Erklärungsgrund der weltlichen Erscheinungen.

Im dritten, *positiven* bzw. *wissenschaftlichen Stadium* sieht der Mensch ein, dass es keine absolute Erkenntnis geben kann. Menschliche Erkenntnis soll sich alleine auf Erfahrung und Beobachtung stützen. Die Welt der sinnlichen Erfahrung und Beobachtung bildet die höchste Wirklichkeit.

Jedem der drei Stadien entspricht eine spezifische Gesellschaftsordnung. Im theologischen Stadium herrscht eine feudal-kirchliche Ordnung. Königliche und kirchliche Macht sowie Autoritätsglaube sind hier besonders stark ausgeprägt. Im metaphysischen Stadium kommt es zu Revolutionen und die Herrschaft des Königs wird durch die Herrschaft des Volkes ersetzt. Im positiven Stadium schließlich setzt sich die Demokratie durch. Der technische und industrielle Fortschritt prägt die Entwicklung der Gesellschaft.

Mit dem Dreistadiengesetz steht das *Enzyklopädische Gesetz* im Einklang. Dieses Gesetz soll die Rangordnung der positiven Wissenschaften festlegen. An oberster Stelle der Wissenschaften steht die Mathematik, die als erste das positive Stadium erreicht hat. Danach folgen Astronomie, Physik, Chemie und Biologie (zur Biologie gehört auch die Psychologie).

Die »soziale Physik«, von Comte »Soziologie« genannt, steckt noch in dem metaphysischen Stadium. Sie soll erst zu einer positiven Wissenschaft entwickelt werden. Das bedeutet, dass sie imstande sein muss, Voraussagen treffen zu können, wodurch eine Kontrolle und Steuerung der sozialen Prozesse ermöglicht wird.

Die *Soziologie* kann somit – wenn sie positiv wird – besser als alle anderen Wissenschaften der Verbesserung der menschlichen Lebensbedingungen dienen und zur Errichtung einer demokratisch-industriellen Gesellschaftsordnung beitragen.

Comte lehnt den Glauben an einen jenseitigen, allmächtigen Gott (Monotheismus) ab. Er entwickelt das Konzept einer *atheistischen Religion der Humanität.* Aus Liebe zur Menschheit soll alle Kraft dafür verwendet werden, die menschliche Entwicklung zu vollenden. Der natürliche Egoismus der Menschen soll in *Altruismus* umgewandelt werden.

Comte hatte große Wirkung auf J. S. Mill und H. Spencer. Sein Werk war grundlegend für die Entwicklung der Soziologie zu einer selbstständigen Wissenschaft.

Weitere Werke von Comte: Discours sur l'esprit positif, 1844 (dt. Rede über den Geist des Positivismus, 1956); Système de politique positive, on traité de sociologie instituant le réligion de l'humanité, 1851-1854; Œuvres complètes, I-XII, 1968-1971.

Literatur zu Comte: K. Löwith, Weltgeschichte und Heilsgeschehen, 1953; O. Negt, Die Konstituierung der Soziologie als Ordnungswissenschaft, 1974[2]; O. Massing, Auguste Comte, in: D. Käsler (Hg.), Klassiker des soziologischen Denkens I, 1976; W. Fuchs-Heinritz, Auguste Comte, 1998; G. Wagner, Auguste Comte zur Einführung, 2001.

CONDILLAC, ÉTIENNE BONNOT DE: der französische Philosoph und Aufklärer wurde am 30. 9. 1714 in Grenoble geboren. 1740 wurde er zum Priester geweiht, beschäftigte sich danach mit philosophischen Schriften. Er war mit Rousseau und Diderot befreundet, wurde 1749 Mitglied der Berliner Akademie der Wissenschaften, 1768 Mitglied der Französischen Akademie. Von 1758 bis 1767 arbeitete er als Erzieher des späteren Herzogs

von Parma, Ferdinand I. In dieser Funktion versuchte er, aufklärerische Ideen zu verbreiten. Er starb am 3. 8. 1780 in Beaugency.

Condillac ist einer der wichtigsten Vertreter der *französischen Aufklärung*. In der Erkenntnistheorie vertritt er den *Sensualismus* (alle menschliche Erkenntnis wird auf die sinnliche Erfahrung zurückgeführt) und wendet ihn auf die Wissenschaft und die Theorie der Gesellschaft an. Er bekämpft damit den Rationalismus (Descartes, Leibniz, Spinoza), dem zufolge das von der sinnlichen Erfahrung unabhängige Denken die wichtigste Quelle der Erkenntnis ist. Die sensualistische Erkenntnistheorie, die hauptsächlich auf die Arbeiten von Locke zurückgeht, wurde von Condillac weiterentwickelt.

In seiner erkenntnistheoretischen Hauptschrift »Essai sur l'origine des connoissances« (1746, dt. »Versuch über den Ursprung der menschlichen Erkenntnis«, 1780) entwickelt er seine sensualistische Philosophie. Alle menschliche Erkenntnis wird auf die sinnliche Erfahrung/Wahrnehmung zurückgeführt. Das Denken entwickelt sich aus der sinnlichen Wahrnehmung.

Eine zentrale Rolle im Erkenntnisprozess spielt die *Sprache*. Sie ist nicht nur ein bloßes Kommunikationsmittel, sondern das entscheidende Instrument der Erkenntnis. Denken setzt Sprache, genauer: die Hervorbringung von Zeichen, voraus. Denken kann als die Umwandlung von Sinneswahrnehmungen mittels sprachlicher Zeichen bestimmt werden.

Die höheren Denkfähigkeiten sind nur dem Menschen vorbehalten, weil er sprechen kann. Die Entwicklung des Menschen und der menschlichen Gesellschaft verdankt sich der Sprache. Sie trägt zum Fortschritt in der Gesellschaft und zur Vervollkommnung des Menschen auf entscheidende Weise bei.

Der Sensualismus Condillacs wurde zur herrschenden Erkenntnistheorie während und kurz nach der Französischen Revolution. In der Zeit der Restauration wurde sie jedoch als Philosophie des Umsturzes und Vorbereiterin der Aufklärung bekämpft.

Weitere Werke von Condillac: Œuvres complètes, I-XXXI, 1803.

Literatur zu Condillac: G. Klaus, Philosophiehistorische Abhandlungen, 1977; M. Edler, Der spektakuläre Sprachursprung, 2001; A. Bertrand, Le vocabulaire de Condillac, 2002; A. Charrak, Empirisme et métaphysique, 2003.

CROCE, BENEDETTO: der italienische Philosoph, Historiker und Politiker wurde am 25. 2. 1866 in Pescasseroli bei Neapel geboren. Er stammte aus einer wohlhabenden adeligen Familie, was ihm zeitlebens

finanzielle Unabhängigkeit garantierte. Er studierte ohne Abschluss in Rom, beschäftigte sich zunächst mit Herbart und Hegel, dann auch mit Marx. 1902 gründete er die Kulturzeitschrift »Critica«, in der vorwiegend neuere Philosophie und Geschichte sowie Gegenwartsliteratur behandelt wurden. 1910 wurde Croce Senator, von 1920 bis 1921 Unterrichtsminister. 1925 verfasste er ein antifaschistisches Manifest und brach die Freundschaft mit G. Gentile wegen seiner Parteinahme für die Faschisten ab. Von 1942 bis 1947 war er Vorsitzender der neugegründeten liberalen Partei. Er starb am 20. 11. 1952 in Neapel.

Croce ist ein Vertreter des *Idealismus*. Der *Geist* stellt die eigentliche Wirklichkeit dar. Es gibt nichts, was nicht ein Ausdruck des Geistes wäre. Die Geschichte, auch die Geschichte der Philosophie, wird – ähnlich wie bei Hegel – als Entwicklung des Geistes aufgefasst.

Im Laufe der Geschichte kommt der Geist zu sich selbst – er verwirklicht sich in der Geschichte. Die *Dialektik* ist für Croce ein unendlicher Prozess, der nicht als Kampf der Gegensätze, sondern als *Synthese der Unterschiede* bestimmt wird.

Der Geist durchläuft vier Stufen. Die beiden ersten sind theoretischer, die beiden letzten praktischer Art. Auf der ersten, *ästhetischen Stufe* kommt der Geist im Einzelnen zum Ausdruck. Hier spielt das intuitive Erkennen eine wichtige Rolle. Auf der zweiten, *logischen Stufe* wird mittels begrifflichen Denkens das Allgemeine gebildet. Auf der dritten, *ökonomischen Stufe* herrscht das Nützlichkeitsprinzip. Private Interessen von Individuen sind hier maßgebend. Auf der letzten, *ethischen Stufe* setzen sich allgemeine praktische Interessen gegenüber den individuellen durch.

Im Gegensatz zu Hegel bildet Croces Philosophie kein System, sondern ein lose zusammengestelltes Gedankengebäude. Der Geist kann niemals mit naturwissenschaftlichen Methoden erfasst werden. Zu seiner Erfassung bedarf es eines ganz besonderen geisteswissenschaftlichen Zugangs.

Naturwissenschaften und *Geisteswissenschaften* unterscheiden sich wesentlich voneinander. Hier folgt Croce der Philosophie Diltheys. In den Geisteswissenschaften geht es um die Erfassung des *Individuellen*, d. h. des Einzigartigen und Besonderen, in den Naturwissenschaften um die Erfassung des *Allgemeinen*, der allgemeinen Gesetze.

Eine besondere Rolle spielt für Croce die *Ästhetik* (die »Lehre vom Schönen«). Das Schöne kann nicht begrifflich, sondern nur intuitiv erfasst werden. In der Intuition vernimmt der Geist das Individuelle und bringt es zum Ausdruck.

Croce prägte maßgeblich das Geistesleben Italiens. Er trug zur Stärkung des liberalen und antifaschistischen Denkens in Italien bei.

Werke von Croce: Lebendiges und Totes in Hegels Philosophie, 1909; Logik als Wissenschaft vom reinen Begriff, 1912; Grundriss der Ästhetik, 1913; Geschichte Europas im 19. Jh., 1935; Gesammelte philosophische Schriften in deutscher Übertragung, I-VII, H. Feist (Hg.), 1927-1930.

Literatur zu Croce: K.-E. Lönne, Benedetto Croce als Kritiker seiner Zeit, 1967; R. Zimmer, Einheit und Entwicklung in Benedetto Croces Ästhetik, 1985; K.-E. Lönne, Benedetto Croce, 2002; O. Ludmann, Die Intuition in der Ästhetik Benedetto Croces, 2002.

D

DARWIN, CHARLES: der englische Naturforscher wurde am 12. 2. 1809 in Shrewsbury geboren. Auf Wunsch seines Vaters begann er 1825 in Edinburgh Medizin zu studieren, brach jedoch das Studium bereits nach 2 Jahren ab und studierte dann, wiederum auf Wunsch des Vaters, Theologie in Cambridge. Er schloss das Studium 1831 mit dem Titel

»Bachelor of Arts« ab. Sein eigentliches Interesse galt allerdings schon während des Theologiestudiums naturwissenschaftlichen Fragen und Problemen. Auf Empfehlung des Botanikprofessors J. S. Henslow nahm er an einer fünfjährigen Reise (1831-1836) auf dem Forschungsschiff »Beagle« teil. Die Reise, auf der er sich botanische und naturhistorische Kenntnisse aneignete, führte ihn zunächst an die Ost- und Westküste Südamerikas, dann über die Galapagosinseln und Tahiti nach Neuseeland. Nach England zurückgekehrt, arbeitete er als Privatgelehrter zunächst in Cambridge, ab 1837 in London. Die letzten Lebensjahre verbrachte er auf seinem Landsitz Down House in Kent. Er starb dort am 19. 4. 1882.

Darwin ist der Begründer der *Evolutionstheorie*, einer Lehre, der zufolge sich Arten im Laufe der Naturgeschichte entwickeln. Bis Darwin glaubte man, dass Gott die Arten für immer und unveränderlich geschaffen hat. Darwin vertritt aufgrund der von ihm gemachten Beobachtungen den *Entwicklungsgedanken*: Die Arten sind nicht konstant (für immer und unveränderlich geschaffen), sondern verändern und entwickeln sich.

In seinem Hauptwerk »On the Origins of Species by Means of Natural Selection or the Preservation of Favoured Races in the Struggle for Life« (1859; dt. »Über die Entstehung der Arten durch natürliche Zuchtwahl oder die Erhaltung der begünstigsten Rassen im Kampf ums Dasein«, 1860) stellt Darwin seine Evolutionstheorie auf.

Maßgebend für die Evolution ist der Prozess der *natürlichen Auslese* (Selektion). Der Existenzkampf unter den Organismen führt zu dieser Auslese; diejenigen Organismen, die aufgrund unvorteilhafter Eigenschaften den Existenzkampf nicht bestehen, sterben aus, diejenigen, die ihn aufgrund vorteilhafter Eigenschaften bestehen und sich damit durchsetzen, erhalten ihre Art. Darwin betont, dass die vorteilhaften Eigenschaften durch Vererbung auf weitere Generationen übertragen werden.

Die Entwicklung der Organismen zeichnet sich durch ständiges Variieren, d.h. Veränderung der Eigenschaften, aus. Dieses Variieren führt zur Bildung neuer Arten. In seinen späteren Werken behauptet Darwin, dass auch der Mensch von tiefer stehenden Arten abstammt.

Darwins Evolutionstheorie revolutionierte die Biologie und veränderte grundlegend das bis dahin herrschende Welt- und Menschenbild. Die im Anschluss an ihn entwickelten Theorien, Konzepte und Anschauungen werden als *Darwinismus* bezeichnet. Versucht man mit Hilfe der Evolutionstheorie soziale bzw. gesellschaftliche Phänomene zu erklären, so spricht man vom *Sozialdarwinismus*. Darwins Evolutionstheorie stellte die biblische Schöpfungsgeschichte in Frage und führte damit zu tiefgreifenden weltanschaulichen Kontroversen.

Weitere Werke von Darwin: The Descent of Man, and Selection in Relation to Sex, 1871 (dt. Die Abstammung des Menschen, 1871); Charles Darwins gesammelte Werke (übers. von J. V. Carus), I-XVI, 1875-1888.

Literatur zu Darwin: G. Heberer, Charles Darwin, 1959; D. L. Hull, Darwin and his Critics, 1973; G. Altner (Hg.), Der Darwinismus, 1981; S. Schmitz, Charles Darwin, 1983; W. Lefèvre, Die Entstehung der biologischen Evolutionstheorie, 1984; R. W. Clark, Charles Darwin, 1985; J. Hemleben, Charles Darwin, 1990; A. J. Desmond, Darwin, 1994; W. Schaumann, Charles Darwin, 2002; G. Altner, Charles Darwin, 2003.

DAVIDSON, DONALD: der amerikanische Philosoph wurde am 6. 3. 1917 in Springfield (Massachusetts) geboren. Er studiere Philosophie und Altgriechisch an der Harvard University, schloss sein Studium

1949 mit einer Dissertation über den platonischen Dialog »Philebos« ab. Er betätigte sich zeitlang als Schauspieler und inszinierte zusammen

mit seinem Studienfreund Leonard Bernstein eine Operette. Von 1951 bis 1967 lehrte er Philosophie an der Stanford University (ab 1960 als ordentlicher Professor), von 1967 bis 1970 an der Princeton University, von 1970 bis 1976 an der Rockefeller University und von 1976 bis 1981 an der University of Chicago. Von 1981 bis zu seinem Tod am 27. 8. 2003 war er Professor für Philosophie an der University of California in Berkeley.

Davidson zählt zu den bedeutendsten Vertretern der *Analytischen Philosophie*. In seiner Theorie knüpft er an Überlegungen Quines und Wittgensteins an, setzt sich aber auch mit hermeneutischen Fragestellungen auseinander. Er veröffentlichte bahnbrechende Aufsätze in den Bereichen Handlungstheorie und Sprachphilosophie. Die Analyse von Handlungen und die des Verstehens von sprachlichen Äußerungen stehen für Davidson in einem engen Zusammenhang und können im Rahmen einer Philosophie der *Interpretation* behandelt werden.

In der Aufsatzsammlung »Essays on Actions and Events« (1980; dt. »Handlung und Ereignis«, 1985) stellt Davidson seine Konzeption der *Handlungstheorie* dar. Handlungen sind Ereignisse, die aus Gründen vollzogen werden. Eine Handlung zu verstehen bedeutet, die Gründe für ihren Vollzug zu kennen. Das Verhältnis zwischen dem Grund einer Handlung und ihrem Vollzug wird von Davidson als ein kausales Verhältnis, d. h. als ein Verhältnis von Ursache und Wirkung, bestimmt (kausale Handlungserklärung). Die Absicht einer Handlung ist das Ergebnis einer Abwägung von Gründen.

Zentral ist die Unterscheidung zwischen einer *kausalen Ereignisebene* von Handlungen und einer *logischen Beschreibungsebene*. Handlungen sind Ereignisse in der Welt, die unabhängig von ihrer Beschreibung existieren. Auf diese Weise kann man trotz unterschiedlicher Beschreibungen eine Identität von Handlungen annehmen. Jedes Ereignis kann raumzeitlich identifiziert werden.

Auf der Beschreibungsebene werden Handlungserklärungen als Kausalaussagen über das Verhältnis von zwei distinkten Ereignissen aufgefasst. Das Haben eines Handlungsgrundes wird als mentales (im Bewusstsein vorhandenes bzw. stattfindendes) Ereignis und als Ursache für die Handlung bestimmt.

Nach Davidson besteht ein Zusammenhang zwischen dem *Mentalen* (Geist) und der *physikalischen Realität* (Materie), wobei das Mentale eine Eigenständigkeit aufweist. Zwar sind mentale und physikalische Ereignisse kausal miteinander verknüpft, die ersteren lassen sich jedoch nicht auf die letzteren reduzieren. Mentale Ereignisse unterliegen nicht einem strikten Kausalgesetz, sie entziehen sich einer physikalischen Erklärung. Diese Position wird als *anomaler Monismus* bezeichnet.

In der Aufsatzsammlung »Inquiries into Truth and Interpretation« (1984; dt. »Wahrheit und Interpretation«, 1986) formuliert Davidson die Grundzüge seiner *Bedeutungstheorie*. Im Mittelpunkt steht dabei die Frage nach dem *Verstehen* sprachlicher Äußerungen.

Zur Verdeutlichung seiner Bedeutungstheorie führt er das Gedankenexperiment der »radikalen Interpretation« durch. Gegenstand der Interpretation ist das sprachliche Verhalten der Sprecher einer uns unbekannten Sprache. Wir können die Äußerungen dieser Sprecher erst dann verstehen, wenn wir ihre Absichten und Glaubenseinstellungen kennen. Umgekehrt können wir ihre Absichten und Glaubeneinstellungen nicht erkennen, wenn wir die Bedeutung ihrer sprachlichen Äußerungen nicht erfassen können.

Das Verstehen der Äußerungen setzt demnach ein dem Sprecher und Interpreten *gemeinsames Weltverständnis* voraus. Der Interpret muss sich schrittweise das Weltverständnis des Sprechers aneignen. Nur dann können Sprecher wie Interpret denselben Satz für wahr halten. Darüber hinaus muss der Interpret dem Sprecher unterstellen, dass er keine widersprüchlichen Überzeugungen vertritt und sich nicht irrt (»principle of charity«).

Davidsons Theorie hat bis heute anhaltende Debatten in der Analytischen Sprachphilosophie, Handlungstheorie und Philosophie des Geistes ausgelöst.

Weitere Werke von Davidson: Subjective, intersubjective, objective, 2001.

Literatur zu Davidson: E. Lepore (Hg.), Truth and Interpretation, 1986; R. Stoecker (Hg.), Reflecting Davidson, 1993; K. Glüer, Donald Davidson zur Einführung, 1993; W. R. Köhler, Davidsons Philosophie des Mentalen, 1997; H.-J. Glock, Quine and Davidson on language, thought and reality, 2003.

DEMOKRIT: der griechische Philosoph wurde um 460 v. Chr. in Abdera (Thrakien) geboren. Sein Lehrer war der Begründer der Atomlehre Leukipp. Demokrit veröffentlichte Schriften zu Mathematik, Logik, Physik, Ethik, Kunst und Literatur. Leider sind nur Fragmente seiner Schriften erhalten. Seine Kenntnisse erweiterte er durch Reisen nach Ägypten, in den Vorderen Orient und nach Persien. Er starb um 370 v. Chr. in Abdera.

Demokrit ist der führende Repräsentant des antiken *Atomismus.* Die Wirklichkeit besteht aus kleinsten Teilchen: den *Atomen.* Sie sind ewig, unveränderlich und unteilbar (»atomos« heißt auf griechisch »unteilbar«). Darüber hinaus sind sie wegen ihrer Kleinheit nicht wahrnehmbar, sondern nur denkbar. Sie unterscheiden sich voneinander durch ihre Gestalt, Größe, Lage und Anordnung.

Die Atome bewegen sich im *leeren Raum.* Entstehen und Vergehen werden als Zusammensetzen bzw. Trennen (Umordnen) von Atomen aufgefasst. Durch das Zusammensetzen von (entsprechenden) Atomen entstehen wahrnehmbare Ansammlungen von Atomen: die sinnlich wahrnehmbaren Dinge.

Das *Weltganze* (der Kosmos), d.h. die Erde und die Himmelskörper, entstehen durch Wirbelbewegungen der Atome. Auch die *Seele* besteht aus Atomen: den Seelenatomen. Denken und Fühlen deutet Demokrit als Bewegungen dieser Atome. Wahrnehmen wird als das Eindringen der Atome, die von dem wahrgenommenen Ding ausgehen, sich von ihm lösen, in die – ebenfalls aus Atomen bestehende – Sinnesorgane bestimmt.

Demokrit unterscheidet zwischen dem, was wir wahrnehmen, und den Dingen an sich, anders formuliert: zwischen Dingen, wie sie auf uns wirken, und einer an sich bestehenden Realität. Die Sinneswahrnehmung kann keine sichere Grundlage der Erkenntnis sein. Nur der Verstand (Denken) vermag es, zur sicheren Erkenntnis zu gelangen. Der Verstand erkennt, dass es in Wahrheit nur Atome und Leeres (leeren Raum) gibt.

Götter und *Dämonen* sind für Demokrit Bilder, die sich durch die Luft fortpflanzen und manchmal von den Menschen aufgenommen werden. Der Glaube an Götter und Dämonen wird nur durch Angst vor nicht verstandenen Naturerscheinungen veranlasst.

Demokrit wendet seine Atomlehre auch auf ethische Überlegungen an. Das höchste Ziel des Lebens ist die *Glückseligkeit*, die genauer als die Seelenruhe bzw. »Wohlgemutheit« (griech. »euthymia«) bestimmt wird. Sie wird auch als Heiterkeit und Zufriedenheit des Gemüts angesehen. Sie kann nur dann eintreten, wenn sich die Seelenatome im Zustand der Ausgeglichenheit befinden, d.h. wenn sie sich ruhig und gleichmäßig bewegen.

Seelenruhe kann nur dann erreicht werden, wenn man das *rechte Maß* einhält. Dabei werden Sinnesgenuss und äußere Güter, z.B. Reichtum und Ruhm, gering-, die Pflege der Tugenden und geistige Güter hochgeschätzt.

Die Ethik wird bei Demokrit aus überkommenen religiösen Zusammenhängen herausgelöst. Der Mensch kann aus eigener Kraft, aufgrund von eigenen Überlegungen und ohne den Glauben an übernatürliche Götter, sein Leben gestalten und Glückseligkeit erreichen – er ist Meister seines Glücks.

Demokrits atomistische Lehre ist eine Vorläuferin des modernen naturwissenschaftlichen Weltbildes.

Werke von Demokrit: Die Fragmente der Vorsokratiker, H. Diels/ W. Kranz (Hg.), 1989[17].

Literatur zu Demokrit: C. Bailey, The Greek-Atomists and Epicurus, 1928; R. Löbl, Demokrits Atome, 1976; F. Jürß (Hg.), Griechische Atomisten, 1977[2]; S.-M. Nikolaou, Die Atomlehre Demokrits und Platons Timaios, 1998; J. Warren, Epicurus and Democritean ethics, 2002.

DERRIDA, JACQUES: der französische Philosoph wurde am 15. 7. 1930 in El-Biar (Algerien) geboren. Er wuchs in einem jüdischen Elternhaus auf. Von 1952 bis 1956 studierte er an der Hochschule École normale supérieure in Paris. Von 1960 bis 1964 lehrte er an der Sorbonne, von 1964 bis 1984 an der École normale supérieure. Derrida wurde 1983 der erste Direktor des von ihm in Paris mitgegründeten »Collège international de philosophie«, eines interdisziplinären Instituts, das nicht nur von Fachleuten besucht wird. Er starb am 8.10.2004 in Paris.

Derridas Arbeiten zeichnen sich durch *Interdisziplinarität* aus. Er beschäftigt sich nicht nur mit Philosophie, sondern auch mit Literatur,

Literaturwissenschaft und Architektur. Sein Denken hat einen unsystematischen Charakter. Es entzieht sich eigentlich einer eindeutigen Bestimmung.

Derrida ist einer der wichtigsten Vertreter der sog. *Postmoderne*. Gegen die traditionelle Metaphysik behauptet er, dass es keine absolute Wahrheit, kein konstantes Wesen des Menschen und kein letztes Prinzip des Seins bzw. der Erkenntnis gibt. Auch die neuzeitliche Idee eines Subjekts, das als Erkenntnisprinzip die Welt aus sich heraus konstituiert und deren Zentrum ist, wird von Derrida angelehnt.

Des weiteren wendet er sich gegen die Annahme einer einheitlichen und gesetzgebenden Vernunft (Logozentrismus). Auch die Ansprüche der Vernunft auf Begründung und Rechtfertigung von Erkenntnissen bzw. Sätzen müssen aufgegeben werden. Eine Erklärung des Ganzen, der Totalität, wird ebenfalls abgelehnt.

Ferner behauptet Derrida gegen den französischen Strukturalismus, dass es keine feste und übergreifende Struktur sowie keinen festen und übergreifenden Sinn gibt. Vielmehr gibt es nur eine Pluralität (Vielfalt) von Meinungen, Deutungen, Perspektiven und Interpretationen.

Im Mittelpunkt seiner Philosophie steht der Begriff der *différance*. Er bedeutet sowohl Unterschied als auch Aufschub, also fortschreitende Unterscheidung. Die Aufgabe der Philosophie liegt nicht im Festlegen von festen (konstanten) Bedeutungen, sondern im Differenzieren, d.h. im Unterscheiden. Damit soll das von herrschenden Diskursen Ausgeschlossene zum Ausdruck gebracht werden. Letztlich gibt es keine festen Bedeutungen von Begriffen, sondern nur Deutungen, Interpretationen von Begriffen und auch Texten.

Seine Vorgehensweise bei der Interpretation von Texten nennt Derrida *Dekonstruktion*. Ohne sich auf *eine* Interpretation festzulegen, werden *unterschiedliche* Interpretationen eines Textes aufgezeigt. Die *schriftliche* Fixierung von Gedanken führt letztlich zur Verringerung der Menge von möglichen Interpretationen. Aus diesem Grund bietet die *mündliche* Artikulation (die Rede) Vorteile gegenüber schriftlichen Festlegungen. Viele Texte enthalten anstatt von festen Bedeutungen verdeckte »Spuren«, die in Interpretationen aufgedeckt werden können.

Derridas Wirkung erstreckte sich zunächst auf die Literaturwissenschaft. In der neuesten Zeit werden seine Werke in vielen Bereichen der Philosophie wie Diskurstheorie, Kulturkritik, Ästhetik und Ethik rezipiert und kontrovers diskutiert.

Werke von Derrida: De la grammatologie, 1967 (dt. Grammatologie, 1974); L'écriture et la différence, 1967 (dt. Die Schrift und die Differenz, 1972); La voix et le phénomène, 1967 (dt. Die Stimme und das Phänomen, 1979); Marges de la philosophie, 1972 (dt. Randgänge der Philosophie, 1988); La dissémination, 1972 (dt. Dissemination, 1985).

Literatur zu Derrida: B. Waldenfels, Phänomenologie in Frankreich, 1983; F. Rötzer, Französische Philosophen im Gespräch, 1985; B. Taureck, Französische Philosophie im 20. Jh., 1988; R. A. Champagne, Jacques Derrida, 1995; H. Kimmerle, Jacques Derrida zur Einführung, 1997[4]; U. Dreisholtkamp, Jacques Derrida, 1999; S. Hahn, On Derrida, 2002; R. Kühn, Radikalisierte Phänomenologie, 2003.

DESCARTES, RENÉ (lat. Cartesius): der französische Philosoph, Mathematiker und Physiker wurde am 31. 3. 1596 in La Haye (Touraine) geboren. Er besuchte die Jesuitenschule La Flèche, wo er in scholastischer Philosophie und Naturwissenschaften ausgebildet wurde. Nachdem er einige Jahre mit dem Studium der Rechte verbrachte, trat er 1618 in den Militärdienst ein. Er diente in den Armeen Moritz' von Nassau und

Maximilians von Bayern. 1621 gab er den Militärdienst auf und reiste durch Europa. In dieser Zeit betrieb er wissenschaftliche Forschungen und führte kontroverse Debatten

mit bedeutenden Gelehrten seiner Zeit. 1629 emigrierte Descartes in die Niederlande, weil er dort im Klima der Toleranz seine Gedanken freier äußern konnte. 1649 reiste er auf Einladung der schwedischen Königin Christine nach Stockholm, wo er am 11. 2. 1650 starb.

Descartes ist einer der *Begründer der neuzeitlichen Philosophie*. Er revolutionierte jedoch nicht nur die Philosophie, sondern lieferte auch bahnbrechende Arbeiten auf dem Gebiet der Mathematik und der Physik.

In seinem Werk »Discours de la méthode« (1637; dt. »Abhandlung über die Methode«, 1863) sucht Descartes nach einer *Methode*, die zur sicheren wissenschaftlichen Erkenntnis führen könnte. Eine solche Methode soll sich an der Vorgehensweise der Mathematik und der mathematischen Naturwissenschaften orientieren. Sie wird durch vier Grundsätze charakterisiert: 1) Niemals eine Sache als wahr zu akzeptieren, von der ich nicht mit Evidenz (unmittelbarer Einleuchtbarkeit) erkenne, dass sie wahr ist (eine Sache muss *klar* und *deutlich* erkannt werden), 2) einen komplexen Gegenstand in seine kleinsten Teile zu zerlegen (Analyse), 3) von einfachen Gedanken schrittweise zu komplexen aufzusteigen (Synthese) und 4) möglichst vollständige Klassifikationen aufzustellen.

In seinem Werk »Meditationes de prima philosophia« (1641; dt. »Meditationen über die Grundlagen der Philosophie«, 1904) fragt Descartes nach einem sicheren *Fundament der Erkenntnis*, nach etwas, was sich jedem Zweifel entziehen würde. Seine Vorgehensweise wird als *methodologischer Zweifel* bezeichnet. Er ist ein methodisches Mittel, mit dessen Hilfe das herausgestellt werden soll, was nicht mehr bezweifelt werden kann, was also gewiß ist und als sicheres Fundament der Erkenntnis gilt.

Descartes zweifelt an überlieferten Meinungen, denn sie können widerlegt werden. Er zweifelt hauptsächlich an der sinnlichen Erkennntis; die sinnliche Wahrnehmung kann mich täuschen, daher kann sie keine sichere Grundlage der Erkenntnis bilden. Auch scheinbar sichere Erkenntnisse, wie die der Mathematik (2 + 2 = 4), können bezweifelt werden, denn ein betrügerischer Gott bzw. ein böser Geist könnte die Welt so eingerichtet haben, dass ich mich über diese Erkenntnisse täuschen könnte.

Der methodische Zweifel führt Descartes zur folgenden Einsicht: Selbst wenn ich an allem zweifle, so kann ich nicht daran zweifeln, dass ich zweifle und daher denke und als Denkender existiere. Der von Descartes aufgestellte Grundsatz lautet: *cogito ergo sum* (dt. »Ich denke, also bin ich«). Die Tatsache, dass ich als Zweifelnder denke und daher existiere, kann nicht sinnvollerweise bezweifelt werden. Diese Tatsache ist absolut gewiss und stellt das Fundament aller Erkenntis dar.

Letztlich kann ich mich nur auf mein Denken verlassen. Dies führt Descartes zu der folgenreichen Unterscheidung zwischen *denkender Substanz* (lat. »res cogitans«) und *ausgedehnter Substanz* (lat. »res extensa«). Die zwei Substanzen sind selbstständig, die eine bedarf nicht der anderen und umgekehrt. Die denkende Substanz wird von Descartes auch als »Seele« bezeichnet und ist der Inbegriff für alle geistigen Tätigkeiten. Sie kann nicht raum-zeitlich erfaßt werden. Zur ausgedehnten Substanz gehört alles Materielle, die Welt der raum-zeitlich lokalisierbaren Körper (auch der menschliche Leib wird als etwas Materiell-körperliches aufgefaßt). Beide Substanzen sind grundverschieden, haben unterschiedliche Eigenschaften und unterliegen unterschiedlichen Gesetzmäßigkeiten.

Die Lehre von zwei unterschiedlichen und selbstständigen Substanzen wird *Dualismus* genannt. Die denkende Substanz wird in der Folgezeit auch als Subjekt, Geist, Bewusstsein/Selbstbewusstsein oder Ich, die ausgedehnte Substanz als Objekt, äußere Realität oder physikalische Realität bezeichnet.

Da der menschliche Leib zur ausgedehnten Substanz gehört, etwas Materielles ist, stellt sich für Descartes die Frage, wie sich Seele und Leib zueinander verhalten. Descartes vertritt die sog. *Wechselwirkungshypothese*. Veränderungen in der Seele verursachen Veränderungen im Leib und umgekehrt. Die Wechselwirkung zwischen der Seele und dem Leib kommt in der Zirbeldrüse des Gehirns zustande.

Die Vernunfterkenntnisse sollen nicht in der sinnlichen Wahrnehmung gründen, sondern nur im *Denken* vorgefunden bzw. durch das Denken gewonnen werden. Zu diesem Zweck nimmt Descartes die Existenz der *angeborenen Ideen* (lat. »ideae innatae«) an. Es sind Vorstellungen bzw. Begriffe, die mittels der sinnlichen Wahrnehmung nicht gewonnen werden können. Sie sind »reine« Gedanken, d.h. existieren völlig unabhängig von der sinnlich wahrnehmbaren Welt.

Zu den *Vernunftbegriffen*, aus denen weitere Erkenntnisse abgeleitet werden, gehören Begriffe wie z.B. Vollkommenheit, Unendlichkeit und Gott. Sie sind von Gott selbst gegeben und durch ihn als absolut gewiß und wahr garantiert. Diese Begriffe stellen für Descartes die wichtigste Quelle der menschlichen Erkenntnis dar. Deshalb wird seine Position auch als *Rationalismus* bezeichnet (im Empirismus – der Gegenposition zum Rationalismus – wird die sinnliche Wahrnehmung als die wichtigste oder sogar einzige Quelle der Erkenntnis betrachtet).

Wie kaum ein anderer Denker hat Descartes die Entwicklung der neuzeitlichen Philosophie beeinflusst. Descartes ist der Vater des sog. *mentalistischen Paradigmas* in der Philosophie. Ausgangspunkt, Medium und Gegenstand des Philosophierens ist in diesem Paradigma das menschliche Bewusstsein. Die Begründung der Erkenntnis im Rückgang auf ein denkendes Ich findet man in einer abgewandelten Form u. a. bei Kant und Husserl. Der von Descartes eingeführte Dualismus spaltete die Welt in zwei Bereiche: das denkende Ich und die physikalische Realität. Dies führte zur Entstehung des sog. *Subjekt-Objekt-Problems*: Man fragt bis heute, wie die oben genannte Trennung überwunden bzw. zwischen den zwei Bereichen/Welten vermittelt werden kann. Descartes ist darüber hinaus der Begründer der *analytischen Geometrie*. Geometrische Probleme werden alleine mittels algebraischer Gleichungen dargestellt und gelöst.

Weitere Werke von Descartes: Principia philosophiae, 1644 (dt. Die Prinzipien der Philosophie, 1863); Les passions de l'âme, 1649 (dt. Die Leidenschaften der Seele, 1723); Regulae ad directionem ingenii, 1628 (dt. Regeln zur Leitung des Geistes, 1906); Œuvre I-XII, Ch. Adam/P. Fannery (Hg.), 1897-1913.

Literatur zu Descartes: A. Koyré, Descartes und die Scholastik, 1971; C. F. v. Weizsäcker, Descartes und die neuzeitliche Naturwissenschaft, 1958; W. Röd, Descartes, 1995³; R. Specht, René Descartes, 1992⁶; H. H. Holz, Descartes, 1994; D. Perler, René Descartes, 1998; T. Sorell, Descartes, 1999; P. Prechtl, Descartes zur Einführung, 2000; U. Schultz, Descartes, 2001; H. Poser, René Descartes, 2003.

DIDEROT, DENIS: der französische Philosoph und Schriftsteller wurde am 5. 10. 1713 in Langres geboren. Von 1728 bis 1732 studierte

er am Pariser Jesuitenkolleg. Wegen seiner aufklärerischen und atheistischen Überzeugungen wurde er 1749 für drei Monate in der Festung Vincennes gefangen gehalten. Von 1751 bis 1780 gab er, zunächst zusammen mit l Alembert, ab 1758 allein, die große französische »Enzyklopädie«, das wichtigste Werk der französischen Aufklärung, heraus. 1773 besuchte er die Zarin Katharina in St. Petersburg, wo er eine Universitätsreform für Russland ausarbeitete. Seine Reformpläne konnten jedoch wegen der absolutistischen Herrschaftsverhältnisse in Russland nicht verwirklicht werden. Neben philosophischen veröffentlichte Diderot im Geiste der Aufklärung politische, literarische und ästhetische Schriften. Er starb am 31. 7. 1784 in Paris.

Diderot zählt zu den bedeutendsten französischen *Aufklärern*. Die Aufklärung ist eine geistige Bewegung, die sich das Ziel gesetzt hat, herrschende Meinungen politischer und religiöser Art einer kritischen Prüfung zu unterziehen und diese Meinungen, falls sie der Prüfung nicht standhalten, abzulehnen und gegebenenfalls durch andere zu ersetzen. Dabei sollen nicht staatliche oder religiöse Autoritäten, sondern die *menschliche Vernunft* die Rolle der »Richterin« spielen. An die Stelle des kritiklosen Glaubens an überlieferte Meinungen soll *selbständiges Denken* treten.

Die wohl wichtigste intellektuelle Leistung Diderots war die Herausgabe der 35bändigen »Enzyklopädie« (1751-1780), in der das gesamte Wissen der damaligen Zeit gesammelt und die Ideale der Aufklärung verbreitet werden sollten. In mehr als 5000 Artikeln werden Themen aus allen Bereichen der Wissenschaft, Kunst und des Handwerks behandelt. Zu den Verfassern der Artikel gehören neben Diderot auch namenhafte Philosophen wie Voltaire, Rousseau, d'Holbach und Condillac. Diderot selbst verfasste programmatische Artikel zu Philosophie und Kunst.

Er betrachtet die *Philosophie* als einen Ort der Vernunft. Sie soll die Menschheit aus der Unmündigkeit hinausführen. Der Mensch soll sich bei der Gestaltung seines Lebens nicht an religiösen Dogmen, sondern an der eigenen Natur, also den eigenen Bedürfnissen, orientieren. Eine wichtige Rolle spielt dabei sein Streben nach Glück.

Der Mensch kann moralisch handeln, ohne dass er dabei religiös sein müsste. Religiosität kann sogar mit amoralischem Verhalten einhergehen, wofür man viele Beispiele in der Geschichte der Menschheit finden kann.

In dem Werk »Pensées sur l'interprétation de la nature« (1754; dt. »Gedanken zur Interpretation der Natur«, 1948) stellt Diderot seine naturphilosophischen und naturwissenschaftlichen Überlegungen dar. Er fordert eine wissenschaftliche Methode, in der das *Experiment* eine entscheidende Rolle spielen soll.

Gegenstände der wissenschaftlichen Untersuchungen sollen die beobachtbaren Eigenschaften der Körper sein. Ziel der wissenschaftlichen Arbeit ist nicht die Suche nach letzten Ursachen der Naturvorgänge, sondern die Erklärung der beobachtbaren Naturphänomene.

Die Natur ist für Diderot etwas Dynamisches. Organismen verändern und entwickeln sich andauernd. Sie entwickeln sich aus der belebten Materie ohne eine göttliche Einwirkung. Die Vielfalt der Arten wird in Mutationen hervorgebracht.

In der Schrift »L'entretien entre d'Alembert et Diderot/Le rêve de d'Alembert/La suite de l'entretien« (1830; dt. »Gespräch zwischen d'Alembert und Diderot/D'Alemberts Traum/Fortsetzung des Gesprächs«, 1961) betont Diderot, dass die Materie kein toter Stoff ist. Sie besitzt ein Empfindungsvermögen und ist dazu fähig, Leben hervorzubringen. Durch Aktivierung, z.B. durch Gärprozesse, kommt es zu einem Übergang von der »toten« *Materie* zum lebendigen Organismus. Auch dabei braucht keine göttliche Einwirkung angenommen zu werden.

Diderots Überlegungen, wie auch die vieler anderer Aufklärer, bildeten das geistige Fundament der Französischen Revolution.

Weitere Werke von Diderot: Œuvres complètes, I-XX, J. Assézat/M. Tourneux (Hg.), 1875-1877; Philosophische Schriften, I-II, dt. von T. Lücke, 1961; Ästhetische Schriften, I-II, dt. von F. Bassenge und T. Lücke, 1961.

Literatur zu Diderot: A. Lerel, Diderots Naturphilosophie, 1950; U. Winter, Der Materialismus bei Diderot, 1972; J. v. Stackelberg, Diderot, 1983; J. Schlobach, Denis Diderot, 1992; R.-R. Wuthenow, Diderot zur Einführung, 1994; M.-H. Chabut, Denis Diderot, 1998; J. Borek, Denis Diderot, 2000; P. Hartmann, Diderot, 2003.

DILTHEY, WILHELM: der deutsche Philosoph wurde am 19. 11. 1833 in Biebrich (heute Stadtteil von Wiesbaden) geboren. Er studierte Theologie, Geschichte, Philosophie und Altertumswissenschaft in Heidelberg und Berlin u. a. bei K. Fischer, F. A. Trendelenburg, A. Böckh und L. v. Ranke. Nach der Promotion und Habilitation 1864 wurde er 1867 Professor in Basel, 1868 in Kiel, 1871 in Breslau und 1883 in Berlin. 1887 wurde er Mitglied der Akademie der Wissenschaften. Er starb am 1. 10. 1911 in Seis am Schlern (Südtirol).

Dilthey ist einer der bedeutendsten Methodologen der *Geisteswissenschaften.* Er spricht auch von einer Grundlegung der Geisteswissenschaften. Die Aufgabe seiner Phi-

losophie ist es, die Eigenart der Geisteswissenschaften und damit auch den Unterschied zwischen ihnen und den Naturwissenschaften herauszustellen.

Der Gegenstand der Geisteswissenschaften ist die *geschichtlich-gesellschaftliche Wirklichkeit.* Die Äußerungen (Manifestationen) dieser Wirklichkeit sollen in den Geisteswissenschaften *nacherlebt* und denkend erfasst werden. Gegenstand der Naturwissenschaften ist die *äußere Wirklichkeit.* In ihnen wird von der Besonderheit der Einzeldinge und -vorgänge abgesehen. Die Einzeldinge und -vorgänge werden als Fälle von allgemeinen Naturgesetzen erklärt.

Ziel der geisteswissenschaftlichen Arbeit ist das Verstehen von individuellen, geschichtlichen Ereignissen, Zeugnissen usw. In den Naturwissenschaften geht es also um das Erfassen des Allgemeinen, in den Geisteswissenschaften um das Erfassen des Einzelnen, Besonderen, Individuellen. Die Vorgehensweise (Methode) der Naturwissenschaften ist das *Erklären,* die der Geisteswissenschaften das *Verstehen.*

Dilthey gilt als einer der bedeutendsten Vertreter der Theorie des Verstehens, die als *Hermeneutik* bezeichnet wird. Er bestimmt das Verstehen als das Erfassen von Bedeutungen menschlicher Äußerungen. Dieses Erfassen ist möglich, weil Menschen in einer gemeinsamen, geschichtlichen Welt leben; sie teilen sich bestimmte Meinungen, Normen, Werte und Überzeugungen; sie besitzen einen gemeinsamen kulturellen Hintergrund. Zum Verstehen der Bedeutung von Äußerungen gehören das Sich-Hineinversetzen, das Nachvollziehen und das Nacherleben.

Um die geschichtliche Welt, in der sich alles permanent verändert, zu verstehen, muss – so Dilthey – die kantische »Kritik der reinen Vernunft« durch eine »Kritik der historischen Vernunft« erweitert werden. Dies bedeutet erstens, dass spezifische Bedingungen des Erfassens bzw. Verstehens der geschichtlichen Welt herausgestellt werden müssen, und zweitens, dass diese Bedingungen nicht statisch und unveränderlich, sondern veränderlich, dynamisch und prozesshaft sind.

Sowohl die historische Wirklichkeit (das Ablaufen von Ereignissen) als auch das Wissen um diese Wirklichkeit haben demnach einen dynamischen, d.h. geschichtlichen, Charakter. Dieser Sachverhalt wird auch als *Geschichtlichkeit* bezeichnet.

Aufgrund seiner methodologischen Überlegungen entwickelt Dilthey eine *Lebensphilosophie*. Das Leben bezeichnet das Ganze (die Totalität) des Menschen und der vom Menschen geprägten Welt. Der Mensch (Subjekt) und die Welt (Objekt) bilden im Leben, im Erlebniszusammenhang, eine Einheit. Alle Produkte des Menschen sind Funktionen des Lebens. Das Leben liegt der Verstandestätigkeit zugrunde. Auch der Verstand ist eine Funktion des Lebens.

Als kleinste Einheit des Lebens wird das *Erlebnis* bestimmt. Im Erlebnis kommt die Struktur des gesamten geschichtlichen Lebens zum Ausdruck. Im Erlebnis gründet die Einheit von Subjekt und Objekt.

Das Erlebnis ist nicht hintergehbar. Die wichtigsten Kategorien des Lebens sind: Zeitlichkeit, Bedeutung, Wert, Zweck, Struktur, Entwicklung und das Verhältnis von Ganzem und Teilen.

Dilthey lieferte grundlegende Beiträge zur Methodologie der Geisteswissenschaften, zur Hermeneutik und zur Lebensphilosophie. Er beeinflusste u.a. M. Scheler, E. Husserl, M. Heidegger und H. G. Gadamer.

Werke von Dilthey: Leben Schleiermachers, 1870; Einleitung in die Geisteswissenschaften, 1883; Ideen über eine beschreibende und zergliedernde Psychologie, 1894; Die Entstehung der Hermeneutik, 1900; Das Erlebnis und die Dichtung, 1906; Das Wesen der Philosophie, 1907; Der Aufbau der geschichtlichen Welt in den Geisteswissenschaften, 1910; Gesammelte Schriften, 1962 ff.; Briefwechsel zwischen Wilhelm Dilthey und dem Grafen Paul Yorck von Wartenburg 1877-1897, 1923.

Literatur zu Dilthey: G. Misch, Lebensphilosophie und Phänomenologie, 1930; O. F. Bollnow, Dilthey, 1980[4]; F. Rodi/H.-U. Lessing (Hg.), Materialien zur Philosophie Wilhelm Diltheys, 1984; H.-U. Lessing, Die Idee einer Kritik der historischen Vernunft, 1984; E. W. Orth (Hg.), Dilthey und die Philosophie der Gegenwart, 1985; R. A. Makkreel, Dilthey, 1991; M. Jung, Dilthey zur Einführung, 1996; J. Thielen, Wilhelm Dilthey und die Entwicklung des geschichtlichen Denkens in Deutschland im ausgehenden 19. Jh., 1999; F. Rodi, Das strukturierte Ganze, 2003.

DUNS SCOTUS, JOHANNES: der schottische Theologe und Philosoph wurde um 1265 wahrscheinlich

in Duns in der Grafschaft Berwick geboren. 1279/1280 trat er in den Franziskanerorden ein, 1291 erhielt er die Priesterweihe. Er studierte wahrscheinlich in Cambridge und Oxford. 1302 lehrte er in Paris, wurde jedoch 1303 für kurze Zeit mit 70 anderen Dozenten aus Frankreich verbannt, weil er sich im Streit zwischen dem König Philipp dem Schönen und dem Papst Bonifaz VIII für den letzteren aussprach. 1304 kehrte er nach Paris zurück und erwarb dort den Magister- und Doktorgrad. 1307 wurde er an eine Franziskanerschule berufen. Er starb dort am 8. 11. 1308.

Duns Scotus gehört zu den herausragendsten Denkern der Hochscholastik. Er hatte den Beinamen »doctor subtilis« (»der scharfsinnige Lehrer«). Zentral ist für ihn das Verhältnis von Philosophie und Theologie bzw. von *Wissen* und *Glauben*. Der Glaube hat einen Vorrang vor dem Wissen. Die Philosophie soll der Theologie dienen. Sie liefert ihr diejenigen Begriffe, die zur Bestimmung der theologischen Sachverhalte und Wahrheiten notwendig sind.

Duns Scotus sucht nach einem *Seinsbegriff*, der sowohl die Unbegrenztheit Gottes als auch die Begrenztheit der von Gott erschaffenen Dinge umfassen würde. Der allgemeinste Begriff ist das *Seiende als solches* (lat. »ens«). Er umfasst sowohl Gott als auch die Welt.

Der Urgrund des gesamten Geschehens ist Gottes Wille. Die Welt wurde durch diesen Willen geschaffen. Sie ist ein zufälliges Produkt des göttlichen Willens. Gott hätte die Welt auch anders schaffen können. Dieser Wille ist *frei* und hat einen Vorrang vor der Vernunft. Auch der Mensch verfügt über einen freien Willen. Und auch bei Menschen hat er einen Vorrang vor der Vernunft bzw. vor menschlichen intellektuellen Fähigkeiten.

Folgenreich war die von Duns Scotus vorgenommene Bestimmung des *Individuationsprinzips*. Das Einzelding, das Individuum, wird nicht nur über seine Zugehörigkeit zu einer Gattung oder Art definiert. Es hat seine Eigenart, Individualität, die Duns Scotus als *Dieses-hier-sein* (lat. »haecceitas«) bezeichnet. Es meint die Gesamtheit der spezifischen Eigenschaften eines Einzeldings und seiner Unterschiede zu anderen Dingen.

Mit seiner Bestimmung der Individualität und der Hervorhebung der besonderen Rolle des (freien) Willens hat Duns Scotus die Entstehung der neuzeitlichen Philosophie maßgebend beeinflusst.

Werke von Duns Scotus: Editio Vaticana: Opera omnia, C. Bali (Hg.), 1950 ff.

Literatur zu Duns Scotus: M. Heidegger, Die Kategorien- und die Bedeutungslehre des Duns Scotus, 1916; G. Stratenwerth, Die Naturrechtslehre des Johannes Duns Scotus, 1951; W. Pannenberg, Die Prädestinationslehre des Duns Scotus im Zusammenhang der scholastischen Lehrentwicklung, 1954; E. Gilson, Johannes Duns Scotus, 1959; W. Hoeres, Der Wille als reine Vollkommenheit nach Duns Scotus, 1962; D. Esser, Johannes Duns Scotus, 1986; A. B. Wolter, The philosophical theology of John Duns Scotus, 1990; R. Cross, Duns Scotus, 1999; M. Dreyer, Johannes Duns Scotus zur Einführung, 2003.

DURKHEIM, ÉMILE: der französische Soziologe wurde am 15. 4. 1858 in Épinal (Lothringen) geboren. Nach dem philosophischen Staatsexamen wurde er Lehrer an Gymnasien in Sens, Saint-Quentin und Troyes. 1892 habilitierte er sich in Bordeaux und wurde dort 1896 Professor für Soziologie (auf dem ersten soziologischen Lehrstuhl in

Frankreich). Von 1902 bis 1917 lehrte er an der Sorbonne in Paris. Durkheim gründete und leitete die international einflussreiche Zeitschrift »L'année sociologique«. Er starb am 15. 11. 1917 in Paris.

Durkheim zählt zu den Vätern der *Soziologie*. Er möchte sie als eine eigenständige Wissenschaft etablieren. Gegenstände der Soziologie sind *soziale Tatsachen* (franz. »faits sociaux«), auch soziale Tatbestände genannt. Sie sind Arten des Handelns, die eine von den individuellen Äußerungen unabhängige Wirklichkeit darstellen und auf den einzelnen Menschen einen äußeren Zwang ausüben.

Soziale Tatsachen (z. B. Gewohnheiten, Sitten, Normen und Werte) sollen wie Dinge der äußeren Welt behandelt werden; sie sind als von den handelnden Subjekten losgelöste Dinge zu betrachten. In diesem Sinne haben sie eine von den individuellen Motiven und Interessen unabhängige Geltung.

Die überindividuelle Wirklichkeit wird von Durkheim als das *Kollektivbewusstsein* bezeichnet. Zu ihm gehören sowohl soziale Gewohnheiten und Sitten als auch herrschende Werte und Normen. Das Kollektivbewusstsein stellt die »kollektiven Vorstellungen« der Gruppe dar.

Die Kategorie des Kollektivbewusstseins ist die zentrale soziologische Kategorie. Die Vorstellungen des Kollektivbewusstseins kommen in den individuellen Vorstellungen (z. B. Moralvorstellungen) der einzelnen Menschen zum Ausdruck. Das Kollektivbewusstsein, das moralisch verpflichtend wirkt, ist für den Zusammenhalt der Gesellschaft von größter Wichtigkeit.

Durkheim spricht von *Anomie* dann, wenn die kollektive Moral und damit die Ordnung des Kollektivs gestört ist. Der gesellschaftliche Zusammenhalt kann dann durch das Kollektivbewusstsein nicht mehr gewährleistet werden.

Soziale Phänomene können nicht auf individualpsychologische Faktoren reduziert werden. Sie können nur durch soziale Faktoren erklärt werden: Soziales kann nur durch Soziales erklärt werden. Dies bedeutet, dass man ihre Ursachen aufzeigt und ihre *Funktion* untersucht. Soziale Phänomene erzeugen Wirkungen, die sozial nützlich sind.

Durkheim hat zur Etablierung der Soziologie als einer eigenständigen Wissenschaft einen großen Beitrag geleistet. Er beeinflusste u. a. T. Parsons, R. Merton und R. König.

Werke von Durkheim: De la division du travail social, 1893 (dt. Über die Teilung der sozialen Arbeit, 1977); Les règles de la méthode sociologique, 1895 (dt. Regeln der soziologischen Methode, 1961); Le suicide, 1897 (dt. Der Selbstmord, 1973); Sociologie et philosophie, 1924 (dt. Soziologie und Philosophie, 1967); L'éducation morale, 1925 (dt. Erziehung, Moral und Gesellschaft, 1973).

Literatur zu Durkheim: R. Bierstedt, Émile Durkheim, 1966; S. Lukes, Émile Durkheim, 1972; R. König, Émile Durkheim zur Diskussion, 1978; S. P. Turner, Émile Durkheim, 1993; K. Thompson, Émile Durkheim, 2002; W. S. F. Pickering, Durkheim today, 2002.

E

ECKHART, MEISTER: der deutsche Theologe und Philosoph wurde um 1260 in Hochheim bei Gotha geboren. Er trat 1277 in Erfurt in den Dominikanerorden ein, studierte dann in Köln und Paris und wurde

1302 in Paris Magister der Theologie. Von 1303 bis 1311 war er Ordensprovinzial in Sachsen, von 1311 bis 1313 lehrte er zum zweiten Mal als Magister regens in Paris, seit 1324 lehrte er in Köln. 1325 wurde gegen ihn wegen eines Verdachts auf Häresie ein Inquisitionsverfahren eingeleitet. Es führte 1329 zur Verurteilung von 28 seiner Sätzen durch eine päpstliche Bulle. Eckhart selbst hat diese Verurteilung nicht mehr erlebt, denn er starb unter bis heute ungeklärten Umständen 1327 in Köln oder 1328 in Avignon.

Eckhart zählt zu den bedeutendsten christlichen *Mystikern*. Zentral ist für ihn das *mystische Erleben*, das etwas Außerordentliches ist und in der Sprache eigentlich nicht ausgedrückt werden kann. Charakteristisch für das mystische Erleben ist zunächst die Abkehr von der Welt, d. h. sowohl von dem Sinnlichen als auch von dem rein Intellektuellen.

In einem weiteren Schritt kommt es zu einer Versenkung des Menschen in seinen *Seelengrund*, auf dem er Gott begegnet. Das mystische Erleben gipfelt in der Vereinigung des einzelnen Menschen (seiner Seele) mit Gott. Das eigene Ich geht dabei in Gott auf. Das Absehen von sich selbst und die Versenkung in den Seelengrund führen zur Erfahrung Gottes. Seelengrund bezeichnet also ein Verhältnis, in dem der einzelne Mensch sein Sein und Wesen von Gott empfängt.

In seinen Predigten ermuntert Eckhart die Menschen dazu, auf die mystische Art und Weise Gott und sich selbst zu erfahren. Jeder Einzelne ist dazu im Prinzip fähig und jeder Einzelne kann von Gnaden Sohn Gottes werden. Damit kann Eckhart als der Begründer des religiösen *Individualismus* bezeichnet werden. Die Erfahrung Gottes ist eine individuelle, d. h. dem je einzelnen Menschen zugängliche, Erfahrung.

Eckhart hat in entscheidendem Maße an der Entwicklung und Verbreitung der Mystik gewirkt. Mystische Denker wie Seuse, Tauler, Böhme und Silesius greifen seine Überlegungen auf. Erkennbar ist sein Einfluss bei Nikolaus v. Kues, Franz v. Baader und in der Philosophie des 20. Jh. bei Martin Heidegger.

Werke von Eckhart: Die deutschen und lateinischen Werke, hg. von der Deutschen Forschungsgemeinschaft, 1936 ff.

Literatur zu Eckhart: K. Albert, Meister Eckharts These vom Sein, 1976; B. Mojsisch, Meister Eckhart, 1983; O. Langer, Mystische Erfahrung und spirituelle Theologie, 1987; K. Ruh, Meister Eckhart, 1989²; G. Wehr, Meister Eckhart, 1997⁴; N. Winkler, Meister Eckhart zur Einführung, 1997; G. Stachel, Meister Eckhart, 1998; Ch. Steineck, Grundstrukturen mystischen Denkens, 2000; D. Mieth, Meister Eckhart, 2004.

EINSTEIN, ALBERT: der deutsch-amerikanische Physiker jüdischer Herkunft wurde am 14.3.1879 in Ulm geboren. Er studierte von 1896 bis 1900 Physik an der Eidgenössischen Technischen Hochschule (ETH)

in Zürich. Nach dem Examen arbeitete er vorübergehend als Lehrer. Von 1902 bis 1909 war er als Experte (Hilfsgutachter) am Eidgenössischen Patentamt in Bern tätig. 1905 promovierte er in Zürich. Im selben Jahr veröffentlichte Einstein in »Annalen der Physik« drei Arbeiten, von denen jede von großer wissenschaftlicher Bedeutung war. In »Über einen die Erzeugung und Verwandlung des Lichtes betreffenden heuristischen Gesichtspunkt« begründete er die Lichtquantenhypothese, nach der auch elektromagnetische Strahlung aus Korpuskeln besteht, und erklärte den photoelektrischen Effekt. Einstein erhielt 1921 für diese Arbeit den Nobelpreis. In »Über die von der molekularkinetischen Theorie der Wärme geforderte Bewegung von in ruhenden Flüssigkeiten suspendierten Teilchen« bestätigte er die bis dahin noch nicht allgemein anerkannte Atomhypothese (die Hypothese, dass Atome existieren), in »Zur Elektrodynamik bewegter Körper« begründete er die spezielle Relativitätstheorie. Nach der Habilitation (1908) wurde Einstein 1909 außerordentlicher Professor für theoretische Physik an der Universität Zürich. 1911 erhielt er eine ordentliche Professur für theoretische Physik in Prag, 1912 an der ETH. 1917 wurde er Direktor des »Kaiser Wilhelm Instituts für Physik« in Berlin. 1916 veröffentlichte er die Arbeit »Grundlagen der allgemeinen Relativitätstheorie«, in der die spezielle Relativitätstheorie erweitert wurde. In seinen weiteren physikalischen Arbeiten beschäftigte sich Einstein mit der Weiterentwicklung seiner Theorien. Sein Ziel war es, eine einheitliche Feldtheorie auszuarbeiten. Ab ca. 1920 war er wegen seiner jüdischen Herkunft und seiner Haltung als radikaler Demokrat und Pazifist ständigen Angriffen antisemitischer und antidemokratischer Kräfte ausgesetzt. 1933 emigrierte er in die USA, wo er eine Professur am »Institute for Advanced Studies« in Princeton erhielt. Den Nationalsozialismus bezeichnete er als Rückfall in die Barbarei. Einstein beteiligte sich an Kampagnen gegen das nationalsozialistische Deutschland. Aus Furcht davor, in Deutschland könnten Atomwaffen gebaut werden, unterzeichnete er 1939 zusammen mit anderen Wissenschaftlern einen Brief an den amerikanischen Präsidenten Roosevelt, in dem der Bau einer amerikanischen Atombombe angeregt wurde. Er nahm jedoch an dem später erfolgten Bau der Bombe nicht teil und missbilligte ihren Abwurf auf Hiroshima und Nagasaki 1945. Nach dem Krieg setzte sich Einstein gegen den Bau von Atomwaffen und für die Sicherung eines weltweiten Friedens ein. Außerdem engagierte er sich gegen die Verfolgung von Intellektuellen in Amerika der McCarthy-Ära. Einstein sprach sich für die Errichtung eines jüdischen Staates aus, lehnte jedoch das Angebot ab, sein Präsident zu werden. Er starb am 18.4.1955 in Princeton.

Einstein ist der bedeutendste Physiker des 20.Jh. Mit der von ihm entwickelten *Relativitätstheorie* revolutionierte er die Physik und schuf ein neues physikalisches Weltbild.

In der *klassischen Physik*, die auf Newton zurückgeht, spielen sich physikalische Vorgänge in einem dreidimensionalen absoluten Raum (Koordinatensystem) und einer vom Raum unabhängigen, für jeden Raumpunkt gleichen, absoluten Zeit ab. Der Raum ist als Träger des Lichts und anderer elektromagnetischer Wellen gleichmäßig vom Äther durchsetzt.

Die physikalischen Gesetze, die im absoluten Raum gelten, gelten der klassischen Physik zufolge auch in jedem sich gleichförmig und gradlinig bewegenden Koordinatensystem (»Inertialsystem«), und zwar unabhängig davon, in welchem Koordinatensystem sich der Beobachter befindet. Im Inertialsystem sollten z. B. Längen- und Zeitmessungen identische Ergebnisse liefern.

Einstein geht davon aus, dass die Lichtgeschwindigkeit c in allen sich gleichförmig und geradlinig gegeneinander bewegenden Koordinatensystemen *konstant* ist. Aus der Konstanz und der Endlichkeit der Lichtgeschwindigkeit c ergeben sich weitreichende Konsequenzen. Raum und Zeit bestehen nicht mehr unabhängig voneinander. Räumliche und zeitliche Distanzen sind von der Relativgeschwindigkeit zwischen Beobachter und Objekt abhängig.

Man denke an das Beispiel zweier gleichförmig, entgegengesetzt fahrender Züge. Ein Beobachter in einem der beiden Züge kann nicht entscheiden, ob er sich bewegt oder der andere Zug in die entgegengesetzte Richtung fährt. Anstelle der absoluten Geschwindigkeit eines Inertialsystems kann immer nur die Relativgeschwindigkeit zu anderen Inertialsystemen angegeben werden. Demnach ist kein Inertialsystem vor einem anderen ausgezeichnet und jedes Inertialsystem (jeder der beiden Züge) kann als Ruhsystem eines Beobachters dienen. Aufgrund dieser Vertauschbarkeit des Beobachtungsstandpunktes müssen andererseits die physikalischen Erscheinungen in allen Inertialsystemen denselben Gesetzen unterliegen.

Die Energie eines Körpers oder Teilchens ist mit seiner Masse nach dem Gesetz $E = mc^2$ *äquivalent*. Diese Äquivalenz berücksichtigt die Möglichkeit der Umwandlung von Masse (Teilchen) in Energie (Strahlungs-, Bewegungsenergie) und umgekehrt. Raum, Zeit und Masse sind Einstein zufolge nicht invariant gegenüber einer Lorentz-Transformation (Transformation zwischen zwei gleichförmig und geradlinig gegeneinander bewegten Koordinatensystemen).

Die spezielle Relativitätstheorie wurde in der Physik immer wieder bestätigt. Im »Maryland-Experiment« verwendete man zwei synchronisierte Atomuhren, von denen eine auf der Erde blieb und die andere auf einen mehrstündigen Flug mitgenommen wurde. Der erwartete, winzige Gangunterschied nach der Rückkehr des Flugzeugs konnte aufgrund der präzisen Daten der Uhren nachgewiesen werden.

In seinem Werk »Die Grundlagen der allgemeinen Relativitätstheorie« (1916) erweitert Einstein die spezielle Relativitätstheorie um eine allgemeine. Er geht von der experimentell bestätigten Gleichheit von schwerer und träger Masse (die schwere untersteht der Gravitation, die träge wirkt der Beschleunigung entgegen) aus. Alle Koordinatensysteme (auch die gegeneinander beschleunigten) sind gleichwertig. Physikalische Gesetze müssen durch Gleichungen dargestellt werden, die in allen Koordinaten Geltung haben, d.h. Gleichungen, die *kovariant* sind (Prinzip der allgemeinen Kovarianz).

Die *Gravitation* ist in der allgemeinen Relativitätstheorie keine beschleunigte Wirkung, deren Quellen die Massen sind. Sie äußert sich in der »Krümmung des Raumes«. Ein Probekörper, der sich frei bewegt, führt in einem Raum, der durch eine andere Masse gekrümmt ist, eine geradlinige Bewegung aus. Diese Bewegung bestimmt Einstein als nicht-euklidische Gerade in der gekrümmten vierdimensionalen euklidischen Raumzeit. Masse ist von der Raumzeit nicht mehr qualitativ verschieden.

Einstein veröffentlichte neben physikalischen auch politische Schriften (vgl. »Einstein on Peace«, 1960; dt. »Albert Einstein über den Frieden«, 1975). Er war ein sozial und politisch engagierter Denker. Als *radikaler Pazifist* lehnte er Gewalt und Krieg als Mittel der politischen Auseinandersetzung entschieden ab. Er kann auch als ein großer *Humanist* bezeichnet werden, der die Ideale der Menschlichkeit, Gleichheit und Gerechtigkeit im Denken und Handeln repräsentierte.

Weitere Werke von Einstein: Über die spezielle und allgemeine Relativitätstheorie, gemeinverständlich, 1917; Einheitliche Feldtheorie von Gravitation und Elektrizität, 1925; Mein Weltbild, 1934; The Evolution of Physics, 1938 (dt. Die Physik als Abenteuer der Erkenntnis, 1938); Out of My Later Years, 1950 (dt. Aus meinen späten Jahren, 1952).

Literatur zu Einstein: B. Russell, Das ABC der Relativitätstheorie, 1972; R.W. Clark, Albert Einstein, 1974; P. Frank, Einstein, 1979[2]; P.A. Schlipp, Albert Einstein als Philosoph und Naturwissenschaftler, 1979; H. Fritzsch, Eine Formel verändert die Welt, 1988; B. Hoffmann, Einsteins Ideen, 1988; J. Wickert, Albert Einstein in Selbstzeugnissen und Bilddokumenten, 2000[23]; Th. Bührke, Albert Einstein, 2005[2]; J. Neffe, Einstein, 2005[4]; A. Fölsing, Albert Einstein, 2005.

EMPEDOKLES: der griechische Philosoph, Naturforscher, Arzt und Politiker wurde um 490 v. Chr. in

Akragas (Agrigent) auf Sizilien geboren. Damals war Sizilien eine

griechische Kolonie. Nach dem Tod des Tyrannen Theron wird in Akragas die Demokratie eingerichtet. Empedokles setzt sich für diese Staatsform ein, wird jedoch von seinen Gegnern aus der Stadt verbannt. Über seinen Tod gibt es zahlreiche Legenden. So sollte er sich in den Krater des Vulkans Ätna gestürzt haben. Wahrscheinlich ist er aber um 430 v. Chr. im Exil auf der Peloponnes gestorben.

Empedokles formulierte seine philosophischen Überlegungen in Form von Dichtungen. Zwei von denen sind uns in Fragmenten (in 480 Versen) erhalten: »Über die Natur« und »Entsühnungen«.

Empedokles gehört zu den *Vorsokratikern*, zu den ersten abendländischen Philosophen. Ihr Anliegen ist es, das Weltgeschehen zu erklären. Dabei fragen sie nach Urstoffen bzw. Urelementen, die der Wirklichkeit zugrunde liegen. Sie suchen aber auch nach Lebensregeln, die den Zusammenhalt der Gemeinschaft garantieren würden.

Empedokles stellt aufgrund der sinnlichen Wahrnehmung fest, dass sich in der Welt alles verändert, dass alles entsteht und vergeht. Sinnliche Wahrnehmung kann uns jedoch täuschen. Mittels des Verstandes kann der Mensch erkennen, dass dem Veränderlichen Unveränderliches zugrunde liegt.

Unveränderlich sind Empedokles zufolge ewige *Urstoffe* (diese Urstoffe werden später von Aristoteles auch *Elemente* genannt). Zu den Urstoffen gehören: Feuer, Wasser, Luft und Erde. Sie werden von den zwei Urkräften (Prinzipien) Liebe/Anziehung (griech. »philia«) und Streit/Abstoßung (griech. »neikos«) bewegt. Sie werden durch Vereinigung und Trennung der Elemente zu Dingen geformt.

Das Weltgeschehen erklärt Empedokles auf folgende Weise: Am Anfang des Weltgeschehens herrscht die *Liebe*. Alle vier Elemente sind miteinander vermischt, vereinigt. Diese Einheit ist etwas Göttliches. Einzelne Elemente existieren in diesem Zustand noch nicht.

Im nächsten Zustand gewinnt der *Streit* die Oberhand; die Elemente werden voneinander getrennt, aus der Einheit entsteht eine Vielheit. Auf der nächsten Etappe kehrt die Liebe zurück und vereinigt die Elemente zu einer Einheit. Dieses Geschehen hat einen *zyklischen* Charakter. Die Welt befindet sich gegenwärtig in einem Zwischenstadium, in dem beide Kräfte in gleichem Maße wirken.

Die Sinneswahrnehmung funktioniert nach Empedokles wie folgt: Kleine Teilchen der wahrgenommenen Objekte trennen sich von diesen und gelangen in die »Poren« der Wahrnehmungsorgane. Der Mensch kann wahrnehmen, weil er aus denselben Elementen besteht wie die wahrgenommenen Objekte.

Empedokles vertritt die Lehre von der *Seelenwanderung*. Die Seelenwanderung ist einerseits eine Strafe für Sünden, insbesondere die Sünde, Tiere zu töten und deren Fleisch zu verzehren. Der Mensch wird wiedergeboren und muss die Lasten des Lebens tragen. Andererseits kann die Seelenwanderung ein Reinigungsprozess sein. Der einzelne Mensch reinigt seine Seele, indem er ein asketisches Leben führt.

Das wichtigste Grundprinzip besteht im Leben darin, Tiere nicht zu töten und auf deren Verzehr zu verzichten. Führt der einzelne Mensch ein asketisches Leben, so kann die Kette der Wiedergeburten abgebrochen werden. Er geht dann im Göttlichen auf. Da Gleiches durch Gleiches erkannt wird, bedeutet die Erkenntnis des Göttlichen die Annäherung an sein Wesen.

Werke von Empedokles: Die Fragmente der Vorsokratiker, H. Diels/W. Kranz (Hg.), 1989[17].

Literatur zu Empedokles: J. Bollack, Empédocle, 1965-1969; J. C. Lüth, Die Struktur des Wirklichen im Empedokleischen System »Über die Natur«, 1970; W. H. Pleger, Die Vorsokratiker, 1991; C.-F. Geyer, Die Vorsokratiker zur Einführung, 1995; Ch. Rapp, Vorsokratiker, 1997; R. Ludwig, Die Vorsokratiker für Anfänger, 2002.

ENGELS, FRIEDRICH: der deutsche Philosoph, Ökonom, Journalist und Arbeiterführer wurde am 28. 11. 1820 in Barmen geboren. Er

wuchs in einer Fabrikantenfamilie auf. Von 1837 bis 1841 wurde er zum Kaufmann ausgebildet. Während seiner Militärzeit von 1841 bis 1842 in Berlin kam er in Kontakt mit Linkshegelianern. 1842 ging er nach Manchester (England). Dort arbeitete er im Betrieb seiner Eltern und beschäftigte sich mit sozio-ökonomischen Problemen. Nach der Rückkehr aus England 1844 schloss er eine enge Freundschaft mit Karl Marx, die bis zu dessen Tode 1883 andauerte. Da Engels aus wohlhabenden Verhältnissen entstammte, unterstützte er Marx im erheblichen Masse finanziell. Zusammen verfassten sie grundlegende Werke des von ihnen begründeten *Wissenschaftlichen Sozialismus*, u.a. »Die Deutsche Ideologie« (erschienen erst 1932 in Moskau), eine Kritik der damals herrschenden deutschen Philosophie. 1848 verfassten sie zusammen »Das Kommunistische Manifest«, die programmatische Schrift der sozialistisch-kommunistischen Arbeiterbewegung. Wegen seiner Teilnahme an den badischen Unruhen musste Engels 1850 Deutschland verlassen. Er ging ins Exil nach Manchester, wo er sowohl die Theorie des wissenschaftlichen Sozialismus ausarbeitete als auch die politisch-organisatorische Entwicklung der Arbeiterbewegung mitgestaltete. 1870 siedelte er nach London über und wurde leitendes Mitglied der »Internationalen Arbeiter-Assoziation«. Er starb am 5. 8. 1895 in London.

Engels gilt als der Begründer des *Dialektischen Materialismus*, der zusammen mit dem hauptsächlich von Marx entwickelten Historischen Materialismus die Grundlage des Wissenschaftlichen Sozialismus bildet. Engels arbeitet diese Lehre hauptsächlich in seinem erst 1925 erschienenen Hauptwerk »Dialektik der Natur« aus.

Die *Materie* bildet die wahre Wirklichkeit. Auch das menschliche Bewusstsein, das Denken, ist materieller Art – es ist die höchste Form der Materie. Die Materie spiegelt sich im Bewusstsein wider.

Engels hebt hervor, dass die Materie, d.h. die gesamte Wirklichkeit, einen *dialektischen* Charakter hat. Dies bedeutet erstens, dass ihre einzelnen Erscheinungsformen (Natur, Gesellschaft und Denken) in einem universellen Zusammenhang zueinander stehen. Sie bilden eine *Totalität*. Zweitens befindet sich die Materie in ständiger Bewegung, für die der Kampf und die Einheit der Gegensätze sowie der Übergang von quantitativen zu qualitativen Veränderungen kennzeichnend ist.

Entscheidend für diesen Prozess ist das Gesetz der »Negation der Negation«. Eine Antithese ist die Negation der These. Die Synthese ist die Negation der Antithese, also eine Negation der Negation. Das Gesetz drückt den Sachverhalt aus, dass das Überwundene/Vergangene im Neuentstandenen erhalten bleibt. Beispiel: Aus einem Korn entsteht eine Pflanze. Das Korn verliert dabei seine Existenz, es wird negiert. Im nächsten Stadium bringt die Pflanze neue Körner hervor und hört nach einiger Zeit zu existieren auf. Diesmal wird sie negiert. In den neuen Körnern werden die Merkmale der Pflanze »aufgehoben«.

Dialektische Gesetze gelten demnach nicht nur in der Gesellschaft bzw. in der Geschichte, sondern auch in der *Natur*. Das bedeutet, dass sie auf die Naturvorgänge und die Entwicklung der Natur (Naturgeschichte) angewandt werden können. Auch das naturwissenschaftliche Denken hat einen dialektischen Charakter. Es ist nur ein »Reflex« der in der Natur herrschenden Dialektik.

Der Dialektische Materialismus wurde von W. I. Lenin übernommen und in einigen Punkten erweitert. Zusammen mit dem Historischen Materialismus bildete er die Weltanschauung des Marxismus-Leninismus, die zur Staatsdoktrin der Sowjetunion und anderer Ostblockstaaten wurde.

Weitere Werke von Engels: K. Marx/F. Engels, Werke, Schriften, Briefe, Historisch-kritische Gesamtausgabe (MEGA), 1927-35; K. Marx/F. Engels, Werke I-XXXIX (MEW), Erg.-Bde. I-II, 1957-68.

Literatur zu Engels: H. Fleischer, Marx und Engels, 1970; H. Genkow u. a., Friedrich Engels, 1970; H. Pelger (Hg.), Friedrich Engels, 1971; M. Adler, Marx und Engels als Denker, 1972; M. Kliem (Hg.), Friedrich Engels, 1977; M. Buhr, Naturdialektik – Naturwissenschaft, 1986; H. Hirsch, Friedrich Engels in Selbstzeugnissen und Bilddokumenten, 1993[10]; R. E. Zimmermann, Naturdialektik heute, 1995; A. H. Nimitz, Marx and Engels, 2000; T. Giouras, Kritik und Geschichte, 2003.

EPIKTET: der griechische Philosoph wurde um 50 n. Chr. geboren. Er war der Sohn einer Sklavin und wurde nach Rom selbst als Sklave

verkauft. Sein Herr Epaphroditos hat ihn jedoch freigelassen. Epiktet empfing seine philosophische Ausbildung bei Musonius Rufus in Rom. Nach der Ausbildung wurde er selbst Lehrer der Philosophie in Rom, bis er und andere Philosophen 94 auf Befehl des Kaisers Domitian aus Italien vertrieben wurden. Er floh nach Nikopolis (Westgriechenland), wo er bis zu seinem Tod um 135 Philosophie lehrte.

Epiktet hat – ähnlich wie Sokrates – selbst nichts geschrieben. Seine Lehrgespräche »Diatriben« wurden von seinem Schüler Arrian aufgezeichnet. Die wichtigsten Lehrsätze hat Arrian im »Encheiridion« (entst. um 100 n. Chr.; dt. »Handbüchlein«, 1799/1800) zusammengestellt, das bis heute in nicht nur philosophischen Kreisen mit großem Interesse gelesen wird und eines der wichtigsten ethischen Bücher darstellt.

Epiktet ist einer der bedeutendsten Vertreter der *Stoa*, einer geistigen Strömung, die von 300 v. Chr. bis 300 n. Chr. eine einflussreiche Rolle im geistigen Leben der Antike spielte. Epiktet ist neben Seneca und Marcus Aurelius der wichtigste Vertreter der sog. *Jüngeren Stoa*, die als herrschende Philosophie der Spätantike bezeichnet werden kann.

Auf die Stoiker geht die Dreiteilung der Philosophie in Logik, Physik und Ethik zurück. Das Hauptgewicht des Philosophierens legte Epiktet auf die *Ethik*. Sie ist die Lehre von der Lebenskunst und soll den einzelnen Menschen zur *Glückseligkeit* führen. Der Einzelne ist Teil einer übergreifenden, göttlichen Ordnung. Und nur weil er teil an dem Göttlichen, genauer: an der göttlichen Vernunft, hat, kann er das Göttliche überhaupt erkennen.

Epiktet unterscheidet streng zwischen Dingen, die in meiner Gewalt stehen, und Dingen, die nicht in meiner Gewalt stehen. Zu den ersteren gehören: mein Denken, mein Tun, mein Begehren und mein Meiden. Zu den letzteren Dingen gehören: mein Leib, meine Habe, mein Ansehen und meine äußere Stellung.

Was in meiner Gewalt steht, ist (für mich) frei, was nicht in meiner Gewalt steht, ist hinfällig, von anderen Menschen abhängig. Wenn ich das begehre, was nicht in meiner Gewalt steht, so werde ich unglücklich, weil ich das Begehrte oft nicht erhalten kann. Und auch wenn ich es erhalte, kann es mir von anderen abgenommen werden.

Eine weitere wichtige Unterscheidung, die Epiktet trifft, ist die zwischen *Dingen* und den *Vorstellungen von den Dingen*. Nicht die Dinge selbst sind es, die die Menschen beunruhigen, sondern die Vorstellungen von den Dingen. So ist z. B. der Tod nichts Schreckliches (er ist eine Naturnotwendigkeit), sondern unsere Vorstellung (man würde heute auch sagen: unsere Einstellung, Deutung bzw. Interpretation), er sei etwas Schreckliches, ist das Schreckliche.

Wie der Einzelne etwas auffasst, hängt alleine von ihm ab. Ob er z.B. eine Äußerung als eine Kränkung, Beleidigung oder harmlose Bemerkung auffasst, ist alleine die Sache seiner Interpretation. Es hängt auch alleine von ihm ab, wie er auf eine Äußerung reagiert. Die Ursache für das Unglücklichsein, Betrübtsein usw. sollte der Einzelne nicht in den Dingen bzw. in anderen Menschen, sondern in sich selbst, in seinen Vorstellungen über die Dinge bzw. Menschen suchen.

Ein weiterer Grundsatz von Epiktet besagt, dass man auf die Anerkennung der Anderen verzichten sollte. Wenn man anderen Menschen gefallen will, auf die Meinungen der Anderen angewiesen ist, so hat man den eigenen Halt verloren. Damit beschreibt Epiktet das Grundideal der stoischen Ethik, das in völliger Unabhängigkeit und Selbstgenügsamkeit des Einzelnen besteht.

Das Leben des *Weisen* zeichnet sich durch die *Unerschütterlichkeit der Seele* (Seelenruhe) (griech. »ataraxia«) und die Beherrschung der Affekte und Leidenschaften (griech. »apatheia«) aus. Unabhängigkeit, Selbstgenügsamkeit, Unerschütterlichkeit der Seele und Beherrschung von Affekten und Leidenschaften machen ein glückliches Leben aus.

Epiktets Lehre hat stark auf die spätantike Philosophie und das Christentum gewirkt. Angeregt von Epiktets Gedanken wurden u. a. Spinoza und Goethe.

Werke von Epiktet: Epicteteae philosophiae monumenta, I-V, J. Schweighäuser (Hg.), 1977; Epicteti dissertationes ab Arriani digestae, H. Schenkl (Hg.), 1965.

Literatur zu Epiktet: A. Bonhoeffer, Die Ethik Epiktets, 1968; J. C. Gretenkord, Der Freiheitsbegriff Epiktets, 1981; M. Pohlenz, Die Stoa, 1984[6]; G. Wöhrle, Epiktet für Anfänger, 2002; B. Inwood (Hg.), The Cambridge Companion to the Stoics, 2003.

EPIKUR: der griechische Philosoph wurde 341 v. Chr. auf der Insel

Samos geboren. Er beschäftigte sich hauptsächlich mit der aristotelischen

und der demokritischen Lehre. Nach seiner Ausbildung an verschiedenen Orten Griechenlands (u. a. in Teos und Athen) lehrte er Philosophie in Mytilene (311/310), Lampsakos (310-307/306) und Athen (ab 307/306). In Athen erwarb er ein Haus und einen Garten, in dem er Philosophieunterricht gab und eine eigene Schule gründete. Er lehrte dort Philosophie bis zu seinem Tod 270. Von seinen 300 Büchern (Papyrusschriften) sind nur 3 Lehrbriefe und eine Sammlung von 40 Lehrsätzen erhalten.

Im Mittelpunkt der epikureischen Philosophie steht die *Ethik*, die als *individualistisch* bezeichnet werden kann. Angesichts des Zerfalls des griechischen Stadtstaates, der Polis, besinnt sich der einzelne Mensch nicht auf die Werte der Gemeinschaft, sondern auf sich selbst; nicht das Wohl der (staatlichen) Gemeinschaft, sondern das individuelle Glück ist das Ziel der ethischen Bemühungen. Bei ungünstigen äußeren Umständen soll der Einzelne Glück in sich selbst finden.

Glück wird von Epikur als Lustempfindung bestimmt. *Lust* ist das höchste Gut, nach dem alle Menschen streben. Diese Position wird als *Hedonismus* (vom griech. »hedone«, »Lust«) bezeichnet. Epikur fasst Lust hauptsächlich als das Freisein von Schmerzen im Körper und von der Furcht in der Seele auf. Lust kann demnach durch die Beseitigung der Unlust erzeugt werden.

Das Ziel der Lebensgestaltung sollte es jedoch sein, dauerhafte Lust und dauerhaftes Glück zu erreichen. Das bedeutet, dass man gegebenenfalls auf momentane Lusterzeugung verzichten muss, um später eine stärkere Lust bzw. eine höhere Lustform zu erreichen. Deshalb ist nicht jede Lusterzeugung ratsam und nicht jede Schmerzbeseitigung erstrebenswert. Worauf es ankommt, ist das rechte Abwägen von lusterzeugenden und schmerzbeseitigenden Handlungen, wobei Handlungsfolgen besonders stark berücksichtigt werden sollten.

Die *Naturlehre* (Physik) steht nach Epikur im Dienste der Ethik, genauer: des Strebens nach einem furchtlosen Leben. Naturerklärungen sollen die Ursachen für die Furchtgefühle der Menschen offenlegen und zeigen, dass Furcht vor Göttern und vor dem Tod völlig unbegründet ist.

Die ganze Wirklichkeit besteht aus kleinsten unsichtbaren Teilchen, den *Atomen*, und dem *leeren Raum*, in dem sich die Atome bewegen. Atome unterschiedlichster Art setzen sich zu sichtbaren Dingen zusammen. Auch die menschliche Seele besteht aus Atomen, und zwar aus besonders feinen Atomen, denen Vernunft innewohnt. Sie befinden sich Epikur zufolge in der Brust.

Die Seelenatome zerstreuen sich nach dem Tod. Dies bedeutet, dass die Seele nach dem Tod, d.h. nach der Auflösung der Körper-Atome, nicht mehr existiert. Und dies bedeutet auch, dass es kein Leben nach dem Tode gibt. Der Mensch muss sich aber vor dem Tod nicht fürchten. Epikur behauptet: »Der Tod betrifft uns nicht. Solange wir da sind, ist der Tod nicht da, und wenn der Tod da ist, sind wir nicht mehr«.

Alle menschlichen Lebens- und Erkenntnisprozesse werden als Zusammenspiele von Atomen aufgefasst. So wird z.B. die sinnliche Wahrnehmung von Epikur atomistisch und mechanistisch erklärt. Atome, die sich von den wahrgenommenen Objekten lösen, gelangen in die Wahrnehmungsorgane. Auf diese Weise bekommen wir ein »Bild« von den wahrgenommenen Objekten.

Wir können uns auf die Sinneseindrücke verlassen, sie können uns nicht täuschen. Daher bilden sie das sichere Fundament der Erkenntis. Aus den Sinneseindrücken entstehen durch die Wiederholung gleicher Sinneseindrücke Allgemeinvorstellungen.

Da wir Vorstellungen von *Göttern* haben, müssen Götter existieren. Sie existieren jedoch nicht in unserer Welt, sondern in sog. »Zwischenwelten« (Intermundien). Von dort aus haben sie auf uns Menschen keinen Einfluss. Sie haben überhaupt keinen Anteil am Leben der Menschen. Deshalb ist jegliche Furcht vor Göttern unbegründet.

Die Erkenntnis der Natur führt zu einem furchtlosen Leben. Furchtlosigkeit geht mit Unerschütterlichkeit der Seele einher. Beide sind Voraussetzungen für die innere Seelenruhe und Glückseligkeit des einzelnen Menschen. Da Epikur skeptisch gegenüber staatlichen Institutionen und der Eingebundenheit des Einzelnen in die staatliche Ordnung ist, lautet seine Maxime: »Lebe im Verborgenen«. Für ein glückliches Leben ist die Pflege der *Freundschaft* von besonderer Bedeutung. Die Freundschaft bildet das größte Gut.

Unter *Epikureismus* versteht man einerseits die Lehre Epikurs und seiner Schule, andererseits die Lebenshaltung, die sich an seiner Lehre orientiert. Epikurs Philosophie erreicht seine größte Verbreitung in der römischen Kaiserzeit. Sie wirkte besonders stark auf Cicero, Lukrez, Virgil und Horaz. Angeregt von Epikur sind die Staatsrechtslehrer Hobbes, Pufendorf und Rousseau. Elemente der epikureischen Ethik findet man bei den englischen und französischen Aufklärern wie Hume, Holbach, La Mettrie und Helvétius.

Werke von Epikur: Epicurea, H. Usener (Hg.), 1887 (repr. 1966); Opera, G. Arrighetti (Hg.), 1960.

Literatur zu Epikur: J. Mewaldt, Die geistige Einheit Epikurs, 1927; C. Diano, Epikur und die Dichter, 1967; W. F. Otto, Epikur, 1975; C. J. Classen, Studien zu Epikur und den Epikureern, 1983; R. Müller, Die epikureische Ethik, 1991; F. Jürß, Die epikureische Erkenntnistheorie, 1991; H.-M. Bartling, Epikur, 1994; M. Hossenfelder, Epikur, 1998²; C.-F. Geyer, Epikur zur Einführung, 2000; M. Euringer, Epikur, 2003.

ERASMUS VON ROTTERDAM: der niederländische Theologe und Philosoph wurde am 28. 10. 1466 oder 1469 in Rotterdam als unehelicher Sohn eines Geistlichen geboren.

Er trat als Achtzehnjähriger in das Augustinerkloster Steyn bei Gouda ein. 1492 wurde er zum Preister geweiht und zum Sekretär des Bischofs von Cambrai ernannt. Von 1495 bis 1499 studierte er an der Pariser Universität. 1499/1500 lebte er in England, wo er Th. Morus und J. Colet kennenlernte. Seit 1506 wechselte er oft seinen Wohnsitz und hielt sich in Italien, England, in der Schweiz, den Niederlanden und in Deuschland auf. 1516 gab er die erste textkritisch kommentierte griechische Fassung des Neuen Testaments heraus, die zur Grundlage der Bibelübersetzung Luthers wurde. Erasmus gab darüber hinaus Werke vieler bedeutender Kirchenväter heraus (z. B. die von Augustinus, Origenes, Ambrosius und Cyprian). Er starb am 12. 7. 1536 in Basel.

Erasmus ist einer der wichtigsten Vertreter des *Humanismus*. Das Ziel dieser geistigen Bewegung ist die Vervollkommnung des Menschen. Das von den Humanisten vertretene Bildungsideal ist die volle Entfaltung der menschlichen Fähigkeiten. Für Erasmus ist der Mensch nicht von Natur aus so, wie er ist; vielmehr ist er ein Produkt der Erziehung. Klares Denken und richtiges Handeln sind die wichtigsten Ziele der Erziehung.

Erasmus wendet sich wie die meisten Humanisten gegen den kirchlichen Dogmatismus, insbesondere gegen die starre Haltung der scholastischen Theologen. Er setzt sich für ein undogmatisches Christentum ein, das dem Ideal der *Humanität* folgt. Die Entfaltung des

Menschen und die Gewährleistung seiner Würde und seiner Rechte sind für das humanistische Christentum kennzeichnend.

In diesem Zusammenhang vertritt Erasmus den Gedanken der *Toleranz*: Die Meinungen der Anderen sollen akzeptiert werden. Nicht Streit und Suche nach Gegensätzen, sondern Liebe und Streben nach Ausgleich und Einigung sind die Merkmale einer toleranten und humanistischen Haltung.

Erasmus war ein entschiedener *Pazifist*. Es gibt in seinen Augen keinen gerechten Krieg. Jegliche Rechtfertigung des Krieges, sei es religiöser oder nationalistischer Art, wird von ihm abgelehnt. Frieden ist in jedem Fall dem Krieg vorzuziehen.

Erasmus wird von vielen Interpreten als Vorbereiter der Reformation angesehen, obwohl er sich trotz anfänglicher Sympathie für diese Bewegung gegen wichtige reformatorische Konzepte wendet und der katholischen Kirche zeitlebens treu bleibt.

In seiner Schrift »De libero arbitrio diatribe sive collatio« (1524; dt. »Wissenschaftliche Unterredung oder Textzusammenstellung über den freien Willen«, 1525) wendet er sich gegen Luther und andere Reformatoren. Er diskutiert darin Argumente für und wider die Annahme eines freien menschlichen Willens. Erasmus betont, dass es einen freien menschlichen Willen gibt. Durch die Sündhaftigkeit des Menschen wurde dieser Wille zwar geschwächt, durch die Erlösung in Christus aber wiederhergestellt. Ohne den freien Willen wäre ein verantwortliches moralisches Handeln nicht möglich. Andererseits hebt Erasmus die Notwendigkeit der Gnade Gottes hervor. Nur aus Gottes Gnade kann moralisches Handeln erfolgen.

Erasmus prägte das humanistische Denken seiner Epoche. Die europäische Toleranzbewegung verdankt ihm entscheidende Impulse. Schließlich trug sein undogmatischer Umgang mit dem Christentum zur Erneuerung dieser Religion bei.

Weitere Werke von Erasmus: Opera omnia, J. H. Waszink (Hg.), 1969 ff.; Ausgewählte Schriften, I-VIII, W. Welzig (Hg.), 1967 ff.

Literatur zu Erasmus: W. P. Eckert, Erasmus von Rotterdam, 1967; R. H. Bainton, Erasmus, 1972; A. J. Gail, Erasmus von Rotterdam, 1990; J. Huizinga, Erasmus, 1993; C. Augustijn, Erasmus von Rotterdam, 1996; U. Schultz, Erasmus von Rotterdam, 1998; Ch. Christ von Wedel, Erasmus von Rotterdam, 2003.

EUKLID (griech. eigentlich Eukleides): der griechische Mathematiker lebte von ca. 360 bis ca. 290 v. Chr. Man weiß sehr wenig über sein Leben. Vermutlich studierte er an der Akademie in Athen. Von dem ägyptischen Herrscher Ptolemaios I wurde er nach Alexandrien berufen, wo er im Museion unterrichtete.

Das berühmteste Werk Euklids sind die »Elemente« (griech. »stoicheia«, entstanden um 300 v. Chr.). Es ist das bekannteste Lehrbuch der Mathematik und gilt nach der Bibel als das wirkungsvollste Buch in der westlichen Welt.

Die »Elemente« enthalten eine systematisch und deduktiv-axiomatisch aufgebaute Darstellung der Elementarmathematik. Sie bestehen aus 13 Büchern. Bücher I bis IV behandeln die Methodenlehre und die Geometrie der Ebenen, Bücher V und VI die Proportionen- und Ähnlichkeitslehre, Bücher VII bis IX die Arithmetik (natürliche Zahlen, Teilbarkeit, Primzahlen, Quadrat- und Kubikzahlen, geometrische Reihen). Buch X enthält eine Klassifikation irrationaler Linien, d.h. Linien, die mit der Einheitslinie weder der Länge noch dem Quadrat nach kommensurabel sind. Bücher XI bis XIII behandeln die Stereometrie (elementare Stereometrie, Volumenaussagen über Prismen, Pyramiden, Zylinder, Kegel und Kugeln, reguläre Polyeder).

Der *deduktive Aufbau* der »Elemente« (Deduktion = Ableitung aus obersten Sätzen) beruht auf Definitionen, Axiomen und Postulaten. Definitionen sind einerseits Vereinbarungen über Sprachgebrauch, andererseits Bestimmungen von Grundbegriffen. Beispiel für eine Definition: »Ein Punkt ist, was keine Teile hat«.

Axiome sind logische, universell gültige und nicht hintergehbare Grundsätze, z.B. »Was demselben gleich ist, ist auch untereinander gleich«.

Postulate können im Gegensatz zu Axiomen willkürlich gesetzt werden. Am bekanntesten ist das von Euklid aufgestellte *Parallelenpostulat*. Es lautet: »Gefordert soll sein, dass, wenn eine Gerade zwei andere Geraden so schneidet, dass die innen auf derselben Seite entstehenden Winkel zusammen kleiner als zwei Rechte sind, dann die zwei Geraden bei unbeschränkter Verlängerung sich auf der Seite treffen, auf der die

Winkel liegen, die zusammen kleiner als zwei Rechte sind«.

Die »Elemente« wurden vielfach übersetzt, kommentiert und bearbeitet. Teile der »Elemente« übersetzte Boethius im 6. Jh. aus dem Griechischen ins Lateinische. Im 9. und 10. Jh. wurden sie ins Arabische übersetzt. Vom 12. Jh. an wurden sie aus dem Arabischen rückübersetzt. Das Werk gehörte bis ins 19. Jh. Zum Kanon der Mathematik. Noch für Kant besaß die Euklidische Geometrie eine unanfechtbare Gültigkeit.

Neben den »Elementen« sind von Euklid die Schriften »Phaenomena« (ein Handbuch der sphärischen Geometrie für Astronomen), »Optica« (ein Buch über die Perspektive) und »Data« (ein Zusatzband zu den ersten sechs Büchern der »Elemente«).

Werke von Euklid: Euclidis opera omnia, I – VIII, L. Heiberg u.a. (Hg.), 1883-1916; Die Elemente, C. Thaer (Hg.), 1933-1937 (repr. 1984),. Die Data, C. Thaer (Hg.), 1962.

Literatur zu Euklid: Th. L. Heath, A History of Greek Mathematics, Bd. I, 1921; A. Szabo, Anfänge der griechischen Mathematik, 1969; W. R. Knorr, The Evolution of the Euclidean Elements, 1975; P. Schreiber, Euklid, 1987; M. Schmitz, Euklids Geometrie und ihre mathematiktheoretische Grundlegung in der neuplatonischen Philosophie des Proklos, 1997; J. Schönbeck, Euklid, 2003.

F

FEUERBACH, LUDWIG ANDREAS: der deutsche Philosoph wurde am 28. 7. 1804 in Landshut geboren. Er studierte seit 1823 Theologie in Heidelberg bei dem Hegelianer K. Daub. 1824 ging er nach Berlin, wo er ab 1825 Philosophie

bei Hegel studierte. Nach der Promotion und Habilitation 1828 hielt er als Privatdozent Vorlesungen zur Philosophie in Erlangen. Wegen seiner religionskritischen und atheistischen Haltung blieb ihm jedoch eine akademische Karriere zeitlebens versagt. 1837 zog er sich nach Bruckberg bei Ansbach zurück, wo seine Frau Miteigentümerin einer Porzellanfabrik war. Während der Revolution von 1848 ging er nach Frankfurt am Main. Dort nahm er an den Debatten in der Paulskirche teil. Im Wintersemester 1848/49 hielt Feuerbach auf Einladung der Studenten in Heidelberg »Vorlesungen über das Wesen der Religion«. Nach dem Verkauf der Porzellanfabrik ging er 1860 mit seiner Frau nach Rechenberg bei Nürnberg. Er starb dort völlig verarmt am 13. 9. 1872.

Feuerbach ist einer der bedeutendsten *Religionskritiker* und *Materialisten*. In seiner intellektuellen Entwicklung sind drei Phasen sichtbar. In der ersten Phase vertritt er den *Pantheismus*, eine Lehre, der zufolge Gott überall und allgegenwärtig *in* der Welt ist. In der Schrift »Gedanken über Tod und Unsterblichkeit« (1830) hebt Feuerbach hervor, dass es kein individuelles Weiterleben nach dem Tode gibt. Der Tod zeigt, dass das Individuelle nichtig und das menschliche Leben endlich ist. Um die Vereinzelung des Menschen zu überwinden, entwickelt Feuerbach den pantheistischen Begriff der totalen *Liebe*, in der alles aufgeht.

In seiner zweiten Entwicklungsphase setzt sich der *Atheismus*, die

Leugnung der Existenz Gottes, durch. In seiner Hauptschrift »Das Wesen des Christentums« (1841) liefert er eine *anthropologische* (Anthropologie = die Lehre vom Menschen) Grundlegung der Religion. Religiöse Inhalte (z.B. Gott) sind Produkte des Menschen. Gott ist das Produkt der *Projektion* (Übertragung) menschlicher Fähigkeiten und Wünsche. Der Mensch überträgt seine Gattungseigenschaften, die sein Wesen ausmachen, auf ein ihm fremdes Wesen: auf Gott. Zu diesen Eigenschaften gehören z.B. Vernunft und Liebe.

Gott stellt demnach das allgemeine Wesen des Menschen dar. Wenn der Mensch Gott verehrt, verehrt er in Wirklichkeit sich selbst in fremder Gestalt. Die Liebe zu Gott ist daher die entfremdete Liebe des Menschen zu sich selbst.

In seiner letzten, dritten Phase wird Feuerbach zum Verfechter des *Materialismus*, einer Lehre, der zufolge das Materielle einen Vorrang vor dem Ideellen/Geistigen hat bzw. das Ideelle/Geistige auf das Materielle zurückgeführt oder reduziert wird.

Feuerbach vertritt einne ganz spezifischen Materialismus: den *anthropologischen Materialismus*. Er fasst das Materielle als das Leiblich-Sinnliche auf, das die Grundlage des menschlichen Lebens darstellt. Er lehnt die Vorstellung eines abstrakten, allgemeinen Wesen des Menschen ab. Das Konkrete, Individuelle und Sinnlich-Leibliche bilden die eigentliche Wirklichkeit des Menschen.

In seiner Schrift »Grundsätze der Philosophie der Zukunft« (1843) betont er, dass das Konkrete nicht auf abstrakte, sondern auf konkrete Weise gedacht werden soll. Auch geistige Vermögen, z.B. die Vernunft, sind Produkte der materiellen Wirklichkeit. In seiner letzten Schrift »Gottheit, Freiheit und Unsterblichkeit vom Standpunkt der Anthropologie« (1866) schreibt er: »Der Mensch ist, was er isst«.

Die Feuerbachsche Religionskritik und seine materialistische Wirklichkeitsauffassung beeinflussten K. Marx und F. Engels. Seine Religionskritik wirkte u.a. bei S. Freud, E. Fromm, M. Buber, K. Löwith und K. Barth.

Weitere Werke von Feuerbach: Sämtliche Werke, W. Bolin/F. Jodl (Hg.), 1960ff.

Literatur zu Feuerbach: K. Löwith, Das Individuelle in der Rolle des Mitmenschen, 1928; H.-J. Braun, Ludwig Feuerbachs Lehre vom Menschen, 1971; A. Schmidt, Emanzipatorische Sinnlichkeit, 1973; H. Lübbe/H. M. Sass (Hg.), Atheismus in der Diskussion, 1975; E. Thies (Hg.), Ludwig Feuerbach, 1976; K. Löwith, Von Hegel zu Nietzsche,

1977[7]; U. Reitemeyer, Philosophie der Leiblichkeit, 1988; M. Kellner, Feuerbachs Religionskritik, 1988; W. Jaeschke, Sinnlichkeit und Rationalität, 1992; H.-M. Sass, Ludwig Feuerbach in Selbstzeugnissen und Bilddokumenten, 1994[4]; W. Wahl, Feuerbach und Nietzsche, 1998; Ch. Weckwerth, Ludwig Feuerbach zur Einführung, 2002.

FICHTE, JOHANN GOTTLIEB: der deutsche Philosoph wurde am 19. 5. 1762 in Rammenau (Lausitz) geboren. Er wuchs als Sohn eines Bandwirkers in ärmlichen Verhältnissen auf. Durch die finanzielle Unterstützung eines Gutsherren

konnte er jedoch eine gute schulische Ausbildung genießen. Er studierte ab 1780 Theologie, zunächst in Jena, dann in Leipzig, musste das Studium aber aus finanziellen Gründen abbrechen. Seit 1784 arbeitete er an verschiedenen Orten (u. a. in Zürich und Warschau) als Hauslehrer. 1791 besuchte er in Königsberg Immanuel Kant. Seine erste große Schrift »Versuch einer Kritik aller Offenbarung« veröffentlichte er 1792 anonym. Das Buch wurde zunächst für eine Schrift Kants gehalten. Als Kant den Namen des Autors bekannt gab, wurde Fichte auf einen Schlag berühmt. 1794 erhielt er eine Professur in Jena. 1799 verlor er aufgrund von Atheismus-Vorwürfen diese Professur und musste Jena verlassen. Er zog nach Berlin um, wo er Privatvorlesungen gab. Angesichts der Eroberung Preußens durch Napoleon hielt er in Königsberg (1806) und Berlin (1807) die berühmten »Reden an die Deutsche Nation«. 1809 erhielt er eine Professur an der Berliner Universität. 1811 wurde Fichte der erste gewählte Rektor dieser Universität. Er starb am 29. 1. 1814 in Berlin.

Fichte ist neben Hegel und Schelling der Hauptvertreter des *Deutschen Idealismus*. Er sieht sich als Vollender der Philosophie Kants. Dabei geht er von dem Kantischen Begriff der *Freiheit* aus. Freiheit bedeutet radikale Selbstbestimmung. Sie ermöglicht die Gestaltung des eigenen Selbst und der Welt.

Für Fichte gibt es zwei Möglichkeiten des Aufbaus eines philosophischen Systems. Erstens kann das *Objekt* (die Welt/Natur) zum Ausgangspunkt und zur Grundlage des Erkennens und Handelns gemacht werden. Dadurch wird das Subjekt (der Mensch) vom Objekt her gedacht bzw. dem Objekt untergeordnet. Dies bedeutet für Fichte, dass menschliche Freiheit im Sinne der Selbstbestimmung und der Selbst- und Weltgestaltung letztlich geleugnet wird.

Zweitens kann das *Subjekt* zum Ausgangspunkt und zur Grundlage des Erkennens und Handelns gemacht werden. In diesem Fall ist das Subjekt die bestimmende Kraft. Es erzeugt und gestaltet das Objekt. Diese Tätigkeit des Subjekts ist der Ausdruck der Freiheit. Fichte vertritt die zweite Position, die auch als *transzendentaler Idealismus* bezeichnet wird.

Das System des transzendentalen Idealismus wird von ihm in seinem Hauptwerk »Wissenschaftslehre« entwickelt. Zwischen 1794 und 1813 verfasste er immer neue Versionen dieses Werkes. Das Prinzip der gesamten Wirklichkeit ist nach Fichte das *Ich*. Damit meint er jedoch nichts Individuelles. Es bezeichnet nicht das Ich eines bestimmten Menschen, sondern das Subjekt bzw. den Menschen, oder sogar die Menschheit.

In einem ursprünglichen Akt der Freiheit, die Fichte als die *Tathandlung*, bezeichnet, setzt das Ich sich selbst und zugleich seinen Gegenpol, das Nicht-Ich (Objekt/Welt/Natur). Das Ich ist somit sowohl der Grund des Wissens und Handelns als auch der Grund der Welt.

Fichte möchte mit seiner Konzeption des Ich zum Ausdruck bringen, dass der Mensch sich selbst und die Welt bestimmen und gestalten kann. Er erzeugt bzw. schafft die Welt. Das Setzen ist eine Tätigkeit, eine Handlung, also etwas Praktisches. Fichte strebt eine *Einheit von theoretischer und praktischer Vernunft* unter dem Primat der praktischen Vernunft an. Auch die theoretische, erkennende Vernunft ist praktisch bzw. handelnd.

Das Handeln macht das Wesen des Menschen aus. Und die vom Menschen erschaffene Welt ist in erster Linie eine Welt der Handlungen. Die Aufgabe des Menschen ist es, selbstständig zu handeln und somit größere Freiheit zu erlangen. Der einzelne Mensch hat auch die Aufgabe, eine *sittliche Geimeinschaft* zu gestalten. Er soll dabei die Freiheit der anderen Menschen fördern.

In seinen »Reden an die Deutsche Nation« (1808) fordert Fichte eine Nationalerziehung, die zu einer geistigen Erneuerung und zur Errichtung eines *Vernunftstaates* führen soll. Dabei müssen alle Egoismen überwunden und die *Gleichheit* verwirklicht werden. Fichte fordert allgemeine Volksbildung und gleiche

Erziehung für Kinder aller gesellschaftlichen Schichten.

Die Erziehung soll vom *Staat* geleitet werden. Die Menschen sollen dazu befähigt werden, das sittlich Gute zu erkennen und sittlich zu handeln, was wiederum zur Freiheit führen soll. Nur die Deutschen, so Fichte, sind dazu in der Lage, eine sittlich-moralische Erneuerung zu vollbringen.

Angeregt von Fichtes Philosophie wurden die anderen Hauptvertreter des Deutschen Idealismus Hegel und Schelling. Beeinflusst von ihr wurden auch die Schriftsteller Novalis und Eichendorff.

Weitere Werke von Fichte: Johann Gottlieb Fichtes Sämtliche Werke, 8 Bde., I. H. Fichte (Hg.), 1845/1846 (repr. 1965); Johann Gottlieb Fichtes nachgelassene Werke, 3 Bde., I. H. Fichte (Hg.), 1834/1835 (repr. 1962); Gesamtausgabe der Bayerischen Akademie der Wissenschaften, R. Lauth/H. Jacob (Hg.), 1962ff.

Literatur zu Fichte: W. Schulz, Johann Gottlieb Fichte, 1962; D. Henrich, Fichtes ursprüngliche Einsicht, 1967; H. M. Baumgartner/W. G. Jacobs (Hg.), Johann Gottlieb Fichte – Bibliographie, 1968; W. Janke, Fichte, 1970; W. Weischedel, Der frühe Fichte, 1973[2]; J. Widmann, Johann Gottlieb Fichte, 1982; J. Stolzenberg, Fichtes Begriff der intellektuellen Anschauung, 1986; P. Rohs, Johann Gottlieb Fichte, 1991; H. Seidel, Johann Gottlieb Fichte zur Einführung, 1997; Ch. Asmuth, Sein – Reflexion – Freiheit, 1997; W. G. Jacobs, Johann Gottlieb Fichte, 1998[3]; Ch. Klotz, Selbstbewusstsein und praktische Identität, 2002; H. Girndt (Hg.), Zur Wissenschaftslehre, 2003.

FOUCAULT, MICHEL: der französische Historiker und Philosoph wurde am 15. 10. 1926 in Poitiers geboren. Er studierte seit 1946 an der Pariser École Normale Supérieure

und machte Abschlüsse in Philosophie (1951) und Psychologie (1952). Nach dem Studium arbeitete er zwei Jahre als Psychologe am psychiatrischen Krankenhaus Sainte-Anne in Paris, was seine intellektuelle Entwicklung stark beeinflusste. Von 1962 bis 1968 war er Professor für Philosophie in Clermont-Ferrand, von 1968 bis 1970 in Paris-Vincennes. 1970 erhielt er den Lehrstuhl für »Geschichte der Denksysteme« am Pariser Collège de France. Foucault engagierte sich auch politisch. Er unterhielt Kontakte zu Oppositionellen in Brasilien, zu Dissidenten in der Sowjetunion und er unterstützte die Gewerkschaft Solidarnosz in Polen. Er starb am 25. 6. 1984 in Paris.

Foucault ist einer der wichtigsten Vertreter des *Poststrukturalismus* bzw. der *Postmoderne*. Für ihn gibt es keine feste, übergreifende und ahistorische Struktur in der Geschichte, Gesellschaft oder in der Sprache. Es gibt auch kein festes (bleibendes) Wesen des Menschen. Vielmehr gibt es unterschiedliche Deutungen, Perspektiven, Interpretationen und Diskurse, die sich im Laufe der historischen Entwicklung ändern. Das Konzept vom »Menschen«, das in den modernen Humanwissenschaften herrscht, ist relativ jung und wird irgendwann durch ein anderes Konzept ersetzt.

Foucault lehnt auch die Herrschaft der modernen *Vernunft*, genauer: ihren Herrschaftsanspruch, ab. Er deckt das auf, was durch die moderne Vernunft ausgegrenzt, unterdrückt und zum Schweigen gebracht wurde. Dies bedeutet, dass er das *Andere* der Vernunft zum Sprechen bringen möchte. Dies kann nur durch eine tiefgreifende Kritik an den herrschenden Denk- und Handlungsmustern und den herrschenden gesellschaftlichen Mechanismen erreicht werden.

Zentral in Foucaults Konzeption ist der Begriff der *Macht*. Macht bildet eine universale Kategorie. Sie manifestiert sich als eine »Vielfalt von Kräfteverhältnissen« nicht nur in der Politik, sondern auch im Bereich des Wissens und der Sexualität. Das Medium der Durchsetzung von Macht ist der *Diskurs*. In seinen Schriften untersucht Foucault historisch und systematisch unterschiedliche Formen der Macht und die mit ihnen verbundenen Diskurse.

In »Histoire de la folie« (1961; dt. »Wahnsinn und Gesellschaft«, 1969) zeigt er auf, dass die Betrachtung und die Behandlung der Wahnsinnigen von dem in einer bestimmten Gesellschaft und zu einer bestimmten Zeit herrschenden Begriff bzw. Konzept des Wahnsinns abhängen. Der Begriff ändert sich also im Laufe der Geschichte. Während im Mittelalter die Wahnsinnigen im Alltagsleben integriert waren und nicht in Anstalten eingesperrt wurden, werden sie in der Neuzeit aus dem Alltag entfernt und in spezielle Anstalten eingeschlossen.

Die Rechtfertigung für die neuzeitliche Betrachtung der Wahnsinnigen liefert die Psychiatrie, die im Dienste der herrschenden Vernunft steht. Der Wahnsinn gilt als das Andere der Vernunft. Die Vernunft bringt mit Hilfe der Psychiatrie (des psychiatrischen Diskurses) den Wahnsinn zum Schweigen. Damit wird eine ganze Menschengruppe ausgegrenzt. Mit seiner Kritik an der neuzeitlichen Bestimmung des Wahnsinns beeinflusste Foucault die in den 60er Jahren entstandene Anti-Psychiatrie-Bewegung.

In dem dreibändigen Werk »Histoire de la sexualité« (1976, 1984, 1984; dt. »Sexualität und Wahrheit«, 1977, 1986, 1986) untersucht Foucault die unterschiedlichen, in der Geschichte vorgefundenen, Thematisierungen der *Sexualität*, also die unterschiedlichen Diskurse über Sexualität. In der griechischen und römischen Antike finden wir Praktiken und Techniken, »Künste der Existenz« (z.B. Mäßigung, Selbstbeherrschung), die grundlegend für die Gestaltung des Lebens, auch der Sexualität, sind. Mit dem Aufkommen des Christentums sind diese Praktiken und Techiken in Vergessenheit geraten. Sie können jedoch heute aufgegriffen und zu Elementen einer *Lebenskunst* gemacht werden.

Der einzelne Mensch hat die Aufgabe, sich selbst zu bestimmen und zu bilden. Foucault spricht von der »Sorge um sich«. Der Einzelne soll an sich selbst arbeiten, sich in bestimmten Praktiken üben und sein Selbst gestalten. Nach dem Vorbild der künstlerischen Produktion soll er sein Selbst zum Kunstwerk gestalten. Ästhetisierung der eigenen Existenz, Selbstgestaltung und der rechte »Gebrauch der Lüste« stehen im Mittelpunkt der von Foucault geforderten Lebenskunst.

Foucault gehört zu den einflussreichsten Denkern der Gegenwart. Seine Werke haben anhaltende Debatten in der Philosophie, Psychologie, Geschichtswissenschaft und in den Literaturwissenschaften ausgelöst.

Weitere Werke von Foucault: Naissance de la clinique, 1963 (dt. Die Geburt der Klinik, 1973); Les mots et les choses, 1966 (dt. Die Ordnung der Dinge, 1971); L'Archéologie du savoir, 1969 (dt. Archäologie des Wissens, 1973); L'ordre du discours, 1971 (dt. Die Ordnung des Diskurses, 1974); Surveiller et punir, 1975 (dt. Überwachen und Strafen, 1976).

Literatur zu Foucault: H. L. Dreyfus/P. Rabinow, Michel Foucault, 1987; H.-H. Kögler, Michel Foucault, 1994; G. Deleuze, Foucault, 1995[2]; B. H. F. Taureck, Michel Foucault, 1997; U. Marti, Michel Foucault, 1999[2]; M. S. Kleiner, Michel Foucault, 2001; H. Fink-Eitel, Michel Foucault zur Einführung, 2002[4];

A. Honneth (Hg.), Michel Foucault, 2003; S. Mills, Michel Foucault, 2004.

FOURIER, CHARLES: der französische Sozialtheoretiker wurde am 7. 4. 1772 in Besançon als Sohn eines Tuchhändlers geboren. Er wurde Kaufmann und arbeitete an verschiedenen Orten als Handlungsreisender. Wegen seiner Teilnahme am

Lyoner Aufstand wurde er 1793 von Jakobinern zum Tode verurteilt, konnte jedoch der Vollstreckung des Urteils entgehen. Danach arbeitete er in verschiedenen kaufmännischen Berufen (u. a. als Kaufmannsgehilfe, Makler und Bürovorsteher). Er starb verarmt am 10. 10. 1837 in Paris.

Fourier ist einer der Hauptvertreter des *utopischen Sozialismus*, einer geistigen Strömung, die sich Ende des 18. und Anfang des 19. Jh. in Europa (hauptsächlich in Frankreich) herausgebildet hat. Der utopische Sozialismus liefert erstens scharfe Kritiken der bestehenden sozial-ökonomischen Verhältnisse, zweitens Entwürfe einer besseren Gesellschaft.

Auch Fourier beginnt mit einer Kritik an der bürgerlichen Gesellschaft. In ihr werden die den Menschen innewohnenden Kräfte, Fähigkeiten und Bedürfnisse, kurz: *Leidenschaften*, unterdrückt. Nicht der Mensch soll an die Gesellschaft, sondern die Gesellschaft soll an den Menschen, seine Leidenschaften, angepasst werden. Nur auf diese Weise kann sich der Mensch voll entfalten und eine harmonische Gemeinschaft gestalten.

Die *Arbeit* soll nicht wie in der bürgerlichen Gesellschaft als etwas Unangenehmes und Entfremdetes betrachtet werden, vielmehr soll sie mit Freude und Lust verrichtet werden – ein Gedanke, der später von Marx aufgegriffen wurde.

In seinem Hauptwerk »Théorie des quatre mouvements et des destinées générales« (1808; dt. »Theorie der vier Bewegungen und der allgemeinen Bestimmungen«, 1966) entwirft Fourier das Modell, die Utopie, einer harmonischen Gesellschaft. Sowohl in der Natur als auch in der Gesellschaft herrschen gesetzmäßige Bewegungen.

Fourier unterscheidet vier Bewegungen: soziale, animalische, organische und materielle. Alle stehen in einem engen Zusammenhang zueinander; sie wirken wechselseitig aufeinander ein und setzen sich zu einer übergreifenden, *universalen Bewegung* zusammen. Sie ist die Bewegung des Weltganzen, des Kosmos. Die gemeinsame Kraft all dieser Bewegungen ist die *Anziehung*.

In der *sozialen Bewegung*, auf die Fourier seine Aufmerksamkeit richtet, manifestiert sich die Anziehung in den Leidenschaften der Menschen. Nur in einer harmonischen Gesellschaft werden die Leidenschaften nicht unterdrückt und können sich frei entfalten.

In der bürgerlichen Gesellschaft werden die Leidenschaften unterdrückt. Deshalb muss sie in eine harmonische Gesellschaft umgewandelt werden. Zu diesem Zweck sollen neue Gemeinschaftsformen entstehen: die *Lebensgemeinschaften* (»familistères«) und die genossenschaftlichen *Arbeitsgemeinschaften* (»phalanstères«).

In den Lebensgemeinschaften herrscht die Gleichheit von Mann und Frau. Die Formen der Beziehungen können frei gewählt werden. Partner können oft gewechselt werden. In den Arbeitsgemeinschaften können die Tätigkeiten frei gewählt werden. Auch sie können oft gewechselt werden. Dies führt zur allseitigen Entfaltung der Menschen.

Alle Menschen sollen zwar arbeiten, Arbeit soll jedoch zur freien Entfaltung der Kräfte und Fähigkeiten der Menschen führen. Die Isoliertheit der Arbeitsverhältnisse wird durch kollektive Tätigkeiten überwunden. Die Neuorganisation des Gemeinschaftslebens wird, so Fourier, zur Vermehrung des Reichtums und des Genusses führen.

Angeregt durch Fouriers Ideen waren K. Marx und F. Engels. Dies betraf vor allem die Vorstellung einer nicht-entfremdeten Arbeit. Die geistige und soziale Bewegung, die Fouriers Ideen verbreitete, wird *Fourierismus* bezeichnet. Ihr wichtigster Repräsentant ist Victor Considérant. Die Fourieristen gründeten nach dem Muster der Fourierschen Utopie vorwiegend in den USA Gemeinschaften. Das in Anarchismus vertretene Konzept der Selbstbestimmung der Produzenten geht auf Fourier zurück. Er wird auch als Vordenker der Frauenemanzipation und der »sexuellen Revolution« angesehen.

Weitere Werke von Fourier: Œuvres complètes, 12 Bde., 1966ff.

Literatut zu Fourier: R. Barthes, Sade, Fourier, Loyola, 1974; A. Bebel, Charles Fourier, 1978; M. C. Spencer, Charles Fourier, 1981; R.

Bambach, Der französische Frühsozialismus, 1984; D.-E. Franz, Saint-Simon, Fourier, Owen, 1988; M. Brix, L'héritage de Fourier, 2001.

FRANKL, VIKTOR: der österreichische Psychologe und Psychiater wurde am 26. 3. 1905 in Wien geboren. Bereits in seiner Schulzeit stand er in Kontakt mit S. Freud und A. Adler. Er studierte Medizin und promovierte in diesem Fach 1930. Von 1931 bis 1932 machte er eine neurologische Ausbildung. 1937 eröffnete Frankl als Facharzt für Neurologie und Psychiatrie eine Praxis. Von 1940 bis 1942 leitete er die neurologische Station am Rothschild-Spital in Wien. Von 1942 bis 1945 wurde er wegen seiner jüdischen Herkunft in verschiedene Konzentrationslager (u.a. Auschwitz) deportiert. Aus den Erfahrungen in Konzentrationslagern zog Frankl wichtige Konsequenzen für die Gestaltung seiner Theorie. Er konnte seine Situation im Lager psychisch dadurch verkraften, dass er sich von sich selbst, von seinem Leiden distanzierte, indem er in Gedanken seine Situation zum Gegenstand einer wissenschaftlichen Betrachtung machte, diese Situation verobjektivierte. Seine Erlebnisse in Konzentrationslagern beschrieb er in dem Buch »Trotzdem Ja zum Leben sagen« (1946). Nach dem Krieg habilitierte sich Frankl mit der Arbeit »Ärztliche Seelsorge« (1946). 1955 wurde er Professor für Neurologie und Psychiatrie an der Universität Wien, 1970 Professor für Logotherapie an der U. S. International University of San Diego (Kalifornien). Er starb am 2. 9. 1997 in Wien.

Frankl ist der Begründer der *Logotherapie* (auch Existenzanalyse genannt). Er gilt auch als Vater der

»Dritten Wiener Richtung der Psychotherapie« neben der Psychoanalyse Sigmund Freuds und der Individualpsychologie Alfred Adlers. Nach Frankl leiden die Menschen heute hauptsächlich unter einer »existenziellen Frustration«. Sie drückt sich in dem Gefühl der *Sinnlosigkeit* aus, in dem Gefühl, dass es keinen Lebenssinn gibt.

Unter »Sinn« versteht Frankl eine konkrete Aufgabe, die den einzelnen

Menschen erfüllt und ihm eine Richtung im Leben gibt. In einer Logotherapie wird dem Patienten dazu verholfen, eine solche Aufgabe zu finden. Hat er eine solche Aufgabe gefunden, so ist er dazu fähig, Widerstand gegenüber vielen psychischen Erkrankungen zu entwickeln und extreme Lebenssituationen zu bewältigen.

Entscheidend ist dabei, dass sich der Patient nicht zu stark mit sich selbst, mit seinen inneren Zuständen, beschäftigt (die permanente Selbstbeschäftigung ist für den neurotischen Menschen kennzeichnend). Er soll stattdessen von sich selbst absehen und sich »nach außen« richten. Die Hingabe an *externe* Aufgaben oder andere Menschen wird von Frankl als *Selbsttranzendenz* bezeichnet. Sie macht die Grundbestimmung des Menschen aus.

Frankl unterscheidet zwischen drei Dimensionen: der *physischen* (biologischen), *psychischen* (mentalen) und *geistigen* (noetischen). Die geistige Dimension ist eigenständig und kann nicht vollständig auf die anderen beiden reduziert werden. Das Geistige als Ort der *Freiheit* ermöglicht es dem Menschen, *Distanz* zu sich selbst oder zu bestimmten krankhaften Symptomen zu gewinnen.

Frankl entwickelt zu therapeutischen Zwecken zwei Techniken: die *Dereflexion* und die *paradoxe Intention.* Die Technik der Dereflexion besteht aus zwei Schritten. Im ersten Schritt soll der Patient vom Kreisen um die eigenen krankhaften Symptome (z.B. Ängste, zwanghaftes Verhalten) wegkommen. Er wird dazu befähigt, die Symptome zu *ignorieren.* Dies hilft ihm, von sich selbst, von seiner Innenwelt, abzusehen. Es genügt jedoch nicht, an sich selbst nicht zu denken. In einem zweiten Schritt wird dem Patienten geholfen, positive und sinnvolle Aufgaben in der Außenwelt zu finden und zu realisieren.

Die Technik der Dereflexion wird durch die der paradoxen Intention ergänzt. Frankl geht davon aus, dass das Verhalten neurotischer Menschen einen paradoxen Charakter hat: Je mehr der Einzelne nach etwas strebt, je intensiver er sich etwas wünscht, um so mehr verfehlt er es schon. Beim zu intensiven Wunsch entsteht die *Erwartungsangst*, der Wunsch könnte fehlschlagen und die Symptome, die man aufheben möchte, könnten wieder auftreten.

An dieser Stelle wird die Technik der paradoxen Intention eingesetzt. Der Patient wird angewiesen, genau das zu beabsichtigen, wovor er sich fürchtet. Leidet der Patient unter Schlafstörungen und hat Angst davor, nicht einzuschlafen, so wird er angewiesen, die ganze Nacht wach bleiben zu wollen. Die Angst wird damit ad absurdum geführt. Mittels der paradoxen Intention soll der Patient dazu befähigt werden, die

Angst zu *ironisieren* und sich dadurch von ihr zu *distanzieren*.

Die paradoxe Verhaltensweise ist Frankl zufolge auch für das Streben nach Lust, Glück und Selbstverwirklichung kennzeichnend: Je mehr der einzelne Mensch nach Lust, Glück oder Selbstverwirklichung strebt, um so mehr verfehlt er diese Ziele auch schon. Lust, Glück und Selbstverwirklichung sollen daher keine Ziele des Handelns sein. Sie können sich nur als dessen *Nebeneffekte* ergeben.

Weitere Werke von Frankl: Anthropologische Grundlagen der Psychotherapie, 1975; Theorie und Therapie der Neurosen, 1975[4]; Der unbewusste Gott, 1979[5]; Psychotherapie in der Praxis, 1986[5]; Der Mensch vor der Frage nach dem Sinn, 1996.

Literatur zu Frankl: D. Doering, Die Logotherapie Viktor Emil Frankls, 1981; E. Lukas, Von der Trotzmacht des Geistes, 1993; J. Riemeyer, Die Logotherapie Viktor Frankls, 2001; A. Längle, Viktor Frankl, 2001; E. Lukas, Lehrbuch der Logotherapie, 2002[2]; Ch. Riedel, Existenzanalyse und Logotherapie, 2002; A. Ulfig, Die Überwindung des Individualismus, 2003.

FREGE, GOTTLOB: der deutsche Mathematiker, Logiker und Philosoph wurde am 8. 11. 1848 in Wismar geboren. Er studierte Mathematik, Physik und Philosophie in Jena und Göttingen. Frege promovierte 1873 mit einer Arbeit »Ueber eine

geometrische Darstellung der imaginären Gebilde in der Ebene«. 1874 habilitierte er sich in Mathematik in Jena mit der Schrift »Rechnungsmethoden, die sich auf eine Erweiterung des Größenbegriffes gründen«. Von 1879 bis 1917 lehrte er Mathematik an der Universität von Jena. Er starb am 26. 7. 1925 in Bad Kleinen.

Frege ist der Begründer der modernen *mathematischen Logik*, der modernen *Philosophie der Mathematik* und der *semantischen Analyse der Sprache*. In seinem ersten Werk »Begriffsschrift« (1879) stellt er das erste moderne logische System (Logikkalkül) auf. Es besteht aus einer formalisierten Sprache, Axiomen und Schlussregeln. In dem System wird demnach nicht der Inhalt von Aussagen und Argumenten, sondern deren *Form* analysiert.

Axiome sind nicht ableitbare Grundannahmen, aus denen mit Hilfe von Schlussregeln weitere Aussagen abgeleitet werden. In dem System kommen u.a. die sog. *Quantoren* vor. Mit Hilfe der Allquantoren lassen sich Allaussagen (»Für alle x ... » oder »Für jedes x ...«), mit Hilfe der Existenzquantoren Existenzaussagen (»Es gibt mindestens ein x ...« oder »Für mindestens ein x ...«) formulieren. Die Einführung von Quantoren durch Frege stellt einen Fortschritt gegenüber der traditionellen klassischen Logik dar.

In seinem Werk »Grundgesetze der Arithmetik« (Bd. I, 1893, Bd. 2, 1903) zeigt Frege, dass Logik die Grundlage der Mathematik ist (Logik beinhaltet dabei auch die Mengenlehre). Mathematische Begriffe werden mittels logischer definiert, mathematische Lehrsätze werden mittels logischer bewiesen.

Der Aufsatz »Über Sinn und Bedeutung« (1892) ist der »Urtext der modernen Sematik« (J. M. Bartlett) (Semantik = Bedeutungslehre). Darin unterscheidet Frege zwischen *Sinn* und *Bedeutung* von Zeichen (Namen und Sätzen). Der Sinn eines *Namens* ist der mit diesem Namen bezeichnete Gegenstand (das Referenzobjekt). Die Namen »Abendstern« und »Morgenstern« haben dieselbe Bedeutung, sie bezeichnen denselben Gegenstand, nämlich den Planeten Venus, sie haben jedoch verschiedenen Sinn: Der Abendstern ist der Stern, der am Abend am Himmel, der Morgenstern ist der Stern, der dort morgens gesehen werden kann.

Die Bedeutung eines *Satzes* ist sein *Wahrheitswert*. Der Wahrheitswert eines Satzes ist der Umstand, dass er wahr oder falsch ist. Der Sinn eines Satzes ist der in ihm ausgedrückte *Gedanke*. Gedanken sind weder innere subjektive Vorstellungen noch wahrnehmbare Dinge in der Außenwelt. Sie existieren unabhängig vom denkenden Menschen und von der Außenwelt. Sie sind objektive, zeitlose Gebilde eines »dritten Reiches«. Gedanken können wahr oder falsch sein.

Frege hat die Entwicklung der Logik und der sprachanalytischen Philosophie maßgeblich bestimmt. Er beeinflusste andere Hauptvertreter der sprachanalytischen Philosophie wie R. Carnap, B. Russell und L. Wittgenstein. Seine Kritik am Psychologismus (dem Psychologismus zufolge sind Denkprozesse und Gedanken psychische Phänomene) wirkte auf E. Husserl. In der neuesten Zeit war es M. Dummett, der Freges Überlegungen aufgegriffen und aktualisiert hat.

Weitere Werke von Frege: Die Grundlagen der Arithmetik, 1884; Funktion, Begriff, Bedeutung, G. Patzig (Hg.), 1975⁴; Logische Untersuchungen, G. Patzig (Hg.), 1966; Nachgelassene Schriften, H. Hermes u. a. (Hg.), 1969; Schriften zur Logik und Sprachphilosophie, G. Gabriel (Hg.), 1978²; Wissenschaftlicher Briefwechsel, G. Gabriel u. a. (Hg.), 1976.

Literatur zu Frege: M. Dummett, Frege, 1973; R. Fabian, Sinn und Bedeutung von Namen und Sätzen, 1975, M. Schirn (Hg.), Studien zu Frege, I-II, 1976; W. Carl, Sinn und Bedeutung, 1982; W. Schüler, Grundlegung der Mathematik in transzendentaler Kritik, 1983; F. v. Kutschera, Gottlob Frege, 1989; V. Mayer, Gottlob Frege, 1996; M. S. Stepanians, Gottlob Frege zur Einführung, 2001; L. Kreiser, Gottlob Frege, 2001; D. Greimann, Freges Konzeption der Wahrheit, 2003.

FREUD, SIGMUND: der österreichische Arzt und Psychologe wurde am 6. 5. 1856 in Freiberg (Mähren) geboren. Freuds Eltern siedelten 1859 nach Wien um. Dort besuchte er das humanistische Gymnasium und studierte seit 1873 Medizin mit dem Schwerpunkt »Physiologie«. Er promovierte 1881 in Medizin. Nach der Habilitaion 1885 wurde er Privatdozent für Nervenkrankheiten. Besonders fruchtbar war für Freud die Zusammenarbeit mit dem Pariser Psychiater Jean-Martin Charcot und dem Wiener Arzt Josef Breuer. Von ihnen lernte er die Behandlung der Hysterie durch Hypnose. Zusammen mit Breuer veröffentlichte er 1895 »Studien über Hysterie«, in denen er zeigte, dass sich Patienten in hypnotischem Zustand an Inhalte erinnern, die ihnen im wachen Zustand nicht bewusst sind. 1900 veröffentlichte Freud sein grundlegendes Werk

»Die Traumdeutung«, in dem er die Grundzüge der von ihm entwickelten Theorie, der Psychoanalyse, darstellte. 1902 wurde er zum Professor für Psychologie an der Universität Wien berufen. Im selben Jahr gründete er die sog. »Psychologische Mittwoch-Gesellschaft« (ab 1908

unter dem Namen »Wiener Psychoanalytische Vereinigung«), in der sich seine Anhänger trafen. Zu ihnen gehörten u.a. C. G. Jung, A. Adler, S. Ferenczi und K. Abraham. 1910 gründete Freud die »Internationale Psychoanalytische Vereinigung«, deren Arbeit zur noch größeren Verbreitung seiner Theorie beitrug. Nach dem »Anschluss« Österreichs an das nationalsozialistische Deutschland 1938 emigrierte Freud, der jüdischer Herkunft war, nach London. Er starb dort am 23. 9. 1939.

Freud ist der Begründer der *Psychoanalyse*, einer der wichtigsten Strömungen der Psychologie. Sie stellt nicht nur eine Theorie, sondern auch eine therapeutische Praxis dar.

Zentral für Freud ist die Unterscheidung zwischen *bewussten* und *unbewussten Erlebnisinhalten*. Das Unbewusste wird als der Ort der in der frühen Kindheit verdrängten Vorstellungen und Wünsche aufgefasst. Die ins Unbewusste verdrängten Inhalte beeinflussen jedoch das Denken und Verhalten des Kindes und später des Erwachsenen, ohne dass sie bewusst vernommen und als Verhaltensmotiv erkannt werden. Die unbewussten, verdrängten Inhalte sind Ursachen für die Entstehung von psychischen Störungen, insbesondere von Neurosen.

In der psychoanalytischen Therapie sollen die unbewussten Inhalte (Vorstellungen, Wünsche und Konflikte) bewusst gemacht werden. Eine wichtige Rolle spielt dabei die Methode der *freien Assoziation*. In ihr teilt der Patient dem Therapeuten alles mit, was ihm spontan einfällt, woran er sich spontan erinnern kann.

In einem weiteren Schritt soll sich der Patient mit den bewusst gemachten Inhalten auseinandersetzen, sie mit Hilfe des Therapeuten verarbeiten. Von zentraler Bedeutung ist hierbei der Mechanismus der *Übertragung*. Der Patient überträgt (projiziert) in der Therapie seine frühkindlichen, weiterbestehenden Gefühle, Wünsche, Ängste usw. auf den Therapeuten, der die Rolle der früheren Bezugspersonen des Patienten (meist der Eltern) einnimmt.

Die frühkindlichen Konflikte des Patienten tauchen somit wieder auf, diesmal jedoch in einer ganz anderen Situation. Die Deutung der Konflikte durch den Therapeuten verhilft dem Patienten, diese Konflikte und die mit ihnen verbundenen Ängste zu verstehen und zu verarbeiten. Psychische Störungen können somit behoben werden.

Sehr einflussreich wurde die von Freud entwickelte Drei-Instanzen-Lehre. Er unterscheidet drei Instanzen der Psyche: das *Es*, das *Über-Ich* und das *Ich*. Das Es ist der Bereich der unbewusst wirkenden Triebe, Wünsche und Bedürfnisse. Es funktioniert gemäß dem Lustprinzip, d.h. es sucht nach sofortiger Triebbefriedigung, ohne dabei auf moralische Normen zu achten. Das Über-Ich ist der Bereich der zum Teil unbewussten, zum Teil bewussten Normen, Werte und Verhaltensregeln. Es stellt die moralische Instanz des Menschen dar. Das Ich ist der Bereich der bewussten und individuellen Vorstellungen. Als das Funktionszentrum des psychischen Apparats vermittelt es zwischen den Anprüchen des Es, des Über-Ich und der Realität.

Die Triebwünsche aus dem Es sollen im Einklang mit den Geboten und Verboten des Über-Ich und mit der Realität befriedigt werden. Die unbewussten Triebwünsche und -kräfte sollen bewusst gemacht und unter die Herrschaft des Ich gebracht werden. In seinem Werk »Neue Folge der Vorlesungen zur Einführung in die Psychoanalyse« (1933) schreibt Freud: »Wo Es war, soll Ich werden«. Die Ichstärke ist ein Zeichen der *psychischen Gesundheit*.

Eine entscheidende Rolle für die Entwicklung des Menschen spielt in Freuds Sicht die *Sexualität*. Die *Libido* (die sexuelle Triebkraft) ist der Motor des menschlichen Verhaltens. Die psychosexuelle Entwicklung durchläuft unterschiedliche Phasen (orale, anale, phallische und genitale). Sie ist ein Prozess, in dem sich der Mensch vom Einfluss seiner Eltern befreit, eine reife Sexualität herausbildet und sich an die Gesellschaft anpasst. Das Ziel der Psychoanalyse ist es, diesen Prozess zu fördern.

In seinem Werk »Die Zukunft einer Illusion« (1927) betont Freud, dass der einzelne Mensch dann gesund ist, wenn er unabhängig von seinen Eltern, frei und selbstständig ist und ohne Illusionen die Realität erkennen und sein Leben meistern kann.

In seiner bekanntesten kulturkritischen Schrift »Das Unbehagen in der Kultur« (1930) zeigt Freud, dass Kultur durch *Triebverzicht*, d.h. durch die Verdrängung sexueller Inhalte und die *Sublimierung*, entsteht. Sublimierung bedeutet die Umsetzung verdrängter sexueller Energien in eine geistige Tätigkeit (z.B. künstlerischer oder wissenschaftlicher Art). Nach Freud werden die meisten Kulturprodukte als Sublimierungen aufgefasst.

Er bestimmt *Religion* als eine »universelle Zwangsneurose«, die auf der Verdrängung ungelöster Triebkonflikte basiert. Gott ist eine Vaterfigur, von der sich der einzelne Mensch lösen muss.

Freud hat maßgeblich die Entwicklung der Psychologie beeinflusst. Zu den wichtigsten psychologischen Theorien, die im Anschluss an seine Psychoanalyse entwickelt worden sind, gehören: die Individualpsychologie (A. Adler), die Tiefenpsychologie (C. G. Jung), die psychoanalytische Ichtheorie (H. Hartmann, G. Blanck, R. Blanck, A. Freud) und die psychoanalytische Selbstpsychologie (H. Kohut, E. S. Wolf, J. D. Lichtenberg, A. Goldberg). Die Psychoanalyse wirkte aber auch auf andere Disziplinen, wie z.B. Soziologie und Philosophie. In der Soziologie ist es die kritische Gesellschaftstheorie (Th. W. Adorno, M. Horkheimer, H. Marcuse und E. Fromm), die von der Psychoanalyse starke Impulse erhalten hat. Bemerkenswert ist, dass die Psychoanalyse nicht nur in der Fachwelt, sondern auch in der breiten Öffentlichkeit große Wirkung fand. Ihr Vokabular ist heute den meisten gebildeten Menschen bekannt und gehört zum allgemeinen Wissensgut.

Weitere Werke von Freud: Drei Abhandlungen zur Sexualtheorie, 1905; Totem und Tabu, 1913; Das Unbewusste, 1915; Vorlesungen zur Einführung in die Psychoanalyse, 1916; Jenseits des Lustprinzips, 1920; Das Ich und das Es, 1923; Gesammelte Werke, I – XVIII, A. Freud (Hg.), 1940-1960; Standard Edition, I – XXIV, J. Strachey (Hg.), 1953-1966; Studienausgabe, I – X, A. Mitscherlich u. a. (Hg.), 1969 ff.

Literatur zu Freud: E. Jones, Das Leben und Werk von Sigmund Freud, 3 Bde., 1960-1962; D. Riesman, Freud und die Psychoanalyse, 1965; L. Marcuse, Sigmund Freud, 1972; M. Schur, Sigmund Freud, 1977; E. Fromm, Sigmund Freuds Psychoanalyse, 1979; G. Bally, Einführung in die Psychoanalyse Sigmund Freuds, 1979; A. Schöpf, Sigmund Freud, 1982; H. Küng, Freud und die Zukunft der Religion, 1987; Th. Köhler, Freuds Psychoanalyse, 1995; A. Schöpf, Sigmund Freud und die Philosophie der Gegenwart, 1998; O. Hejlek, Sigmund Freud für Einsteiger, 1999; P. Schneider, Sigmund Freud, 1999; J. Heise, Freud – ABC, 2001; H.-M. Lohmann, Freud zur Einführung, 2002[5];

FROMM, ERICH: der deutsch-amerikanische Psychologe und Gesellschaftstheoretiker wurde am 23. 3. 1900 in Frankfurt am Main geboren. Er studierte Psychologie, Soziologie und Philosophie in Frankfurt am Main, München und Heidelberg. 1922 promovierte er mit der Arbeit »Das jüdische Gesetz«. Von 1925 bis 1929 machte er eine psychoanalytische Ausbildung in München, von 1929 bis 1932 in Berlin. Seit 1930 arbeitete er zusammen mit Th. W. Adorno, M. Horkheimer, W. Benjamin u. a. in dem Frankfurter »Institut für Sozialfoschung« als Spezialist für Psychoanalyse. 1933 emigrierte

Fromm als Jude in die USA. Dort arbeitete er an dem »American Institute for Psychoanalysis« als Lehranalytiker. Seine Revision der Freudschen Triebtheorie führte 1938 zu einem Bruch mit Mitgliedern des Institus für Sozialforschung. 1951 ging

er nach Mexiko und erhielt an der Universität von Mexiko City eine Professur für Psychoanalyse. Neben seiner Lehrtätgkeit engagierte er sich politisch in der »American Socialist Party« und im Wahlkampf für den Senator E. McCarthy. 1968 siedelte er in die Schweiz nach Muralto über. Er starb dort am 18. 3. 1980.

Fromm ist einer der wichtigsten Vertreter der *Sozialpsychologie*. Die menschliche Psyche wird hauptsächlich nicht durch Triebe, sondern durch gesellschaftliche Faktoren bestimmt. Die Frommsche Sozialpsychologie hat zwei Säulen: den *Marxismus* und die *Psychoanalyse*. Beide ergänzen sich gegenseitig.

Fromms Ausgangspunkt ist eine Kritik an der kapitalistischen Gesellschaft. Dabei greift er auf Elemente der Marxschen Lehre zurück. Er übernimmt von Marx den Begriff der *Entfremdung*, erweitert ihn jedoch wesentlich. Während für Marx die Entfremdung des Menschen vor allem in der Warenproduktion (die Entfremdung des Arbeiters von seinem Produkt und von dem Akt der Arbeit) zum Ausdruck kommt, betrachtet Fromm die gesamte kapitalistische Gesellschaft als einen Entfremdungszusammenhang.

Der Mensch empfindet nicht nur das Produkt seiner Arbeit als etwas ihm Fremdes. Die Entfremdung herrscht auch im Verhältnis des einzelnen Menschen zu seinen Mitmenschen, zu staatlichen Institutionen und zur Politik. Der Einzelne empfindet sogar sein eigenes Denken, Wissen und seine eigenen Gefühle als ihm fremde Mächte.

Entfremdete gesellschaftliche Strukturen werden vom einzelnen Menschen während seiner Sozialisation verinnerlicht; sie gehen in sein Unbewusstes ein und wirken dort weiter. Psychische Störungen und psychische Krankheiten sind Ausdruck der inneren Entfremdung des Menschen, Ausdruck seiner *Selbstentfremdung*. Der Mensch hat Ängste und Hemmungen, weil er sich nicht als Urheber seiner Handlungen, sondern als Marionette gesellschaftlicher Verhältnisse betrachtet.

Damit er *Freiheit* und *Selbständigkeit* erlangen kann, muss sowohl die äußere, gesellschaftlich-politische als auch die innere Entfremdung behoben werden. Die äußere Entfremdung kann durch die Veränderung der gesellschaftlich-politischen Verhältnisse (z. B. durch die Beseitigung aller Formen der Unterdrückung) aufgehoben werden.

Die innere Entfremdung kann mit Hilfe der Psychoanalyse beseitigt werden. Die Psychoanalyse soll demnach nicht nur dazu dienen, psychische Krankheiten zu beheben, sondern auch den Weg zur Befreiung und Selbstverwirklichung des Menschen bahnen. Dazu gehört die Stärkung des kritischen Bewusstseins, die Aufdeckung der gesellschaftlichen Bedingtheit des Menschen, die Aufdeckung von gesellschaftlichen Widersprüchen und die Entlarvung der durch die Massenmedien betriebenen Gehirnwäsche. Darüber hinaus soll sie Vitalität, optimales Wachstum, Stärke und Produktivität des Menschen fördern.

Zentral für die Frommsche Konzeption ist die von ihm entwickelte *Charaktertheorie*. Er unterscheidet zwischen *produktiven* und *nicht-produktiven Charakteren*. Anstatt von Charakteren spricht er auch von produktiven und nicht-produktiven *Orientierungen*. Hat der Mensch einen produktiven Charakter bzw. eine produktive Orientierung, so ist er im Begriff, die ihm innewohnenden Potenziale zu verwirklichen und seine Kräfte voll zu entfalten.

Ein produktiver Mensch hat die Fähigkeit, die Welt zu erfassen, und zwar »im Bereich des Gefühls durch seine *Liebe*, im Bereich des Denkens durch seine kritische und phantasiereiche *Vernunft* und im Bereich des Handelns durch seine *schöpferische Arbeit* und durch *Kunst*«.

Fromm lehnt den *Monotheismus* (den Glauben an einen jenseitigen Gott) ab. Trotzdem hält er an der Möglichkeit der Religiosität fest. Er prägt den Begriff der *atheistischen Religiosität*. Religiöse Erfahrungen können ohne den Glauben an einen jenseitigen Gott gemacht werden. Zu solchen Erfahrungen gehört z. B. die Erfahrung der *Transzendenz*, des Über-sich-selbst-Hinausgehens. Elemente der atheistischen Religiosität findet Fromm hauptsächlich im Buddhismus, aber auch in einigen Strömungen des Judentums und des Christentums. Besonders wichtig ist für ihn auch die Mystik Meister Eckharts.

Fromm gehört zu den bedeutendsten *Humanisten* des 20. Jh. Seine Werke wirkten weniger auf die Fachwelt als vielmehr auf die breite Öffentlichkeit. Sein Buch »Haben oder Sein« (1976) wurde weltweit zu einem Bestseller.

Weitere Werke von Fromm: Die Furcht vor der Freihet, 1941; Psychoanalyse und Ethik, 1947; Psychoanalyse und Religion, 1950; Die Kunst des Liebens, 1956; Jenseits der Illusionen, 1962; Anatomie der menschlichen Destruktivität, 1973; Gesamtausgabe, I – X, R. Funk (Hg.), 1980/81; Schriften aus dem Nachlass, R. Funk (Hg.), 1989ff.

Literatur zu Fromm: A. Reif (Hg.), Erich Fromm, 1978; H. Wehr, Fromm zur Einführung, 1990; B. Bierhoff, Erich Fromm, 1993; V. Frederking, Durchbruch vom Haben zum Sein, 1994; R. J. Klaus, Psychoanalyse und Sozialpsychologie, 1999; R. Funk, Erich Fromm heute, 2000; R. Funk, Erich Fromm, 2001[8]; A. Lévy, Erich Fromm, 2002; J. Classen, Erich Fromm, 2002.

G

GADAMER, HANS-GEORG: der deutsche Philosoph wurde am 11. 2. 1900 in Marburg an der Lahn geboren. Er studierte seit 1918 Germanistik, Geschichte, Kunstgeschichte,

Philosophie und Klassische Philologie in Breslau, Marburg und München. 1922 promovierte er in Marburg bei P. Natorp über »Das Wesen der Lust nach den platonischen Dialogen«, 1929 habilitierte er ebenfalls in Marburg bei M. Heidegger über »Platons dialektische Ethik – phänomenologische Interpretationen zum Philebos«. Er war von 1929 bis 1934 und von 1935 bis 1936 Privatdozent in Marburg, von 1934 bis 1935 Privatdozent in Kiel. 1937 wurde er Professor für Philosophie in Marburg, von 1939 bis 1947 lehrte er Philosophie in Leipzig. Von 1947 bis 1949 lehrte er in Frankfurt am Main, von 1949 bis zu seiner Emeritierung im Jahr 1968 in Heidelberg als Nachfolger von K. Jaspers. Nach seiner Emeritierung war er Gastprofessor an verschiedenen Universitäten im Ausland. Er starb am 13. 3. 2002 in Heidelberg.

Gadamer ist einer der bedeutendsten Vertreter der modernen *Hermeneutik*. Die Hermeneutik ist für ihn jedoch weder eine »Methodenlehre der Geisteswissenschaften« noch eine »Kunstlehre des Verstehens«. Sie fragt vielmehr nach den universellen, d. h. allgemeingültigen, Bedingungen des *Verstehens*. Sie soll daher eine Grundlegung des menschlichen Selbst- und Weltverständnisses liefern.

In seinem Hauptwerk »Wahrheit und Methode« (1960) analysiert Gadamer Hauptmerkmale des Verstehens. Dabei greift er auf Arbeiten Schleiermachers, Diltheys, Husserls und vor allem Heideggers zurück. Das Verstehen ist nicht nur eine Verhaltensweise des Menschen unter anderen, es gehört vielmehr zu seinem Wesen: Es ist die »Seinsweise des Daseins selber«.

Jedes Verstehen setzt ein *Vorverständnis* voraus. Anders formuliert: Ich kann andere Menschen oder Texte verstehen, weil ich einen bestimmten, durch unsere Geschichte, Kultur, Tradition usw. geprägten Wissens- und Erfahrungshorizont habe. Dieser Horizont ist die Bedingung jeglichen Verstehens.

Zum Vorverständnis bzw. zum Horizont gehören notwendigerweise *Vorurteile* (vorgeprägte Meinungen). Gadamer hebt hervor, dass sie nichts Negatives, sondern wichtige Bedingungen des Verstehens sind.

Wenn ich in einen Dialog mit anderen Menschen trete oder einen Text lese, dann kommt es zu einer *Horizontverschmelzung*; mein Horizont trifft auf den Horizont eines anderen Menschen oder auf den Bedeutungshorizont eines Textes. Durch die Begegnung mit anderen Horizonten kann sich mein Horizont ändern. Ich kann z.B. meine Vorurteile korrigieren oder revidieren.

Das Verstehen hat einen zirkulären Charakter. Ich wende mich aus dem Vorverständnis heraus der Welt (anderen Menschen oder Texten) zu. In der Begegnung mit der Welt kann es zu einer Änderung meines Vorverständnisses kommen. Neue Kenntnisse fließen in das bisherige Vorverständnis ein. Mit dem veränderten Vorverständnis wende ich mich erneut der Welt zu usw. Diese »Bewegung« wird als *hermeneutischer Zirkel* bezeichnet.

Jedes Verstehen ist in einen größeren geschichtlich vermittelten Wirkungszusammenhang eingebunden. Gadamer nennt diesen Zusammenhang *Wirkungsgeschichte.* Er meint damit den gesamten historisch-kulturellen Prozess, in dem jedes Verstehen eingebettet ist.

Eine ausgezeichnete Rolle in Gadamers Hermeneutik spielt die *Sprache.* Sie ist das Medium, in dem sich Verstehen vollzieht. Die Sprache vermittelt zwischen Ich und Welt. Alles, was man verstehen kann, ist sprachlich. Gadamar formuliert es zugespitzt auf folgende Weise: »Sein, das verstanden werden kann, ist Sprache«.

Gadamers Hermeneutik hat nicht nur auf Philosophen, sondern auch auf Literaturwissenschaftler, Kulturwissenschaftler, Theologen und Juristen gewirkt.

Weitere Werke von Gadamer: Hegels Dialektik, 1971; Die Aktualität des Schönen, 1977; Philosophische Lehrjahre, 1977; Das Erbe Hegels, 1979; Gesammelte Werke, 1986ff.

Literatur zu Gadamer: R. Bubner u.a. (Hg.), Hermeneutik und Dialektik, 1970; M. Frank, Das individuelle Allgemeine, 1977; P. Ch. Lang, Hermeneutik – Ideologiekritik – Ästhetik, 1981; T. Bettendorf, Hermeneutik und Dialog, 1984; P. Forget (Hg.), Text und Interpretation, 1984; D. Teichert, Erfahrung, Erinnerung, Erkenntnis, 1991; K. Hammermeister, Hans-Georg Gadamer, 1999; U. Tietz, Hans-Georg Gadamer zur Einführung, 2000²; G. Figal (Hg.), Hermeneutische Wege, 2000; M. Wischke, Gadamer verstehen, 2003; J. Grondin, The philosophy of Gadamer, 2003.

GALILEI, GALILEO: der italienische Physiker, Mathematiker, Astronom und Philosoph wurde am 15. 2. 1564 in Pisa geboren. Seine schu-

lische Ausbildung erhielt er in dem Benediktinerkloster Vallombrosa. Er studierte ab 1581 zunächst Medizin in Pisa, ab 1583 Mathematik, Astronomie und Physik. 1589 erhielt er einen Lehrstuhl für Mathematik in Pisa, 1592 eine Professur in Padua. 1610 wurde er Hofmathematiker und -philosoph am Hofe des Großherzogs der Toskana Cosimos II in Florenz. In dem Werk »Dialogo sopra i due massimi sistemi del mondo, tolemaico e copernicano« (1632; dt. »Dialog über die beiden hauptsächlichsten Weltsysteme, das ptolemäische und das kopernikanische«, 1891) spricht er sich für die damals verbotene heliozentrische Lehre des Kopernikus aus, nach der sich die Erde um die Sonne dreht. Er wendet sich damit gegen die damals herrschende geozentrische Lehre des Ptolemäus, der zufolge sich die Sonne um die Erde dreht. Daraufhin wurde Galilei 1633 von der Inquisition ein Prozess gemacht. Er musste dabei öffentlich seinen Thesen abschwören. Zwar durfte er nach dem Prozess Rom verlassen, stand aber bis zu seinem Tod am 8. 1. 1642 in Arcetri bei Florenz unter Hausarest.

Galilei gilt als der Begründer der *mathematischen Naturwissenschaft*. Die mehodologischen Grundzüge einer solchen Wissenschaft stellt er in dem Buch »Saggiatore« (1623) dar. Sie hat zwei Säulen: die *empirische Beobachtung* und die *Mathematik*. Die empirische Beobachtung ist die Grundlage aller Wissenschaft. Zwischen Naturphänomenen bestehen kausale Beziehungen (Ursache-Wirkung-Beziehungen).

Als wichtigstes Instrument zur Erkenntnisgewinnung wird von Galilei das *Experiment* betrachtet. Es dient der Überprüfung von Hypothesen über die Natur. Das Experiment kann wiederholt und kontrolliert werden.

Zur empirischen Beobachtung muss noch die Mathematik hinzukommen. Die Daten sollen gemessen, die Hypothesen mathematisch formuliert werden. Das »Buch der Natur« soll in der Sprache der Mathematik formuliert werden. Blinde Berufung auf Autoritäten (z. B. Texte der Klassiker) wird von Galilei abgelehnt.

Auf Galilei geht die Unterscheidung zwischen *primären* und *sekundären Qualitäten* zurück. Zu den primären Qualitäten, die Eigenschaften von Körpern sind, gehören: Begrenzung, Figur, Größe, Bewegung u. a. Sie können gemessen werden. Sekundäre Qualitäten wie z. B. Farbe, Ton, Duft sind rein subjektiv und können nicht gemessen werden. Daher spielen sie für den Naturwissenschaftler keine Rolle.

Als Galileis wissenschaftliches Hauptwerk werden die »Discorsi e dimostrazioni matematiche, itorno a due nuove science« (1638) betrachtet. Dort formuliert er seine Bewegungslehre. Auch in diesem Werk werden Begriffe mathematisch definiert. Galilei stellt darin wichtige Fallgesetze und ein Trägheitsgesetz für geradlinige horizontale Bahnen auf. Darüber hinaus formuliert er Hebelgesetze und eine Festigkeitslehre.

Seit 1610 beschäftigte sich Galilei zunehmend mit der *Astronomie*. Es gelang ihm, die Leistungsfähigkeit des Fernrohrs erheblich zu verbessern (es erreichte eine ca. 30fache Vergrößerung). Dadurch konnte er bahnbrechende astronomische Beobachtungen machen. Er entdeckte vier Jupitermonde, die gebirgige Struktur der Mondoberfläche, die Phasen der Venus, Sonnenflecken und Lichtphänomene am Saturn, die später von Huygens als Ringe beschrieben wurden. Er entdeckte darüber hinaus, dass die Milchstraße aus vielen Einzelsternen besteht. Mit seinen Entdeckungen lieferte er wichtige Argumente und Beweise für die Richtigkeit der kopernikanischen Lehre.

Galilei wies gegen die damals herrschende Meinung nach, dass es keinen qualitativen Unterschied zwischen irdischen und himmlischen Phänomenen gibt. Für irdische und himmlische Phänomene gelten dieselben Bewegungsgesetze.

Galilei verhalf den mathematischen Naturwissenschaften der Neuzeit zum Durchbruch. Er leistete damit einen großen Beitrag zur Auflösung des mittelalterlichen Weltbildes. Überdies wird er von vielen als eine Symbolfigur im Kampf gegen den Autoritätsglauben und für die Gedankenfreiheit angesehen.

Weitere Werke von Galilei: Le opere, I – XX, A. Favaro (Hg.), 1890-1909.

Literatur zu Galilei: A. C. Crombie, Von Augustinus bis Galilei, 1977; A. Fölsing, Galileo Galilei, 1983; P. Redondi, Galilei – der Ketzer, 1989; R. Krämer-Badoni, Galileo Galilei, 1992; K. Fischer, Galileo Galilei, 1993; J. Hemleben, Galileo Galilei in Selbstzeugnissen und Bilddokumenten, 1994[14]; J. Reston, Galileo Galilei, 1998; S. Drake, Galilei, 1999; E. Bellone, Galileo Galilei, 2002[2].

GANDHI, MAHATMA (Ehrentitel = »Große Seele«, eigentlich Mohandas Karamchand): der indische

Menschenrechtler und Politiker wurde am 2.10.1869 in Porbandar an der indischen Westküste geboren. Er entstammte der Kaste der Kaufleute. Von 1888 bis 1891 studierte er Rechtswissenschaft in London. Von 1893 bis 1914 arbeitete er als Rechtsanwalt in Südafrika, wo er die Rechte der indischen Minderheit vertrat. Er wurde mehrmals verhaftet und zu Gefängnisstrafen verurteilt. 1915 kehrte Gandhi nach Indien zurück und gründete in Ahmedabad eine Schulungsstätte für seine Anhänger. Die klosterähnliche Gemeinschaft sollte einen Modellcharakter für ganz Indien haben. Die Mitglieder führten ein einfaches, bäuerliches Leben. Feld- und Handarbeit gehörten zu Pflicht-Betätigungen. Gandhi avancierte schnell zum Führer der Befreiungsbewegung gegen die britische Kolonialmacht (Führer des »Indian National Congress«). Er organisierte von Ahmedabad aus den *passiven Widerstand* gegen die Kolonialherren (Boykott von Wahlen, Nicht-Beteiligung an Institutionen der britischen Verwaltung). 1922 wurde er verhaftet und zu sechs Jahren Gefängnis verurteilt, wurde jedoch aus gesundheitlichen Gründen nach zwei Jahren entlassen. 1930 organisierte Gandhi den »Salzmarsch« (ein Marsch mit 78 Gefolgsleuten zum Meer), um gegen die Salzsteuer zu protestieren. Er solidarisierte sich in den folgenden Jahren mit den

Kastenlosen (sie sollten gleichwertig behandelt werden) und setzte sich für eine Versöhnung zwischen Hindus und Moslems ein. Während des Zweiten Weltkrieges forderte Gandhi die völlige Unabhängigkeit Indiens. Er setzte sich vergeblich für eine Einheit Indiens ein. 1947 wurde Britisch-Indien in das islamische Pakistan und Indien aufgeteilt. Beide Staaten erhielten am 14.8.1947 ihre Unabhängigkeit. Gandhi wurde am 30.1.1948 von einem Hindufanatiker erschossen, weil er die Abgabe eines Teils der Staatskasse an Pakistan befürwortete.

Gandhi gehört zu den größten moralischen Autoritäten der neueren Geschichte. Die Suche nach individueller Vollkommenheit und individuellem Glück verband er mit einem Engagement für andere und für die Unabhängigkeit seines Landes. Wichtige Anregungen erhielt er aus der indischen religiösen und philosophischen Tradition, von Tolstoi, Ruskin, Thoreau und Emerson.

Sein politisches Engagement ist Ausdruck einer *religiösen Grundhaltung*. Das Prinzip des engagierten Lebens ist für ihn das *satyagraha* (Festhalten an der Wahrheit und Gerechtigkeit). Es meint eine Urkraft, die aus Wahrheit, Liebe und Gewaltlosigkeit entsteht.

Passiver Widerstand ist negativ, satyagraha etwas höchst Positives. Wenn sich der Mensch mit dem ewigen Sein, d.h. mit der göttlichen Ursubstanz der Welt, vereinigt, dann entfaltet er eine besondere Kraft, die in große Taten umgesetzt wird. Diese geistige Kraft besiegt den Gegner ohne die Anwendung von physischer Gewalt. Gandhi entwickelte während seines Lebens immer neue Methoden des satyagraha.

Eine wichtige Voraussetzung für satyagraha ist die *geschlechtliche Enthaltsamkeit*. Der Mensch soll alle seine Kräfte auf das Göttliche richten. Die Schau des Göttlichen verschafft eine viel intensivere Befriedigung als der Geschlechtsakt. Der letztere soll nur der Fortpflanzung dienen. Die Kontrolle der Sinne und Leidenschaften im Denken, Reden und Tun nennt Gandhi *brahmacharya*.

Zu einer asketischen Lebenshaltung gehören der Verzicht auf materielle Güter, die Ablehnung des Fleisch- und Milchverzehrs und das Fasten. Ohne Nahrungszufuhr sind die Sinne hilflos; sie sind nicht in der Lage, den Menschen zu beherrschen. Die körperliche Gesundheit ist eine Voraussetzung der geistigen.

Gandhi lehnt den westlichen Materialismus, d.h. die Orientierung an Geld und materiellen Gütern, strikt ab. Die Vermehrung des materiellen Wohlstands fördert nicht die geistig-sittliche Entwicklung des Menschen. Mit dem technischen Fortschritt geht der moralische Verfall einher.

Gandhi spricht sich gegen die Ausbreitung der westlichen Zivilisation in Indien und für ein einfaches, in der religiösen Tradition dieses Landes verwurzeltes Leben aus. Das einfache Leben eines Bauern stiftet echtes Glück. Die Pflicht des Menschen ist es, sich einzuschränken (dies betrifft seine materiellen Bedürfnisse) und nur der unmittelbaren Umgebung zu dienen.

Das *Spinnrad* als einfaches Mittel zur Herstellung von Textilien wurde zum Symbol der Selbstständigkeit, auch der Selbstständigkeit Indiens. Indien sollte nicht mehr auf die Textilimporte aus Großbritannien angewiesen sein.

Ein wichtiges Lebensprinzip ist für Gandhi die *Selbstlosigkeit*. Im selbstlosen Tun erreicht der Mensch die höchste Vollkommenheit und das höchste Glück. Er erreicht diese Vollkommenheit im *Tätigsein*, d.h. in der Arbeit und im liebenden Umgang mit anderen. Das Wohl des einzelnen Menschen ergibt sich somit aus dem Wohl der anderen.

Gandhi wurde als Vater des indischen Volkes betrachtet. Er ist bis heute ein Symbol für den gewaltlosen Widerstand, aber auch für Menschlichkeit, Humanität und individuelle sowie politische Befreiung. Er wirkte nicht nur auf das geistige und politische Leben Indiens, sondern auch auf westliche Intellektuelle und auf Teile der westlichen Öffentlichkeit. Gandhis Ideale und Ziele wurden in Indien von der Sarvodaya-Bewegung vertreten. Wichtige Impulse empfingen von ihm westliche Bürgerrechtler und Politiker (u.a. M. L. King).

Werke von Gandhi: Jung Indien, R. und M. Rolland (Hg.), 1924; Ein Wegweiser zur Gesundheit, 1925; Wohlfahrt für alle, B. Kumarappa (Hg.), 1962; Die Geschichte meiner Experimente mit der Wahrheit, 2001[7].

Literatur zu Gandhi: W. E. Mühlmann, Mahatma Gandhi, 1950; H. Rau, Mahatma Gandhi in Selbstzeugnissen und Bilddokumenten, 1970; M. Chatterjee, Gewaltfrei widerstehen, 1994; E. Easwaran, Der Mensch Gandhi, 1997; D. Rothermund, Mahatma Gandhi, 1997[2]; A. Becke, Gandhi zur Einführung, 1999; R. A. Mall, Mahatma Gandhi interkulturell gelesen, 2005.

GASSENDI (GASSEND), PIERRE: der französische Philosoph, Naturforscher, Physiker und Astronom wurde am 22. 1. 1592 in Champtercier (bei Dinge in der Provence) geboren. Er studierte Theologie, Rhetorik und Philosophie. 1614 wurde er Doktor der Theologie, 1616 erhielt er die Priesterweihe. Von 1617 bis 1623 war er Professor der Philosophie in Aix. Er trat jedoch von diesem Amt zurück, als Jesuiten die Leitung der Akademie übernamen. In der darauffolgenden Zeit nahm er Kontakt zu führenden Wissenschaftlern seiner Zeit, u.a. zu G. Galilei. Von 1645 bis 1648 lehrte

er Mathematik am Collège Royal in Paris. Er starb dort am 24. 10. 1655.

Gassendi ist einer der wichtigsten Wegbereiter der neuzeitlichen naturwissenschaftlich-mechanistischen Weltauffassung. Er knüpft in seinen Werken vor allem an die *atomistische Lehre Epikurs* an, versucht sie jedoch mit der *christlichen Lehre* in Einklang zu bringen. Er lehnt entschieden sowohl den zu seiner Zeit herrschenden scholastischen Aristotelismus als auch die Philosophie seines Zeitgenossen Descartes ab.

Die Materie besteht aus kleinsten, unteilbaren Teilchen: den *Atomen.* Sie besitzen Eigenschaften wie Größe, Form, Schwere und Undurchdringlichkeit und stellen damit messbare Größen dar. Atome bewegen sich im *leeren Raum.* Leblose und lebende Körper entstehen durch das Zusammentreffen der Atome und vergehen durch ihre Trennung.

Der Urheber der Bewegung der Atome und damit der Urheber des Weltgeschehens ist *Gott.* Er gewährleistet auch die *Harmonie* des Weltganzen. Raum und Zeit sind immaterielle Formen der Wirklichkeit. Sie bestehen demnach nicht aus Atomen und können von Menschen nicht wahrgenommen werden.

Die wichtigste Quelle der Erkenntnis ist nach Gassendi die *sinnliche Wahrnehmung.* Von den wahrgenommenen Gegenständen gehen Atome aus, deren Abdrücke von den Sinnesorganen aufgenommen und dann vom Verstand verarbeitet werden. Unsere Sinne können uns nicht täuschen. Sie vermitteln uns die unabhängig vom Menschen existierende (objektive) Wirklichkeit.

Der Mensch besteht Gassendi zufolge aus dem *Körper*, der *empfindenden Seele* und der *vernünftigen Seele.* Der Körper und die empfindende Seele sind materiell; sie bestehen aus Atomen und sind daher sterblich. Die vernünftige Seele ist hingegen immateriell, atomlos. Sie wird als eine *geistige Substanz* aufgefasst, die unsterblich ist. Überdies kann sie sich selbst zum Gegenstand der Erkenntnis machen und rein geistige Leistungen, d.h. Leistungen ohne die Vermittlung der Sinne, vollbringen. Sie ist auch die Grundlage der Freiheit und des sittlich-moralischen Handelns.

Auch seine *Ethik* entwickelt Gassendi in Anlehnung an Epikur. Das Ziel des menschlichen Handelns ist die *Glückseligkeit*. Sie kann durch die Minderung des Schmerzes und des Leidens sowie durch die Steigerung der (geistigen) Lust erreicht werden. Geistige Selbstständigkeit und Unabhängigkeit sowie innere Seelenruhe gehören zu einem glückseligen Leben.

Entscheidend für die Erreichung der Glückseligkeit ist auch die Pflege der wahren Tugenden. Zu ihnen zählt Gassendi: die Prudentia (Klugheit), die Temperantia (Enthaltsamkeit), die Fortitudo (Tapferkeit) und die Iustitia (Gerechtigkeit).

Gassendis Gedanken haben vor allem auf I. Newton und J. Locke gewirkt.

Werke von Gassendi: Exercitationes paradoxicae adversus Aristoteleos, 1624; Disquisitio metaphysica seu dubitationes et instantiae adversus Renati Cartesii Metaphysicam et responsa, 1644; Syntagma philosophiae Epicuri, 1649; Syntagma philosophicum, 1658; Opera omnia, I – VI, 1658 (repr. 1964).

Literatur zu Gassendi: K. Laßwitz, Geschichte der Atomistik vom Mittelalter bis Newton, 1890 (Nachdruck 1963); D. Henrich, Der ontologische Gottesbeweis, 1960; R. Tack, Untersuchungen zum Philosophie- und Wissenschaftsbegriff bei Pierre Gassendi, 1974; W. Detel, Scientia rerum natura occultarum, 1978; L. T. Sarasohn, Gassendi's ethics, 1996.

GEHLEN, ARNOLD: der deutsche Soziologe und Philosoph wurde am 29. 1. 1904 in Leipzig geboren. Er studierte von 1923 bis 1927 Philoso-

phie, Germanistik und Kunstgeschichte in Leipzig. 1930 habilitierte er sich für Philosophie ebendort. 1933 trat er in die NSDAP ein. 1934 wurde er Professor für Philosophie in Leipzig, 1938 in Königsberg, 1940 in Wien. Nach dem Krieg erhielt er eine Professur für Soziologie an der Hochschule für Verwaltungswissenschaften in Speyer, von 1962 bis 1969 war er Professor für Soziologie an der Technischen Hochschule in Aachen. Er starb am 30. 1. 1976 in Hamburg.

Gehlens anthropologische Hauptthese (Anthropologie = Lehre vom Menschen) besagt, dass der Mensch als Gattung gegenüber dem Tier ein *Mängelwesen* ist. Im Gegensatz zum Tier sind die Instinkte des Menschen nur schwach ausgebildet, seine Organe unzureichend spezialisiert. Des weiteren braucht er lange, um sich zu einem selbstständigen Wesen zu entwickeln (lange Kindheit). Um zu überleben, muss der Mensch diese Mängel ausgleichen.

Während das Tier sein Leben instinkthaft sichert, kann dies der Mensch nur durch seine eigene Anstrengung, durch sein *Handeln*, erreichen. Als »nicht festgelegtes« und »offenes Wesen« ordnet er handelnd seine Umwelt und verschafft sich damit Sicherheit. Er entwickelt *Kultur* (Kunst, Wissenschaft, Sprache usw.), die als Ersatz für Natur anzusehen ist.

Als wichtigste Kulturprodukte werden von Gehlen die gesellschaftlichen *Institutionen* betrachtet. Sie gewährleisten die Stabilität der menschlichen Umwelt und *entlasten* den Menschen von der Reizfülle, von Entscheidungen und von weltanschaulichen Orientierungsfragen.

Die Religionen und die modernen Wissenschaften können dem Menschen Stabilität, Halt und Entlastung nicht mehr geben. Der einzelne Mensch ist in der heutigen Gesellschaft auf sich selbst gestellt. Moralische Unverbindlichkeit und Beliebigkeit zeichnen sein Verhalten aus. Ordnung und Stabilität können nach Gehlen nur gesellschaftliche Institutionen gewährleisten, insbesondere die Familie und eine gut funktionierende Rechtsordnung.

Erkennbar ist Gehlens Einfluss auf seine Schüler G. Günther und H. Schelsky. Angeregt durch seine Gedanken waren u. a. Th. Litt und K. Lorenz.

Werke von Gehlen: Der Mensch. Seine Natur und seine Stellung in der Welt, 1940; Urmensch und Spätkultur, 1956; Die Seele im technischen Zeitalter, 1957, Zeit-Bilder, 1960; Anthropologische Forschung, 1961; Moral und Hypermoral, 1969; Gesamtausgabe in 10 Bde., L. Samson (Hg.), 1978ff.

Literatur zu Gehlen: Th. Litt, Mensch und Welt, 1948; F. Jonas, Die Institutionenlehre Arnold Gehlens, 1966; D. Claessens, Instinkt, Psyche, Geltung, 1968; W. Lepenies, Melancholie und Gesellschaft, 1969;

P. Jansen, Arnold Gehlen, 1975; L. Samson, Naturteleologie und Freiheit bei Arnold Gehlen, 1976; P. Fonk, Transformation der Dialektik, 1983; P. Prechtl, Bedürfnisstruktur und Gesellschaft, 1983; H. Klages, Zur geisteswissenschaftlichen Bedeutung Arnold Gehlens, 1994; M. Deege, Die Technikphilosophie Arnold Gehlens, 1996; K. Weißmann, Arnold Gehlen, 2000; Ch. Thies, Gehlen zur Einführung, 2000.

GOETHE, JOHANN WOLFGANG VON: der deutsche Dichter wurde am 28. 8. 1749 in Frankfurt am Main geboren. Von 1765 bis 1771

studierte er – dem Wunsch des Vaters folgend – Rechtswissenschaft in Leipzig und Straßburg. Von 1771 bis 1775 arbeitete er als Rechtsanwalt in Frankfurt am Main. Ab 1775 übernahm Goethe in Weimar als Berater des Herzogs Karl August unterschiedliche Verwaltungsaufgaben (1776 als Geheimer Legionatsrat, 1779 als Geheimer Rat und 1782 als Leiter der Finanzkammer). 1782 wurde er geadelt. Von 1786 bis 1788 unternahm Goethe seine erste, 1790 seine zweite Italienreise. Die auf diesen Reisen gewonnenen Erfahrungen waren für die Ausarbeitung seiner naturwissenschaftlichen Schriften von besonderer Wichtigkeit. Von großer Bedeutung für seine intellektuelle Entwicklung war der Gedankenaustausch mit F. Schiller. Von 1791 bis 1817 war Goethe Leiter des Weimarer Hoftheaters, ab 1815 Staatsminister von Weimar. Er starb am 22. 3. 1832 ebendort.

Goethe ist der Hauptrepräsentant der *Klassik* in der Literatur und gilt als der bedeutendste deutsche Dichter. Neben literarischen Werken veröffentlichte er naturwissenschaftliche Schriften zu Zoologie, Botanik, Optik, Anatomie, Geologie und Meteorologie.

Goethes Naturauffassung ist stark vom *Pantheismus* Spinozas (vom griech. »pan«, »all«, und »theos«, »Gott«) beeinflusst. Gott ist in der Natur allgegenwärtig. Es gibt demnach keinen wesentlichen Unterschied zwischen Gott und Natur. Damit wird die Trennung zwischen einem jenseitigen, unabhängig von der Natur existierenden Gott und der Natur im Pantheismus abgelehnt.

Alle Erscheinungen in der Natur hängen aufs engste zusammen. Die Natur stellt nach Goethe eine *einheitliche Ordnung* dar. Sie ist nichts Statisches, sondern ein lebendiger und schöpferischer Wirkungszusammenhang (Organismus). Die Aufgabe der Naturforscher ist es, »das Göttliche in herbis et lapidis« (in Pflanzen und Steinen) zu suchen.

Der *Mensch* steht der Natur nicht gegenüber, vielmehr ist er ein Teil von ihr. Jegliche Naturbetrachtung muss auf den Menschen, genauer: auf sein *Erleben*, bezogen sein. Im Naturerlebnis kann der Mensch die der Natur innewohnende göttliche Ordnung unmittelbar erkennen.

Ausgangspunkt der Naturbetrachtung ist die unmittelbare Beobachtung der Naturerscheinungen. Das bloße Anschauen geht des weiteren in ein Betrachten bzw. Nachdenken über. Mit jeder Beobachtung geht ein Theoretisieren einher. Zum Theoretisieren gehört allerdings die *Abstraktion*, das Absehen von den konkreten Erscheinungen. Das Schauen soll nach Goethe jedoch nicht durch abstraktes Denken ersetzt werden. Nicht abstraktes Denken, sondern das beim Schauen auftretende unmittelbare Erleben schafft den Zugang zur wahren, göttlichen Beschaffenheit der Natur.

Goethe geht es nicht um eine objektive Erfahrung der Natur, d.h. um eine wiederholbare, messbare und von möglichst vielen Forschern überprüfbare, sondern um seine eigene, subjektive Erfahrung, die unwiederholbar, unersetzbar und nicht messbar ist. Die quantitative, auf Messungen beruhende Erfahrung soll durch qualitative, auf Erleben und Einfühlung basierende Erfahrung ersetzt werden.

In »Versuch die Metamorphose der Pflanzen zu erklären« (1790) behauptet Goethe, dass den mannigfaltigen Gestalten der Pflanzen eine Urgestalt, eine *Urpflanze* zugrunde liegt. Er meint mit der Urpflanze ein Muster, nach dem alle Pflanzen gebildet werden. Dieses Muster kann nicht mit Hilfe des Verstandes, sondern nur im unmittelbaren Anschauen erfasst werden. Das Anschauen stellt eine besondere Form des Sehens dar: ein denkendes, die allen Pflanzen gemeinsame Gestalt erkennendes Sehen.

Die Urpflanze ist nichts Statisches, sie befindet sich vielmehr im stetigen Wandel. »Metamorphose« bedeutet Verwandlung, genauer: die Umbildung von einer Gestalt zu einer anderen. Die Urpflanze ist der Ausdruck einer göttlichen Idee.

Das Prinzip der Materie ist die *Polarität* (Anziehen und Abstoßen), das des *Geistes die Steigerung* (immerstrebendes Aufsteigen). Die Materie kann nie ohne Geist, der Geist nie ohne Materie existieren. Im Prinzip wohnt der Materie der Geist inne. Daher herrscht auch in der Materie das Prinzip der Steigerung. Ein Organismus entwickelt sich von einer Gestalt zu einer anderen, höheren fort.

Mit Goethes Metamorphosenlehre setzten sich u. a. Schelling, Hegel, Dilthey, Cassirer und Steiner auseinander. In der Kunst wirkte sie auf P. O. Runge, P. Klee und G. Moore.

In »Zur Farbenlehre« (1810) beschäftigt sich Goethe mit der Entstehung der Farben bei der Lichtbrechung. Er geht von der Polarität zwischen Hell (Licht) und Dunkel aus. Farben entstehen aus der Vereinigung von Hell und Dunkel, und zwar an den Grenzlinien des Trüben (im Gegensatz dazu behauptet Newton, dass Farben aus weißem Licht alleine entstehen bzw. dass weißes Licht sich aus Spektralfarben zusammensetzt). Die Sonne scheint am Tag strahlend weiß, sie scheint gelb und rot, wenn das Licht durch eine Dunstschicht verdunkelt wird.

Die Farben stehen im symmetrischen Verhältnis zueinander. Die sechs Grundfarben werden auf einem in sechs Teile geteilten Kreis angeordnet, und zwar in der Reihenfolge: rot, blaurot, blau, grün, gelb und gelbrot. Dem Grünen liegt das Rot, dem Blauen das Gelbrot gegenüber.

Die Goethesche Farbenlehre ist hauptsächlich an den Künstler, vor allem den Maler, und nicht an den Naturwissenschaftler gerichtet.

Goethe führte das Wort »Morphologie« in die Wissenschaftssprache ein. Sie ist »die Lehre von der Gestalt, der Bildung und Umbildung der organischen Körper«. Darüber hinaus entdeckte er die beiden Zwischenkieferknochen beim Menschen. Damit belegte er die Verwandtschaft des Menschen mit anderen Säugetieren und befürwortete die Evolutionstheorie.

Goethes *Kunstverständnis* steht in einer engen Verbindung mit seinem Naturverständnis. Kunst soll Natur nachahmen, d. h. die Dinge, wie sie bestehen, darstellen. Goethe sieht in der Kunst die »würdigste Auslegerin« der Natur. Das Fundament der Kunst ist letztlich das Göttliche.

Goethes Vorbild ist die *antike Kunst*. Alle Kunst soll sich an der antiken Kunst messen (klassizistisches Kunstverständnis). Ein echter Künstler kann nur durch die Nachahmung antiker Kunst Bedeutendes leisten. Er stellt das Charakteristische eines Gegenstandes heraus und bringt das Göttliche in den Dingen zum Ausdruck.

In seinen literarischen Texten behandelt Goethe fundamentale Probleme des Menschen. Im ersten Teil des »Faust« (1808) z. B. kritisiert er die einseitige Orientierung des Menschen an der Vernunft, in den »Wahlverwandtschaften« (1809) thematisiert er den Gegensatz von Freiheit und Determinismus.

Weitere Werke von Goethe: Werke, Hamburger Ausgabe, I – XIV, E. Trunz (Hg.), 1948-1960.

Literatur zu Goethe: G. Simmel, Kant und Goethe, 1906; E. Cassirer, Freiheit und Form, 1916; B. Bauch, Goethe und die Philosophie, 1928; H.-G. Gadamer, Goethe und die Philosophie, 1947; W. Heisenberg, Die Goethesche und die Newtonsche Farbenlehre im Lichte der modernen Physik, in: Ders., Wandlungen in den Grundlagen der Naturwissenschaft, 1959[9]; H. Hamm, Der Theoretiker Goethe, 1976; R. Friedenthal, Goethe, 1991[17]; A. Schmidt / K.-J. Grün (Hg.), Durchgeistete Natur, 2000; F. Breithaupt (Hg.), Goethe and Wittgenstein, 2003.

GOODMAN, NELSON: der amerikanische Philosoph wurde am 7. 8. 1906 in Sommerville (Mass.) geboren. 1941 promovierte er in Philosophie an der Harvard University. Von 1946 bis 1964 war er Professor für Philosophie an der University of Pennsylvania. Von 1964 bis 1967 unterrichtete er an der Brandeis University, kehrte 1968 an die Harvard University zurück. Dort lehrte er bis zu seiner Emeritierung 1977. Er starb am 25. 11. 1998 in Needham (Mass.).

Goodman gehört zu den führenden Repräsentanten der *Analytischen Philosophie*. Philosophische

Probleme lassen sich dieser Strömung zufolge mittels der Analyse der Sprache lösen. Die Analytische Philosophie hat zwei Säulen: die *formale Logik* und die *empirische Beobachtung*.

Goodmans Position wird auch als moderner *Nominalismus* bezeichnet. Allgemeine Namen bzw. abstrakte Gegenstände (Klassen, Relationen, Eigenschaften) sind sprachliche Konstruktionen, denen in der Wirklichkeit nichts entspricht. Nur einzelne Objekte, *Individuen*, existieren in der Welt.

Die Welt kann, so Goodman, nur im Rahmen eines *symbolischen Systems*, d.h. eines Systems von Zeichen, die etwas ausdrücken, eine Bedeutung haben und erkannt werden. Es gibt viele solcher Systeme. Neben der Sprache haben auch Bilder der Kunst, Karten, Diagramme und musikalische Noten eine symbolische Funktion.

Sprachliche Symbolsysteme (z. B. wissenschaftliche Systeme) haben keinen Vorrang vor anderen Systemen, z. B. dem System der Kunst. Das symbolische System der Kunst steht gleichberechtigt neben dem naturwissenschaftlichen Symbolsystem.

Die einzelnen Symbolsysteme stellen unterschiedliche »Weisen der Welterzeugung« dar. Daher gibt es nicht nur eine Welt bzw. eine Welt an sich, sondern eine *Vielfalt von symbolischen Systemen*, die als Weltbeschreibungen und -deutungen aufzufassen sind. In diesem Sinne gibt es viele Welten.

Wenn wir Fakten beschreiben, dann tun wir es immer schon im Rahmen eines symbolischen Systems. So sind z. B. Aussagen über Tatsachen in der Wissenschaft *theorieabhängig*; wir beschreiben sie so, wie es uns die Theorie, die wir dabei voraussetzen, erlaubt.

Goodmans Arbeiten haben anhaltende Diskussionen in Philosophie, Wissenschaftstheorie und Kunsttheorie entfacht.

Werke von Goodman: The Structure of Appearance, 1951; Fact, Fiction and Forecast, 1954 (dt. Tatsache, Fiktion, Voraussage, 1975); Languages of Art, 1968 (dt. Sprachen der Kunst, 1973); Ways of Worldmaking, 1978 (dt. Weisen der Welterzeugung, 1984).

Literatur zu Goodman: R. Rudner/I. Scheffler (Hg.), Logic and Art, 1972; F. v. Kutschera, Nelson Goodman, in: J. Speck (Hg.), Grundprobleme der großen Philosophen, 1975; W. Stegmüller, Untersuchungen über die Struktur der Erscheinungswelt, in: Ders., Hauptströmungen der Gegenwartsphilosophie, Bd. 1, 1978; C. Z. Elgin, With Reference to Reference, 1983; S. Hottinger, Nelson Goodmans Nominalismus und Methodologie, 1988; J. Steinbrenner, Kognitivismus in der Ästhetik, 1996; C. Z. Elgin, Nelson Goodman's theory of symbols and its applications, 1997; G. Peter, Analytische Ästhetik, 2002.

GROTIUS, HUGO (HUIG DE GROOT): der niederländische Rechtstheoretiker wurde am 10. 4. 1583 in Delft geboren. Er studierte von 1594 bis 1597 Jurisprudenz in Leiden, promovierte 1599 in Orléans. 1599 wurde er als Advokat in Den Haag zugelassen. In dem Streit zwischen liberalen (Remonstranten) und orthodoxen Calvinisten (Contra-Remonstranten) stand er auf der Seite der ersteren. Nachdem die Remonstranten unterlagen, wurde Grotius zu lebenslanger Haft verurteilt. 1621 konnte er nach Frankreich fliehen. In Paris wurde er 1633 zum schwedischen Gesandten ernannt. Er starb am 28. 8. 1645 bei einem Schiffbruch in der Nähe von Rostock.

Grotius gilt als der Begründer des *säkularen Naturrechts* und des *Völkerrechts*. In seinem Hauptwerk »De iure belli ac pacis« (1625; dt. »Vom Recht des Krieges und des Friedens«, 1707) formuliert er die

Grundzüge seiner Rechtslehre. Der Begriff »Krieg« wird von ihm in einem sehr weiten Sinne des Wortes gebraucht. Er meint die Erhaltung und Wiederherstellung der rechtlichen Ordnung.

Der Motor des menschlichen Handelns ist nicht der individuelle Nutzen, sondern der Nutzen und die Förderung des Gemeinwesens. Die Grundlage des Rechts bildet die menschliche *Vernunft*. Die Rechtsordnung kann sich unabhängig von Glaubensätzen entwickeln. Der Mensch ist *frei*, d. h. er kann seinem Willen gemäß handeln. Daher können Menschen aus freiem Willen Verträge miteinander schließen. Verträge und Versprechen müssen eingehalten werden. Freiheit und Eigentum stehen in einer engen Beziehung zueinander.

Grotius unterscheidet vier Arten des Krieges: den zwischen Privatpersonen, zwischen Personen und dem Staat, zwischen dem Staat und Privatpersonen und zwischen Staaten. Im ersten Fall soll der Krieg bei zivilisierten Völkern auf Notwehr beschränkt werden. Im zweiten Fall soll der Krieg um des inneren Friedens willen nicht erlaubt sein. Im dritten Fall ist der Krieg Gegenstand des Strafrechts. Im letzten Fall ist der Krieg Gegenstand des Völkerrechts.

Gewaltausübung ist dann gerechtfertigt, wenn die eigene Person und ihr Eigentum verteidigt wird. Dies gilt auch für den Staat bzw. den öffentlichen Krieg. Wenn der Staat bedroht wird und verteidigt werden soll, kann der Herrscher einen Krieg führen. Ziel jeglichen Krieges ist der *Frieden*. Er kann durch Ausgleich der konkurrierenden Forderungen erreicht werden.

Der *Staat*, der durch einen Gesellschaftsvertrag entsteht, besitzt die höchste Gewalt. Die Bürger sollen in ihm dem Regenten gehorchen. Grotius vertrat die umstrittene Auffassung, wonach ein ganzes Volk sich freiwillig in die »Sklaverei« begeben kann. Das bedeutet, dass es die Regierungsrechte auf eine Person übertragen kann.

Weitere Werke von Grotius: Opera omnia theologica, 5 Bde., 1679; Mare liberum, 1609 (dt. Von der Freiheit des Meeres, 1919); Schriften zum Natur- und Völkerrecht, F. T. Hinrichs (Hg.), 1976.

Literatur zu Grotius: P. Ottenwälder, Zur Naturrechtslehre des Hugo Grotius, 1950; B. Knieper, Die Naturrechtslehre des Hugo Grotius als Einigungsprinzip der Christenheit, 1971; H. Hoffmann, Hugo Grotius, in: M. Stolleis (Hg.), Staatsdenker im 17. und 18. Jahrhundert, 1988[2]; N. Konegen, Zum Staatsverständnis von Hugo Grotius, 1988; E. Tießler-Marenda, Einwanderung und Asyl bei Hugo Grotius, 2002.

H

HABERMAS, JÜRGEN: der deutsche Philosoph wurde am 18. 6. 1929 in Düsseldorf geboren. Er studierte Philosophie, Geschichte und Psychologie in Göttingen, Zürich und Bonn. 1954 promovierte er in

Bonn bei E. Rothacker über »Das Absolute und die Geschichte. Von der Zwiespältigkeit in Schellings Denken«. Von 1956 bis 1959 war er Assistent Th. W. Adornos am Institut für Sozialforschung in Frankfurt am Main. 1961 habilitierte sich Habermas bei W. Abendroth in Marburg mit der Arbeit »Strukturwandel der Öffentlichkeit«. Von 1961 bis 1964 war er Professor für Sozialphilosophie in Heidelberg, von 1964 bis 1971 Professor für Philosophie und Soziologie in Frankfurt am Main. 1971 verließ er die Universität und wurde Direktor am »Max-Planck-Institut zur Erforschung der Lebensbedingungen der wissenschaftlich-technischen Welt« in Starnberg. 1982 kehrte er an die Frankfurter Universität zurück und lehrte dort bis zu seiner Emeritierung 1994 Philosophie. Habermas beteiligte sich an vielen wichtigen politischen Diskussionen in der Bundesrepublik. In den sechziger Jahren trug er Kontroversen mit führenden Vertretern der studentischen Protestbewegung aus, in den achziger Jahren löste er den sog. »Historikerstreit« aus.

Habermas ist einer der führenden Repräsentanten der *kritischen Gesellschaftstheorie*. Sein Ziel ist es, die Grundlagen einer solchen Theorie darzulegen. Dabei knüpft er an die Tradition der sog. »Frankfurter Schule« (Th. W. Adorno, M. Horkheimer, H. Marcuse u. a.) an.

Zentral ist für Habermas der Begriff der *Vernunft*. Er unterscheidet zwei Formen der Vernunft: die *instrumentelle* und die *kommunikative*. Die instrumentelle Vernunft äußert sich in Vergegenständlichung und Beherrschung der Natur und des Menschen. Hier werden Natur und Mensch zu Mitteln, die für bestimmte – z. B. ökonomische – Zwecke benutzt werden.

Die kommunikative Vernunft kommt in einer auf *Argumentation* basierenden *Verständigung* der Gesprächspartner zum Ausdruck. Konflikte sollen nicht mittels Gewalt, sondern mittels *Kommunikation*, in der Begründungen und Rechtfertigungen von Aussagen vorgenommen werden, gelöst werden.

Ziel der menschlichen Kommunikation ist also Verständigung. Habermas untersucht in seinem Hauptwerk »Theorie des kommunikativen Handelns« (2 Bde., 1981) die universalen, d. h. allgemeingültigen, Bedingungen möglicher Verständigung. Seine kommunikationstheoretische Position wird als *Universalpragmatik* (auch »formale Pragmatik«) bezeichnet. Sie bildet für ihn die wichtigste Grundlage der Gesellschaftstheorie.

Verständigung kann nur auf der Basis der Anerkennung von *Geltungsansprüchen* erfolgen. Wenn wir uns verständigen wollen und in der sprachlichen Kommunikation Äußerungen machen, dann erheben wir immer schon bestimmte Geltungsansprüche. Habermas unterscheidet vier solcher Ansprüche: *Wahrheit*, *Richtigkeit*, *Wahrhaftigkeit* und *Verständlichkeit*. Der erste Geltungsanspruch betrifft das Verhältnis zwischen einer Äußerung und der Welt, der zweite das zwischen Sprecher und Adressaten, der dritte das Verhältnis des Sprechers zu sich selbst und der vierte die Art und Weise der Formulierung einer Äußerung. Anders formuliert: Mit dem ersten Geltungsanspruch wird der Weltbezug, mit dem zweiten der Adressatenbezug, mit dem dritten der Sprecherbezug (Selbstbezug) hergestellt. Mit dem letzten Geltungsanspruch wird die Wohlgeformtheit von sprachlichen Äußerungen gesichert.

Wichtig für Habermas ist die Unterscheidung zwischen *kommunikativem Handeln* und *Diskurs*. Im kommunikativen Handeln setzen wir die Geltungsansprüche naiv voraus. Hier werden handlungsbezogene Erfahrungen (Informationen) ausgetauscht. Im Diskurs werden die im kommunikativen Handeln strittig gewordenen Geltungsansprüche thematisiert und überprüft. Der Diskurs dient demnach der Begründung und Rechtfertigung von problematisierten Geltungsansprüchen.

Ziel des Diskurses ist ein *Konsens*, d. h. eine Übereinstimmung zwischen den Kommunikationsteilnehmern. Eine Äußerung ist dann wahr, wenn die Teilnehmer des Diskurses ihr zustimmen, sie *akzeptie-*

ren. Ein Konsens in einem Diskurs kann nur unter bestimmten Bedingungen erreicht werden. Die Teilnehmer müssen sich an bestimmte Regeln der Argumentation halten, um wahre und gültige Aussagen aufzustellen. Sie müssen vor allem bereit sein, ihre Äußerungen zu begründen und zu rechtfertigen. Der Konsens kann nur unter der Idee eines »herrschaftsfreien Diskurses« bzw. in einer »idealen Sprechsituation« erreicht werden.

Habermas untersucht demnach nicht faktische, im Alltag vorkommende, sondern ideale Voraussetzungen der Kommunikation. In der idealen Sprechsituation wird jede Verzerrung der Kommunikation ausgeschaltet, Handlungszwänge werden außer Kraft gesetzt und es wird Erfahrungsfreiheit gesichert. Auf diese Weise soll sich einzig das »bessere Argument« durchsetzen.

Habermas bestimmt Gesellschaft zweistufig als *Lebenswelt* und *System*. Lebenswelt (Welt des Alltags) bezeichnet erstens ein Hintergrundwissen, das als Grundlage der Kommunikation und der Verständigungsprozesse aufzufassen ist. Des weiteren bezeichnet sie die Gesamtheit alltäglicher Überzeugungen, Handlungen und Praktiken, die dem kommunikativen Handeln zugrunde liegen.

In der Lebenswelt werden Handlungen über das Medium *Sprache* koordiniert, in den formal organisierten Systemen Ökonomie und Administration über *Geld* und *Macht*. Kennzeichen der sozialen Entwicklung ist die Ausdifferenzierung der Systeme aus der Lebenswelt.

Habermas gehört zu den am meisten diskutierten Philosophen und Soziologen der Gegenwart.

Weitere Werke von Habermas: Theorie und Praxis, 1963; Erkenntnis und Interesse, 1968; Zur Logik der Sozialwissenschaften, 1970; Theorie der Gesellschaft oder Sozialtechnologie (mit N. Luhmann), 1971; Zur Rekonstruktion des Historischen Materialismus, 1976; Moralbewusstsein und kommunikatives Handeln, 1983; Der philosophische Diskurs der Moderne, 1985; Die neue Unübersichtlichkeit, 1985; Eine Art Schadensabwicklung, 1987; Nachmetaphysisches Denken, 1988; Die nachholende Revolution, 1990; Faktizität und Geltung, 1992; Die Normalität einer Berliner Republik, 1995; Die Einbeziehung des Anderen, 1996.

Literatur zu Habermas: H. Gripp, Jürgen Habermas, 1984; Th. McCarthy, Kritik der Verständigungsverhältnisse, 1980; R. Geuss, The Idea of Critical Theory, 1984 (dt. Die Idee einer kritischen Theorie, 1996); R. J. Bernstein (Hg.), Habermas and Modernity, 1985; A. Honneth u.a.

(Hg.), Zwischenbetrachtungen im Prozess der Aufklärung, 1989; W. Outhwaite (Hg.), The Habermas reader, 1996; A. Ulfig, Lebenswelt, Reflexion, Sprache, 1997; P. Dews (Hg.), Habermas, 1999; D. Horster, Jürgen Habermas zur Einführung, 2001[2]; W. Reese-Schäfer, Jürgen Habermas, 2001[3]; A. Honneth (Hg.), Kommunikatives Handeln, 2002[3]; W. Jäger, Jürgen Habermas, 2003; R. Wiggershaus, Jürgen Habermas, 2004.

HAMANN, JOHANN GEORG: der deutsche Philosoph und Schriftsteller wurde am 27. 8. 1730 in Königsberg (Ostpreußen) geboren. Er

studierte ohne Abschluss Theologie, Jura, Philosophie, Philologie und Naturwissenschaften. Nach dem Studium arbeitete er für eine Handelsfirma, in deren Auftrag er 1757 nach London reiste. Dort hatte er nach einer Bibellektüre ein Erweckungserlebnis. Seit 1767 arbeitete er als Beamter im Dienste der preußischen Zollverwaltung in Königsberg. Hamann, der »Magus des Nordens« genannt wurde, nahm aktiv am geistigen Leben seiner Zeit teil. Er war befreundet mit I. Kant, M. Mendelssohn, J. G. Herder und F. H. Jacobi. Er starb am 21. 6. 1788 in Münster (Westfalen).

Hamann ist ein prominenter *Kritiker der rationalistischen Aufklärungsphilosophie*. Er lehnt die Herrschaft der »reinen« Vernunft, die das Sinnliche, Emotionale und Körperliche ausschließt, ab. Nicht das rein verstandesmäßige Erkennen, sondern *sinnliche Erfahrung* und *Gefühl* sind Grundlagen der Welterfassung und des Weltverständnisses. Dementsprechend wird das Abstrakte und Allgemeine zugunsten des Konreten und Einzelnen (Individuellen) abgelehnt.

Das Denken unterliegt ständiger Veränderung. Daher kann es keine für alle Zeiten gültigen Kategorien des Denkens geben. Auch die Vernunft ist etwas Geschichtliches; die Grundzüge der Vernunft gelten nur vorläufig.

Eine tragende Rolle spielt für Hamann die *Sprache*. Sie ist die Offenbarung Gottes in der Welt und in der Geschichte. Die gesamte Wirklichkeit, Natur und Geschichte, ist durch das Wort Gottes geschaffen. Der Mensch wird zum Menschen erst in der Sprache.

Das Denken vollzieht sich in sprachlichen Begriffen und sprachlichen Unterscheidungen. Denken ohne Sprache ist nicht möglich. »Vernunft ist Sprache« lautet ein Ausspruch Hamanns. Die *Poesie* ist dabei die »Muttersprache des Menschengeschlechts«. In ihr kommt das Wesen des Menschen am reinsten zum Ausdruck.

Hamann beeinflusste seine Zeitgenossen J. W. Goethe, F. H. Jacobi und J. G. Herder. Starke Impulse von Hamanns Philosophie empfingen F. W. J. Schelling, S. Kierkegaard, F. Schleiermacher und W. Dilthey.

Werke von Hamann: Biblische Betrachtungen eines Christen, 1758; Sokratische Denkwürdigkeiten, 1759; Kreuzzüge des Philologen, 1762; Golgatha und Scheblimini, 1784; Sämtliche Werke, I – VI, J. Nadler (Hg.), 1949-57.

Literatur zu Hamann: H. Herde, Johann Georg Hamann, 1971; R. Wild, Johann Georg Hamann, 1978; T. Kracht, Erkenntnisfragen beim jungen Hamann, 1981; G. Wohlfahrt, Denken der Sprache, 1984; H. Lindner, J. G. Hamann, 1988; J. C. O'Flaherty, J. G. Hamann, 1989; W. Ziesemer, Der Magnus im Norden, 1995; V. Hansen (Hg.), Johann Georg Hamann, 2001; O. Bayer, Vernunft ist Sprache, 2002; U. Moustakas, Urkunde und Experiment, 2003.

HARTMANN, NICOLAI: der deutsche Philosoph wurde am 20. 2. 1882 in Riga geboren. Er studierte zunächst Medizin in Dorpat, dann Philosophie und klassische Philologie in St. Petersburg und Marburg.

1907 folgte die Promotion in Marburg, 1909 die Habilitation ebendort. 1922 wurde Hartmann Professor für Philosophie in Marburg, 1925 in Köln, 1931 in Berlin und 1945 in Göttingen. Er starb am 9. 10. 1950 in Göttingen.

Hartmann ist der Begründer der sog. *Neuen Ontologie* (Ontologie = Seinslehre). Grundlage dieser Ontologie ist die alltägliche und wissenschaftliche Erfahrung, von der aus zu höheren Seinsschichten und Seinsprinzipien gelangt werden kann. Erkennen ist nach Hartmann im Gegensatz zu seinem Lehrer Cohen kein Erzeugen des Erkenntnisgegenstandes, vielmehr ist es ein *Erfassen* des unabhängig vom Erkennenden existierenden Gegenstands bzw. Gegenstandsbereichs.

Erkenntis wird als eine *Relation* zwischen dem erkennenden Seienden, dem *Subjekt*, und dem erkannten Seienden, dem *Objekt*, aufgefasst. Beide, Subjekt und Objekt, gehören zum Reich des Seienden. Hartmann zufolge gibt es einen Bereich des Seienden, der *an sich*, d. h. unabhängig vom erkennenden Subjekt, existiert. Das menschliche Erkennen hat Grenzen, die im Erkenntnisprozess erweitert werden können und hinter denen das »Irrationale« besteht.

Hartmann unterscheidet vier *Seinsschichten* der realen Welt: die physische, organische, seelische und geistige Schicht. Das Geistige hat wiederum drei Schichten: den personalen Geist, in dem die Individualität des einzelnen Menschen zum Ausdruck kommt, den objektivierten Geist, in dem sich die Haltung des Menschen, ein Objekt zum Erkenntnisgegenstand zu machen, äußert, und den objektiven Geist als die Gesamtheit der überindividuellen Kulturleistungen (Sprache, Kunst, Religion usw.).

Die einzelnen Schichten stellen eine Hierarchie dar. Die höheren Schichten bauen jedoch auf den niederen auf, z.B. die seelische auf der organischen. Innerhalb der Seinsschichten unterscheidet Hartmann drei *Seinsmodalitäten*: Wirklichkeit, Möglichkeit und Notwendigkeit. Die Ontologie ist für ihn eine *Kategorienlehre*. Für jede Seinsschicht arbeitet er Kategorien aus. Sie bilden die Wesensstruktur des Seienden.

In der Ethik knüpft Hartmann an das Konzept der *materialen Wertethik* von M. Scheler an. Werte stellen ideale Gebilde (ideales Sein) dar. Sie existieren unabhängig von der realen Welt, sind allgemeingültig und überzeitlich.

Werke von Hartmann: Grundzüge einer Metaphysik der Erkenntnis, 1921; Ethik, 1926; Das Problem des geistigen Seins, 1933; Zur Grundlegung der Ontologie, 1935; Möglichkeit und Wirklichkeit, 1938; Der Aufbau der realen Welt, 1940; Ästhetik, 1953.

Literatur zu Hartmann: H. Heimsoeth/R. Heiss (Hg.), Nicolai Hartmann, 1952; N. Hülsmann, Die Methode in der Philosophie Nicolai Hartmanns, 1959; H. M. Baumgartner, Die Unbedingtheit des Sittlichen, 1962; W. Bulk, Das Problem des idealen Ansich-Seins bei Nicolai Hartmann, 1971; A. J. Buch (Hg.),

Nicolai Hartmann, 1982; J. Stallmach, Ansichsein und Seinsverstehen, 1987; A. Grötz, Nicolai Hartmanns Lehre vom Menschen, 1989; M. Morgenstern, Nicolai Hartmann zur Einführung, 1997; W. Harich, Nicolai Hartmann, 2004.

HEGEL, GEORG WILHELM FRIEDRICH: der deutsche Philosoph wurde am 27. 8. 1770 in Stuttgart als Sohn eines Beamten geboren. Sein Elternhaus war protestantisch geprägt. Nach dem Besuch des Gymnasiums in Stuttgart studierte Hegel ab 1788 Theologie als herzoglicher Stipendiat des theologischen Stifts in Tübingen. Dort schloss er Freundschaft mit F. W. J. Schelling und F. Hölderlin. Nach Abschluss des Studiums wurde er 1793 Hauslehrer in Bern, 1797 – auf Vermittlung Hölderlins – in Frankfurt am Main. 1801 habilitierte er sich in Jena und hielt dort Vorlesungen als Privatdozent. Im selben Jahr erschien die Schrift »Differenz des Fichteschen und Schellingschen Systems der Philosophie«. 1807 veröffentlichte er sein erstes Hauptwerk »Phänomenologie des Geistes«. Im selben Jahr gab er seine Stelle an der Universität auf und wurde Redakteur der »Bamberger Zeitung«, 1808 Direktor des Gymnasiums in Nürnberg. Zwischen 1812 und 1816 erschien in drei Bänden sein zweites Hauptwerk »Wissenschaft der Logik«. 1816 erhielt Hegel eine Profes-

sur in Heidelberg und veröffentlichte 1817 eine zusammenfassende Darstellung seines Systems unter dem Titel »Encyclopädie der philosophischen Wissenschaften im Grundrisse«. 1818 übernahm er als Nachfolger von Fichte eine Professur an der Berliner Universität. 1821 erschien sein letztes großes Werk »Grundlinien der Philosophie des Rechts«. Hegel entfaltete mit seiner Lehrtätigkeit und seiner schriftstellerischen Tätigkeit große Wirkung und avancierte zum führenden Denker seiner Zeit. Seine Forschungen waren sehr breit angelegt. Er beschäftigte sich nicht nur mit Philosophie, sondern auch mit Theologie, Naturwissenschaften, Geschichts- und Rechtswissenschaften sowie mit Kunst und Literatur. Sein Anliegen war es, das gesamte Wissen der damaligen Zeit in sein System einzubeziehen, den damaligen Wissensstand zu reflektieren. Philosophie spielt für Hegel eine ganz besondere Rolle: Sie ist »ihre Zeit in Gedanken erfasst«. Er starb am 14. 11. 1831 in Berlin.

Hegel ist neben Fichte und Schelling der Hauptvertreter des *Deutschen Idealismus*. Seine Philosophie, die ein System (ein einheitliches und zusammenhängendes Lehrgebäude) darstellt, wird genauer als *objektiver* bzw. *absoluter Idealismus* bezeichnet.

Hegel stellt zunächst fest, dass die Wirklichkeit von *Gegensätzen* bestimmt ist, dem Gegensatz von Mensch und Natur, Mensch und Geschichte/Gesellschaft, Subjekt und Objekt, Allgemeinem und Besonderem usw. Ziel der Hegelschen Philosophie ist es, die in der Welt vorkommenden Gegensätze »aufzuheben«, sie miteinander zu »versöhnen«. Die gesamte Wirklichkeit soll eine *Einheit*, ein zusammenhängendes Ganzes bilden.

Das einheitliche Grundprinzip der gesamten Wirklichkeit ist der *Geist*. Er kommt in allen Bereich der Wirklichkeit zum Ausdruck; er »entäußert sich«. Nach Hegel hat der Geist einen prozessualen Charakter; er befindet sich in ständiger Bewegung und kommt erst in der Entwicklung zu sich selbst, d. h. er erkennt sich selbst im Durchgang durch bestimmte (immer höhere) Entwicklungsstufen. Anders formuliert: Der Geist gewinnt im Durchgang durch seine Entwicklungsstufen das Bewusstsein seines Selbst, sein Selbstbewusstsein.

Hegel unterscheidet drei Entwicklungsstufen des Geistes: Er äußert sich im einzelnen Menschen als *subjektiver Geist*; der einzelne Mensch (das Individuum) entwickelt sich von einem durch die Natur bestimmten Wesen zu einem selbstständigen, selbstbestimmenden und freien Subjekt. Auf der zweiten Stufe manifestiert sich der Geist als *objektiver Geist* in der Gesellschaft, genauer: in Moralität, Recht, Geschichte und Staat. Die Freiheit kann sich nur in sozialen Gebilden verwirklichen. Die höchste Entwicklungsstufe des Geistes stellt der *absolute Geist* dar. Erst auf dieser Stufe erkennt sich der Geist als das Absolute, d. h. als frei, von nichts Fremdem abhängig und unbedingt. Dieses Erkennen bezeichnet Hegel als »absolutes Wissen«.

Das Absolute kommt in drei Bereichen zum Ausdruck: Es wird in der *Kunst* angeschaut, in der *Religion* mittels Offenbarung vorgestellt und in der *Philosophie* als Begriff gedacht.

Zentral für Hegels Philosophie ist der Begriff der *Dialektik*. Er bezeichnet nicht nur eine Methode des

Denkens, sondern auch die Bewegung der gesamten Wirklichkeit. Die Struktur des Denkens (seine Grundbestimmungen) ist mit der Struktur der äußeren Wirklichkeit (ihren Grundbestimmungen) identisch. Man spricht hier auch von der *Identität von Denken und Sein.*

Die Dialektik ist demgemäß die Bewegung des menschlichen Denkens und zugleich die der äußeren Wirklichkeit (sowohl der Natur als auch der Geschichte). Dies widerspricht der Kantischen Auffassung, wonach unser Denken der äußeren Wirklichkeit ihre Form, ihren Sinn und ihre Geltung verleiht.

Dialektik ist die *Vermittlung* zwischen den Gegensätzen. Durch diese Vermittlung werden Gegensätze bzw. Widersprüche aufgelöst und zu einer höheren Einheit gebracht. Aus jeder Setzung (Thesis) geht ein Gegensatz (Antithesis) hervor. Beide, Setzung und Gegensatz, werden auf einer höheren Ebene bzw. in einer höheren Einheit (Synthesis) aufgehoben.

Die dialektische Bewegung des Geistes äußert sich in allen Bereichen der Wirklichkeit, so z. B. in der *Geschichte.* In den »Vorlesungen über die Philosophie der Geschichte« (1837) wird Geschichte als ein Prozess der Selbstbewusstwerdung und Selbstentfaltung des Geistes aufgefasst. Sie stellt einen *Fortschritt* von niederen zu höheren Stufen des Geistes dar. Auf jeder Stufe kommt etwas qualitativ Neues hinzu. Fortschritt heißt für Hegel vor allem die Erlangung immer größerer Freiheit. Er spricht von dem »Fortschritt im Bewusstsein der Freiheit«.

In der Geschichte herrscht die *Vernunft.* Sie »sorgt« dafür, dass sich die Geschichte im Sinne des Fortschritts entwickelt (»List der Vernunft«).

Die *Weltgeschichte* besteht aus vier großen Perioden: der orientalen, griechischen, römischen und germanischen Welt. In der orientalen Welt kennt man nur einen Freien, den despotischen Herrscher. In der griechischen und römischen Welt ist es eine Gruppe von Menschen, die Bürger, die Freiheitsprivilegien für sich in Anspruch nehmen können. Erst bei den germanischen Völkern ist unter dem Einfluss des Christentums der Mensch als Mensch frei.

Die Weltgeschichte äußert sich in den Taten großer historischer Persönlichkeiten (z. B. Alexander, Cäsar, Napoleon); in ihrem Handeln kommt der Weltgeist zum Ausdruck, es wird von ihm geleitet. Große historische Persönlichkeiten sind Werkzeuge des Geistes.

Für Hegel stellt der *Staat* die höchste und vorläufig letzte Stufe des Weltgeistes und damit der Weltgeschichte dar. Hegel bemerkt, dass die Interessen der einzelnen Bürger und die des Staates auseinandergehen. Der Einzelne strebt nach Freiheit und nach größtmöglicher Entfaltung seiner Person. Die Aufgabe des Staates ist es, die Mannigfaltigkeit der Interessen, Vorstellungen und Lebensformen der Bürger zu regeln und unter einen Hut zu bringen. Dies geschieht in der Rechtssprechung.

Hegel unterscheidet zwischen *Moralität* und *Sittlichkeit*. Die Moralität betrifft nur das persönliche Wollen und Handeln des Einzelnen. Er folgt alleine seinem eigenen Willen und seiner eigenen Vernunft. Sittlichkeit bezeichnet dagegen das gemeinschaftsbildende Wollen und Handeln. Das Wollen und Handeln des Einzelnen soll in die Rechtsverhältnisse des Staates eingebunden und im Idealfall in diesen Rechtsverhältnissen verwirklicht werden. Das Gute wäre dann der rechtlich gesicherte Zustand und nicht der subjektive Wille des Einzelnen.

Auch in der *Kunst* äußert sich der absolute Geist. In den »Vorlesungen über die Ästhetik« (1835-1838) behauptet Hegel, dass das Kunstwerk ein versöhnendes Mittelglied zwischen dem Sinnlich-Konkreten und dem nur dem Denken zugänglichen Unendlichen ist. Das *Kunstschöne* wird als das »sinnliche Scheinen der Idee« aufgefasst. Hegel stellt fest, dass der »Gedanke« und die »Reflexion« die schöne Kunst »überflügelt« haben.

Die Kunst war in der griechischen Welt das Medium, in dem der Geist angemessen dargestellt werden konnte. Anders ausgedrückt: In der griechischen Welt fand die Kunst ihren höchsten Ausdruck. In der Neuzeit kann nur die Philosophie – das Denken, das sich in Begriffen vollzieht – den Geist angemessen darstellen.

Hegels Philosophie ist immer wieder Gegenstand breit angelegter Diskussionen gewesen. Nach seinem Tod spalteten sich seine Anhänger in die sog *Rechts-* bzw. *Althegelianer* (u.a. F. F. Göschel, G. Gabler, C. E. Michelet und H. F. Hinrichs) und die sog. *Links-* bzw. *Junghegelianer* (u.a. B. Bauer, M. Stirner, A. Ruge, D. F. Strauß, L. Feuerbach und K. Marx). Besonders hervorzuheben ist Hegels Einfluss auf Marx und Engels, die sich als seine eigentlichen Erben verstanden haben, sowie auf unterschiedliche marxistische Denker (G. Lukács, K. Korsch, E. Bloch und die Vertreter der sog. »Frankfurter Schule« Th. W. Adorno, M. Horkheimer, E. Fromm, H. Marcuse und J. Habermas). Von Hegels Philosophie empfing der Existentialismus (vor allem S. Kirkegaard und J.-P. Sartre) wichtige Anregungen. Und nicht zuletzt ist sein Einfluss auch in der Hermeneutik (u.a. bei W. Dilthey und H.-G. Gadamer) deutlich erkennbar.

Weitere Werke von Hegel: Sämtliche Werke, Jubiläumsausgabe, 20 Bde., H. Glockner (Hg.), 1927-40.

Literatur zu Hegel: K. Rosenkranz, Georg Wilhelm Friedrich Hegels Leben, 1844; W. Dilthey, Die Jugendgeschichte Hegels, 1905; H. Marcuse, Hegels Ontologie und die Theorie der Geschichtlichkeit, 1932; K. Löwith, Von Hegel zu Nietzsche, 1941; I. Fetscher (Hg.), Hegel in der Sicht der neueren Forschung, 1973; C. Taylor, Hegel, 1978; G. Günther, Grundzüge einer neuen Theorie des Denkens in Hegels Logik, 1978²; D. Henrich (Hg.), Kant oder Hegel?, 1983; V. Hösle, Hegels System, 2 Bde., 1987; P. Stekeler-Weithofer, Hegels Analytische Philosophie, 1992; J. Hartnack, Hegels Logik, 1995; G. Gamm, Der deutsche Idealismus, 1997; M. Gessmann, Hegel, 1999; H. Schnädelbach, Hegel zur Einführung, 2001²; H. F. Fulda, Georg Wilhelm Friedrich Hegel, 2003.

HEIDEGGER, MARTIN: der deutsche Philosoph wurde am 26. 9. 1889 in Meßkirch (Baden) geboren. Er studierte seit 1909 katholische Theologie und Philosophie in Freiburg i. Br. 1913 promovierte er bei A. Schneider mit der Dissertation »Die Lehre vom Urteil im Psychologismus«, 1916 habilitierte er bei H. Rickert mit der Arbeit »Die Kategorien- und Bedeutungslehre des Duns

Scotus«. Von 1916 bis 1923 unterrichtete er als Privatdozent Philosophie in Freiburg. 1920 wurde er dort Assistent von E. Husserl, dem Begründer der Phänomenologie. 1923 erhielt Heidegger eine Professur für Philosophie in Marburg. Dort hielt er Vorlesungen, die ihm als Grundlage für sein Hauptwerk »Sein und Zeit« (erschienen 1927) dienten. 1928 wurde er als Nachfolger Husserls auf den Lehrstuhl für Philosophie der Universität Freiburg berufen. 1933/34 engagierte sich Heidegger als Mitglied der NSDAP und als Rektor der Freiburger Universität für die Umgestaltung des universitären Lebens. Dafür erhielt er auf Anweisung der französischen Besatzungsbehörden von 1945 bis 1951 Lehrverbot. 1952 wurde Heidegger emeritiert, veranstaltete aber noch Seminare und hielt zuweilen Vorträge. Er starb am 26. 5. 1976 in Freiburg.

Heidegger ist der Begründer der *Fundamentalontologie*. Er wird auch als einer der wichtigsten Repräsentanten des Existentialismus betrachtet, obwohl er diesen Namen als Bezeichnung für seine Philosophie ablehnte.

In seinem Hauptwerk »Sein und Zeit« stellt Heidegger die Grundfrage nach dem *Sinn von Sein*. Diese Frage hat ihm zufolge Vorrang vor anderen philosophischen Fragen. In allem Erkennen, Verstehen, Aussagen, Verhalten usw. wird von »›Sein‹ Gebrauch gemacht«. Nur der Mensch ist in der Lage, die Frage nach dem Sinn von Sein zu stellen und zu verstehen – nur der Mensch hat ein *Seinsverständnis*.

Das menschliche Sein bzw. der einzelne Mensch wird von Heidegger als *Dasein* bezeichnet. Um die Frage nach dem Sinn von Sein zu beantworten, muss zunächst das Dasein analysiert werden. Die *Daseinsanalytik* wird auch als Fundamentalontologie (von lat. »fundamentum«, »Grundlage«, und von griech. »ontologia«, »Lehre vom Sein«) bezeichnet. Sie ist die Ontologie des menschlichen Seins.

Heidegger lehnt die strikte Trennung von Ich und Welt bzw. Subjekt und Objekt ab. Das Dasein ist kein Ich, das der Welt gegenübersteht. Es ist immer schon *in* der Welt. Das *In-der-Welt-sein* ist die »Grundverfassung des Daseins«. Das Dasein – der konkrete Mensch in all seinen Weltbezügen – ist in die Welt eingebunden, mit ihr vertraut und auf sie angewiesen. Es bildet eine ursprüngliche Einheit von Ich/ Subjekt und Welt/Objekt. Demgegenüber ist die strikte Trennung von Ich/Subjekt und Welt/Objekt ein philosophischer Kunstgriff, eine Abstraktion von der ursprünglichen Einheit.

Das Dasein kann sich zu Dingen in der Welt auf zweierlei Weise – in zwei Modi – verhalten. Im Modus der *Zuhandenheit* ist ihm ein Ding (Zeug) unmittelbar vertraut; es geht mit ihm in besorgender Weise um. Ein Handwerker geht z. B. mit seinem Hammer in vertrauter Weise um. Dieser Modus kennzeichnet den vorwissenschaftlichen und vortheoretischen, also den alltäglichen Umgang mit Dingen.

Im Modus der *Vorhandenheit* sind dem Dasein die Dinge aus dem alltäglichen, besorgenden Bewandtniszusammenhang herausgerissen; sie werden zu Gegenständen bzw. zu Objekten einer theoretischen oder quasi-theoretischen Betrachtungsweise. Ein Naturwissenschaftler z. B. betrachtet Dinge in der Natur als vorhandene Gegenstände.

Das Dasein verhält sich auch zu sich selbst; es hat ein Verständnis seiner selbst; es geht ihm um es selbst. Das Selbstverständnis des Daseins wird auch als das existenzielle Verständnis bezeichnet. Das Wesen des Daseins liegt in seiner *Existenz*: »Dasjenige Sein selbst, zu dem als seinem eigenen das Dasein sich so oder so verhalten kann und immer irgendwie verhält, nennen wir Existenz«. In seinen späteren Werken bezeichnet Heidegger mit Ek-sistenz die Offenheit des Menschen für die Wahrheit des Seins.

Die Wesensmerkmale des Daseins werden von Heidegger als *Existenzialien* bezeichnet. Sie werden von den Wesensmerkmalen des nichtmenschlichen, nicht-daseinsmäßigen Seienden, den »Kategorien«, abgegrenzt. Zu den wichtigsten Existenzialien gehören: Sorge, Angst, Befindlichkeit, Stimmung, Verstehen, Rede und Zeitlichkeit.

Besonders hervorzuheben ist die Bedeutung der *Sorge*. Dieses Existenzial bezeichnet das Dasein in seiner Einheit und Ganzheit. Zu den Strukturmomenten der Sorge zählt Heidegger: 1) das Sich-Vorweg-sein; das Dasein entwirft sich gemäß seinen Möglichkeiten; 2) das Schonsein-in; das Dasein ist in eine Welt geworfen; 3) das Sein-bei; das Dasein ist mit der Welt immer schon vertraut. Das Verhältnis des Daseins zur Umwelt wird »Besorgen«, zum Mitmenschen »Fürsorge«, zu sich selbst »Sorge um Selbst« genannt. Erst aus dem Rückgang auf die Zeitlichkeit des Daseins wird der Sinn der Sorge verstanden.

Im Mittelpunkt der Daseinsanalytik steht die Analyse des *Todes* (»Todes-Analytik«). Der einzelne Mensch kann sich zum Tod auf zweierlei Weise verhalten. Verhält er sich in der Weise des *Man*, d. h. im Modus des Gewöhnlichen und Durchschnittlichen, so hat er ein *uneigentliches* Verhältnis zum Tod. Er meidet den Gedanken an den Tod, weicht einer Auseinandersetzung mit dem eigenen Tod aus. Er denkt: »Man stirbt am Ende auch einmal, aber zunächst bleibt man selbst unbetroffen«. Der Tod erscheint dem uneigentlich Lebenden als etwas Unbestimmtes und Unpersönliches, als etwas, was ihn selbst zunächst nicht betrifft.

Anders sieht das *eigentliche* Verhältnis zum Tode aus. Der Einzelne setzt sich hier mit der Möglichkeit des Todes auseinander. Sie ist die *äußerste* Möglichkeit seines Lebens, die Grenze aller seiner Ziele und Pläne. Durch die gedankliche Vorwegnahme des eigenen Todes, durch das »Vorlaufen in den Tod«, wird dem Einzelnen seine Begrenztheit, Vergänglichkeit, aber auch seine Einzigartigkeit bewusst. Es wird ihm bewusst, dass er sterben muss und dass sein Tod jederzeit eintreten kann. Er weiß, dass er nicht unbegrenzt viel Zeit hat, um seine Pläne zu verwirklichen. Er entscheidet sich daraufhin, in der ihm verbliebenen Zeit etwas, was für ihn wichtig ist, zu tun, die von ihm gewählten Möglichkeiten zu verwirklichen. Er versucht, ein eigentliches Leben zu führen.

Eine wichtige Rolle im Verhältnis des Einzelnen zum Tod spielt die Befindlichkeit der *Angst*. Während die Furcht auf ein bestimmtes Objekt bezogen ist, ist das »Wovor« der Angst unbestimmt. Es ist das *Nichts*. Denkt der Einzelne an den eigenen Tod, so steht er vor dem Nichts. Dies führt zum Zusammenbruch der bisherigen Denk- und Lebensgewohnheiten.

Dem Einzelnen eröffnen sich neue Möglichkeiten zu denken und zu handeln. Er entwirft sich nach seinen Möglichkeiten vom Tod, d. h. von der *Zukunft*, her. Darin zeigt sich die zeitliche Struktur des Daseins. In der *Zeitlichkeit* gründet die ursprüngliche Einheit des Daseins als Sorge – sie ist der »Sinn der eigentlichen Sorge«. Zeit ist nicht das Aufeinanderfolgen von Jetzt-Punkten, sondern der Horizont des Selbst- und Seinsverständnisses.

Während in »Sein und Zeit« das menschliche Dasein eine aktive Rolle spielt (es entwirft sich gemäß seinen Möglichkeiten und es ermöglicht ein Seinsverständnis), tritt es in Heideggers Spätphilosophie (nach der sog. »Kehre«) in den Hintergrund. Das wesentliche Seinsdenken wird nicht als eine Leistung des Daseins, sondern als das »Ereignis des Seins« aufgefasst. Der Sinn von Sein kann sich dem Menschen, der in der »Lichtung des Seins« steht, zusprechen, und zwar in den epochalen »Schickungen« der »Seinsgeschichte«, d. h. in den Werken großer Denker (Philosophen, Wissenschaftler, Religionsstifter und Künstler).

In seiner Spätphilosophie kritisiert Heidegger das »vorstellend-berechnende Denken«, das am deutlichsten in der modernen *Technik* zum Ausdruck kommt. Mit der modernen Technik sind Ansprüche auf die totale Machbarkeit, Verfügbarkeit und Beherrschbarkeit verbunden.

Heidegger plädiert für eine andere Haltung zur Welt, die sich durch *Offenheit* und *Gelassenheit* auszeichnet. Nicht das Wollen im Sinne des Beherrschens, sondern das Wollen des Nicht-Wollens ist das Kennzeichen der Gelassenheit. Zu ihr gehört einerseits das Ablassen vom willentlichen Streben nach etwas, andererseits das Sicheinlassen auf etwas.

Der Mensch öffnet sich einem Erfahrungsbereich, der ihm vorher verschlossen war. Er lässt sich auf das Offene ein, aus dem her sich ihm etwas zusprechen kann. In der Gelassenheit überlässt er sich dem Geschehen der Offenheit. Die Offenheit ist ein Raum, in dem sich dem Menschen etwas zuspricht, ein Raum, in dem sich die *Wahrheit* des Seins als »Unverborgenheit« (so übersetzt er das griechische Wort »aletheia«) ereignet.

Auf das Seins- bzw Wahrheitsgeschehen hat der Mensch letztlich keinen Einfluss. Er kann sich nur auf den Zuspruch der Wahrheit vorbereiten, d. h. sich in Gelassenheit üben. Mit der Gelassenheit gewinnt der Mensch ein anderes Verhältnis zur Welt. Er lässt sich von der Welt, von den Dingen ansprechen und richtet nicht alles nach seinen Vorstellungen und seinem Willen.

Heidegger gehört zu den bedeutendsten Philosophen des 20. Jh. Er beeinflusste maßgeblich folgende philosophische Strömungen: Phänomenologie (L. Landgrebe, E. Fink, W. Marx), Hermeneutik (H.-G. Gadamer, O. Pöggeler), Existentialismus (J.-P. Sartre, K. Jaspers, G. Marcel), Marxismus (G. Lukács, H. Marcuse), Erlanger Konstruktivismus (W. Kamlah, P. Lorenzen, C. F. Gethmann) und Postmoderne (J. Derrida, M. Foucault, J.-F. Lyotard, P. Sloterdijk).

Weitere Werke von Heidegger: Kant und das Problem der Metaphysik, 1929; Was ist Metaphysik? 1929; Erläuterungen zu Hölderlins Dichtung, 1944; Platons Lehre von der Wahrheit. Mit einem Brief über den Humanismus, 1947; Holzwege, 1950; Was heißt Denken? 1954; Der Satz vom Grund, 1957; Identität und Differenz, 1957; Gelassenheit, 1959; Unterwegs zur Sprache, 1959; Nietzsche, 2 Bde., 1961; Die Technik und die Kehre, 1962; Wegmarken, 1967; Zur Sache des Denkens, 1969; Heraklit (mit E. Fink), 1970; Gesamtausgabe, 1957ff.

Literatur zu Heidegger: K. Löwith, Heidegger, Denker in dürftiger Zeit, 1953; E. Tugendhat, Der Wahrheitsbegriff bei Husserl und Heidegger, 1967; W. Biemel, Martin Heidegger in Selbstzeugnissen und Dokumenten, 1973; C. F. Gethmann, Verstehen und Auslegung, 1974; F.-W. v. Herrmann, Subjekt und Dasein, 1974; W. Franzen, Martin Heidegger, 1976; O. Pöggeler (Hg.), Heidegger und die praktische Philosophie 1983; Ders., Der Denkweg Martin Heideggers, 1983; J. J. Kockelmans, On the Truth of Being, 1984; R. Wisser (Hg.), Martin Heidegger, 1987; C. F. Gethmann, Dasein: Erkennen und Handeln, 1993; D. O. Dahlstrom, Das logische Vorurteil, 1994; A. Ulfig, Lebenswelt, Reflexion, Sprache, 1997; Th. Rentsch (Hg.), Martin Heidegger, Sein und Zeit, 2001; G. Figal, Martin Heidegger zur Einführung, 2003[4]; O. Jahraus, Martin Heidegger, 2004.

HEISENBERG, WERNER: der deutsche Physiker wurde am 5. 12. 1901 in München geboren. Er studierte von 1920 bis 1923 Physik ebendort (bei A. Sommerfeld). 1923 promovierte er in München und wurde Assistent bei M. Born in Göttingen. 1924 habilitierte sich Heisenberg und ging als Stipendiat der Rockefeller-Stiftung zu N. Bohr, dem

Direktor des Instituts für theoretische Physik, nach Kopenhagen. 1926 wurde er sein Lektor und Hauptassistent. Die Zusammenarbeit beider Wissenschaftler gipfelte 1927 in der Entstehung der *Kopenhagener Deutung der Quantentheorie.* Bohr stellte das Komplementaritätsprinzip auf, Heisenberg formulierte die nach ihm benannte Unschärferelation. 1927 wurde Heisenberg Professor für theoretische Physik in Leipzig, 1932 erhielt er den Nobelpreis für seine Arbeiten zur Quantentheorie. 1941 bekam er eine Professur in Berlin und wurde Direktor des »Kaiser Wilhelm Instituts für Physik« in Berlin. 1945 baute Heisenberg mit anderen Wissenschaftlern im schwäbischen Haigerloch einen mit Natururan und mit schwerem Wasser moderierten Reaktor. Doch verfehlte er das Ziel einer sich selbst erhaltenden Kettenreaktion von Kernspaltungen, weil er nicht über genügend Uran verfügte. 1946 wurde Heisenberg Professor in Göttingen und Direktor des dort neugegründeten »Max-Planck-Instituts für Physik und Astrophysik«, das 1958 nach München übersiedelte. Er übernahm eine führende Rolle in der Forschungspolitik der jungen Bundesrepublik und setzte sich für internationale Zusammenarbeit auf dem Gebiet der grundlegenden Elementarteilchenphysik ein. Er war Mitbegründer und zeitweise Vorsitzender des wissenschaftlichen Ausschusses des Instituts für Atomphysik in Genf (CERN). 1957 unterzeichnete er den »Göttinger Appell«, in dem gegen den Bau von Atomwaffen in der Bundesrepublik aufgerufen wurde. Er starb am 1.2.1976 in München.

Heisenberg ist einer der bedeutendsten Physiker des 20.Jh. Er ist Mitbegründer der *Quantentheorie.* Er benutzte Matrizen zur Darstellung physikalischer Größen (vgl. »Über quantentheoretische Umdeutung kinematischer und mechanischer Beziehungen«, 1925). Heisenberg erkannte dabei, dass Ort und Impuls (Masse x Geschwindigkeit) eines Elektrons nicht gleichzeitig beliebig genau bekannt sein können. Daraufhin formulierte er die *Unschärferelation*, nach der zwei physikalische Größen, deren Produkt die Einheit *einer* Wirkung ist (Einheit des Planckschen Wirkungsquantums), nicht gleichzeitig mit beliebiger Genauigkeit messbar sind, unabhängig von der Güte der Messvorrichtung.

Versucht man eine Messapparatur derart zu konstruieren, dass jeweils eine Größe der Paare Ort und Zeit bzw. Energie und Zeit äußerst genau bestimmt ist, dann führt es unweigerlich zur Erzeugung einer größeren Unschärfe (Ungenauigkeit) der jeweiligen komplementären Größe im physikalischen System.

Nach Vollendung der Quantenmechanik als einer abgeschlossenen physikalischen Theorie wandte sich Heisenberg ihrer Erweiterung auf Systeme mit schnellen, energiereichen Atomteilchen zu und entwickelte mit W. Pauli die *Quantenfeldtheorie*. Mit seinen theoretischen Untersuchungen über Prozesse in der kosmischen Strahlung, die zunächst als die Hauptquelle neuer Elementarteilchen diente, und über die Struktur der Atomkerne gehört er zu den Begründern der *Hochenergiephysik*, in der die innerste Beschaffenheit der Materie untersucht wird.

Neben physikalischen Schriften verfasste Heisenberg eine Reihe philosophischer und populärwissenschaftlicher Bücher, in denen er sich mit den Grundlagen des modernen physikalischen Weltbildes beschäftigte (vgl. »Das Naturbild der heutigen Physik«, 1955). Seine Gedanken wirkten auf die von C.F. von Weizsäcker entwickelte Konzeption einer Einheit der Natur.

Weitere Werke von Heisenberg: Die physikalischen Prinzipien der Quantentheorie, 1930; Einführung in die einheitliche Feldtheorie der Elementarteilchen, 1967; Der Teil und das Ganze, 1972[4]; Wandlungen in den Grundlagen der Naturwissenschaften, 1973[10]; Schritte über Grenzen, 1977[4]; Physik und Philosophie, 1978[3].

Literatur zu Heisenberg: F. Bopp (Hg.), Werner Heisenberg und die Physik unserer Zeit, 1961; H. Hörz, Werner Heisenberg und die Philosophie, 1966; H.P. Dürr (Hg.), Quanten und Felder, 1971; A. Hermann, Werner Heisenberg in Selbstzeugnissen und Bilddokumenten, 1994[6]; D.C. Cassidy, Werner Heisenberg, 2001[2]; E.P. Fischer, Werner Heisenberg, 2001; G.W. Buschhorn (Hg.), Fundamental physics – Heisenberg and beyond, 2004.

HELMHOLTZ, HERMANN VON: der deutsche Mediziner, Mathematiker, Physiologe und Physiker wurde am 31. 8. 1821 in Potsdam geboren. Von 1838 bis 1842 studierte er Medizin in Berlin. Von 1843 bis 1848 war er Militärarzt in Potsdam. 1849 erhielt er eine Professur für Physiologie in Königsberg. Von 1855 bis 1858 war er Professor für Anatomie und Physiologie in Bonn, von 1858 bis

1871 Professor für Physiologie in Heidelberg. Ab 1871 lehrte er als Professor für Physik in Berlin. Von 1888 bis zu seinem Tod am 8. 9. 1894 in Berlin war er Präsident der neu gegründeten »Physikalisch-Technischen Reichsanstalt«.

Helmholtz ist einer der wichtigsten Vertreter der *mechanisch-physikalischen Deutung der Natur* im 19. Jh. Er wandte sich gegen den damals populären Vitalismus, dem zufolge das organische Leben nicht vollständig durch physikalische Vorgänge, sondern auch durch nicht physikalische Lebenskräfte bestimmt wird.

1847 formulierte er den *Satz von der Erhaltung der Energie*, wonach die Gesamtenergie eines Systems durch Prozesse, die innerhalb dieses Systems stattfinden, nicht verändert wird. Er übertrug diesen Satz von der Mechanik auf alle physikalischen Gebiete.

Die *Physik* sollte die Grundlage der Physiologie bilden. Helmholtz lieferte wichtige Beiträge zur physiologischen Optik, Akustik, Hydrodynamik, Thermodynamik und Meteorologie. Auch seine Arbeiten zur geometrischen Axiomatik wurden kontrovers diskutiert.

Helmholtz lehnte entschieden die spekulative Philosophie des Deutschen Idealismus (Hegel, Fichte, Schelling) ab und schloss sich in seinen erkenntnistheoretischen Überlegungen an Kant an. Mit ihm unterschied er zwischen *Erscheinung* und *Gegenstand.*

Unsere Vorstellungen von den Dingen werden sowohl durch die Einwirkung der Dinge, die außerhalb und unabhängig von unserem Bewusstsein existieren, auf unsere Sinnesorgane als auch durch unsere geistige Tätigkeit gebildet.

Unser Erkenntnisapparat bestimmt die Form der Vorstellungen. Die Vorstellungen sind jedoch keine Abbilder der Dinge, sondern *Zeichen* bzw. Symbole von ihnen. In den Zeichen spiegelt sich die Gesetzmäßigkeit des Wirklichen wider.

Helmholtz setzt sich kritisch mit dem Apriorismus Kants auseinander, d. h. mit der Lehre, wonach es Erkenntnis gibt, die unabhängig von der sinnlichen Erfahrung ist. Er lehnt den apriorischen Status der Euklidischen Geometrie ab und greift zur Begründung der Geometrie auf den Distanzbegriff und die freie Beweglichkeit eines Messkörpers als Tatsache zurück.

Als Präsident der »Physikalisch-Technischen Reichsanstalt« setzte sich Helmholtz für die Ausbreitung der naturwissenschaftlichen Forschung ein.

Werke von Helmholtz: Über die Erhaltung der Kraft, 1847; Die Lehre von den Tonempfindungen als physiologische Grundlage für die Theorie der Musik, 1863; Populäre wissenschaftliche Vorträge, I-II, 1865-1876; Die Tatsachen in der Wahrnehmung, 1879; Schriften zur Erkenntnistheorie, P. Hertz/M. Schlick (Hg.), 1921; Philosophische Vorträge und Aufsätze, H. Hörz/S. Wollgast (Hg.), 1971.

Literatur zu Helmholtz: L. Goldschmidt, Kant und Helmholtz, 1899; H. Dingler, Hermann von Helmholtz und die Grundlagen der Geometrie, 1934; J. Hamm, Das philosophische Weltbild von Helmholtz, 1937; H. Ebert, Hermann von Helmholtz, 1949; D. Goetz (Hg.), Hermann von Helmholtz über sich selbst, 1966; H. Rechenberg, Hermann von Helmholtz, 1994; L. Krüger (Hg.), Universalgenie Helmholtz, 1994; W. U. Eckart (Hg.), Hermann von Helmholtz, 1996; H. Hörz, Naturphilosophie als Heuristik? 2000.

HELVÉTIUS, CLAUDE ADRIEN:

der französische Philosoph wurde am 26. 1. 1715 als Sohn eines Hofarztes in Paris geboren. Nach einer

Ausbildung am Jesuitenkolleg übernahm er 1738 die Stellung eines Steuerpächters. 1758 entstand sein Hauptwerk »De l'esprit« (dt. »Vom Geist«, 1760), das bald nach seinem Erscheinen verboten wurde. Helvétius wurde dazu gezwungen, sich von diesem Werk zu distanzieren. 1764 reiste er nach England, wo sein Werk mit großem Interesse diskutiert wurde. Nach der Rückkehr aus England wurde er dazu gezwungen, sein zweites Werk »De l'homme, de ses facutés intellectuelles et de son éducation« (1773; dt. »Vom Menschen, seinen geistigen Fähigkeiten und seiner Erziehung«, 1774) nicht zu veröffentlichen. Das Werk, das eine Ausarbeitung der ersten Arbeit ist, durfte erst nach seinem Tod erscheinen. Durch die Angriffe gegen seine Person tief erschüttert, starb er am 26. 12. 1771 in Paris.

Helvétius ist einer der bedeutendsten Denker der französischen *Aufklärung* und gehört neben Diderot und d'Alembert zu den prominentesten *Enzyklopädisten*. Ziel der Aufklärung ist es, die auf Tradition und staatliche sowie religiöse Autoritäten zurückgehenden Meinungen einer kritischen, sich an der menschlichen Vernunft orientierten Prüfung zu unterziehen und sie, falls sie der Prüfung nicht standhalten, zu berichtigen oder durch ganz andere Meinungen zu ersetzen. Der Grundsatz der Aufklärung besagt: Der einzelne Mensch soll sich seines Verstandes ohne die Leitung eines anderen Menschen bedienen.

Helvétius geht vom *Sensualismus* Lockes aus, einer Lehre, der zufolge die sinnliche Wahrnehmung die einzige Quelle der Erkenntnis ist. Locke schreibt: »Nihil est in intellectu, quod non prius fuerit in sensu« (dt. »Nichts ist im Verstande, was nicht vorher im Sinn ist«). Alle höheren geistigen Tätigkeiten werden aus der Sinneswahrnehmung abgeleitet. Die Hauptaufgabe des Geistes ist es, Beziehungen zwischen den unmittelbar oder im Gedächtnis gespeicherten Sinneseindrücken zu erkennen.

Nach Helvétius gibt es keine angeborenen Ideen oder Fähigkeiten. Der Mensch ist am Anfang seiner Entwicklung eine »tabula rasa« (eine »unbeschriebene Tafel«). Im Laufe seiner Entwicklung wird er durch unterschiedliche Unweltfaktoren (z. B. Erziehung) gebildet. »Die Menschen sind zu dem, was sie sind, nicht geboren, sondern geworden«.

Helvétius erkannte als einer der ersten, dass *praktische Interessen* unser Denken, den Erkenntnisprozess und den Wahrheitsbegriff, entscheidend beeinflussen (später wurde dies u. a. von K. Marx und J. Habermas behauptet).

Die *Eigenliebe* (der Egoismus), die sich im Streben nach persönlichem Nutzen und im Ehrgeiz äußert, ist die treibende Kraft des menschlichen Tuns und der gesellschaftlichen Entwicklung. Es stellt sich für Helvétius das Problem, wie individuelle Interessen und Interessen der Gemeinschaft zu einer harmonischen Einheit verbunden werden können. Anders ausgedrückt: Wie können individueller und kollektiver Nutzen zusammenfallen?

Die Förderung des individuellen Nutzens soll Helvétius zufolge zur Steigerung des Nutzen der Gemeinschaft führen. Diese Auffassung wird als *Utilitarismus* bezeichnet. Helvétius zeigt Möglichkeiten auf, wie der Egoismus in den Dienst der Gemeinschaft gestellt werden kann. Eine tragende Rolle spielt dabei die *Erziehung*. Die Ausbreitung der Bildung führt zur Stärkung des Gemeinsinns und damit des Gemeinwohls.

Die Unterschiede zwischen Menschen (z. B. die Unterschiede der Begabung) gründen nicht in Unterschieden der Veranlagung, sondern in den unterschiedlichen Umwelteinflüssen, denen Menschen ausgesetzt sind. Alle Unterschiede zwischen den Menschen werden auf Erziehung und Milieufaktoren zurückgeführt.

Helvétius war einer der ersten, die den Einfluss des Milieus auf die Entwicklung der Persönlichkeit erkannt haben. Gleichheit und freie Entfaltung der Persönlichkeit können nur durch die Veränderung von Milieufaktoren erreicht werden.

Der Egoismus soll mit Hilfe von Erziehungsprogrammen so gelenkt werden, dass die Befolgung von individuellen Interessen zur Steigerung des Gemeinwohls führt.

Helvétius ist ein radikaler *Atheist*. Religion ist ein Produkt des Menschen. Sie resultiert aus seinem Glücksstreben bzw. aus der Unzufriedenheit mit seinem Leben und aus Mangel an Glück.

Helvétius beeinflusste die Erkenntnistheorie der sog. Idéologues (P. J. G. Cabanis, A. D. de Tracy), den englischen Utilitarismus (J. Bentham und J. S. Mill). Erkennbar ist sein Einfluss auch bei L. Feuerbach und K. Marx.

Weitere Werke von Helvétius: Œuvres complètes, I – V, 1795; Philosophische Schriften, I – II, W. Krauss (Hg.), 1973/1976.

Literatur zu Helvétius: M. Grossman, The Philosophy of Helvétius, 1926; C. N. Momdshian, Helvétius, 1959; D. W. Smith, Helvétius, 1965; A. Keim, Helvétius, 1970; A. Tucek, Legitimierung pädagogischer Zielsetzungen bei den französischen Naturphilosophen La Mettrie und Helvétius, 1987; J. Bertheau, Hölderlins französische Bildung, 2003.

HERAKLIT: der griechische Philosoph lebte um 500 v. Chr. in Ephesos, einer Stadt an der Küste Kleinasiens. Er entstammte einem Königsgeschlecht, dessen Angehörige jedoch nur priesterliche Aufgaben ausübten. Man geht davon aus, dass Heraklit der Lehrer des Kratylos war, nach dem ein platonischer Dialog benannt ist. Von seinem Werk »Über die Natur« sind nur 130 Fragmente überliefert. Wegen seinem aphoristischen Darstellungsstil und seiner schwer verständlichen Sprache bekam er schon von antiken Kommentatoren den Beinamen »der Dunkle«.

Heraklit ist einer der prominentesten *Vorsokratiker*. Mit diesem Namen bezeichnet man eine Gruppe griechischer Philosophen in der Zeit vor Sokrates (ca. 600 – 450 v. Chr.). Sie sind die ersten abendländischen Philosophen. Sie fragen nach einem Urstoff, einem Prinzip bzw. Gesetz der gesamten Wirklichkeit, des Kosmos. Der Kosmos umfasst die Natur, auch den zu dieser Natur gehörenden Menschen. Von vielen Vorsokratikern – so auch von Heraklit – wird auch die soziale Welt, insbesondere die Politik, zum Kosmos gerechnet.

Entscheidend ist, dass sich die Vorsokratiker von der mythisch-religiösen Welterklärung abwenden. In dieser Welterklärung werden meist personifizierte Götter als »Prinzipien« der Wirklichkeit aufgefasst. Mythen (Erzählungen über Handlungen von Göttern) dienten den Menschen zur Erklärung des Weltgeschehens.

Die Vorsokratiker wenden sich gegen die mythische Welterklärung. Sie suchen nach nicht-göttlichen Stoffen, Prinzipien und Gesetzen. Auch Heraklit sucht nach einer Erklärung der Naturvorgänge und nach einem Grundstoff des Weltganzen, nach dem alles geordnet ist. Er nennt diese Welterklärung *Logos*. Im Gegensatz zum Mythos (Erzählung) ist Logos eine geordnete, begründete, von der Vernunft bestimmte Welterklärung.

Den Ur- bzw. Grundstoff, aus dem die Naturphänomene hervorgehen, nennt Heraklit *Feuer*. »Diese Welt … war immer und ist und wird immer sein ein ewig lebendiges Feuer nach Maßen sich entzündend und nach Maßen erlöschend«. An einer anderen Stelle erwähnt er den Blitz, der das Weltganze steuert. Er ist das »ewige Feuer«, das »alle Dinge regiert«.

Im Gegensatz zur statischen Weltauffassung seines Kontrahenten

Parmenides (das wahre Sein verändert sich nicht, Entstehen und Vergehen sind Schein) vertritt Heraklit eine *dynamische* Auffassung. Alles befindet sich in ständiger Bewegung: *panta rei* (dt. »alles fließt«). Es ist »unmöglich, zweimal in denselben Fluss zu steigen«, denn der Fluss und man selbst haben sich verändert. »Wer in denselben Fluss steigt, dem fließt anderes und wieder anderes Wasser zu«.

Das Prinzip des gesamten Weltgeschehens wird als *Kampf der Gegensätze* bestimmt. Entstehen und Vergehen aller Dinge gründen in diesem Kampf. »Der Kampf ist der Vater von allem, der König von allem«. Heraklit meint hier die Gegensätze von Leben und Tod, Tag und Nacht, Mann und Frau, Freiheit und Sklaverei.

Andererseits spricht Heraklit von einer Einheit dieser Gegensätze. Sie werden »zusammengeführt«, zu einer harmonischen Einheit zusammengebracht. Manche Gegensätze gehen ineinander über: »Das Kalte wird warm, Warmes kalt, Feuchtes trocken, Trockenes feucht«. Das *Werden* selbst wird von Heraklit als das Prinzip des Weltgeschehens aufgefasst.

Die sinnliche Wahrnehmung reicht nicht aus, um die Welt zu erkennen. Die wahre Beschaffenheit der Welt, ihr Prinzip, ist verborgen. Nur mittels der *Vernunft* kann diese Beschaffenheit erkannt werden. Menschen haben die Fähigkeit, vernünftig zu denken. Sie können nicht nur das Einzelne (Singuläre), sondern auch das Gemeinsame und Allgemeine erkennen.

Heraklit lehnt die Herrschaft der »dummen Masse« (Demokratie) ab und spricht sich für die Herrschaft der Wenigen, der Auserwählten (Aristokratie) aus. Nur wenige Menschen können die wahre Beschaffenheit der Welt erkennen. Die geistige Betätigung wird von Heraklit dem Streben nach Besitz und Reichtum vorgezogen.

Heraklits Gedanken haben im Laufe der Philosophiegeschichte immer wieder zu tiefgreifenden Kontroversen geführt. In der Antike setzten sich mit ihnen Platon und die Stoiker auseinander. Er ist der Vorbereiter des *dialektischen Denkens*, das seinen Höhepunkt bei Hegel, Marx und Engels erreicht hat. Nietzsche und Heidegger erhielten von Heraklit wichtige Impulse.

Werke von Heraklit: Die Vorsokratiker, W. Capelle (Hg.), 1968; Die Fragmente der Vorsokratiker, H. Diels/W. Kranz (Hg.), 1989[17].

Literatur zu Heraklit: F. Lassalle, Die Philosophie Herakleitos des Dunklen von Ephesos, 1858; F. Nietzsche, Die Philosophie im tragischen Zeitalter der Griechen, 1873; O. Gigon, Untersuchungen zu Heraklit, 1935; M. Heidegger/E. Fink, Heraklit, 1970; W. Röd, Die Philosophie der Antike I, 1976; K. Held, Heraklit, Parmenides und der Anfang von Philosophie und Wissenschaft, 1980; G. Neesse, Heraklit, 1982; R. Dilcher, Studies in Heraclitus, 1995; M. Thurner, Der Ursprung des Denkens bei Heraklit, 2001; J.-E. Pleines, Heraklit, 2002.

HERBART, JOHANN FRIEDRICH: der deutsche Philosoph, Psychologe und Pädagoge wurde am 4. 5. 1776 in Oldenburg geboren. Von 1797 bis 1800 arbeitete er als Hauslehrer in Bern, wo er J. H. Pestalozzi kennenlernte. 1802 war er Privatdozent für Philosophie und

Pädagogik in Göttingen, 1805 wurde er dort Professor. 1809 erhielt Herbart als Nachfolger von I. Kant eine Professur für Philosophie in Königsberg. 1833 übernahm er wieder eine Professur in Göttingen. Er starb dort am 14. 8. 1841.

Herbart ist einer der Hauptrepräsentanten des *Realismus* im 19. Jh. Seine Position entwickelte er in der Auseinandersetzung mit dem Idealismus Kants und Fichtes. Die Philosophie hat nach Herbart keinen eigenen Gegenstandsbereich. Sie ist also keine Wissenschaft neben anderen Wissenschaften, sondern stellt eine Methode dar. Ihre Aufgabe ist die »Bearbeitung der Begriffe«, die wir aus der Welt der Erfahrung gewinnen.

In seinem philosophischen Hauptwerk »Allgemeine Metaphysik, nebst den Anfängen der philosophischen Naturlehre« (2 Bde., 1828/29) bestimmt er Metaphysik als »Lehre von der Begreiflichkeit der Begriffe«. Die aus der Erfahrungswelt gewonnenen Begriffe weisen Lücken und Widersprüche auf. Sie müssen »ergänzt« werden. Herbart behandelt folgende Erfahrungsbegriffe: Eigenschaft, Veränderung, Bewegung und Ich.

Durch »Ergänzungsbegriffe« werden die Lücken und Widersprüche aufgehoben. Auf diese Weise kann von der Erscheinung zu dem hinter der Erscheinung liegenden Sein vorgedrungen werden. Herbart betont: »So viel Schein, so viel Hindeutung auf das Sein«. Das bedeutet, dass das Sein vorausgesetzt werden muss, da sonst nichts erscheinen könnte.

Um die Einheit der Erfahrungsbegriffe zu gewährleisten, muss zur Erscheinung eines Dinges notwendig ein ihm zugrundeliegendes Sein hinzugedacht werden. Die Seinseinheiten, die den einzelnen Erscheinungen zugrunde liegen, nennt Herbart *Reale*. Sie sind Träger von Eigenschaften und bilden sich selbst erhaltende Einheiten. Herbart greift hier auf die Leibnizsche Monadenlehre und auf die traditionelle Substanzlehre zurück.

In dem Werk »Psychologie als Wissenschaft, neu gegründet auf Erfahrung, Metaphysik und Mathematik« (2 Bde., 1824/25) formuliert Herbart die Grundzüge seiner *Psychologie*. Er lehnt die Existenz von angeborenen Ideen bzw. Vermögen ab. Ausgangspunkt und zentraler Gegenstand der psychologischen Forschung sind *innere Erfahrungen* des Menschen, d.h. innere Vorstellungen, ihre Bewegung und ihr Verhältnis zueinander. Herbart spricht auch von den innerlich wahrgenommenen »Tatsachen des Bewusstseins«.

Auch in der Psychologie müssen Ergänzungsbegriffe gebildet werden. Innerlich wahrgenommen werden zunächst einfache Vorstellungen. Um die Einheit des Bewusstseins zu gewährleisten, muss die Seele als »Reale« angenommen werden. Sie ist der Träger der Vorstellungen.

Herbart untersucht das Zusammenspiel der Vorstellungen. Hervorzuheben ist hierbei sein Begriff der »Hemmung«. Eine Vorstellung kann von einer anderen gehemmt, d.h. unter die »Schwelle des Bewußtseins« gedrängt werden. Wenn diese Hemmung beseitigt wird, kann die Vorstellung wieder auftauchen, d.h. wieder bewusst werden. Einen ähnlichen Gedanken findet man in der Freudschen Psychoanalyse.

Auch Gefühle und Willensakte entstehen aus dem Zusammenspiel der Vorstellungen. Herbarts Anliegen ist es, das Zusammenspiel der Vorstellungen in mathematischer Sprache (z.B. als Proportionsverhältnisse) auszudrücken.

Die Psychologie ist für ihn die Grundlage der Pädagogik, deren Grundzüge er in dem Werk »Allgemeine Pädagogik aus dem Zweck der Erziehung abgeleitet« (1806) darstellt. Der Zweck der Erziehung ist die »Charakterstärke der Sittlichkeit«. Sie besteht aus Zucht und Unterricht. Im Unterricht – dem Kern der Erziehung – sollen die Vorstellungen der Schüler geordnet und ihr Wissen bzw. ihre Wissensinteressen erweitert werden.

Die geordneten Vorstellungen sollen mit »praktischen Ideen« (Freiheit, Vollkommenheit, Wohlwollen, Recht, Billigkeit) in einen Zusammenhang gebracht werden. Auf diese Weise kann ein gefestigter

Charakter gebildet werden, der zur »Selbstnötigung« und zum sittlichen Handeln fähig wäre.

In der Psychologie wirkten Herbarts Ideen auf G. Th. Fechner und S. Freud. Einen großen Einfluss hatte er auf die Entwicklung der Pädagogik als selbstständige Wissenschaft und auf die Gestaltung des Unterrichts in der 2. Hälfte des 19. Jh.

Weitere Werke von Herbart: Sämtliche Werke, 19 Bde., 1887 – 1912 (Repr. 1964).

Literatur zu Herbart: O. Flügel, Herbarts Lehren und Leben, 1912²; H. Nohl, Die Pädagogik Herbarts, 1952; D. Benner/W. Schmidt-Kowarzik, Herbarts praktische Philosophie und Pädagogik, 1967; W. Asmus, Johann Friedrich Herbart, 2. Bde., 1968/70; F. Träger, Herbarts realistisches Denken, 1982; G. Buck, Herbarts Grundlegung der Pädagogik, 1985; D. Benner, Die Pädagogik Johann Friedrich Herbarts, 1986; A. Stuckert, Johann Friedrich Herbart, 1999; M. Heesch, Johann Friedrich Herbart zur Einführung, 1999; G. Müßener (Hg.), Johann Friedrich Herbart, 2002.

HERDER, JOHANN GOTTFRIED: der deutsche Philosoph, Theologe und Ästhetiker wurde am 25. 8. 1744 in Mohrungen (Ostpreußen) geboren. Er studierte ab 1762 zunächst Medizin, dann Theologie und Philosophie in Königsberg, u. a. bei I. Kant. Dort schloss er Freundschaft mit J. G. Hamann, auf dessen Empfehlung er 1764 Lehrer an der Domschule in Riga wurde. 1769 reiste er nach Paris, wo er mit den berühmten Aufklärern und Enzyklopädisten Diderot und d'Alembert

zusammentraf. 1770 lernte er in Straßburg Goethe kennen. Beide Denker haben sich gegenseitig stark beeinflusst. 1771 übernahm Herder die Stelle eines Konsistorialrats und Hofpredigers in Bückeburg. 1788/89 unternahm er eine Italienreise. Auf Empfehlung Goethes wurde Herder 1801 Oberkonsistorialpräsident von Weimar. Er starb dort am 18. 12. 1803.

Herder gehört zu den herausragendsten Intellektuellen seiner Zeit. Er verfasste philosophische, theologische, kunsttheoretische und pädagogische Schriften. Er ist ein *Aufklärer* und zugleich ein Kritiker der Aufklärung. Einerseits glaubt er an die Kraft der menschlichen Vernunft und damit an die Entwicklung und Vervollkommnung des Menschen, andererseits kritisiert er die Verabsolutierung des rein Verstandesmäßigen und die Vernachlässigung des Sinnlich-Gefühlsmäßigen.

In seiner Naturlehre vertritt Herder den auf Spinoza zurückgehenden *Pantheismus* (die Allgegenwart Gottes in der Welt), den er jedoch mit der von Leibniz entwickelten Theorie der »wirkenden Kräfte« bereichert. Die Natur befindet sich in ständiger Bewegung, sie ist ein »Reich wirkender Kräfte«. Gott ist allgegenwärtig *in* der Welt (weltimmanent). Er äußert sich als Inbegriff der Gesetzmäßigkeit der Natur in den wirkenden Kräften.

Gott drückt sich aber nicht nur in der Natur, sondern auch in der *Geschichte* aus. In den »Ideen zur Philosophie der Geschichte der Menschheit« (1784-1791) überträgt Herder den Gedanken einer stufenweisen Aufwärtsentwicklung auch auf die Geschichte. Die Natur entwickelt sich von der organischen Materie über die Pflanzenwelt und das Tierreich bis hin zum Menschen, der – mit Vernunft und freiem Willen ausgestattet – die Krone der Schöpfung bildet.

Die Menschheitsentwicklung wird als eine Bewegung zu immer größerer *Humanität* hin gedeutet. Die Merkmale der zunehmenden Humanisierung des Menschengeschlechts sind: die freie und allseitige Entwicklung der menschlichen Kräfte und Fähigkeiten, die Herrschaft des Menschen über die Natur und die Entwicklung von Wissenschaft, Technik und Kunst.

Obwohl es eine allgemeine (universelle) Entwicklung der Geschichte gibt, verweist Herder auf die Verschiedenheiten zwischen den Völkern, Kulturen und Epochen. Jedes Volk, jede Kultur und jede Epoche hat eine Eigenart bzw. einen *Eigenwert*. In der Geschichtswissenschaft kommt es darauf an, diese Eigenart herauszustellen. So spricht Herder z.B. von dem Geist eines Volkes, dem *Volksgeist*.

Erkenntnistheoretisch lehnt Herder die strikte Trennung von Sinnlichkeit und Verstand, genauer: von sinnlichem Empfinden und Verstandestätigkeit, ab. Beide Vermögen bilden eine Einheit. Empfinden und Fühlen gehören wesentlich zum Erkenntnisprozess.

Eine entscheidende Rolle bei der Entwicklung des Menschen spielt die *Sprache*. Durch sie unterscheidet sich der Mensch wesentlich vom Tier, durch sie wird er erst zum Menschen. Denken und Sprache hängen aufs engste zusammen: Ohne

Sprache gibt es kein Denken. Die Sprache ist der Ort, an dem das Denken gebildet und die Welt erschlossen wird. Jede Einzelsprache erschließt die Welt auf eine andere Weise.

In der Schrift »Abhandlung über den Ursprung der Sprache« (1772) wendet sich Herder gegen die unhistorische Betrachtung der Sprache, nach der die Sprache ein fertiges, ein von vornherein voll entwickeltes Gebilde darstellt. Er hebt hervor, dass die Spache wie die menschliche Vernunft etwas Historisches, d.h. etwas, das sich entwickelt, ist. Im Laufe der Geschichte hat sich die Sprache von einer bildhaften und konkreten zu einer immer abstrakteren Form entwickelt. Für Herder ist ähnlich wie für Hamann die Poesie die »Muttersprache« der Völker.

Herders Einfluss erstreckt sich auf Philosophie, Geschichtswissenschaft, Sprachwissenschaft und Kunsttheorie. Seine Überlegungen wirkten auf seine Zeitgenossen, auf die Denker und Dichter des »Sturm und Drang« und der Romantik. Herders Forderung, den Eigenwert von Völkern, Kulturen und Epochen herauszustellen, wirkte im Historismus. Seine sprachtheoretischen Überlegungen machen ihn zum Vorläufer der modernen Sprachwissenschaft und Sprachphilosophie.

Weitere Werke von Herder: Sämtliche Werke, B. Suphan (Hg.), 1877ff. (Repr. 1968).

Literatur zu Herder: E. Adler, Herder und die deutsche Aufklärung, 1968; A. Gulyga, Johann Gottfried Herder, 1978; W. Köpke (Hg.), Johann Gottfried Herder, 1982; U. Gaier, Herders Sprachphilosophie und Erkenntniskritik, 1988; F. W. Kantzenbach, Johann Gottfried Herder in Selbstzeugnissen und Bilddokumenten, 1996[6]; J. Heise, Johann Gottfried Herder zur Einführung, 1998; H. D. Irmscher, Johann Gottfried Herder, 2001; M. Zaremba, Johann Gottfried Herder, 2002; N. Welter, Herders Bildungsphilosophie, 2003.

HOBBES, THOMAS: der englische Philosoph und Staatstheoretiker wurde am 5. 4. 1588 in Malmesbury (Westport) als Sohn eines Landgeistlichen geboren. Er studierte von 1603 bis 1608 Philosophie und Physik in Oxford. Sein Interesse galt hauptsächlich der aristotelischen Logik und dem Nominalismus. Von 1610 bis 1613 war er Hauslehrer der Grafen von Devonshire. Von 1622 bis 1626 arbeitete er mit F. Bacon zusammen, der seine intellektuelle Entwicklung entscheidend geprägt hat. Seit 1629 unternahm er Bildungsreisen nach Frankreich und Italien, auf denen er die führenden Wissenschaftler seiner Zeit (u. a. R. Descartes, G. Galilei, P. Gassendi) kennenlernte. Bei Aus-

bruch der Revolution in England emigrierte er 1640 nach Paris, wo er seine wissenschaftlichen Forschungen fortsetzte. Nach seiner Rückkehr nach England 1651 baute er sein wissenschaftliches System weiter aus. Er starb am 4. 12. 1679 in Hardwick.

Hobbes gehört zu den bedeutendsten *Wissenschafts-* und *Staatstheoretikern* der beginnenden Neuzeit. Er wendet sich gegen die damals an den Universitäten herrschende aristotelische Scholastik und setzt sich für die neue, sich an der Mathematik und den Naturwissenschaften orientierte Weltauffassung ein. Als Vorbild dient ihm die *Euklidische Geometrie* und *Galileis Mechanik*.

Die in der Euklidischen Geometrie herrschende *deduktive* Methode stellt den einzigen Weg zur sicheren Erkenntnis dar. Deduktion bedeutet die Ableitung des Besonderen aus dem Allgemeinen, genauer: die Ableitung von Sätzen aus obersten, nicht bezweifelbaren Sätzen, den *Axiomen*. Hobbes versucht, die Methode der Euklidischen Geometrie auf die Gebiete der Moral-, Rechts- und Staatsphilosophie zu übertragen.

Ein weiteres Element seiner Wissenschaftslehre ist der *Materialismus*. Das Universum besteht aus materiellen (stofflichen) Körpern. Auch Menschen und geistige Gebilde sind Körper. Die gesamte Gesellschaft stellt ebenfalls einen Körper, den »Gesellschaftskörper«, dar.

Der Materialismus wird durch den *Mechanismus* ergänzt. Die Bewegung wird als Ortsveränderung der Körper aufgefasst. Sie unterliegt dem Gesetz der *Kausalität*, nach dem alles (alle Körper) in dem Ursache-Wirkung-Verhältnis stehen. Die Bewegung eines Körpers verursacht durch Anstoß als Wirkung die Bewegung eines anderen Körpers.

Die *Wahrnehmung* entsteht durch die Einwirkung der materiellen Körper auf die Sinnesorgane. Die sinnliche Wahrnehmung ist die einzige Quelle der Erkenntnis. Auch höhere geistige Gebilde (Ideen) entstammen der sinnlichen Wahrnehmung. Daher lehnt Hobbes die Lehre von den angeborenen Ideen ab.

Seine staatstheoretischen Überlegungen formuliert er in seinem einflussreichsten Werk »Leviathan or the Matter, Form and Power of a Commenwealth, Ecclesiastical and Civil« (1651; dt. »Leviathan oder Stoff, Form und Gewalt eines bürgerlichen und kirchlichen Staates«, 1794/1795). Er geht davon aus, dass es ein unveränderliches Wesen des Menschen gibt. Im *Naturzustand* ist der Mensch egoistisch, denkt nur an seine eigenen Vorteile und möchte seine Interessen um jeden Preis durchsetzen. Deshalb bekriegen sich die Menschen im Naturzustand. Gewalt ist ein natürliches Mittel zur Durchsetzung der eigenen Interessen. Im Naturzustand herrscht der »Krieg aller gegen alle«. »Der Mensch ist dem Menschen ein Wolf«.

Der Naturzustand kann dann beendet werden, wenn eine staatliche Ordnung eingerichtet wird, in der die Bürger einen Großteil ihrer Rechte an eine »gemeinsame Macht«, eine Einzelperson oder eine Gruppe von Menschen, abtreten. Die Bürger unterwerfen sich einer Macht, vor der sie sich fürchten müssen, die sie jedoch voreinander schützt.

Diese Unterwerfung wird in einem *Vertrag* (Gesellschaftvertrag) festgelegt. Durch die Vertragsschließung wird der *Staat* eingerichtet. Der *Herrscher* (Souverän), der an den Vertrag nicht gebunden ist, soll den Schutz der Bürger und den allgemeinen Frieden garantieren. Nur wenn der Souverän diese Aufgabe nicht erfüllt, sind die Bürger nicht zum Gehorsam verpflichtet. Hobbes spricht sich für die *Monarchie* als die beste aller Staatsformen aus.

Weitere Werke von Hobbes: Elements of Law, Natural and Politic, 1640 (dt. Naturrecht und allgemeines Staatsrecht in den Anfangsgründen, 1926); Elementorum philosophiae, section prima: De corpore, 1655 (dt. Vom Körper, 1915); Elementorum philosophiae, sectio secundea: De homine, 1658 (dt. Vom Menschen, Vom Bürger, 1918); Elementorum philosophiae, sectio tertia: De cive, 1642 (dt. Abhandlung über den Bürger, 1873); Opera latina, I – V, W. Molesworth (Hg.), 1839-1845 (repr. Aalen 1961); The English Works, I – XI, W. Molesworth (Hg.), 1839-1845 (repr. Aalen, 1962).

Literatur zu Hobbes: R. Hönigswald, Hobbes und die Staatsphilosophie, 1924; F. Tönnies, Thomas Hobbes, 1925[3]; C. Schmidt, Der Leviathan in der Staatslehre des Thomas Hobbes, 1938; L. Strauss, Hobbes' politische Wissenschaft, 1965; R. Koselleck/R. Schnur (Hg.), Hobbes – Forschungen, 1969; U. Weiss, Das philosophische System von Thomas Hobbes, 1980; H. Schelsky, Thomas Hobbes, 1981; O. Höffe (Hg.), Thomas Hobbes, 1981; B. Willms, Thomas Hobbes, 1987; M. Isermann, Die Sprachtheorie im Werk von Thomas Hobbes, 1991; S. König, Zur Begründung der Menschenrechte, 1994; H. Münkler, Thomas Hobbes, 2001²; W. Kersting, Thomas Hobbes zur Einführung, 2002²; Th. Schneider, Thomas Hobbes' Leviathan, 2003.

HOLBACH, PAUL HENRI THIRY D' (eigentlich Paul Heinrich Dietrich Baron von Holbach): der französische Philosoph deutscher Herkunft wurde am 8. 12. 1723 in

Edesheim (Rheinpfalz) geboren. 1735 wurde er von seinem Onkel nach Paris geholt und erzogen. Ab 1744 studierte er Jura in Leiden. 1748 kam er zurück nach Paris, wo er Kontakte zu führenden französischen Aufklärern aufnahm (u. a. Diderot und d'Alembert). Sein Salon wurde für Jahrzehnte zu einem wichtigen Treffpunkt der Aufklärer. Von 1751 bis 1765 schrieb er mehr als 400 naturwissenschaftliche Artikel für die große französische »Enzyklopädie«, in der der gesamte damalige Wissensstand dokumentiert werden sollte. Darüber hinaus übersetzte Hombach ins Französische Schriften deutscher Naturwissenschaftler (u. a. die von J. Lehmann, J. Kunckel, J. F. Henckel). Er starb am 21. 1. 1789 in Paris.

Holbach ist einer der wichtigsten Repräsentanten des *atheistischen Materialismus* in der Zeit der französischen Aufklärung. Die Grundgedanken seiner Philosophie formuliert er in seinem Hauptwerk »Le Système de la nature« (1770; dt. »System der Natur«, 1783), das er unter dem Pseudonym »Mirabaud« veröffentlichte.

Die *Natur* besteht aus Materie, die sich in ständiger Bewegung befindet. Der Mensch ist ein Teil der Natur und unterliegt ebenfalls ihren Gesetzen, insbesondere dem Gesetz der Kausalität, wonach alles in dem Verhältnis von Ursache und Wirkung steht.

Gesetze des menschlichen Gefühlslebens entsprechen den physikalischen Gesetzen: Selbstliebe der Trägheit, Liebe der Anziehung und Hass der Abstoßung.

Auch das *Denken* ist letztlich materieller Art. Seine einzige Quelle ist die *sinnliche Wahrnehmung*. Bewusstseinsakte sind Abbilder der unabhängig vom Bewusstsein existierenden Wirklichkeit. Die äußere Wirklichkeit wirkt kausal auf das Bewusstsein. Da auch die Seele des Menschen materiell ist, werden nach dem Tod ihre Materieteilchen nur anders umverteilt. Der Tod ist der Übergang zu einem anderen Zustand der Materie.

Holbach vertritt einen strengen *Determinismus*. Der Mensch, sein Körper und sein Denken, ist durch biologische und gesellschaftliche Faktoren vollständig bestimmt. Unsere Gedanken und Verhaltensweisen werden uns durch andere vermittelt. Ob wir gut oder schlecht, glücklich oder unglücklich, klug oder unklug sind, steht nicht in unserer Macht. Mit dieser Auffassung negiert Holbach die Existenz des freien Willens.

Die Hauptursache für das Übel in der Welt und das Leiden der Menschen ist die (monotheistische) *Religion*. Der Glaube an einen jenseitigen Gott verhindert die Verbesserung des menschlichen Lebens. In der Schrift »Le Christianisme dévoilé« (1766; dt. »Das entschleierte Christentum«, in: »Religionskritische Schriften«, M. Naumann (Hg.), 1970) fordert er dazu auf, die Religion vor das »Tribunal der Vernunft« zu stellen. Die Funktion der Religion besteht darin, »die Menschen durch Schwärmerei trunken zu machen, um sie daran zu hindern, sich mit den Übeln zu befassen, mit denen ihre Herrscher sie hienieden plagen. Mit Hilfe unsichtbarer Mächte, mit denen man ihnen droht, zwingt man sie, schweigend alles Elend zu erleiden, das ihnen von sichtbaren Mächten zugefügt wird. Man lässt sie hoffen, dass sie mit einem anderen Leben glücklicher sein werden, wenn sie sich mit einem unglücklichen Dasein in dieser Welt abfinden«. Die Religion kann nur mittels eines konsequenten Atheismus bekämpft werden.

Der zentrale Trieb des Menschen ist nach Holbach die *Selbstliebe* (Egoismus), die sich in der Befolgung von Eigeninteressen und im individuellen Streben nach Glück äußert. Bei der Befolgung von Eigeninteressen und beim Streben nach größtmöglichem Glück muss der einzelne Mensch Rücksicht auf die Bedürfnisse der anderen Menschen nehmen. Er soll auch das Glücksstreben der Anderen berücksichtigen. Je mehr er das Glück der Anderen fördert, umso mehr Nutzen wird er daraus für sich selbst haben.

Weitere Werke von Holbach: La Contagion sacrée, 2 Bde., 1768; Lettres à Eugénie, 2 Bde., 1768 (dt. Briefe an Eugenie, in: Religionskritische Schriften, M. Naumann (Hg.), 1970); Système social, 3 Bde., 1773 (dt. Holbach's sociales System, 1898); La morale universelle, 3 Bde, 1776; Ausgewählte Texte, M. Naumann (Hg.), 1959.

Literatur zu Holbach: M. Naumann, Holbach und das Materialismusproblem in der französischen Aufklärung, 1955; R. Besthorn, Textkritische Studien zum Werk Holbachs, 1969; F. A. Lange, Geschichte des Materialismus, 1974; G. W. Plechanov, Beiträge zur Geschichte des Materialismus, 1975; M. Haupt, Von Holbach zu Marx, 1987; J. Vercruysse, Paul Thiry Baron von Holbach, 1991.

HORKHEIMER, MAX: der deutsche Philosoph und Soziologe wurde als Sohn eines Textilfabrikanten am 14. 2. 1895 in Stuttgart geboren. 1911 verließ er das Gymnasium, machte eine Handelslehre und arbeitete danach in der Fabrik seines Vaters. 1917/18 nahm er am 1. Weltkrieg teil. Nachdem er das Abitur nachgeholt hatte, studierte er von 1919 bis 1922 Ökonomie, Psychologie und Philosophie in Frankfurt am Main, München und Freiburg i. Br. 1922 promovierte er in Frankfurt am Main bei H. Cornelius mit der Arbeit »Zur Antinomie der teleologischen Urteilskraft«. 1925 folgte am selben Ort die Habilitation »Über Kants Kritik der Urteilskraft als Bindeglied zwischen theoretischer

und praktischer Philosophie«. Während seiner Zeit als Privatdozent in Frankfurt (1926 – 1930) arbeitete Horkheimer zusammen mit den Mitgliedern des 1922 gegründeten, marxistisch ausgerichteten »Instituts für Sozialforschung«, u. a. mit Th. W. Adorno, F. Pollock, L. Löwenthal, H. Marcuse und E. Fromm. 1930 wurde er Professor für Sozialphilosophie an der Frankfurter Universität und Direktor des oben genannten Instituts. Seit 1932 gab er die »Zeitschrift für Sozialforschung«, das publizistische Organ des Instituts, heraus. 1933 emigrierte Horkheimer als Marxist und Jude nach Genf, 1934 nach New York, wo das Institut in Verbindung mit der Columbia University seine Arbeit fortsetzen konnte. Von 1943 bis 1944 war er Direktor des »American Jewish Commitee« in New York. 1949 kehrte er nach Frankfurt zurück, wo er Philosophie lehrte und 1950 erneut Direktor des wiedererrichteten »Instituts für Sozialforschung« wurde. Von 1951 bis 1953 war er Rektor der Frankfurter Universität, von 1954 bis 1959 Gastprofessor in Chicago. Nach seiner Emeritierung 1960 zog er sich nach Montagnola in der Schweiz zurück. Er starb am 7. 7. 1973 in Nürnberg.

Horkheimer ist einer der Hauptvertreter der *Kritischen Theorie* (auch »Frankfurter Schule« genannt). Eine Schlüsselstellung in der Konzeption der Kritischen Theorie nimmt der *Marxismus* ein. Horkheimer – wie auch andere Repräsentanten der Kritischen Theorie – wendet sich jedoch gegen den orthodoxen Marxismus sowjetischer Prägung, der die Herrschaft einer Gruppe (die Führung der kommunistischen Partei) legitimiert, und plädiert für einen unorthodoxen, kritischen Marxismus, der sich an neue gesellschaftliche Verhältnisse anpasst, sich also ändert, und auf seine eigenen Voraussetzungen reflektiert.

Sein unorthodoxer und kritischer Marxismus ist offen für andere Denkrichtungen und Theorien, z.B. für die Psychoanalyse, den Kantianismus und den Existenzialismus. Horkheimer erhielt auch wichtige Impulse von der Philosophie Schopenhauers.

In seinem programmatischen Aufsatz »Traditionelle und kritische Theorie« (1937) erhellt Horkheimer den fundamentalen Unterschied zwischen den beiden Theorie-Formen. Eine Theorie ist *traditionell*, wenn sie auf ihren geschichtlichen und gesellschaftlichen Voraussetzungen beruht und ihre Interessengebundenheit nicht reflektiert. Beispiele für eine solche Theorie-Form sind die *traditionelle Metaphysik* und der *Positivismus*.

In der traditionellen Metaphysik herrscht die »reine Schau«, in der Wesensstrukturen der Welt erkannt werden, ohne dass dabei auf gesellschaftliche Bedingungen der Erkenntnis eingegangen wird.

Im modernen Positivismus orientiert man sich an den einzelnen »Tatsachen« und beachtet dabei nicht den gesellschaftlichen Gesamtzusammenhang (»Totalität«). Traditionelle Theorie ist statisch und wertfrei. Sie dient der Stabilisierung und Rechtfertigung der bestehenden gesellschaftlichen Verhältnisse.

Die Kritische Theorie reflektiert dagegen auf ihre historischen und gesellschaftlichen Voraussetzungen und ihre Interessengebundenheit, wobei die gesellschaftliche Totalität im Blick behalten werden sollte. Ökonomische und soziologische Analysen reichen aber nicht aus, um die Totalität zu erfassen. Notwendig dazu sind auch psychologische und sozialpsychologische Studien, in denen Charakterstrukturen der Menschen untersucht werden. Auf diese Weise kann die Anfälligkeit der Menschen für totalitäre Systeme, z. B. für den Faschismus, erklärt werden (vgl. dazu »Studien über Autorität und Familie«, 1936).

Kritische Theorie dient nicht der Rechtfertigung der bestehenden Verhältnisse, sondern zeigt Wege auf, die Gesellschaft zu verändern. Horkheimer kritisiert darüber hinaus die Forderung der *Wertfreiheit* in den Wissenschaften, nach der wissenschaftliche Theorien keine Werturteile (z. B. »x ist gut«) enthalten sollten.

Zusammen mit Th. W. Adorno veröffentlichte Horkheimer 1947 eine weitere programmatische Schrift der Kritischen Theorie, die »Dialektik der Aufklärung«. In ihr zeigen beide Autoren, dass mit dem Prozess der *Aufklärung*, d. h. mit dem Prozess der Entmythologisierung unseres Welt-, Natur- und Wissenschaftsbildes, ein Prozess der *Gegenaufklärung* einhergeht. Aufklärung schlägt in Gegenaufklärung, Entmythologisierung in neue Mythologie um.

Als eine neue Mythologie wird die Ideologie des Faschismus aufgefasst. Völlige Naturbeherrschung und die Herrschaft der technisch-instrumentellen Vernunft sind Markenzeichen der Gegenaufklärung.

In dem Werk »Eclipse of Reason« (1947; dt. »Zur Kritik der instrumentellen Vernunft«, 1967) stellt Horkheimer fest, dass die *instrumentelle Vernunft*, deren Wesensmerkmal die Zweck-Mittel-Relation ist, zur dominierenden Form der Vernunft in der Neuzeit geworden ist. Sie zielt auf die Beherrschung der Natur und die Unterwerfung des Menschen unter ihm fremde Mächte (z. B. Institutionen) sowie zu seiner Manipulation durch die Massenkultur, insbesondere die Massenmedien. Sie schafft somit neue Abhängigkeit und Unfreiheit und führt schließlich zur Barbarei.

Während in den oben genannten Schriften Horkheimer die Hoffnung auf eine *andere*, nicht-instrumentelle Vernunft nicht aufgibt, treten in seiner Spätphilosophie, z. B. in der Schrift »Notizen 1950 – 1969« (1974), zunehmend *pessimistische* und resignative Züge auf. In der total »verwalteten Welt« verschwindet die Individualität. Die Massenkultur und der Konformismus setzen sich immer mehr durch. Nur in *religiösen Erfahrungen* kommt noch die »Sehnsucht nach dem ganz Anderen« zum Vorschein.

Horkheimer hat in entscheidendem Maße an der Entwicklung und Verbreitung der Kritischen Theorie mitgewirkt. Seine Konzepte wurden u.a. von J. Habermas und A. Schmidt weiter entwickelt.

Weitere Werke von Horhkeimer: Gesammelte Schriften, 18 Bde., A. Schmidt/G. Schmid Noerr (Hg.), 1985ff.

Literatur zu Horkheimer: M. Theunissen, Gesellschaft und Geschichte, 1969; A. Schmidt, Zur Idee der Kritischen Theorie, 1974; A. Skuhra, Max Horkheimer, 1974; J. Habermas, Theorie des kommunikativen Handelns, Band 2, 1981; R. Wiggershaus, Die Frankfurter Schule, 1986; A. Schmidt/N. Altwicker (Hg.), Max Horkheimer heute, 1986; W. v. Reijen, Horkheimer zur Einführung, 1992[3]; Z. Rosen, Max Horkheimer, 1995; D. Sattler, Max Horkheimer als Moralphilosoph, 1996; H. Gumnior/R. Ringguth, Max Horkheimer in Selbstzeugnissen und Bilddokumenten, 1997[6]; R. Wiggershaus, Max Horkheimer zur Einführung, 1998; T. Müller, Die Idee einer materialistischen Dialektik, 2001.

HUMBOLDT, WILHELM VON: der deutsche Philosoph, Sprachforscher und Politiker wurde am 22. 6. 1767 in Potsdam geboren. Er studierte seit 1787 in Frankfurt an der Oder und Göttingen Jura. 1789 besuchte er nach dem Ausbruch der Französischen Revolution Frankreich. Nach dem juristischen Examen 1790 wurde er für 1 Jahr Referendar am Berliner Kammergericht. Danach widmete er sich schriftstellerischen Tätigkeiten, nahm Kontakte zu führenden Intellektuellen

seiner Zeit (u.a. F. Schiller, J. W. v. Goethe) auf und reiste durch verschiedene Länder (u.a. Frankreich, Spanien). Von 1802 bis 1808 war er Preußischer Gesandter beim Papst in Rom. 1809 wurde er zum Staatsrat und Direktor der Sektion für Kultur und Unterricht im Ministerium des Inneren in Berlin ernannt. In dieser Funktion reformierte er grundlegend das preußische Bildungswesen und war an der Gründung der Berliner Universität (1810) maßgeblich beteiligt. Er war 1810 preußischer Gesandter in Wien, Vertreter Preußens auf den Kongressen in Prag (1813), Chatillon (1814), Wien (1814/15) und Aachen (1818). Weil er die »Karlsbader Beschlüsse« ablehnte, wurde er 1819 aus dem Staatsdienst entlassen. Danach widmete er sich auf Schloss Tegel (heute Teil Berlins) seinen sprachwissenschaftlichen Studien. Er starb am 8. 4. 1835 in Tegel.

Humboldt ist einer der bedeutendsten Vertreter des *Neuhumanismus*, insbesondere des *humanistischen Bildungsideals*. Beeinflusst wurde er hauptsächlich durch Kant, Shaftesbury und Herder. Der Zweck des Menschen ist die allseitige Entfaltung seiner Kräfte und Fähigkeiten.

In seiner Schrift »Ideen zu einem Versuch, die Grenzen der Wirksamkeit des Staates zu bestimmen« (1851) formuliert es Humboldt auf folgende Weise: »Der höchste und letzte Zweck jedes Menschen ist die höchste und proportionierlichste Ausbildung seiner Kräfte in ihrer individuellen Eigentümlichkeit«. Der Mensch ist ein aktives und schöpferisches Wesen. Er entwickelt, *bildet sich* im Laufe der Geschichte und seines Lebens.

Während Kant das Allgemeine des Menschen in den Mittelpunkt seiner Überlegungen stellt, hebt Humboldt vor allem die Rolle der Individualität des Menschen hervor. Ziel der Bildung ist es, das Ideal der *Humanität* zu verbreiten und zu verwirklichen. Diesem Ideal zufolge sollen alle Kräfte und Anlagen des Menschen voll ausgebildet und entfaltet, seine *Würde* und *Rechte* gewährleistet werden. Der Zweck des Staates ist es, Humanität, Individualität und Freiheit der Bürger zu fördern.

Dies ist auch der Zweck der *Geschichte*. In dem Werk »Über die Aufgabe des Geschichtsschreibers« (1822) stellt Humboldt am Anfang fest, dass historische Begebenheiten uns zunächst ungeordnet vorliegen. Der Geschichtsschreiber soll dieses ungeordnete Material ordnen und mit Hilfe seiner Vorstellungskraft als Ganzheit (Totalität) denken. Nur auf diese Weise kann er den Sinn/Zweck in der Geschichte, nämlich die Idee der Humanität, erkennen.

Der Geschichtsschreiber soll demnach nicht nur Details und Verschiedenheiten beschreiben, sondern den Blick für das Ganze und das Wesentliche schärfen. Die Geschichte erscheint als die von einem höheren Prinzip geleitete Bewegung zur Entfaltung der Humanität, Individualität und Freiheit.

Im Dienste der »Theorie der Bildung des Menschen« stehen Humboldts sprachwissenschaftliche und sprachphilosophische Untersuchungen, die er in der Schrift »Über die

Verschiedenheit des menschlichen Sprachbaues und ihren Einfluss auf die geistige Entwickelung des Menschengeschlechts« (1836) versammelt. *Sprache* ist für ihn nicht ein Werk (Ergon), sondern eine Tätigkeit (Energeia), eine »Arbeit des Geistes«. Sie bildet den Menschen. Nur in der Sprache kann er sich zur Welt verhalten.

Humboldt betont, dass »in jeder Sprache eine eigenthümliche Weltsicht« liegt. Jede Einzelsprache erschließt die Welt auf eine andere Weise. Es besteht somit ein Zusammenhang zwischen einer Einzelsprache und der Denkweise bzw. Mentalität eines Volkes.

Trotz dieser pluralistischen Sprachauffassung hält Humboldt an der Idee der Einheit des Menschengeschlechts fest. Sprache ist ein Bindeglied zwischen dem einzelnen Menschen und den Anderen, zwischen dem *Ich* und dem *Du*. Das Ich ist nichts Isoliertes, sondern durch Sprache immer schon in einer *Sprachgemeinschaft*.

Humboldts sprachwissenschaftlichen und -philosophischen Überlegungen wurden in der Dialogphilosophie (M. Buber, F. Rosenzweig), Hermeneutik (H.-G. Gadamer) und Sprachwissenschaft sowie Sprachphilosophie (E. Sapir, B. L. Whorf, E. Cassirer, L. Wittgenstein und N. Chomsky) aufgegriffen. Im Bildungswesen wurden viele der von ihm vertretenen Konzepte in die Praxis umgesetzt. Im humanistischen Gymnasium wurde auf das Studium der Antike und der alten Sprachen ein besonderer Wert gelegt. Die *akademische Freiheit* und die *Einheit von Forschung und Lehre* zählen bis heute zu den tragenden Prinzipien des universitären Lebens.

Weitere Werke von Humboldt: Gesammelte Schriften, I – XVII, 1903 – 1936 (repr. 1968); Schriften zur Sprache, M. Böhler (Hg.), 1973.

Literatur zu Humboldt: E. Cassirer, Philosophie der symbolischen Formen I, 1923; P. Binswanger, Wilhelm von Humboldt, 1937; F. Schaffstein, Wilhelm von Humboldt, 1952; L. Wittgenstein, Philosophische Untersuchungen, 1960; B. Liebrucks, Sprache und Bewusstsein II, 1965; E. Kessel, Wilhelm von Humboldt, 1967; A. Reckermann, Sprache und Metaphysik, 1979; T. Borsche, Sprachansichten, 1981; J. Trabant, Apeliotes oder der Sinn der Sprache, 1986; H.-W. Scharf, Das Verfahren der Sprache, 1994; E. Wicke, Menschheit und Individualität, 1997; P. Berglar, Wilhelm von Humboldt in Selbstzeugnissen und Bilddokumenten, 1999[8]; D. Benner, Wilhelm von Humboldts Bildungstheorie, 2003[3]; J. Kost, Wilhelm von Humboldt, 2004.

HUME, DAVID: der schottische Philosoph und Historiker wurde am 7. 5. 1711 in Edinburgh geboren. Von 1723 bis 1726 studierte er in seiner Heimatstadt Rechtswissenschaft. Danach studierte er autodidaktisch Philosophie, Mathematik und Naturwissenschaften, zwischen 1734 und 1737 in dem französischen Ort La Flèche (Maine). 1739/1740 veröffentlichte er sein Hauptwerk »A Treatise of Human Nature« (dt. »Ein Traktat über die menschliche Natur«, 1904 – 1906), das in der Fachwelt anfangs wenig Beachtung fand. 1745 wurde seine Bewerbung

auf eine Professur für Philosophie in Edinburgh abgelehnt. Seit 1746 arbeitete er als Sekretär von General St. Clair. 1748 erschien eine Bearbeitung des 1. Buches des »Treatise« unter dem Titel »Philosophical Essays Concernig Human Understanding«, seit 1758 unter dem Titel »An Enquiry Concerning Human Understanding« (dt. »Eine Untersuchung über den menschlichen Verstand«, 1964). Das 3. Buch des »Treatise« erschien bearbeitet 1751 unter dem Titel »An Enquiry Concerning the Priciples of Morals« (dt. »Untersuchung über die Prinzipien der Moral«, 1929). Von 1752 bis 1757 war Hume Direktor der Anwaltsbibliothek in Edinburgh. Zwischen 1754 und 1762 verfasste er in 6 Bänden »The History of England«. Von 1763 bis 1766 arbeitete er als Sekretär in der schottischen Botschaft in Paris. In dieser Zeit knüpfte er Kontakte zu den französischen Aufklärern Diderot, d'Alembert, Helvétius und Rousseau. Nach der Rückkehr nach England 1767 war Hume im Londoner Außenministerium tätig. 1769 zog er sich nach Edinburgh zurück, wo er am 25. 8. 1776 starb.

Hume ist einer der Hauptrepräsentanten des *klassischen Empirismus*. Jede Art von Wissen wird dieser Position zufolge aus begriffsloser *sinnlicher Erfahrung* abgeleitet. Sie ist die eizige Quelle der Erkenntnis. Inhalte des Bewusstseins werden unterteilt in *Eindrücke* (engl. »impressions«) und *Vorstellungen/Gedanken* (»ideas«). Die ersteren sind die unmittelbaren Sinnesdaten (Empfindungen und Erlebnisse), die zweiteren sind die Abbilder der sinnlichen Eindrücke.

Das *Denken* hat eine ordnende

Funktion. Es stellt Relationen zwischen den Vorstellungen her. Mittels der Einbildungskraft werden die Vorstellungen nach dem Prinzip der *Assoziation* miteinander verknüpft. Die Elemente der Assoziation sind: Ähnlichkeit, Kontinguität (Benachbarung in Raum und Zeit) und das Verhältnis von Ursache und Wirkung.

Während in »Treatise« nach Hume auch mathematische Erkenntnis aus der Erfahrung gewonnen werden kann, betont er in »Enquiry«, dass in den »demonstrativen« Wissenschaften, Algebra und Arithmetik, kein Bezug zur Realität (Erfahrungswelt) besteht. Erkenntnisse werden in diesen Wissenschaften durch »reine Tätigkeit des Denkens« gewonnen. Nur in einer mathematischen Wissenschaft, in der Geometrie, ist die sinnliche Erfahrung die einzige Basis der Erkenntnis.

Eine Schlüsselstellung in Humes Philosophie nimmt der Begriff der *Kausalität* ein. Ein kausaler Zusammenhang zwischen zwei Vorgängen, d. h. ein Ursache-Wirkung-Verhältnis zwischen diesen Vorgängen, kann nach Hume mittels der Beobachtung, also aufgrund der sinnlichen Wahrnehmung, nicht erwiesen werden. Wir können *keine notwendige Verknüpfung* zwischen den beiden Vorgängen im Sinne des Ursache-Wirkung-Verhältnisses beobachten. Mit anderen Worten: Wir können nicht logisch schließen, dass ein Vorgang B immer auf einen Vorgang A folgt. Wir beobachten nur eine *regelmäßige Abfolge* der beiden Vorgänge.

Aufgrund der *Gewohnheit*, der gewohnheitsmäßigen Feststellung von Regelmäßgkeiten, glauben wir daran, dass eine notwendige Verknüpfung von Ursache und Wirkung zwischen zwei Vorgängen besteht. Hume schließt daraus, dass wir nur mit *Wahrscheinlichkeit* sagen können, dass auf einen Vorgang A ein Vorgang B folgt.

In seiner Moralphilosophie behauptet Hume, dass moralische Urteile hauptsächlich auf Leidenschaften/Gefühle (engl. »passions«) basieren. Wir brauchen einen *moralischen Sinn* (engl. »moral sense«), ein Gefühlsvermögen, um moralische Urteile zu fällen. Sympathie, Einfühlung und Mitempfinden sind grundlegende Gefühle, die das Zusammenleben der Menschen ermöglichen.

Hume geht es darum, den Zusammenhang von *Vernunft* und *Gefühl* aufzuzeigen. Die Vernuft spielt bei der Bildung von moralischen Urteilen eine zweitrangige Rolle. Sie sagt uns, was wahr oder falsch ist, und hilft uns dabei, die Folgen und den Nutzen von Handlungen richtig einzuschätzen.

Lust und *Nutzen* sind die Triebkräfte aller menschlichen Handlungen. Individuelles Streben nach Lust und Nutzen soll dem Wohl der Gemeinschaft dienen. Diese Position wird als *Utilitarismus* bezeichnet.

In seiner *Religionskritik* betont Hume, dass man die aus sinnlicher Erfahrung stammenden Begriffe auf religiöse Überzeugungen nicht anwenden kann. Dem Glauben an die Existenz Gottes liegen Gefühle/Leidenschaften zugrunde, vor allem Furcht und Hoffnung, und nicht vernünftige Einsicht. Damit wendet sich Hume gegen traditionelle (metaphysische) Auffassungen, in denen religiöser Glaube mittels der Vernunft gerechtfertigt wurde.

Humes Philosophie prägt bis heute die Entwicklung des Empirismus. Von besonderer Wichtigkeit ist die von Kant geäußerte Kritik an Hume.

Weitere Werke von Hume: The Philosophical Works, I – IV, T. H. Green/T. H. Grose (Hg.), 1874 – 1875 (repr. Aalen 1964).

Literatur zu Hume: R. Reininger, Locke, Berkeley, Hume, 1922; R. Metz, David Hume, 1929; E. Craig, David Hume, 1979; L. W. Beck, Hume und Kant, 1982; R. Lüthe, David Hume, 1991; D. F. Norton, The Cambridge companion to Hume, 1994; K. Wüstenberg, Naturprinzip – Bewusstseinsinhalt – technische Fiktion, 1996; W. Stegmüller, Das Problem der Induktion, 1996; J. Kulenkampff, David Hume, 2003[2]; G. Streminger, David Hume in Selbstzeugnissen und Bilddokumenten, 2003[3].

HUSSERL, EDMUND: der deutsche Philosoph wurde am 8. 4. 1859 in Prossnitz (Mähren) geboren. Er studierte Philosophie, Mathematik, Physik und Astronomie in Leipzig, Berlin und Wien. Während seiner Studienzeit wurde er stark von F. Brentano beeinflusst. 1882 promovierte er in Wien bei L. Königsberger mit der Arbeit »Beiträge zur Theorie der Variationsrechnung«.

1887 folgte in Halle die Habilitation »Über den Begriff der Zahl« bei C. Stumpf. Von 1887 bis 1901 war Husserl Privatdozent in Halle, von 1901 bis 1906 außerordentlicher, seit 1906

ordentlicher Professor für Philosophie in Göttingen. Von 1916 bis 1928 lehrte er als Nachfolger H. Rickerts Philosophie in Freiburg i. Br. Nach der Machtergreifung durch die Nationalsozialisten wurde Husserl wegen seiner jüdischen Herkunft in seiner wissenschaftlichen Arbeit behindert (er durfte u. a. das Gelände der Universität nicht betreten). Er starb am 27. 4. 1938 in Freiburg i. Br.

Husserl ist der Begründer der *Phänomenologie*, der Lehre von den Erscheinungen. Sie soll das Fundament der Philosophie und aller anderen Wissenschaften bilden. In den »Logischen Untersuchungen« (1900/1901) wendet sich Husserl gegen den damals in der Logik herrschenden *Psychologismus*, dem zufolge alle Denkleistungen, auch logische Gesetze, auf psychische Vorgänge und Prozesse zurückgeführt werden können.

In der Psychologie geht es um empirische (beobachtbare) Sachverhalte, in der Logik um ideale – also empirisch nicht feststellbare – Gebilde und Gesetze. Zwischen den einzelnen psychischen Vorgängen herrschen kausale Zusammenhänge (Ursache-Wirkung-Zusammenhänge). Logische Gesetze haben keinen kausalen Charakter. Sie werden darüber hinaus nicht durch Induktion, also durch den Schluss vom Einzelnen (von Einzelfällen/Einzelbeobachtungen) auf das Allgemeine, gewonnen. Schließlich sind logische Gesetze notwendig wahr, was nicht auf Sätze über beobachtbare Sachverhalte zutrifft.

Die von Husserl entwickelte Phänomenologie ist eine *Bewusstseinslehre*. Das Grundmerkmal des Bewusstseins ist die *Intentionalität* (Gerichtetheit). Das Bewusstsein ist immer auf etwas gerichtet, es ist ein Bewusstsein von etwas. Ein intentionaler Akt bezieht sich auf ein intentionales Objekt. Husserl unterscheidet zwischen dem intendierenden *Bewusstseinsakt* (Noesis) und dem *Objekt des Aktes* (Noema).

In den »Ideen zu einer reinen Phänomenologie und phänomenologischen Philosophie« (1913) untersucht Husserl den nicht-hintergehbaren Boden der Erkenntnis. Diesen Boden bildet das *transzendentale Bewusstsein*, das jeder empirischen Erfahrung vorausliegt und von allem Weltlichen »gereinigt« ist. Es ist nicht-weltlich (extramundan).

Die Reinigung des Bewusstseins von allem Weltlichen wird mittels der *Epoché* vollzogen. Sie meint das Absehen von allen weltlichen Setzungen. Der naive Weltglaube, der Glaube an eine an sich existierende Welt, wird mit Hilfe der Epoché aufgehoben. Die Welt wird somit auf ein Phänomen *für* das Bewusstsein reduziert.

Die Welt wird als eine Leistung des transzendentalen Bewusstseins aufgefasst, dessen Zentrum das *transzendentale Ego* bildet. Es ist der letzte Bezugspunkt der Erkenntnis und darf mit dem empirischen Ich, d.h. mit der realen Person, nicht verwechselt werden. Es ist wie das transzendentale Bewusstsein »rein«, frei von allem Weltlichen.

Das transzendentale Ego konstituiert, d.h. bildet aus sich heraus, die Welt. Mit anderen Worten: Die Welt gewinnt *Sinn* erst durch die Tätigkeit des transzendentalen Ego. Die Konstitution ist die »ursprüngliche Sinnbildung«.

Husserl unterscheidet drei Arten der Konstitution: 1) die *Ur-Konstitution* (die passive Konstitution der immanenten Zeit und ihrer primären Inhalte sowie die Selbst-Konstitution des transzendentalen Bewusstseins, 2) die *primordiale Konstitution* (die Konstitution des psycho-physischen Subjekts und seiner orginär gegebenen Umwelt) und 3) die *intersubjektive Konstitution* (die Konstitution der anderen Subjekte und ihrer gemeinsamen Welt).

Von besonderer Bedeutung ist für Husserl die letzte Konstitutionsart. Es gibt keine ursprünglich gemeinsame Welt der Subjekte. Das transzendentale Ego konstituiert auch die anderen Subjekte. Diese Auffassung wurde von vielen Husserl-Interpreten scharf kritisiert.

Eine Schlüsselstellung in der Philosophie Husserls nimmt das Verfahren der *Wesensschau* (auch reine bzw. eidetische Beschreibung genannt) ein. In ihr sollen formal-allgemeine und invariante (unveränderliche) Wesenheiten von Phänomenen erfasst werden. Sie stellt eine intuitive Erkenntnis dar. L. Landgrebe, ein Schüler Husserls, beschreibt sie auf folgende Weise: Die Wesensschau »geht aus von empirisch gegebenen Umwelten und setzt probierend an die Stelle der in ihnen gegebenen Strukturen andere, bis sie an die Grenze stößt, jenseits derer das so Umgedachte gar nicht in einer nachverstehbaren Weise als eine ›Welt‹ bezeichnet werden kann«.

Mittels der Wesensschau werden Grundbestimmungen von Phänomenen gewonnen, die in allen erdenklichen Welten gelten müssen. Die allgemeinen invarianten Wesenheiten liegen den empirischen (beobachtbaren) Phänomenen zugrunde. Sie sind *a priori*, d.h. liegen vor der empirischen Erfahrung.

Die Wesensschau liefert demnach apriorische Erkenntnisse. Mit ihrer Hilfe können sowohl Wesenheiten in der Welt (vor der Einführung der Epoché) als auch Wesenheiten des transzendentalen Bewusstseins (nach der Epoché) erfasst werden. Formalallgemeine Wesenheiten der Welt können erkannt werden, ohne den Rückgang auf ihren Ursprung im transzendentalen Bewusstsein.

Nach der Epoché wird mittels

der Wesensschau das Wesen des transzendentalen Ego, das *Eidos Ego*, erfasst. Die Wesensschau erfolgt *vorsprachlich*. Husserl spricht auch von vor-prädikativer Erfahrung. Das in der Wesensschau Erfasste ist unmittelbar gegeben, es ist *evident*. Evidenz bedeutet die Selbstgegebenheit eines Phänomens für das Bewusstsein bzw. das Sich-zeigen eines Sachverhalts an sich selbst.

Husserl orientiert sich bei der Bestimmung der *Wahrheit* als Evidenz an der *Wahrnehmung*. Die Wahrnehmung bestimmter Sachverhalte ist für den Wahrnehmenden unmittelbar evident; er ist sich dessen, was er wahrnimmt, im Normalfall gewiss und braucht dazu keine zusätzliche Bestätigung oder Überprüfung.

In Husserls Spätphilosophie steht der Begriff der *Lebenswelt* im Mittelpunkt seiner Überlegungen. In der Schrift »Die Krisis der europäischen Wissenschaften und die transzendentale Phänomenologie« (1954) bestimmt er Lebenswelt zunächst als das Sinnfundament der Wissenschaften. Dies bedeutet, dass aus der konkreten Lebenspraxis wissenschaftliche Begriffe und Konstrukte entstehen. So entstand z. B. die Wissenschaft der Geometrie im antiken Griechenland aus der Praxis der Vermessungskunst.

Husserl bestimmt weiterhin die Lebenwelt als das »Unthematische«, als den unthematischen Horizont unseres Umgangs mit der Welt und unseres Verstehens. Wenn wir denken und in der Welt handeln, dann setzen wir dabei diesen Horizont voraus, ohne es bewusst zu wissen. Dieser Horizont (auch Vorverständnis bzw. Vorwissen genannt) ist uns also in unserer natürlichen Einstellung zur Welt gar nicht bewusst – er ist eben unthematisch. Nur nachträglich können wir ihn thematisieren.

Nach Husserl hat die moderne Wissenschaft die Lebenswelt als ihr Sinnfundament vergessen. Der Ursprung der Wissenschaft aus der Lebenswelt wird heute nicht mehr gesehen. Die Phänomenologie möchte die Fundierung der Wissenschaft in der Lebenswelt aufzeigen. Überdies möchte sie die Lebenswelt auf die Leistungen des transzendentalen Bewusstseins zurückführen. Das transzendentale Bewusstsein erscheint damit als das Fundament der Lebenswelt. Nicht die Lebenswelt, sondern das transzendentale Bewusstsein ist das Nichthintergehbare. Dadurch wird auch die Lebenswelt zu einem Phänomen für das Bewusstsein; sie wird zur anschaulich-sinnlichen, körperlich-räumlich-zeitlich gegebenen Wahrnehmungswelt.

Husserls Phänomenologie gehört zu den einflussreichsten Strömungen der Philosophie des 20. Jh. Sie beeinflusste Philosophen wie M. Heidegger, M. Scheler, J.-P. Sartre,

M. Merleau-Ponty, E. Levinas, H.-G. Gadamer, J. Derrida, M. Foucault. A. Schütz entwickelte eine phänomenologische Soziologie.

Weitere Werke von Husserl: Philosophie der Arithmetik, 1891; Zur Phänomenologie des inneren Zeitbewusstseins, 1928; Formale und transzendentale Logik, 1929; Erfahrung und Urteil, 1939; Cartesianische Meditationen, 1950; Analysen zur passiven Synthesis, 1966; Zur Phänomenologie der Intersubjektivität, 3 Bde., 1973; Husserliana, 28 Bde., 1950ff.

Literatur zu Husserl: W. Szilasi, Einführung in die Phänomenologie Edmud Husserls, 1959; L. Landgrebe, Der Weg der Phänomenologie, 1963; K. Held, Lebendige Gegenwart, 1966; E. Tugendhat, Der Wahrheitsbegriff bei Husserl und Heidegger, 1967; H. Noack (Hg.), Husserl, 1973; P. Janssen, Edmund Husserl, 1976; E. Ströker (Hg.), Lebenswelt und Wissenschaft in der Philosophie Edmund Husserls, 1979; W. Marx, Die Phänomenologie Edmund Husserls, 1987; H. R. Sepp (Hg.), Edmund Husserl und die phänomenologische Bewegung, 1988; A. Ulfig, Lebenswelt – Reflexion – Sprache, 1997; P. Prechtl, Edmund Husserl zur Einführung, 2002[3]; D. Carr, Subjektivität – Verantwortung – Wahrheit, 2002; Ch. Bermes, »Welt« als Thema der Philosophie, 2004.

J

JACOBI, FRIEDRICH HEINRICH: der deutsche Philosoph und Schriftsteller wurde am 25. 1. 1743 in Düsseldorf geboren. Nach einer Lehre in Frankfurt am Main und Genf arbeitete er als Kaufmann, später als Beamter. Von 1807 bis 1812 war er Präsident der Bayerischen Akademie der Wissenschaften in München. Als führender Intellektueller seiner Zeit stand er im regen Gedankenaustausch mit J. W. v. Goethe, J. G. v. Herder, C. M. Wieland und J. G. Fichte. Beeinflusst

wurde er vor allem durch J. G. Hamann. Folgenreich wurde der mit M. Mendelssohn ausgetragene Pantheismusstreit und seine Kantkritik. Er starb am 10. 3. 1819 in München.

Jacobi ist einer der wichtigsten *Kritiker des Rationalismus*, d.h. des Glaubens an die Herrschaft des Verstandes bzw. der auf die Verstandestätigkeiten reduzierten Vernunft. Die Fülle des Lebens kann nicht auf die Verstandestätigkeiten reduziert werden. Auch andere Vermögen des Menschen, insbesondere der *Glaube* und das *gefühlsmäßige Erleben*, sind für sein Denken und Handeln, kurz: sein Leben, grundlegend.

In der Schrift »Über die Lehre des Spinoza in Briefen an den Herrn Moses Mendelssohn« (1785) kritisiert Jacobi den *Pantheismus*, die Lehre, nach der Gott *in* der Welt allgegenwärtig ist. Der Pantheismus ist für ihn reine Verstandesphilosophie, die zum Atheismus führt.

Nach Jacobi ist *Glaube* nicht nur religiöser Glaube, sondern »Element aller menschlichen Erkenntnis und Wirksamkeit«. Glaube ist somit auch eine Bedingung der theoretischen Erkenntnis, weil diese einen Erkenntnisgegenstand als gegeben voraussetzt.

Ähnlich wie bei Spinoza kritisiert

Jacobi den Vorrang des Verstandes bei Kant. In dem Werk »David Hume über den Glauben oder Idealismus und Realismus« (1787) lehnt er die kantische Trennung von Erscheinung und Ding an sich sowie die Unterscheidung von Sinnlichkeit und Verstand ab. Er spricht stattdessen von der *unmittelbaren Gewissheit*, die nur im Glauben und nicht verstandesmäßig erlangt werden kann.

In Anlehung an Hume behauptete Jacobi, dass die Wirklichkeit dem Menschen im Glauben unmittelbar gegeben ist. Der Glaube verschafft einen ausgezeichneten, unmittelbaren Zugang zur Wirklichkeit. Er liegt allen menschlichen Erkenntnis- und Handlungsvorgängen zugrunde.

Der Glaube an *Gott* ist eine spezielle Form des Glaubens. Auch dieser Glaube zeichnet sich durch unmittelbare Gewissheit aus und entzieht sich dem Zugriff des Verstandes. Die Vernunft wird von Jacobi als das »Vernehmen des Übersinnlichen« bestimmt.

Jacobis Kritik am Rationalismus und seine Hervorhebung der Rolle des Gefühls und des Glaubens machen ihn zu einem Vordenker der Romantik. Wichtige Impulse erhielt von ihm u. a. G. W. F. Hegel.

Weitere Werke von Jacobi: Werke, I – VI, F. Roth/F. Köppen (Hg.), 1812 – 1825 (repr. 1968, 1976); Briefwechsel, M. Brüggen/S. Sudhof (Hg.), 1981ff.

Literatur zu Jacobi: O. F. Bollnow, Die Lebensphilosophie F. H. Jacobis, 1966²; K. Hammacher, Friedrich Heinrich Jacobi, 1969; G. Baum, Vernunft und Erkenntnis, 1969; W. Weischedel, Jacobi und Schelling, 1969; K. Homann, Friedrich Heinrich Jacobis Philosophie der Freiheit, 1973; K. Christ, Jacobi und Mendelssohn, 1988; U. Rose, Friedrich Heinrich Jacobi, 1993; B. Sandkaulen, Grund und Ursache, 2000; W. Jaeschke (Hg.), Friedrich Heinrich Jacobi, 2004.

JAMES, WILLIAM: der amerikanische Psychologe und Philosoph wurde am 11. 1. 1842 in New York geboren. Er studierte von 1861 bis

1864 Chemie und Anatomie, seit 1864 Medizin. Von 1867 bis 1868 studierte er in Deutschland (u. a. in Berlin, Heidelberg und Dresden) deutsche Sprache, Philosophie und Kunst. Er wandte sich in dieser Zeit der damals entstehenden Psychologie zu. In Berlin und Dresden lernte er die Väter der experimentellen Psychologie G. T. Fechner, W. Wundt und H. v. Helmholtz kennen. 1869 schloss er sein Medizinstudium an der Universität Harvard ab. 1885 wurde er dort Professor der Philosophie, 1889 der Psychologie. Von 1897 bis 1907 war er wieder Professor der Philosophie. 1876 gründete er nach dem Vorbild von Helmholtz und Wundt das erste Labor für experimentelle Psychologie in den USA. Er starb am 26. 8. 1910 in Chocorua (New Hampshire).

James ist einer der Begründer des *amerikanischen Pragmatismus* (vom griech. »pragma«, »Handlung«), einer geistigen Strömung, der zufolge der Mensch kein rein geistiges bzw. rein denkendes, sondern in erster Linie ein *handelndes* Wesen ist. Das Handeln hat demnach einen Vorrang vor anderen Vermögen des Menschen. Die anderen Vermögen (Denken, Fühlen, Erkennen) werden hauptsächlich unter dem Gesichtspunkt ihrer Relevanz für das Handeln betrachtet. Sie sind Instrumente des Handelns. Das menschliche Erkennen hängt von praktischen Interessen und Zielen ab.

Maßgebend ist für James der Begriff der *Wahrheit*. In seinem Werk »Pragmatism« (1907; dt. »Der Pragmatismus«, 1908) wendet er sich zunächst gegen die Korrespondenztheorie, nach der Wahrheit die Übereinstimmung von Denken und Wirklichkeit ist. Das Kriterium der Wahrheit ist James zufolge nicht die Übereinstimmung von Denken und Wirklichkeit, sondern der *praktische Nutzen* von Überzeugungen und Erkenntnissen. Wahr ist das, was sich in der Lebenspraxis bewährt und für den einzelnen Menschen von Nutzen ist.

Erkenntnisse sollen der Bewältigung von praktischen Problemen dienen. Nur auf diese Weise kann die Menschheit überleben (hier zeigt sich der Einfluss des Darwinismus auf James). Alles Denken und Erkennen wird als ein natürlicher Prozess der Bewältigung von Lebenssituationen angesehen. Auch wissenschaftliche Theorien werden als Instrumente des Handelns aufgefasst. Sie sollen ebenfalls der praktischen Lebensbewältigung dienen.

James möchte die *Psychologie* als eine empirische, auf Beobachtung basierende, Wissenschaft etablieren. Als Vorbild dienen ihm dabei die modernen Naturwissenschaften, obgleich nicht alle psychologischen Phänomene naturwissenschaftlich erklärt werden können. Metaphysische, d.h. über die sinnliche Erfahrung hinausgehende, Theorien haben nach James eine wichtige Funktion: Sie können zu weiterem Nachdenken anregen.

In seinem psychologischen Hauptwerk »The Principles of Psychology« (1890; dt. »Psychologie«, 1909) bestimmt James Denken als einen *Bewusstseinsstrom* (engl. »stream of consciousness«). Er umfasst sowohl die einfachen Sinnesempfindungen als auch höhere Denkleistungen wie Selbstbewusstsein.

Die Gesamtheit aller psychischen Aktivitäten eines Menschen wird als ein *einheitliches Kontinuum* aufgefasst. Die äußere Wirklichkeit existiert unabhängig von diesem Strom.

Kotrovers diskutiert wurde die von James verfasste religionsphilosophische Schrift »The Varieties of Religious Experience« (1902; dt. »Die religiöse Erfahrung in ihrer Mannigfaltigkeit«, 1907). Darin liefert er eine psychologische Deutung religiöser Phänomene. Religiöse Vorstellungen sind psychologisch erklärbare Bewusstseinszustände.

Die Bedeutung religiöser Vorstellungen bemisst sich an ihrer Nützlichkeit für die Lebenspraxis eines Menschen. Wenn sie sich für einen Menschen in geistiger und gefühlsmäßiger Hinsicht bewähren, dann gelten sie als seine persönlichen Wahrheiten.

James hat in entscheidendem Maße an der Entwicklung und Verbreitung des Pragmatismus gewirkt. Sichtbar ist sein Einfluss in der Anthropologie und Religionssoziologie A. Gehlens.

Weitere Werke von James: The Will to Believe, and Other Essays in Popular Philosophy, 1876 (dt. Der Wille zum Glauben und andere popularphilosophische Essays, 1899); The Works of William James, I – XIX, F. H. Burkhardt/F. Bowers/K. Skrupskelis, 1975ff.

Literatur zu James: T. Flournoy, Die Philosophie von William James, 1930; A. J. Ayer, The Origins of Pragmatism, 1974[2]; E. Herms, Radical Empiricism, 1977; E. Martens, James, in: O. Höffe (Hg.), Klassiker der Philosophie II, 1981; R. Diaz-Bone, William James zur Einführung, 1996; K. Oehler (Hg.), William James, 2000; Ch. Taylor, Die Formen des Religiösen in der Gegenwart, 2002; S.-S. Cho, Handlung, Sinnlichkeit und Sozialität, 2003.

JASPERS, KARL: der deutsche Philosoph wurde am 23. 2. 1883 in Oldenburg als Sohn eines Bankdirektors geboren. Er studierte zunächst drei Semester Jura in Heidelberg und München, dann Medizin in Berlin, Göttingen und Heidelberg. Er spezialisierte sich auf Psychiatrie.

1909 promovierte Jaspers mit der Arbeit »Heimweh und Verbrechen«. Von 1908 bis 1915 arbeitete er an der psychiatrischen Klinik in Heidelberg. 1913 habilitierte er sich mit der Schrift »Allgemeine Psychopathologie« bei W. Windelband. In ihr liefert er eine Grundlage der Psychiatrie, wobei neben dem Erklären das *Verstehen* von seelischen Phänomenen im Mittelpunkt der Untersuchungen steht. 1916 wurde er Professor für Psychologie in Heidelberg, 1921 für Philosophie ebendort. Nach der Machtergreifung der Nationalsozialisten 1933 blieb er trotz Repressalien mit seiner jüdischen Frau in Deutschland. Er erhielt Lehr- und Publikationsverbot. Nach dem Krieg lehrte Jaspers Philosophie bis 1948 in Heidelberg, von 1948 bis zu seiner Emeritierung 1961 ebenfalls dieses Fach in Basel. In der Nachkriegszeit äußerte er sich kritisch zu den politischen Entwicklungen in der Bundesrepublik. Er verwies u. a. auf die mangelnde Auseinandersetzung mit der jüngsten Vergangenheit, wandte sich gegen die Wiederbewaffnung der Bundesrepublik und die atomare Aufrüstung. Er starb am 26. 2. 1969 in Basel.

Jaspers gehört neben M. Heidegger und J.-P. Sartre zu den Hauptvertretern der *Existenzphilosophie*. Nicht das abstrakte und allgemeine Wesen des Menschen, sondern der einzelne Mensch in seinen konkreten Lebenssituationen steht im Zentrum der existenzphilosophischen Überlegungen.

Existenz bezeichnet das auf nichts zurückführbare, aus nichts ableitbare, individuelle Dasein des Menschen. Die Existenz des Einzelnen ist die letzte, nicht hintergehbare Tatsache. Sie kann nicht in allgemeinen Begriffen erfasst werden.

Jaspers geht davon aus, dass der einzelne Mensch in der Gegenwart unter der *Herrschaft der Masse* steht (vgl. »Die geistige Situation der Zeit«, 1931). Sie wird begleitet von den Prozessen der Technisierung und Rationalisierung der Welt, und zwar sowohl der Arbeits- als auch der Lebenswelt.

Die Eigenart (Individualität) des Einzelnen verschwindet zunehmend in der modernen Welt. Das individuelle Dasein (Existenz) wird immer weniger sichtbar.

Die Aufgabe der Existenzphilosophie ist es, Wege zur Erkenntnis des individuellen Daseins aufzuzeigen. Sie macht deutlich, dass der einzelne Mensch frei ist, d.h. frei entscheiden kann und die ihm eigenen Möglichkeiten verwirklichen soll.

In seinem Hauptwerk »Philosophie« (3 Bde., 1932) verweist Jaspers zuallererst darauf, dass die Existenz des Menschen weder von den Einzelwissenschaften noch von der traditionellen Philosophie erfasst werden kann. Sie kann nur in der Existenzphilosophie »erhellt« werden.

Existenz bezeichnet nach Jaspers das Dasein, das sich zu sich selbst verhält, d.h. sich selbst erkennt, ein Verständnis seines Selbst hat. Er erkennt sich als den Ursprung seines Denkens und Handelns.

Die Existenzerhellung geschieht in *Grenzsituationen* des Lebens. In ihnen brechen die bisherigen Denk- und Lebensgewohnheiten eines Menschen zusammen und es eröffnen sich ihm neue Möglichkeiten zu denken und zu handeln. Er erfährt sich als ein einmaliges und einzigartiges Individuum, das frei ist und sich so oder so entscheiden kann. Zu den Grenzsituationen gehören: Tod, Leiden, Schuld und Kampf.

Der Einzelne hat auch ein Verhältnis zur Welt. In diesem Verhältnis geht er über sich selbst hinaus. Dieses Über-sich-selbst-hinausgehen wird von Jaspers als *Transzendenz* bezeichnet. In ihr öffnet sich dem Menschen das Sein.

Die Transzendenz kann begrifflich nicht erfasst werden und kommt daher nur in *Chiffren* zum Ausdruck (»Chiffren der Transzendenz«). Alles kann Chiffre sein: philosophisches System, Kunstwerk, Natur und Geschichte. Eine Chiffre ist Träger schwebender möglicher Bedeutung.

Die Transzendenz kann auch im *philosophischen Glauben* erfahren werden. Er bezieht sich im Unterschied zum religiösen Glauben nicht auf einen anwesenden, sondern auf einen verborgenen, abwesenden Gott.

Die Transzendenz verweist auf ein übergreifendes und ursprüngliches Sein, das von Jaspers als das *Umgreifende* bezeichnet wird. Als Ursprung allen Seins kann es kein vorhandenes Objekt in der Welt sein. Es liegt dem Subjekt (dem Menschen) und dem Objekt (der Welt) zugrunde. Versucht man das Umgreifende zu denken, so zerfällt es in verschiedene Weisen: Dasein, Bewusstsein überhaupt, Geist, Welt, Existenz, Transzendenz und Vernunft (vgl. »Von der Wahrheit. Philosophische Logik«, Bd. I, 1947).

Jaspers prägte maßgeblich die Entwicklung der Existenzphilosophie. Intensive Beziehungen unterhielt er bis 1933 zu M. Heidegger. Andere existenzphilosophische Denker wie H. Arendt und J. Hersch empfingen von Jaspers starke Impulse. Seine Überlegungen wurden auch von Theologen (K. Barth, R. Bultmann) aufgegriffen. Seine politischen Beiträge haben in der Bundesrepublik Deutschland kontroverse Diskussionen ausgelöst.

Weitere Werke von Jaspers: Psychologie der Weltanschauungen, 1919; Vernunft und Existenz, 1935; Nietzsche, 1936; Die Schuldfrage, 1946; Einführung in die Philosophie, 1950; Die großen Philosophen, 1957; Die Atombombe und die Zukunft des Menschen, 1958; Der philosophische Glaube angesichts der Offenbarung, 1962; Wohin treibt die Bundesrepublik?, 1966; Die großen Philosophen, 2 Bd., H. Saner (Hg.), 1981.

Literatur zu Jaspers: H. Arendt, Karl Jaspers, 1958; H. Saner, Karl Jaspers in Selbstzeugnissen und Bilddokumenten, 1970; Ders. (Hg.), Karl Jaspers in der Diskussion, 1973; J. Hersch, Karl Jaspers, 1980; Y. Örnek, Karl Jaspers, 1980; K. Salamun, Karl Jaspers, 1985; F.-P. Burkard, Karl Jaspers, 1985; W. Schüssler, Karl Jaspers zur Einführung, 1995; R. Kadereit, Karl Jaspers und die Bundesrepublik Deutschland, 1999; Ch. J. Thornhill, Karl Jaspers, 2002; R. Hartmann, Vernunft, Kommunikation und Sprache bei Karl Jaspers, 2003.

JONAS, HANS: der deutsch-amerikanische Philosoph und Religionshistoriker wurde am 10. 5. 1903 in Mönchengladbach geboren. Er studierte Philosophie, Theologie

und Kunstgeschichte in Freiburg i. Br., Berlin, Heidelberg und Marburg. Zu seinen Lehrern gehörten E. Husserl, M. Heidegger und R. Bultmann. 1928 promovierte er bei Heidegger und Bultmann mit der Arbeit »Gnosis und spätantiker Geist«. 1933 emigrierte er als Jude nach England, 1935 nach Palästina. Von 1938 bis 1939 lehrte er Philosophie an der Hebräischen Universität in Jerusalem. Von 1940 bis 1945 diente er in der britischen Armee. Von 1946 bis 1948 lehrte er erneut Philosophie an der Hebräischen Universität in Jerusalem. 1949 siedelte Jonas nach Kanada und 1955 in die USA um. Von 1949 bis 1950 war er Professor an der McGill University in Ottawa, von 1950 bis 1954 an der Carleton University ebendort, von 1955 bis 1976 an der New School for Social Research in New York. Er hatte Gastprofessuren an verschiedenen amerikanischen Universitäten inne, u.a. an der Princeton University, Columbia University und an der University of Chicago. Jonas erhielt 1987 den Friedenspreis des Deutschen Buchhandelns. Er starb am 5. 2. 1993 in New York.

Jonas gilt als einer der bedeutendsten Kenner der *Gnosis* und als der Begründer einer *Ethik der Verantwortung*. Sein Interesse galt zunächst der Gnosis, jener spätantiken Lehre, der zufolge Gott und die geistige Welt nicht im Glauben, sondern in der philosophischen Erkenntnis erfasst werden können. Wenn der Mensch Gott erkennt, dann erkennt er auch sich selbst und erreicht damit seine Vollendung und sein Heil.

Als wichtigstes Merkmal der Gnosis wird von Jonas der *Dualismus von Mensch und Natur* bzw. von Ich und Welt betrachtet (vgl. »Gnosis und spätantiker Geist«, Bd. I, 1934, Bd. II, 1954). Er entsteht durch den Zusammenbruch eines geordneten Weltganzen (Kosmos).

Ein ähnlicher Dualismus herrscht nach Jonas in der modernen Welt. Er wird hier jedoch durch die Herabsetzung der Natur zum bloßen Gegenstand (Objekt) der naturwissenschaftlichen Forschung hervorgerufen. In den modernen Naturwissenschaften kommen daher die Dualismen von Mensch und Natur, Geist und Materie, Seele und Leib sowie Freiheit und Notwendigkeit besonders deutlich zum Ausdruck.

In seinen späteren Schriften versucht Jonas, diese Dualismen aufzuheben. Er entwickelt die Konzeption einer *philosophischen Biologie* bzw. einer *Philosophie des Organismus* (vgl. »Organismus und Freiheit«, 1973). Das Organische bildet demnach bereits in seinen elementarsten Gestalten das Geistige vor. Andererseits ist der Geist in seinen höchsten Formen ein Teil des Organischen. So entfaltet sich die *Freiheit* als ein wesentliches Merkmal des Geistigen schon auf der Ebene des organischen Vorgangs des Stoffwechsels. Sie stellt die Unabhängigkeit der Form vom Stoff dar.

In seinem Spätwerk »Das Prinzip der Verantwortung« (1979) wendet sich Jonas ethischen Fragen zu. Im Zentrum seiner Überlegungen steht erneut das Verhältnis von Mensch und Natur im Zeitalter der Technik. Angesichts der Gefahren der technologischen Entwicklung, insbesondere angesichts der Möglichkeit der Selbstzerstörung der Menschheit, muss eine *Ethik der Verantwortung* ausgearbeitet werden, die einen Ausweg zeigen soll.

Jonas stellt die folgenreiche Maxime auf: »Handle so, dass die Wirkungen deiner Handlungen verträglich sind mit der Permanenz echten menschlichen Lebens auf Erden«.

Die Bedeutung des Begriffs der Verantwortung soll nach Jonas erweitert werden: »Verantwortung ist die als Pflicht anerkannte Sorge um ein anderes Sein, die bei Bedrohung seiner Verletzlichkeit zur ›Besorgnis‹ wird«. Zur Verantwortung gehört wesenhaft die »Furcht um den Gegenstand der Verantwortung«.

Jonas versuchte, sein verantwortungsethisches Konzept auf Bereiche wie Medizin, insbesondere Biomedizin, und Ökologie anzuwenden. Sein Konzept hat infolgedessen kontroverse umwelt- und medizinethische Debatten ausgelöst.

Weitere Werke von Jonas: Augustin und das paulinische Freiheitsproblem, 1930; Macht oder Ohnmacht der Subjektivität?, 1981; Technik, Medizin und Ethik, 1985; Erinnerungen, 2003.

Literatur zu Jonas: S. F. Spicker (Hg.), Organism, Medicine and Metaphysics, 1978; B. Aland (Hg.), Gnosis, 1978; W. E. Müller, Der Begriff der Verantwortung bei Hans Jonas, 1988; F. J. Wetz, Hans Jonas zur Einführung, 1994; B. Wille, Ontologie und Ethik bei Hans Jonas, 1996; D. J. Levy, Hans Jonas, 2002;W. E. Müller, Hans Jonas, 2003; D: Böhler, Orientierung und Verantwortung, 2004.

JUNG, CARL GUSTAV: der Schweizer Psychologe wurde am 26. 7. 1875 in Kesswil (Kanton Thurgau) geboren. Er studierte von 1895

bis 1900 Medizin in Basel und arbeitete als Assistent von E. Bleuler in dem psychiatrischen Krankenhaus Burghölzli in Zürich. 1902 veröffentlichte er seine Dissertation »Zur Psychologie und Pathologie sogenannter occulter Phänomene«. 1907 lernte Jung in Wien S. Freud kennen und wurde zu seinem Schüler und Anhänger. Von vielen wurde er als dessen »Kronprinz« bezeichnet. 1911 wurde er zum Präsidenten der »Internationalen Psychoanalytischen Vereinigung« gewählt. Aufgrund von inhaltlichen Differenzen brach er 1913 mit Freud und verließ die »Internationale Psychoanalytische Vereinigung«. Er entwickelte in den folgenden Jahrzehnten seine eigene Theorie und begründete seine eigene Schule. Jung arbeitete als Psychologe in eigener Praxis in Küsnacht. 1942 wurde er Professor für Psychologie an der Eidgenössischen Technischen Hochschule Zürich, 1944 Professor für medizinische Psychologie an der Universität Basel. Er starb am 6. 6. 1961 in Küsnacht (Zürichsee).

Jung ist neben S. Freud und A. Adler einer der drei Pioniere der *Tiefenpsychologie*. Seine eigene Theorie und Schule wird als *Analytische Psychologie* bezeichnet. Jung geht davon aus, dass unserem (bewussten) Denken und Handeln unbewusste Kräfte und Mechanismen zugrunde liegen. Das Unbewusste ist für ihn der »schöpferische Unterboden des Bewusstseins«. Zu ihm gehören sowohl individuelle als auch kollektive Inhalte der Psyche.

Neben dem *individuellen Unbewussten* gibt es nach Jung auch ein *kollektives Unbewusstes*. Das individuelle Unbewusste ist in das kollektive eingebettet. Das letztere enthält ererbte Erinnerungen aus der Geschichte der Menschheit. Es bildet die artspezifische Grundlage des individuellen Lebens und beeinflusst entscheidend das Denken und Handeln des einzelnen Menschen.

Zum kollektiven Unbewussten gehören die *Archetypen* (Urbilder), sie sind dessen Strukturelemente. In ihnen kommen allgemein-menschliche Grunderfahrungen zum Ausdruck. Sie können als universelle Symbole bezeichnet werden, die sich in Mythen, Märchen, Phantasien, Visionen, Träumen, Bildern, Kunstwerken und Wahnideen aller Zeiten und Kulturen äußern. In ihnen sammelt sich die psychische Energie. Zu den wichtigsten Archetypen zählt Jung: Seele, Geist, Große Mutter und das Selbst.

Die Selbstwerdung des Menschen wird von Jung als *Individuation* bezeichnet. Sie ist kein rein individueller Prozess. Die Entwicklung des einzelnen Menschen ist in die Entwicklung der gesamten Menschheit eingebettet. Individuation ist die »Einswerdung mit sich selbst und zugleich mit der Menschheit«.

Das Ziel einer Therapie ist es, die Individuation zu fördern. Der Patient soll sich in der Therapie mit seinem Unbewussten auseinandersetzen. Eine wichtige Rolle spielt dabei die *Traumdeutung*. Mit Hilfe des Therapeuten (seiner Deutungsarbeit) erschließt der Patient die Bereiche des individuellen und kollektiven Unbewussten. Dadurch gewinnt er auch ein besseres Verständnis seines Selbst.

Jung beschäftigte sich in seinen Schriften nicht nur mit der Psychologie, sondern auch mit Mythologie, Astrologie, Alchemie, Archäologie, Ethnologie und östlicher Philosophie. Einen herausragenden Platz nehmen seine religionspsychologischen Studien ein. Die Psyche besitzt eine angeborene *religiöse Funktion*, die als Voraussetzung der psychischen Gesundheit aufgefasst werden kann.

In religiösen Vorstellungen können Archetypen erkannt werden, die für die Entwicklung des einzelnen Menschen und der gesamten Menschheit von zentraler Bedeutung sind. Religiöse Vorstellungen haben eine wichtige *sinnstiftende* Funktion.

In der Psychologie wurden Jungs Gedanken u. a. von E. H. Erickson, H. J. Eysenck und D. Riesman weitergeführt. Sein Einfluss erstreckt sich jedoch nicht nur auf die Psychologie, sondern auch auf Anthropologie, Ethnologie, Religionswissenschaft, Literatur und Pädagogik. Als Ausbildungs- und Forschungsstätte wurde 1948 in Zürich das Carl Gustav Jung-Institut gegründet.

Weitere Werke von Jung: Die Beziehungen zwischen dem Ich und dem Unbewussten, 1926; Wirklichkeit der Seele, 1947^{2}; Über die Psychologie des Unbewussten, 1960^{7}; Symbolik des Geistes, 1949; Gesammelte Werke, M. Niehus-Jung/L. Hurwitz-Eisner/F. Riklin (Hg.), 1958ff.

Literatur zu Jung: J. Jacobi, Die Psychologie von Carl Gustav Jung, 1940; F. Fordham, Eine Einführung in die Psychologie Jungs, 1959; A. Storr, Carl Gustav Jung, 1974; R. Fetscher, Grundlinien der Tiefenpsychologie von Sigmund Freud und Carl Gustav Jung, 1978; W. Wittgens, Philosophische Grundlagen der analytischen Psychologie Carl Gustav Jungs, 1996; M.-L. von Franz, Carl Gustav Jung, 2001; A. Casement, Carl Gustav Jung, 2001; G. Wehr, Carl Gustav Jung, 2003^{20}; A. Stevens, Jung, 2004.

K

KANT, IMMANUEL: der deutsche Philosoph wurde am 22. 4. 1724 in Königsberg (Ostpreußen) als Sohn eines Sattlermeisters geboren. Nach dem Besuch des Friedrichsgymnasiums in Königsberg studierte er von 1740 bis 1745 an der Universität seiner Heimatstadt Philosophie, Mathematik und Naturwissenschaften. Nach dem Tode des Vaters geriet er in finanzielle Schwierigkeiten

und arbeitete von 1746 bis 1755 als Hauslehrer. Mit seinem Gehalt sicherte er den Lebensunterhalt seiner Familie. 1755 kehrte er an die Königsberger Universität zurück, promovierte mit der Arbeit »Über das Feuer« und habilitierte sich im selben Jahr mit der Abhandlung »Über die ersten Grundsätze der metaphysischen Erkenntnis«. Von 1755 bis 1769 lehrte Kant als Privatdozent an der Königsberger Universität. 1770 wurde er dort Professor für Logik und Metaphysik. Bis 1796 übte er die Lehrtätigkeit aus. Kant blieb zeitlebens Junggeselle und verbrachte sein ganzes Leben im Raum Königsberg. Er starb am 12. 2. 1804.

Kant ist einer der bedeutendsten Philosophen der Neuzeit. Seine Gedanken spielen eine bahnbrechende Rolle sowohl in der theoretischen als auch in der praktischen Philosophie. Seine Überlegungen sind auch grundlegend für die Entwicklung der philosophischen Ästhetik.

Kant zählt zu den wichtigsten Repräsentanten der *Aufklärung* in Deutschland. Das Ziel dieser geistigen und gesellschaftlichen Bewegung des 18. Jh. ist es, die herrschenden, durch politische und religiöse Autoritäten vertretenen Meinungen und Normen kritisch zu überprüfen und sie gegebenenfalls – falls sie der Prüfung nicht standhalten – zu revidieren oder durch andere zu ersetzen.

Der Mensch soll nicht blind den Meinungen und Dogmen der Autoritäten folgen, sondern selbst nachdenken. Er ist auf sich selbst gestellt und im Denken und Handeln selbstständig (autonom). Als einziges Richtmaß gilt ihm dabei die menschliche *Vernunft*.

In der Abhandlung »Beantwortung der Frage: Was ist Aufklärung?« (1784) bestimmt Kant Aufklärung folgend: »Aufklärung ist der Ausgang des Menschen aus seiner selbst verschuldeten Unmündigkeit. Unmündigkeit ist das Unvermögen, sich seines Verstandes ohne Leistung eines anderen zu bedienen. Selbstverschuldet ist diese Unmündigkeit, wenn die Ursache derselben nicht am Mangel des Verstandes, sondern der Entschließung und des Mutes liegt, sich seiner ohne Leitung eines anderen zu bedienen«.

Kant lehnt sowohl den *Dogmatismus* als auch den *Skeptizismus* ab. Im Dogmatismus wird die Geltung von Erkenntnissen ungeprüft vorausgesetzt, im Skeptizismus wird die Möglichkeit von allgemeingültigen und sicheren Erkenntnissen verneint.

Kants eigener Standpunkt wird als *Kritizismus* bezeichnet; Erkenntnisse sollen einer kritischen Prüfung unterzogen werden. Dabei behandelt er Quellen, Bedingungen, Umfang, Grenzen und Geltung der Erkenntnis.

Seine Grundfrage lautet: Wie ist *apriorische* Erkenntnis, d.h. Erkenntnis, die nicht mit Hilfe der sinnlichen Erfahrung gewonnen wird, möglich? Diese Erkenntnis soll notwendig und allgemeingültig sein. Die Philosophie, die nach solcher Erkenntnis fragt, wird als *Transzendentalphilosophie* bezeichnet. Kant gilt als deren Begründer.

Unsere Erkenntnis richtet sich Kant zufolge nicht nach den Gegenständen der sinnlichen Erfahrung, d.h. nach den beobachtbaren Gegenständen der äußeren Welt, sondern die Gegenstände der sinnlichen Erfahrung richten sich nach unserer Erkenntnis. Unser Erkenntnisapparat bzw. unser Erkenntnisvermögen legt fest, wie die Gegenstände unserer Erkenntnis sind.

Wir können also nicht wissen, wie die Gegenstände an sich sind, wir können nur wissen, wie sie *für uns* sind. Die Abwendung von den Gegenständen und die Hinwendung zu den Bedingungen unserer Erkenntnis der Gegenstände wird als »Kopernikanische Wende« in der Erkenntnistheorie bezeichnet.

Kant unterscheidet zwischen der *theoretischen* und der *praktischen Vernunft*. Die theoretische Vernunft hat eine andere Aufgabe und unterliegt anderen »Gesetzmäßigkeiten« als die praktische. Kant behandelt die theoretische Vernunft in seinem Werk »Kritik der reinen Vernunft« (1781,

2. veränderte Auflage 1787). Er geht davon aus, dass es zwei grundlegende Erkenntnisarten gibt: die Erkenntnis *a posteriori* (lat. »vom Späteren her«) und die Erkenntnis *a priori* (lat. »vom Früheren her«). A posteriori ist alle Erkenntnis, die durch unsere *Sinne* vermittelt ist. Sie ist *empirisch*. Wir beziehen uns auf die Welt mittels der sinnlichen Wahrnehmung. A priori ist hingegen jegliche Erkenntnis, die »rein« ist, d. h. nicht durch die sinnliche Wahrnehmung vermittelt ist, dieser jedoch zugrunde liegt.

Kant spricht auch von apriorischen Bedingungen der Möglichkeit der Erkenntnis. Zu solchen Bedingungen gehören die reinen *Anschauungsformen Raum* und *Zeit*, die reinen *Verstandesbegriffe* (Kategorien) und die reinen *Vernunftbegriffe* (Ideen). Die reinen Anschauungsformen haben eine Ordnungsfunktion; sie ordnen das durch die Sinne gegebene Material. Die reinen Verstandesbegriffe haben die Aufgabe, dieses sinnliche Material (Sinnesdaten) zu einer *Einheit* der Erkenntnis zu bringen.

Der erkennende Mensch ist dazu fähig, viele Vorstellungen zu einer *Einheit* zu verbinden. Kant spricht hier von der »synthetischen Einheit der Apperzeption«. Die reine, transzendentale Apperzeption wird als das »Ich denke« bestimmt, das jede Erkenntnis begleitet und die Einheit aller Erkenntnis gewährleistet.

Zu den Verstandesbegriffen, die notwendige Formen des Denkens darstellen, zählt Kant: die Kategorien der Quantität (Einheit, Vielheit, Allheit), der Qualität (Realität, Negation, Limitation), der Relation (Substanz, Kausalität, Gemeinschaft) und der Modalität (Möglichkeit, Dasein, Notwendigkeit).

Apriorische Verstandesbegriffe und sinnliche Anschauung sind aufeinander bezogen. Das »Zusammenspiel« beider beschreibt Kant folgendermaßen: »Anschauungen ohne Begriffe sind blind, Begriffe ohne Anschauungen sind leer«.

Die apriorischen Vernunftbegriffe (regulative Ideen) haben keinen direkten Bezug auf das sinnliche Material. Sie überschreiten den Bereich des Sinnlichen, des Bedingten, und verweisen auf das *Unbedingte*. Die Vernunft steht gewissermaßen über dem Verstand; sie bildet ein höheres Erkenntnisvermögen.

Die drei Vernunftbegriffe sind: *Freiheit*, *Unsterblichkeit* und *Gott*. Sie leiten als regulative Prinzipien der theoretischen Vernunft den Verstand und gewährleisten seine Einheit. Als Postulate der praktischen Vernunft sind sie handlungsanweisend (siehe unten).

Grundlegend für die kantische Philosophie ist die Unterscheidung von *Erscheinung* und *Ding an sich*. Mittels der reinen Anschauungsformen und der reinen Verstandes- und

Vernunftbegriffe sind wir in der Lage, nur das zu erkennen, was uns erscheint. Das hinter den Erscheinungen Liegende, das Ding an sich, können wir nicht erkennen. Wir können z.B. nur die Erscheinung eines Tisches erkennen, nicht den Tisch an sich.

Das Ding an sich (bzw. die Wirklichkeit an sich) existiert unabhängig von dem erkennenden Menschen. Der Bereich der Dinge an sich wird von Kant auch als *intelligibel*, d.h. jenseits der Erscheinungswelt liegend, bezeichnet. Das Intelligible kann im Rahmen des Theoretischen nicht erkannt, es kann jedoch im Rahmen des Praktischen *gedacht* werden.

In seinem Werk »Kritik der praktischen Vernunft« (1788) behandelt Kant den Bereich des Intelligiblen. Nur die praktische Vernunft vermag den Bereich der intelligiblen Welt, der der Ort des *Moralischen* ist, zu bestimmen und damit auch moralische Gesetze aufzustellen. Das Intelligible ist der Willensgrund des sittlichen Handelns.

Kant trifft eine weitere grundlegende Unterscheidung, nämlich die zwischen dem *empirischen* und dem *intelligiblen Charakter* des Menschen. Der empirische Charakter ist wie alle anderen empirischen Dinge dem *Kausalgesetz*, nach dem jede Wirkung eine Ursache hat, untergeordnet. Handlungen, die vom empirischen Charakter ausgehen, folgen dem Kausalgesetz, das in der empirischen Welt herrscht. Diese Handlungen sind durch äußere Faktoren beeinflusst und daher unfrei. Der intelligible Charakter gehört nicht zur empirischen Welt und unterliegt nicht dem Kausalgesetz. Dies bedeutet, dass Handlungen, die vom intelligiblen Charakter ausgehen, *frei* sind.

Die *Freiheit* des Menschen, genauer: die Freiheit des Willens, ermöglicht es ihm, sich die Zwecke und Prinzipien seines Handelns sowie seine moralischen Gesetze selbst zu setzen. Das Ziel der praktischen Philosophie Kants ist die Formulierung einer allgemeingültigen Moral, die allgemeinen Gesetzen folgt.

Das oberste moralische Gesetz ist das *Sittengesetz*. Eine Handlung wird als sittlich eingestuft, wenn sie nicht aus individuellen bzw. persönlichen *Neigungen*, sondern aus *Pflicht* vollzogen wird. Neigungen sind individuelle Interessen, die auf Gefühlen gründen. Sie können niemals allgemein gelten. Hingegen hat Pflicht einen allgemeinen Charakter. Sie soll für alle Menschen gelten.

Im Gegensatz zu einer individuellen bzw. persönlichen *Maxime* des Handelns hat das Sittengesetz den Anspruch auf Allgemeingültigkeit. Es wird in Form des *Kategorischen Imperativs* von Kant auf folgende Weise formuliert: »Handle so, dass die Maxime deines Handels jederzeit zugleich als Prinzip einer allgemeinen Gesetzgebung gelten könne«.

Die drei Vernunftbegriffe Freiheit, Unsterblichkeit und Gott leiten das Handeln. Sie sind *Postulate* der praktischen Vernunft. Die Freiheit des Willens ist das Fundament des sittlichen Handelns. Die endgültige Erfüllung des Sittengesetzes vollzieht sich in einem unendlichen Prozess des Fortschritts. Gott wird von Kant als Garant der Sittlichkeit aufgefasst.

Kant wendet das Sittengesetz auf unterschiedliche Bereiche des praktischen Lebens an, z. B. auf das *Recht*. Als das Fundament des vernünftigen Lebens in einem Staat wird die *Gerechtigkeit* betrachtet. In ihr kommt das sittliche Handeln zum Ausdruck. Aus dem Sittengesetz ergibt sich auch eine unbedingte *Friedenspflicht*.

In seiner Schrift »Vom ewigen Frieden« (1795) entwirft Kant das Konzept eines dauerhaften Friedens zwischen den Staaten. Er zeigt Bedingungen auf, die erfüllt sein müssten, um einen solchen Frieden zu erreichen. Erstens muss eine republikanische Verfassung eingeführt, zweitens ein gewaltenteiliger Friedensbund freier Staaten gegründet und drittens ein allgemeines Weltbürgerrecht eingeführt werden.

Ein Völkerrecht soll sich auf einem Föderalismus freier Staaten gründen, »wahre Politk« muss an die Moral gebunden sein. Nur wenn der Frieden zwischen den Staaten gesichert ist, kann der Mensch seine Kräfte und Fähigkeiten voll entfalten und dem Wohl der Gemeinschaft dienen. Nur im Frieden kann er sich zu einem vernünftigen Wesen entwickeln.

In seiner letzten Kritik, in der »Kritik der Urteilskraft« (1790) versucht Kant, zwischen den beiden Bereichen, dem Bereich des Theoretischen, genauer: dem Bereich der Natur als Welt der Erscheinungen, und dem Bereich des Praktischen, genauer: dem Bereich der Freiheit, zu vermitteln. Als Vermittlungsinstanz tritt dabei die *Urteilskraft* auf. Sie soll die Einheit von theoretischer und praktischer Vernunft garantieren.

Die Urteilskraft ist in Kants eigenen Worten »das Vermögen, das Besondere als enthalten unter dem Allgemeinen zu denken«. Er differenziert zwischen der *bestimmenden* und der *reflektierenden Urteilskraft*. Die erstere ordnet das Besondere, den Einzelfall, unter das Allgemeine (Regel, Prinzip, Gesetz), die zweitere sucht zum Besonderen das Allgemeine.

Die reflektierende Urteilskraft wird von Kant in *ästhetische* und *teleologische* aufgeteilt. Die ästhetische legt die subjektive Zweckmäßigkeit einer ästhetischen Vorstellung fest, die teleologische sucht in der Natur nach objektiven Zwecken.

Kant fragt nach den Wesensmerkmalen der ästhetischen Urteile. *Ästhetik* ist für ihn die Lehre vom Schönen. Das Schöne äußert sich in *Geschmacksurteilen*, es löst bei dem Betrachter ein Gefühl des »interessenlosen Wohlgefühls« aus. Neben dem Naturschönen sind es große Kunstwerke, die den höchsten ästhetischen Wert haben.

Ein weiteres Thema in der »Kritik der Urteilskraft« ist die Rolle der Zweckmäßigkeit in der organischen Natur. Die *Zwecke* werden von uns Menschen in die Natur hineingelegt. Dies kann nur mit Hilfe der teleologischen Urteilskraft vollzogen werden. Die organische Natur kann als ein System von Zwecken angesehen werden. In der Natur hat alles einen Zweck und ist selber Zweck für etwas anderes. Die Freiheit verwirklicht sich im Handeln in der Natur. Kant möchte somit zwischen dem Reich der Freiheit (siehe oben) und dem der Natur vermitteln.

Wie kaum ein anderer Denker hat Kant die neuzeitliche Philosophie beeinflusst. Dieser Einfluss erstreckt sich sowohl auf das Gebiet der theoretischen als auch der praktischen Philosophie sowie der philosophischen Ästhetik. Fast alle großen Philosophen beziehen sich bejahend oder verneinend, direkt oder indirekt auf Kant. Zu ihnen gehören u. a.: G. W. F. Hegel, F. W. J. Schelling, J. G. Fichte (Deutscher Idealismus), W. Dilthey, J. G. Droysen (Historismus), P. Natorp, H. Cohen, E. Cassirer (Neukantianismus), E. Husserl (Phänomenologie), M. Heidegger (Existenzialontologie), P. Strawson (Analytische Philosophie), J. Habermas, K.-O. Apel (Diskurstheorie), H. Lenk, G. Abel (Interpretationismus).

Mit seiner Ethik erreichte Kant auch das allgemeine Publikum. Die von ihm verbreiteten aufklärerischen Ideale der Freiheit und Autonomie des Menschen wirken bis auf den heutigen Tag. Das Ideal eines dauerhaften Friedens auf Erden ist nach wie vor lebendig.

Weitere Werke von Kant: Prolegomena zu einer jeden künftigen Metaphysik, die als Wissenschaft wird auftreten können, 1783; Die Metaphysik der Sitten, 1797; Kants Werke, Akademie-Textausgabe, I – IX, 1968.

Literatur zu Kant: G. Martin, Immanuel Kant, 1969³; G. Prauss (Hg.), Kant, 1973; F. Kaulbach, Immanuel Kant, 1982²; H. M. Baumgartner, Kants »Kritik der reinen Vernunft«, 1985; O. Höffe, Immanuel Kant, 2000⁵; G. Irrlitz, Kant-Handbuch, 2002; V. Gerhardt, Immanuel Kant, 2002; E. Weil, Probleme des Kantischen Denkens, 2002; W. Schlüter, Immanuel Kant, 2003; A. V. Gulyga, Immanuel Kant, 2004; H. F. Klemme, Immanuel Kant, 2004.

KEPLER, JOHANNES: der deutsche Astronom, Physiker, Mathematiker und Philosoph wurde am 27. 12. 1571 in Weil der Stadt geboren. Von 1584 bis 1586 besuchte er

die Klosterschule von Adelberg, von 1587 bis 1589 die Klosterschule von Maulbronn. Von 1589 bis 1591 studierte er evangelische Theologie, Astronomie und Mathematik in Tübingen. Er beschäftigte sich in seiner Studienzeit mit der platonischen und aristotelischen Philosophie sowie mit den Lehren des Nikolaus von Kues und des Kopernikus. 1591 erhielt er den Titel »Magister Artium«. Von 1594 bis 1600 arbeitete Kepler als Mathematiklehrer an der Landschaftsschule in Graz. 1600 wurde er Assistent des Astronomen Tycho Brahe in Prag, nach dessen Tod 1601 sein Nachfolger und kaiserlicher Hofastronom und -mathematiker. Seine Aufgabe war es dort, die Braheschen Arbeiten über die Planetenbewegungen fortzusetzen. Von 1611 bis 1626 arbeitete er als Mathematiker in Linz. 1617 und 1621 verteidigte er mit Erfolg seine wegen Hexerei angeklagte Mutter. Ab 1628 stand er im Dienste Wallensteins in Sagen. Er starb am 15. 11. 1630 in Regensburg.

Kepler ist einer der wichtigsten Wegbereiter der *neuzeitlichen naturwissenschaftlichen Weltauffassung*. Er gehört zu den prominentesten Vertretern der von Kopernikus begründeten heliozentrischen Theorie, nach der sich die Erde um die Sonne dreht.

Er geht davon aus, dass das Weltall (Kosmos) eine *Einheit* bildet. Die einzelnen Teile werden zu einer Einheit geformt. Zwischen den Gegenständen im Weltall herrscht eine *Harmonie*, die von Gott gestiftet wird; Gott hat die Welt in vollkommener Harmonie erschaffen. In anderen Worten: Gott ist ein Baumeister, der die Welt in vollkommenem Zustand erbaut hat.

In der vollkommenen Harmonie des Weltalls drückt sich die gesetzmäßige Ordnung der Welt aus. Da der Mensch ein Teil des Weltalls ist, kann er dessen Struktur erkennen. Als Hilfsmittel dienen ihm dabei die Wissenschaften, insbesondere die Geometrie und die Astronomie.

Der Einheit der Welt entspricht die Einheit der Wissenschaften. Philosophie, Theologie und Einzelwissenschaften sind in dem Keplerschen Modell voneinander noch nicht streng getrennt.

Kepler lieferte bahnbrechende Erkenntnisse auf allen damals bekannten Gebieten des Wissens bzw. der Wissenschaft. Von besonderer Bedeutung sind seine Erkenntnisse auf dem Gebiet der *Astronomie*.

In seinem Hauptwerk Astronomia nova« (1609; dt. »Neue Astronomie«, 1929) formuliert er die ersten beiden der drei *Keplerschen Gesetze*. Das erste besagt, dass sich die Planeten nicht in Kreisen, sondern in Ellipsen bewegen, das zweite, dass die Geschwindigkeit der Planeten umgekehrt proportional zum jeweiligen Sonnenabstand ist.

In seinem Werk »Harmonices mundi« (1619; dt. »Weltharmonie«, 1939) stellt er das dritte Gesetz auf, nach dem die Quadrate der Umlaufzeiten zweier Planeten sich wie die Kuben ihrer mittleren Entfernung von der Sonne verhalten.

Mit seinen Erkenntnissen untermauert Kepler die Ansicht, dass sich die Erde um die Sonne bewegt. Überdies lehnt er die im Mittelalter herrschende Auffassung ab, wonach es zwei unterschiedliche Bereiche des Weltalls, den irdischen und den himmlischen, gibt. Gesetze, die für die Erde gelten, müssen auch für andere Planeten gelten. Die strikte Trennung zwischen einem irdischen und einem himmlischen Bereich (mit jeweils unterschiedlicher Gesetzlichkeit) kann nicht aufrechterhalten werden.

Kepler ersetzt den Begriff der Seele durch den der *Kraft* (lat. »gravitas«). In der Natur wirken Kräfte, die als Wechselwirkungen zwischen zwei Körpern aufzufassen sind. Damit stellte er Weichen für die Herausbildung der mechanistischen Naturauffassung.

Seine Arbeiten waren grundlegend für die von Newton entwickelte Theorie der allgemeinen Massengravitation. Wichtige Impulse erhielten von Kepler Descartes und Gassendi. Sein Gedanke der Harmonie des Weltalls wirkte u.a. auf Leibniz und Hegel.

Weitere Werke von Kepler: Opera omnia, I – VIII, C. Frisch (Hg.), 1858 – 1871; Gesammelte Werke, I – XXII, W. v. Dyck/M. Caspar/F. Hammer (Hg.), 1937ff.

Literatur zu Kepler: M. Casper, Johannes Kepler, 1958; J. Hemleben, Johannes Kepler, 1971; J. Hoppe, Johannes Kepler, 1987[5]; W. Gerlach, Johannes Kepler, 1987[3]; M. Lemcke, Johannes Kepler, 1995; R. Martens, Kepler's philosophy and the new astronomy, 2000; V. Bialas, Johannes Kepler, 2004.

KEYNES, JOHN MAYNARD: der englische Ökonom, Publizist und Politiker wurde am 5.6.1883 in Cambridge geboren. Er studierte in seiner Heimatstadt ab 1902 Mathematik, ab 1905 Ökonomie (u.a. bei A. Marshall und A.C. Pigou). Von 1906 bis 1908 arbeitete er für das britische Indienamt in London. 1909

kehrte er an die Universität Cambridge zurück, wo er als Fellow of King's College Ökonomie lehrte. 1911 wurde Keynes Herausgeber des »Economic Journal«, der wichtigsten ökonomischen Zeitschrift Großbritanniens, 1913 Sekretär der »Royal Economic Society«. 1915 wurde er Berater des britischen Schatzamtes. Er leitete 1919 dessen Delegation auf der Friedenskonferenz in Versailles. Keynes trat jedoch im selben Jahr von seinem Amt zurück, weil er sich gegen die nach seiner Ansicht volkswirtschaftlich unvertretbaren Reperaturverpflichtungen für Deutschland aussprach. Seine Kritik am Versailler Vertrag formulierte er in der Schrift »The Economic Consequences of the Peace« (1919; dt. »Die wirtschaftlichen Folgen des Friedensvertrages, 1920). 1920 erhielt Keynes eine Professur für Ökonomie in Cambridge. Er war Mitglied der britischen Liberalen Partei, deren Programm er maßgeblich gestaltete. 1936 erschien sein Hauptwerk »The General Theory of Employment, Interest and Money« (dt. »Allgemeine Theorie der Beschäftigung, des Zinses und des Geldes«, 1936), das das ökonomische Denken grundlegend veränderte. Während des Zweiten Weltkrieges entwickelte Keynes als Berater des britischen Schatzamtes einen Plan zur Finanzierung des Krieges (»How to pay for the war«, 1940) und für eine neue internationale Währungsordnung. Seine Initiativen führten zur Gründung des Internationalen Währungsfonds und der Weltbank. 1942 wurde Keynes als Baron Keynes of Tilton geadelt. Er starb am 21.4.1946 in Firle (East Sussex).

Keynes ist einer der bedeutendsten *Ökonomen* des 20. Jh. Seine Konzepte revolutionierten das ökonomische und wirtschaftspolitische Denken. In seinem oben erwähnten Hauptwerk fragt Keynes, wie eine Wirtschaftskrise, wie jene der Großen Depression nach 1929, überwunden werden kann. Er widerlegt darin die in der klassischen Ökonomie (A. Smith, D. Ricardo) herrschende Auffassung, wonach das Gleichgewicht von Angebot und Nachfrage zur Vollbeschäftigung führt. Auch in Volkswirtschaften, in denen dieses Gleichgewicht vorzufinden ist, kann – so Keynes – hohe Arbeitslosigkeit bestehen.

Nach Keynes bestimmt nicht das Angebot die Nachfrage, sondern die Nachfrage das Angebot. Unternehmer stellen nur dann Güter bereit (und beschäftigen damit auch Arbeitnehmer), wenn sie glauben, diese auch absetzen zu können. In diesem Sinne entscheidet nicht das Angebot, sondern die Nachfrage darüber, ob Unternehmer investieren.

Wenn Unternehmer aber annehmen, dass die Nachfrage gering ist, dann investieren sie nicht ausreichend. Es wird infolgedessen weniger produziert und es werden Arbeitskräfte entlassen. Die Arbeitslosigkeit verursacht wiederum geringe Einkommen, was die Nachfrage nach Gütern hemmt und zu noch höherer Arbeitslosigkeit führt.

In dieser Situation soll der *Staat* als Investor auftreten. Seine Aufgabe ist es, die Nachfrage nach Gütern durch bestimmte Maßnahmen zu schaffen und somit die Arbeitslosigkeit abzubauen. Die Marktkräfte alleine können die Arbeitslosigkeit nicht abbauen.

Der Staat soll die Nachfrage durch Steigerung *seiner Ausgaben* oder durch *Steuersenkungen*, die zur Zunahme von Investitionen führen, erhöhen. Eine wichtige Rolle spielt dabei eine vom Staat geleitete Zins-Politik.

Das Vorgehen des Staates wird als *antizyklisch* bezeichnet. Im wirtschaftlichen Abschwung soll er die Nachfrage erhöhen und seine Ausgaben durch *Kredite* finanzieren, was Staatsverschuldung zur Folge hat. Im wirtschaftlichen Aufschwung soll der Staat die Nachfrage niedrig halten und seine Schulden durch Steuererhöhungen abbauen.

Mit seiner Theorie fand Keynes viele Anhänger unter Ökonomen und Politikern. F. D. Roosevelt setzte ab 1938 einige seiner Konzepte in die Praxis um. Keynes Theorie hat die Wirtschaftspolitik vieler westlicher Länder, insbesondere in den 1960er und 1970er Jahren, nachhaltig geprägt. Als *Keynesianismus* bezeichnet man die von Keynes entwickelte makroökonomische Theorie und die mit ihr verbundene Wirtschaftspolitik sowie die sich an diese Theorie anschließenden ökonomischen Konzepte.

Weitere Werke von Keynes: The Collected Writings, 1971ff.

Literatur zu Keynes: R.F. Harrod, The Life of John Maynard Keynes,

1951; D.E. Moggridge, John Maynard Keynes, 1976; C. Dyke, Philosophy of Economics, 1981; C. H. Hession, John Maynard Keynes, 1984; D. Felix, Keynes, 1999; Th. Huth, Die goldene Regel als Wettbewerbsgleichgewicht, 2001; G. Willke, John Maynard Keynes, 2002.

KIERKEGAARD, SØREN AABYE
der dänische Philosoph, Theologe und Schriftsteller wurde am 5. 5. 1813 in Kopenhagen geboren. Ab 1830 studierte er Theologie an der Kopenhagener Universität. 1840 legte er das theologische Examen ab.

Im selben Jahr verlobte er sich mit Regine Olsen. Die Verlobung wurde von ihm jedoch nach kurzer Zeit aufgelöst. 1841 promovierte er zum Dr. theol. mit einer Arbeit über den Begriff der Ironie bei Sokrates. 1841 unternahm er eine Reise nach Berlin, wo er Schellings Vorlesungen hörte. Seit 1842 lebte er als freier Schriftsteller in Kopenhagen. In seinen letzten Lebensjahren bekämpfte er entschieden die dänische Staatskirche. Er starb am 11. 11. 1855 in Kopenhagen.

Kierkegaard gilt als der wichtigste Vordenker der *Existenzphilosophie*. Nicht das allgemeine, abstrakte Wesen Mensch, sondern der *einzelne Mensch* (das Individuum) in all seinen konkreten Lebensbezügen und Situationen steht für Kierkegaard im Mittelpunkt der Betrachtungen. Er wendet sich damit gegen Hegel, der den Menschen abstrakt-begrifflich (als Wesen) und als Teil eines übergreifenden Systems bestimmt. In einem solchen System ist kein Platz für den einzelnen Menschen in seiner Einzigartigkeit und Einmaligkeit.

Kierkegaard betont, dass das Individuum in abstrakt-allgemeinen Begriffen nicht erfasst werden kann. Ein allgemeines Wissen um den Menschen ist eigentlich nicht möglich und auch nicht erstrebenswert. Darüber hinaus darf der Mensch nicht unter die Herrschaft eines übergreifenden, allumfassenden Systems geraten.

Mit dem Begriff der *Existenz* bezeichnet Kierkegaard nicht das reale Vorhandensein von Gegenständen, sondern das *konkrete Dasein* eines Menschen. Existieren bedeutet, aus der Verzweiflung an der Endlichkeit des Daseins zu sich selbst zu kommen, sich selbst zu begreifen. Existenz ist demnach ein Selbstverhältnis. Der Mensch existiert, indem er sich zu sich selbst verhält. Er hat die Möglichkeit, auf die eigene Situation zu reflektieren und sie gegebenenfalls zu ändern.

Die eigene Existenz wird dem Einzelnen in der Grunderfahrung der *Angst* bewusst. Kierkegaard unterscheidet streng zwischen Angst und Furcht. Die Furcht bezieht sich immer auf etwas Bestimmtes, auf ein drohendes Objekt, die Angst bezieht sich auf etwas Unbestimmtes, letztlich auf das Nichts. Angst ist der Ausdruck der Freiheit (»Schwindel der Freiheit«).

Kierkegaard behandelt in seinen Schriften unterschiedliche Möglichkeiten der menschlichen Existenz (sog. Stadien). In seinem Hauptwerk »Enten – Eller« (1843; dt. »Entweder – Oder«, 1885) analysiert er die Existenzmöglichkeit des *Ästhetischen* und die des *Ethischen*. »Das Ästhetische in einem Menschen ist das, dadurch er unmittelbar ist, was er ist«.

Der Ästhetiker wird in die Welt hineingeboren. Er lebt in ihr, ohne zu ihr und zu sich selbst Stellung zu nehmen, ohne für etwas Verantwortung zu übernehmen. Sein Leben zeichnet sich durch *Unmittelbarkeit* aus. Er geht im Augenblick auf und erhebt den *Lebensgenuss* zum obersten Prinzip. Beispiel für die ästhetische Existenz ist die Figur des Don Juan bei Mozart.

Der Ästhetiker geht in der äußeren Realität unmittelbar auf. Dies bedeutet jedoch, dass er von äußeren Bedingungen in hohem Maße abhängig ist. Sind diese Bedingungen für ihn ungünstig, so fühlt er sich gelangweilt, geekelt, überdrüssig und verzweifelt. In der *Verzweiflung* liegt jedoch die Möglichkeit des Übergangs (des »Sprungs«) von dem Stadium des Ästhetischen in das des Ethischen.

Im Stadium des Ethischen verhält sich der Einzelne zu sich selbst als einem Verzweifelnden – er wählt sich selbst. Die Selbstwahl, die dem Ästhetiker fehlt, ist eine ausgezeichnete Form der Selbstbestimmung. Sie wird von Kierkegaard als absolut bezeichnet.

Die absolute Wahl des Selbst bedeutet *Freiheit*. Indem sich der Einzelne absolut wählt bzw. setzt, setzt er die absolute Differenz zwischen Gut und Böse. Er übernimmt überdies Verantwortung für sein Handeln. Damit erkennt er Regeln an, die *allgemein* sind und denen er sich unterordnet. Verstößt er gegen die Regeln, so empfindet er *Reue* und *Schuld*.

Aus sich selbst heraus vermag der Einzelne jedoch die eigene Schuld nicht aufzuheben. Zu dieser Aufhebung bedarf es des Eingreifens Gottes, das der Mensch nur im dritten, religiösen Stadium erleben kann.

Das *religiöse Stadium* wird von Kierkegaard in mehreren Schriften beschrieben, u. a. in »Frygt og Baeven« (1843; dt. »Furcht und Zittern«, 1882), »Philosophiske Smuler« (1844; dt. »Philosophische Brocken«, 1890) und »Afsluttende uvidenskabelig Efterskrift til de philosophiske Smuler« (1846; dt. »Abschließende unwissenschaftliche Nachschrift zu den Philosophischen Brocken«, 1910).

Der Übergang vom ethischen zum religiösen Stadium wird ebenfalls in einem Sprung vollzogen. Der religiöse Mensch fasst die Schuld als Sünde auf. Sie kann nur durch Gottes Vergebung behoben werden. Daher zeichnet sich die religiöse Existenz durch den *Glauben* des Menschen an Gottes Vergebung aus. Der Glaube wird von Kierkegaard als ein *Paradox* bestimmt, das kein Denken auflösen kann.

Da wo das Denken aufhört, fängt der Glaube an. Im Glauben tritt der einzelne Mensch in ein eigenes, individuelles Verhältnis zum Absoluten ein. In diesem individuellen Verhältnis geht der Einzelne über das Ethisch-Allgemeine hinaus.

Das Paradox des *christlichen Glaubens* besteht darin, dass Gott (das Ewige) in die Zeit (das Endliche) eingetreten ist, d. h. in Gestalt Jesu Mensch geworden ist. Der Einzelne verhält sich daher im Glauben nicht zu etwas Ewigem, sondern zu dem Ewigen in der Zeit. Das Verhältnis zwischen dem Ewigen und dem Zeitlichen wird von Gott gestiftet.

Kierkegaard hatte einen maßgeblichen Einfluss auf die Existenzphilosophen des 20. Jh., u. a. auf M. Heidegger, K. Jaspers, J.-P. Sartre, G. Marcel. An seine Gedanken knüpfen Schriftsteller wie H. Ibsen, R. M. Rilke, F. Kafka und M. Frisch sowie Theologen wie K. Barth, E. Brunner und F. Gogarten an.

Weitere Werke von Kierkegaard: Gesammelte Werke, 36 Abteilungen, E. Hirsch (Hg.), 1951 – 1965.

Literatur zu Kierkegaard: H. Diem, S. Kierkegaard, 1964; T. W. Adorno, Konstruktion des Ästhetischen, 1966[3]; W. Schulz, Søren Kierkegaard, 1967; F. C. Fischer, Existenz und Innerlichkeit, 1969; A. Hügli, Die Erkenntnis der Subjektivität und die Objektivität des Erkennens bei Søren Kierkegaard, 1973; M. Theunissen/W. Greve (Hg.), Materialien zur Philosophie Søren Kierkegaards, 1979; J. Ringleben, Aneignung, 1983; M. Theunissen, Der Begriff Verzweiflung, 1993; M. Bösch, Søren Kierkegaard, 1994; B. Groys, Kierkegaard, 1996; A. Pieper, Søren Kierkegaard, 2000; K. P. Liessmann, Søren Kierkegaard zur Einführung, 2002[3]; T. Wesche, Kierkegaard, 2003; P. L. Gardiner, Kierkegaard, 2004.

KONFUZIUS (Latinisierung des chinesischen Namens Kongfuzi = Meister Kong): der chinesische Philosoph wurde 551 v. Chr. im Stadtstaat Lu (auf der Insel Shantung) geboren. Er übernahm ein Ministeramt in seinem Heimatstaat, gab es jedoch nach 3 Monaten auf. Danach

wanderte er durch verschiedene Stadtstaaten, sammelte Anhänger, und versuchte ohne Erfolg, auf die Herrscher Einfluss zu nehmen. In seinen letzten Lebensjahren gewann er aufgrund seiner Lehrtätigkeit immer mehr Anhänger. Es wird berichtet, dass er eine eigene Schule gegründet hat. Er starb 479 in seinem Heimatstaat Lu.

Konfuzius gilt als der erste chinesische Philosoph. Seine Lehre bildet die Grundlage für die Entwicklung der chinesischen Gesellschaft bis zum 20. Jh.

Zu seiner Zeit bestand das chinesische Reich aus einer Vielzahl von Staaten, die sich gegegenseitig stark bekämpften. Der Kaiser hat seine Macht als Herrscher über ganz China verloren.

Angesichts dieser instabilen Verhältnisse setzte sich Konfuzius dafür ein, das Land grundlegend zu reformieren. Die politische Ordung sollte stabilisiert und der Frieden gewährleistet werden. Um dies zu erreichen, bedurfte es einer moralischen Erneuerung der gesamten Gesellschaft.

Nach Konfuzius ist die *Moral*, die moralische Gesinnung und das moralische Verhalten, die wichtigste Grundlage der staatlichen Ordnung.

Er propagiert die Rückkehr zu traditionellen moralischen Vorstellungen und Regeln, die im sog. »Goldenen Zeitalter« (die Zeit der Kaiser Yao, Shun und die der frühen Zou-Dynastie) geherrscht haben sollten.

Das traditionelle System zeichnete sich zunächst durch eine strenge hierarchische Struktur aus. Die Beziehungen des Einzelnen zu seinen Mitmenschen waren fest geregelt. Die Beziehungsregeln mussten konsequent befolgt werden.

Die fünf für das moralische Handeln grundlegenden Beziehungen sind die zwischen Herrscher und Staatsdiener, Vater und Sohn, älterem und jüngerem Bruder, Ehemann und Ehefrau, Freund und Freund. In jeder dieser Beziehungen sind gegenseitige Pflichten festgelegt. In der Erfüllung dieser Pflichten kommt die Moralität der Menschen zum Ausdruck.

Zentral für die Herausbildung der Moral ist die Pflege der rechten *Tugenden*. Als wichtigste Tugend wird von Konfuzius die der *Menschlichkeit* angesehen. Weitere fundamentale Tugenden sind: Loyalität, Rechtsschaffenheit, Weisheit, Schicklichkeit und Aufrichtigkeit.

Eine zentrale Rolle spielt für Konfuzius die *Familie*, deren Struktur er als Vorbild für die Gestaltung einer staatlichen Ordnung ansieht. Die Stärkung der Moral und der Familie soll zur Festigung einer staatlichen Ordnung führen. Damit soll auch die absolute Herrschaft des Kaisers gefestigt werden.

Als Idealtyp des Menschen wird von Konfuzius der *Weise* bzw. der Edle betrachtet. Er versteht es, (theoretische) Kenntnisse auf die Lebenspraxis anzuwenden. Darüber hinaus fördert er mit seinem rechten Verhalten die Moralität.

Neben moral- und staatsphilosophischen Überlegungen findet man bei Konfuzius auch naturphilosophische Gedanken. Der *Himmel* stellt die höchste Macht dar. Er wird nicht als Gott, sondern als oberstes Prinzip aufgefasst, das das gesamte Geschehen leitet. Auch das moralische Verhalten hat seinen Ursprung im Himmel: Er erzeugt in jedem Einzelnen das Moralische.

Konfuzius nahm zu religiösen Themen kaum Stellung. Daher kann er nicht als ein Religionsstifter bezeichnet werden. Er sprach sich für Opferrituale aus, weil sie für das gesellschaftliche Leben eine stabilisierende Rolle hatten.

Konfuzius hat wie kaum ein anderer das geistige und gesellschaftliche Leben Chinas beeinflusst. Als *Konfuzianismus* wird die sich an die Lehre des Konfuzius anschließende Geistestradition bezeichnet. Im 2. Jh. v. Chr. wurde der Konfuzianismus in China zur Staatsdoktrin erklärt. Er fand auf diese Weise Eingang in alle Bereiche des Lebens.

Die Familie galt dabei als das Fundament der Gesellschaft. Der Gehorsam gegenüber den Eltern bzw. den Älteren wurde zur zentralen Tugend. Die staatliche Ordnung wurde nach dem Vorbild der Familie eingerichtet. Der Kaiser wurde zum Familienoberhaupt des Staates.

In der Ahnenverehrung kam die besondere Rolle der Familie zum Ausdruck; der Zusammenhalt der Familie sollte über den Tod ihrer einzelnen Mitglieder hinaus gewährleistet werden. Zur Familie gehörten nicht nur die Lebenden, sondern auch die Toten. Der Konfuzianismus konnte sich als Religion nicht etablieren.

Werke von Konfuzius: Kungfutse. Gespräche (Lun Yü), R. Wilhelm (Hg.), 1910 (Neudruck 1955).

Literatur zu Konfuzius: H. G. Creel, Confucius, 1949; R. Wilhelm, Kung-Tse, 1950[2]; L. Yutang, Konfuzius, 1957; H. Schleichert, Klassische chinesische Philosophie, 1980; R. Dawson, Confucius, 1981; J. Ching, Konfuzianismus und Christentum, 1989; G. S. Paul, Aspects of Confucianism, 1990.

KOPERNIKUS, NIKOLAUS (eigentlich Nikolaus Koppernigk): der deutsch-polnische Astronom wurde am 19. 2. 1473 in Thorn geboren.

Nach dem Tod des Vaters (1483) übernahm der Onkel Lukas Watzenrode die Erziehung des Jungen. Von 1491 bis 1494 studierte Kopernikus Astronomie, Mathematik und Philosophie an der Universität Krakau. Von 1496 bis 1500 studierte er Rechtswissenschaften in Bologna, beschäftigte sich dort aber auch unter der Obhut von D. M. di Novara mit der Astronomie. Nach einem einjährigen Aufenthalt in Rom studierte er von 1501 bis 1503 Medizin und Rechtswissenschaften in Padua und Ferrara. 1503 machte er in Ferrara den Doktor in kanonischem Recht. 1506 wurde Kopernikus Leibarzt und Privatsekretär seines Onkels Lukas Watzenrode, inzwischen Bischof von Ermland, in Heilsberg. Ab 1511 war er Domherr in Frauenburg (Ostpreußen) und übernahm in dieser Funktion unterschiedliche administrative Aufgaben. Er starb am 24. 5. 1543 ebendort.

Kopernikus ist der Begründer der *heliozentrischen Weltsicht*. Dieser Sicht zufolge dreht sich die Erde um die Sonne. Kopernikus wendet sich damit gegen die bis dahin herrschende geozentrische Auffassung, wonach sich die Sonne und die anderen Planeten um die Erde drehen und die Erde den Mittelpunkt des Weltalls darstellt. Mit seiner bahnbrechenden Erkenntnis ist Kopernikus der Wegbereiter der *neuzeitlichen Naturwissenschaft*.

In seinem Hauptwerk »De revolutionibus orbium coelestium libri VI« (1543; dt. »Über die Umschwünge der himmlischen Kugelschalen, sechs Bücher«, 1879) stellt Kopernikus sein heliozentrisches System dar. Seine wichtigsten Thesen sind: Die Himmelsbewegungen weisen keinen gemeinsamen Mittelpunkt auf; die Erde ist nicht der Mittelpunkt der Welt, sondern nur der der Schwere und des Mondbahnkreises; der Mittelpunkt der Welt liegt in der Nähe der Sonne; der Abstand zwischen Erde und Himmel mit seinen Fixsternen ist unermesslich groß; die Erde vollführt täglich eine Drehung um ihre Achse und jährlich eine Umkreisung der Sonne; der Fixsternhimmel bleibt unbeweglich und dreht sich nur scheinbar um die Erde; die Sonne bewegt sich nur scheinbar.

In dem Werk werden diese Grundthesen ganz genau mathematisch erläutert. Neben einer Beschreibung der astronomischen Sachverhalte beinhaltet das Werk geometrische Beweisführungen, Tabellen der Himmelsbewegungen und eine Auflistung der damals bekannten Fixsterne.

Im Mittelalter herrschte die Auffassung, dass es zwei getrennte Sphären, die *irdische* und die *himmlische*, und dass es einen Wesensunterschied zwischen diesen Sphären gibt. In der Sphäre des Irdischen ist alles vergänglich und unvollkommen, in der Sphäre des Himmels unvergänglich (ewig) und vollkommen geordnet. Demgemäß gelten in der einen Sphäre andere Gesetze als in der anderen.

Kopernikus lehnt diese Auffassung ab. Das Weltall bildet ihm zufolge eine *Einheit*. Die strikte Trennung zwischen der irdischen und der himmlischen Sphäre kann nicht aufrechterhalten werden. Für beide Sphären gelten dieselben Gesetze, genauer: Erde und Himmelskörper bewegen sich nach denselben Gesetzen. Daher kann es nur *eine* Physik für beide Sphären geben.

Mit seinen Erkenntnissen und seiner Methode trug Kopernikus wesentlich zur Loslösung der Naturwissenschaften von der Theologie und zur *Überwindung des mittelalterlichen Weltbildes* bei. Die Naturwissenschaft beanspruchte es, ihre Forschungen ohne theologische Vorgaben und Dogmen durchzuführen.

Das bis dahin geltende Selbstverständnis des Menschen wird durch die heliozentrische Sicht tief erschüttert. Da die Erde nicht mehr als das Zentrum des Weltalls betrachtet wird, verliert der Mensch die von ihm beanspruchte Sonderstellung in der Welt. Die Frage nach der Stellung des Menschen in der Welt gewinnt dadurch wieder an Brisanz.

Die Lehre des Kopernikus wurde

lange Zeit von der katholischen Kirche bekämpft. Sein Hauptwerk stand bis 1822 auf dem Index der verbotenen Bücher. Viele seiner Anhänger wurden der Ketzerei beschuldigt. Zu ihnen gehörte Galilei. Kepler fand weitere Argumente für die Gültigkeit der Kopernikanischen Lehre und trug so zu ihrer Verbreitung bei.

Weitere Werke von Kopernikus: Gesamtausgabe, I – II, F. Kubach (Hg.), 1944ff.; Gesamtausgabe, H. M. Nobis (Hg.), 1974ff.

Literatur zu Kopernikus: H. Blumenberg, Die kopernikanische Wende, 1965; H. Kesten, Copernicus und seine Welt, 1973; B. Sticker, Nikolaus Copernicus, 1974; Th. S. Kuhn, Die kopernikanische Revolution, 1981; J. Kirchhoff, Nikolaus Kopernikus, 1985; E. Zinner, Entstehung und Ausbreitung der Copernicanischen Lehre, 1988; M. Carrier, Nikolaus Kopernikus, 2001; W. Shea, Nikolaus Kopernikus, 2003.

L

LA METTRIE, JULIEN OFFRAY DE: der französische Arzt und Philosoph wurde am 25. 12. 1709 in St. Malo geboren. Nach dem Besuch einer Jesuitenschule studierte er von 1728 bis 1733 Medizin in Paris, 1733 in Leiden bei H. Boerhaave, der zu den renommiertesten Ärzten seiner

Zeit gehörte. La Mettrie übersetzte seine Hauptwerke ins Französische. Von 1734 bis 1742 arbeitete er als Arzt in Saint-Malo, von 1743 bis 1745 als Militärarzt. Als Leibarzt des Herzogs von Grammont nahm er auf französischer Seite am österreichischen Erbfolgekrieg teil. 1745 veröffentlichte er sein erstes Werk »Histoire naturelle de l'âme«, in dem er einen radikalen Materialismus vertritt. Die Seele mit ihren Funktionen wird darin als Produkt der Leibesorgane betrachtet. Die Existenz einer immateriellen Seele wird damit in Frage gestellt. Das Buch wurde 1746 als religionsfeindlich eingestuft und öffentlich verbrannt. La Mettrie wurde als Militärarzt entlassen. Im selben Jahr verfasste er eine Kritik an der konservativen Ärzteschaft, die ihn daraufhin zum Verlassen des Landes zwang. Er ging ins Exil nach Leiden, wo er sein Hauptwerk »L'homme machine« (1748; dt. »Der Mensch eine Maschine«, 1875) veröffentlichte. Auch dieses Werk, in dem La Mettrie seine materialistische Position präzisiert, missfiel den Behörden. Der Autor floh nach Potsdam, wo er von Friedrich II. aufgenommen und Mitglied der Königlich Preußischen Akademie der Wissenschaften wurde. La Mettrie arbeitete am Preußischen Hof als Vorleser und Arzt. Er starb am 11. 11. 1751 in Berlin.

La Mettrie ist einer der wichtigsten Vertreter des *Materialismus* der französischen Aufklärung. Seine Philosophie basiert auf medizinischen und naturwissenschaftlichen Erkenntnissen seiner Zeit. Als Schüler von Boerhaaves war er mit dem neuesten medizinischen Forschungsstand seiner Zeit gut vertraut.

Für La Mettrie ist die *Materie* das Fundament der gesamten Wirklichkeit. Alles, was existiert, hat einen materiellen Ursprung. Die Materie wird als eine Substanz bestimmt, die selbstständig und ewig ist, die jedoch der Veränderung unterliegt. Ihre zwei wichtigsten Eigenschaften sind *Ausdehnung* und *Bewegung*.

Die Annahme eines außerweltlichen unbewegten Bewegers, der das Weltgeschehen in Gang setzt, wird von La Mettrie abgelehnt. Der Materie wohnt die Fähigkeit zur Bewegung inne. Sie wird auch als formgebend bestimmt. Die Formen werden ihr also nicht von außen aufgeprägt, sondern aus ihr heraus hervorgebracht.

Auch der *Mensch* ist ein Teil der materiellen Welt. Er ist eine »lebende Maschine«, d.h. ein Mechanismus, der rein materieller, genauer: physiologischer, Natur ist.

La Mettrie lehnt die von Descartes vertretene Trennung zwischen einer denkenden (rein geistigen) und einer ausgedehnten (materiellen) Substanz ab. Es gibt ihm zufolge keine selbstständige denkende Substanz. Der *Körper* (die Maschine) ist das Fundament des Denkens bzw. der Seele. Das Geistige ist nur ein Ausdruck bzw. eine Funktion des Materiellen.

Der Mensch als Maschine besitzt Empfindungs- und Denkfähigkeit. Der Grad der Empfindungs- und Denkfähigkeit hängt von dem Grad der Komplexität des Organismus ab. Auch Tiere, die von La Mettrie ebenfalls als Maschinen betrachtet werden, besitzen Empfindungs- und Denkfähigkeit.

Es gibt keinen Wesensunterschied zwischen Mensch und Tier. Der Unterschied ist nur gradueller Art. Der menschliche Organismus ist komplexer als der tierische, die Organisation seines Körpers feiner. In diesem Zusammenhang behauptet La Mettrie, dass der Mensch keine Willensfreiheit besitzt.

Erkenntnistheoretisch vertritt La Mettrie in Anlehnung an J. Locke den *Sensualismus*, eine Lehre, der zufolge die sinnliche Wahrnehmung die einzige Quelle der Erkenntnis ist. Nur aufgrund von Beobachtungen können wir zu sicheren Erkenntnissen gelangen. Die Annahme von »angeborenen Ideen« wird von La Mettrie abgelehnt. Gegenstand der Erkenntnis ist ausschließlich die materielle Welt.

Die Beschaffenheit und das Verhalten des Menschen können am besten mit Hilfe der Anatomie und Physiologie erkannt werden. Daher schreibt La Mettrie der medizinischen Forschung eine ausgezeichnete Rolle zu. In ihr herrscht die

Methode der Beobachtung als Grundlage der Erkenntnis. Allerdings verweist er darauf, dass zum Erkenntnisapparat die Verstandestätigkeit hinzutreten muss. Die sinnliche Wahrnehmung, in der die Welt (äußere Wirklichkeit) abgebildet wird, und der Verstand müssen miteinander harmonisieren.

In seinen ethischen Überlegungen ist La Mettrie ein Vertreter des *Hedonismus*, wonach die Lust das höchste Gut des Menschen und das Ziel des Handelns ist. Ein Mensch ist dann glücklich, wenn er die höchstmögliche Lust erreicht. Dies kann sowohl die sinnliche als auch die geistige Lust sein.

Da La Mettrie den Gedanken der Unsterblichkeit der Seele ablehnt, soll der Mensch im Diesseits nach höchstmöglicher Lust und nach Glück streben. Lustempfinden hängt aber in hohem Maße vom Zustand des Körpers ab. So können eigentlich nur in einem einigermaßen gesunden Körper lustvolle Empfindungen entstehen.

Der Mensch gehört zum Tierreich, er ist ein hochentwickeltes Tier, das keine angeborenen moralischen Prinzipien hat. Normen, Werte und praktische Gesetze müssen erst aufgestellt werden, damit ein geregeltes Zusammenleben zustande kommen kann.

Es gibt keine ewigen, absoluten Werte bzw. moralische Prinzipien. Sie ändern sich und sind von Gemeinschaft zu Gemeinschaft verschieden. Ziel des gemeinschaftlichen Zusammenlebens ist eine gerechte Rechtsordnung, die von der Mehrheit der Bürger getragen werden muss. Verstößt ein Herrscher gegen eine solche Rechtsordnung, kann er abgesetzt werden.

La Mettrie ist ein radikaler *Atheist*. Er verneint die Existenz Gottes. Sein Atheismus folgt aus der materialistisch-mechanistischen Weltsicht. Moralisches Handeln ist auch ohne den Glauben an einen Gott möglich. Religionen verhindern die Entwicklung der Wissenschaft und verursachen – z.B. durch Glaubenskriege – Leid und Not. Lust und Glück können die Menschen nur in der Abkehr von Religionen erreichen. Ziel der geschichtlichen Entwicklung wäre eine Gesellschaft, in der der Atheismus herrschen würde.

La Mettrie hatte einen großen Einfluss auf den Materialismus der französischen Aufklärung. Angeregt durch seine Gedanken waren u.a. Diderot, Holbach und Helvétius. Erkennbar ist sein Einfluss in der materialistisch ausgerichteten Naturforschung des 19. Jh. (z.B. bei Helmholtz).

Weitere Werke von La Mettrie: Œvres philosophiques, I–II, 1774 (repr. 1970), I–III, 1796.

Literatur zu La Mettrie: J. E. Poritzky, Julien Offray de La Mettrie, 1900; L. Mendel, La Mettrie, 1965; F. A. Lange, Geschichte des Materialismus und Kritik seiner Bedeutung in der Gegenwart, A. Schmidt (Hg.), 1974; A. Sutter, Göttliche Maschinen, 1988; B. Christensen, Ironie und Skepsis, 1996; U. P. Jauch, Jenseits der Maschine, 1998; H. Hecht (Hg.), Julien Offray de la Mettrie, 2004.

LEIBNIZ, GOTTFRIED WILHELM: der deutsche Philosoph und Universalgelehrte wurde am 1. 7. 1646 als Sohn eines Professors für

Moralphilosophie in Leipzig geboren. Ab 1661 studierte er Philosophie, Rechtswissenschaft und Mathematik in Leipzig und Jena. 1666 promovierte er zum Doktor der Rechte an der Universität Altdorf. 1670 wurde er Rat am Revisionsgericht in Frankfurt am Main. 1671 wurde Leibniz vom Kurfürsten von Mainz in diplomatischer Mission nach Paris gesandt. In Paris und auf Reisen nach England und Holland nahm er Kontakte mit den bedeutendsten Denkern seiner Zeit, u. a. mit Arnauld, Malebranche, Newton, Huygens und Spinoza auf. Er vertiefte dadurch seine Kenntnisse auf fast allen damals bekannten Wissensgebieten, konstruierte eine Rechenmaschine und entwarf eine erste Fassung der Differential- und Integralrechnung. Seine Forschungen fanden in zahlreichen Publikationen ihren Niederschlag. Seit 1676 war er Geheimrat und Bibliothekar des Kurfürsten von Hannover. Er beschäftigte sich in dieser Funktion nicht nur mit philosophischen und wissenschaftlichen, sondern auch mit juristischen, staats- und wissenschaftsorganisatorischen sowie kulturpolitischen Angelegenheiten. Als Hofhistoriograph schrieb er an einer Geschichte der Welfen. Er war im Jahre 1700 maßgeblich an der Gründung der »Societät der Wissenschaften« beteiligt, deren Präsident er auf Lebenszeit wurde. Leibniz stand mit führenden Philosophen und Wissenschaftlern seiner Zeit in brieflichem Kontakt. Seine Korrespondenz besteht aus 15 000 Briefen, die an über 1 000 verschiedene Personen adressiert wurden. Er starb am 14. 11. 1716 in Hannover.

Leibniz gehört zu den bedeutendsten Gelehrten an der Wende vom 17. zum 18. Jh. Er lieferte bahnbrechende Arbeiten auf fast allen damals bekannten Wissensgebieten. Besonders hervorzuheben sind seine Leistungen auf den Gebieten der Philosophie, Logik, Mathematik, Physik und Theologie. Sein Ziel ist es, das allgemeingültige (universale) Wissen der Menschheit darzustellen und zu begründen. Dabei ist er von der Idee der Einheit des Wissens bzw. der Wissenschaft geleitet.

Leibniz gilt neben Descartes und Spinoza als der wichigste Repräsentant des *Rationalismus* des 17. und 18. Jh. Die Vernunft bzw. der Verstand (lat. »ratio«) hat dieser Position zufolge einen Vorrang vor der sinnlichen Erfahrung. Sie ist der Ausgangspunkt und Garant der Erkenntnis. Es gibt allgemeingültige, unabhängig von der sinnlichen Erfahrung gewonnene Erkenntnisse, die für das Denken und Handeln des Menschen fundamental sind.

Leibniz wendet sich somit gegen die sensualistische Position von Locke, der zufolge die sinnliche Wahrnehmung die einzige Quelle der Erkenntnis und die Seele eine »tabula rasa« (»unbeschriebene Tafel«) ist, die erst in der Begegnung mit der sinnlichen Erfahrung »gefüllt« wird. Zu der Behauptung Lockes, nichts ist im Verstand, was nicht vorher in den Sinnen war, fügt Leibniz hinzu: »außer dem Verstand selbst«.

Im Mittelpunkt des Leibnizschen Systems steht die Lehre von den grundlegendsten Elementen der Wirklichkeit: den *Monaden* (vom griech. »monas«, »ein«, »allein«). Diese Lehre wird als *Monadologie* bezeichnet und in dem gleichnamigen Buch von 1714 ausgearbeitet.

Monaden sind *Substanzen*, d.h. sie existieren selbstständig für sich und unabhängig voneinander. Eine Monade kann andere Monaden weder beeinträchtigen noch von anderen beeinträchtigt werden. Es besteht zwischen den einzelnen Monaden kein kausaler Zusammenhang (kein Ursache-Wirkung-Verhältnis) und keine Wechselwirkung. Insofern sind sie in sich abgeschlossen, »fensterlos«.

Da es keine Wechselwirkung zwischen den Monaden gibt, kann sich eine einzelne Monade nur aus sich selbst heraus und aus eigener Kraft entwickeln. Insofern sie jedoch nicht in der Zeit existiert, enthält sie alles, was sie ist, auf einmal.

Monaden sind einfach, d.h. unteilbar und nicht ausgedehnt, denn das Vorhandensein teilbarer Dinge setzt das Vorhandensein unteilbarer (einfacher) Dinge voraus. Sie können auf natürliche Weise weder entstehen noch vergehen, denn nur teilbare Dinge können zusammengesetzt oder zerlegt werden. Nur Gott kann in einem übernatürlichen Schöpfungsakt Monaden erschaffen.

Leibniz zufolge stellen sie keine materiellen Körper, sondern immaterielle, geistige Einheiten dar. Sie können als beseelte Einheiten bestimmt werden, die nicht in Raum und Zeit existieren.

Eine Monade entwickelt *Vorstellungen* (Perzeptionen), in denen sich das Ganze des Universums abbildet. Anders formuliert: Jede Monade spiegelt das Ganze des Universums wider. Das Widerspiegeln des Universums wird als die eigentliche *Tätigkeit* der Monade bestimmt. Wichtig ist jedoch, dass jede Monade das Universum auf unterschiedliche Weise widerspiegelt. Das macht ihre Individualität aus.

Monaden besitzen jeweils unterschiedliche Eigenschaften. So besitzen z.B. Monaden, die der Seele zugrunde liegen, Fähigkeiten wie Gefühl, Erinnerung und Denken (Apperzeption). *Gott*, der die höchste und vollkommenste Monade ist, garantiert die Harmonie aller Monaden, die Leibniz als *prästabilierte* (vorherbestimmte) *Harmonie* bezeichnet.

Leibniz unterscheidet demnach zwischen dem Bereich der Monaden und dem Bereich der Erscheinungen. Der Monadenbereich stellt die eigentliche Wirklichkeit dar. Er ist rein geistig, jenseits von Raum und Zeit und akausal. In dem Bereich der Erscheinungen herrschen hingegen Raum und Zeit sowie Kausalität (Ursache-Wirkung-Verhältnis).

Der Raum ist die Erscheinungsform der zur gleichen Zeit existierenden Dinge, die Zeit ist die Erscheinungsform der Abfolge der Dinge. Der raum-zeitlichen Ordnung liegt die Monadenordnung zugrunde.

Leibniz vertritt das Programm der *Mathesis universalis*, d.h. einer universalen Wissenschaft, die sich an den Methoden der exakten formal-analytischen Wissenschaften, insbesondere der Mathematik, orientiert. Alle Wissenschaften sollen nach dem Vorbild der Mathematik aufgebaut werden.

In diesem Zusammenhang ist die von Leibniz getroffene Unterscheidung zwischen *Vernunftwahrheiten* und *Tatsachenwahrheiten* von besonderer Wichtigkeit. Die ersteren sind Wahrheiten, die rein aus der Vernunft stammen und nicht auf die sinnliche Erfahrung angewiesen sind. Die letzteren entstammen der sinnlichen Erfahrung. Zu den Vernunftwahrheiten gehören vor allem logische und mathematische Grundsätze.

Leibniz formuliert einen der wichtigsten Grundsätze der Logik: den *Satz vom zureichenden Grund*.

Er lautet: Nichts ist ohne Grund. Dieser Satz ist das Prinzip der Logik, des Denkens und der gesamten Wirklichkeit.

Folgenreich waren die theologischen Überlegungen von Leibniz. In seinem Werk »Essais de theodicée« (1710; dt. »Versuch der Theodizee«, 1720) stellt er die Frage, wie Gottes Weisheit, Allmacht und Güte mit den in der von ihm erschaffenen Welt vorkommenden Übeln (Hass, Krankheit, Tod, Krieg usw.) vereinbart werden kann. Leibniz behauptet, dass Gott das Übel in der Welt nicht verhindern kann und auch nicht verhindern will, denn es gehört zum menschlichen Leben.

Die menschliche *Freiheit* verursacht das Übel, insbesondere das *moralische Übel* (die Schuld). Gott will zwar das Gute, lässt aber das Übel zu, weil er will, dass der Mensch frei bleibt. Als *metaphysisches Übel* wird die Endlichkeit des Menschen und der Welt bezeichnet. Trotz des Übels ist die bestehende Welt die »beste aller möglichen Welten«. Da der Mensch Ebenbild Gottes ist, ist er in der Lage, die göttlichen, ewigen Wahrheiten zu erkennen.

Die Entwicklung der Menschheit wird von Leibniz als ein *Fortschritt* gesehen. Er betrifft sowohl die menschlichen Denkfähigkeiten als auch seine moralischen Anlagen. In sozialer bzw. gesellschaftlicher Hinsicht entwickelt sich die Menschheit zu immer größerer Vollkommenheit.

Leibniz übte starken Einfluss auf Philosophie, Logik, Mathematik und Theologie aus. Seine philosophischen Gedanken wirkten hauptsächlich auf Chr. Wolff, Kant, Herder und Lessing. Sein System prägte die Herausbildung des neuzeitlichen Selbstverständnisses des Menschen.

Weitere Werke von Leibniz: Opera omnia, I – VI, L. Dutens (Hg.), 1768ff.; Die philosophischen Schriften, I – VII, C. I. Gerhardt (Hg.), 1875 – 1890.

Literatur zu Leibniz: K. Hildebrandt, Leibniz und das Reich der Gnade, 1953; H. H. Holz, Leibniz, 1958; O. Saame, Der Satz vom Grund bei Leibniz, 1961; E. Cassirer, Leibniz' System in seinen wissenschaftlichen Grundlagen, 1962; W. Janke, Leibniz, 1963; K. Müller/ G. Krönert, Leben und Werk von Gottfried Wilhelm Leibniz, 1969; H. Schepers, Leibniz, 1971; O. Ruf, Die Eins und die Einheit bei Leibniz, 1973; C. F. von Weizsäcker, Zeit und Logik bei Leibniz, 1989; H. H. Holz, Gottfried Wilhelm Leibniz, 1992; R. Finster, Gottfried Wilhelm Leibniz, 1993[2]; M.-Th. Liske, Gottfried Wilhelm Leibniz, 2000; F. Hermanni, Leibniz und die Gegenwart, 2002; H. Bredekamp, Die Fenster der Monade, 2004.

LÉVINAS, EMMANUEL: der französische Philosoph jüdischer Herkunft wurde am 12. 1. 1912 in Kaunas (Litauen) geboren. Er studierte ab 1923 Philosophie in Straßburg, von 1927 bis 1928 in Freiburg bei E. Husserl und M. Heidegger. 1930 promovierte Lévinas in Paris mit der Arbeit »Théorie de l'intuition dans la phénoménologie de Husserl«. 1931 erhielt er die französische Staatsbürgerschaft. 1940 geriet er in deutsche Kriegsgefangenschaft und wurde im Lager für jüdische Kriegsgefangene in der Lüneburger

Heide interniert. 1946 wurde er Direktor der École Normale Israélite Orientale, unterrichtete Philosophie und verfasste Arbeiten über das Judentum. Von 1973 bis zu seiner Emeritierung 1976 war er Professor für Philosophie an der Sorbonne. Er starb am 25. 12. 1995 in Paris.

Methodologisch knüpft Lévinas an die Phänomenologie E. Husserls an. Stark beeinflusst ist er auch von der Philosophie M. Heideggers. Weitere Fundamente seines Denkens sind die Philosophie Platons und Descartes' und die jüdische Überlieferung der Bibel und des Talmud. Scharfe Kritik übt er an allen Versuchen, die Welt als ein System, als Totalität, zu begreifen.

Im Zentrum seiner Philosophie steht die Beziehung zwischen dem Ich und dem *Anderen*. Das Andere bzw. das Andersartige zu erfahren, ist das fundamentalste Ereignis des menschlichen Daseins. Die Begegnung mit dem Anderen ist »vor-ursprünglich« und nicht hintergehbar. Sie liegt sogar der Beziehung des Ich zu sich selbst und zur Welt voraus. Überdies kann sie nicht begrifflich, sei es formal-logisch oder wissenschaftlich, erfasst werden. Zwischen dem Ich und dem Anderen herrscht Asymmetrie. Beide sind sich in ihrer Einzigartikeit unvergleichlich.

Die Begegnung mit dem Anderen geschieht in der *Sprache*. Begegnen heißt Bedeuten. Dabei wird das Ich vom Anderen »angerufen«. Das ursprüngliche Sagen liegt der konkreten sprachlichen Äußerung voraus. Durch den Anruf des Anderen wird die Freiheit des Ich möglich. Levinas kritisiert in diesem Zusammenhang die Tradition der abendländischen Philosophie, in der dem Anderen kaum Bedeutung zugemessen wurde.

Als die grundlegende philosophische Disziplin wird von Lévinas die *Ethik* bezeichnet. Sie stellt die Erste Philosophie dar. Die Begegnung mit dem Anderen ist ethischer Natur, weil das Andere das Ich zur *Verantwortung* zieht. Es fordert von dem Ich eine Antwort heraus. Die ethische Dimension ist damit grundlegender als die ontologische.

Das Unergreifbare und Unsichtbare des Anderen wird von Lévinas als sein »Anlitz« bezeichnet. Die »Spur« verweist auf das Unendliche, das jenseits des Anlitzes existiert. Dieses Unendliche wird als *Gott* bzw. als das Göttliche verstanden.

Lévinas trug zur Verbreitung der Phänomenologie Husserls bei. Mit seinen Gedanken setzten sich u.a. J. Derrida und F. Lyotard auseinander.

Werke von Lévinas: Difficile liberté, 1963; Totalité et infini, 1961 (dt. Totalität und Unendlichkeit, 1987); Autrement qu'être ou au-delà de l'essence, 1974 (dt. Anders als Sein oder jenseits des Wesens, 1988); Die Spur des Anderen, 1987.

Literatur zu Lévinas: St. Strasser, Jenseits von Sein und Zeit, 1978; T. Wiemer, Die Passion des Sagens, 1988; K. Huizing, Das Sein und der Andere, 1988; R. Funk, Sprache und Transzendenz im Denken von Emmanuel Lévinas, 1989; M. Mayer/M. Hentschel (Hg.), Lévinas, 1990; L. Wenzler, Zeitlichkeit, 1991; W. N. Krewani, Emmanuel Lévinas, 1992; J. Wohlmuth, Emmanuel Lévinas, 1998; W. Stegmaier, Lévinas, 2002; B. H. F. Taureck, Emmanuel Lévinas zur Einführung, 2002[3]; S. Malka, Emmanuel Lévinas, 2003; Th. Trezise (Hg.), Encounters with Lévinas, 2004.

LÉVI-STRAUSS, CLAUDE: der französische Ethnologe wurde am 28. 11. 1908 in Brüssel geboren. Er studierte von 1927 bis 1931 Philosophie und Rechtswissenschaften an der Sorbonne in Paris. Nach dem Studium arbeitete er bis 1934 als Lehrer an verschiedenen Gymnasien. 1935 erhielt er eine Professur

für Soziologie an der Universität São Paulo in Brasilien. 1938 gab er den Lehrstuhl auf und unternahm einige Expeditionen ins Innere Brasiliens. Von 1942 bis 1945 lehrte er an der New School for Social Research in New York. Dort machte er Bekanntschaft mit dem Linguisten R. Jacobson. Von 1946 bis 1947 arbeitete er als französischer Kulturattaché in den USA, 1947 als Direktor am Musée de l'Homme und von 1948 bis 1974 als Forschungsdirektor an der École Pratique des Hautes Études. 1959 erhielt er den Lehrstuhl für Sozialanthropologie am Collège de France. 1973 wurde er Mitglied der Académie Française.

Lévi-Strauss ist der Begünder des *französischen Strukturalismus*. Der uns bekannten wahrnehmbaren Wirklichkeit liegen universelle (allgemeingültige), unbewusste Strukturen zugrunde. Sie stellen die eigentliche Wirklichkeit dar. Aufgabe der Wissenschaften ist es, diese Strukturen, die sich symbolisch in sozialen Beziehungen (z.B. Verwandtschaftsbeziehungen), Mythen, Ritualen usw. äußern, zu bestimmen und zu analysieren. Die Strukturen wirken unabhängig vom Denken und Handeln der konkreten Individuen. Sie liegen ihrem Denken und Handeln jedoch zugrunde.

Nach Lévi-Strauss ist der Mensch, das *Subjekt*, nur ein »Träger« unbewusster Strukturen. Sie sind universell, weil sie für alle uns bekannten Kulturen bzw. Gesellschaften gleich sind. Darüber hinaus können sie sich nicht nur auf die empirische Wirklichkeit, sondern auch auf die nach dieser Wirklichkeit konstruierten Modelle beziehen.

Lévi-Strauss zufolge ist es die Linguistik, genauer die *strukturelle Linguistik* (Saussure, Jacobson), die die universellen Strukturen am besten aufweisen und analysieren kann. Sie erforscht die Strukturen der *Sprache*. Von den einzelnen Spracherscheinungen gelangt man dort auf die hinter ihnen liegenden Strukturen. Die einzelnen Ausdrücke stellen keine unabhängigen Einheiten dar, sondern gewinnen Sinn nur in ihren Beziehungen zueinander.

Die linguistische Strukturanalyse soll daher auch in anderen Geistes- und Sozialwissenschaften, insbesondere in der Ethnologie, ihre Anwendung finden. Sie hat einen Vorbildcharakter für die Methodologie anderer Wissenschaften.

Lévi-Strauss behauptet, dass es *gemeinsame* Strukturen für alle Symbolsysteme (Sprache, Verwandtschaftssystem, Mythologie, Kunst, Recht usw.) gibt. So sind für ihn z.B. Sprache und Verwandtschaftsbeziehungen »Phänomene vom gleichen Typus«.

In seinem Werk »Les structures élémentaires de la parenté« (1949; dt. »Die elementaren Strukturen der Verwandtschaft«, 1981) zeigt er auf, dass Verwandtschaftsbeziehungen als sprachliche Symbolsysteme aufzufassen sind.

Als fundamentale Struktur aller Verwandtschaftsbeziehungen wird der *Tausch* bestimmt. Verwandtschaftsbeziehungen sind sprachlich vermittelte Interaktionen. Das Inzesttabu gründet darin, dass Frauen (Mutter, Schwester und Tochter) als Tauschware betrachtet, d.h. gegebenenfalls gegen Frauen anderer Gruppen ausgetauscht werden. Der Frauentausch führt zur Entstehung von Gesellschaft und Kultur.

In seinem Werk »La pensée sauvage« (1962; dt. »Das wilde Denken«, 1968) lehnt Lévi-Strauss die Auffassung ab, dass das Denken der »primitiven« (schriftlosen) Völker unlogisch und triebhaft sei. Sowohl diesem Denken als auch dem begrifflich-wissenschaftlichen Denken der »zivilisierten« Völker liegt eine gemeinsame Struktur, eine gemeinsame »Logik«, zugrunde. Diese Logik äußert sich jedoch bei »Primitiven« anders als bei »Zivilisierten« bzw. ist den ersteren noch nicht ganz bewusst, was nicht als Nach-, sondern auch Vorteil betrachtet werden kann. Auch im mythischen Denken herrscht die gleiche Logik wie im begrifflich-wissenschaftlichen.

Lévi-Strauss wirkte weit über die Grenzen der Ethnologie hinaus. Einen beachtlichen Einfluss übte er auf die französische Philosophie aus, insbesondere auf Denker wie Lacan, Derrida, Foucault, Althusser und Deleuze.

Weitere Werke von Lévi-Strauss: Tristes tropiques, 1955 (dt. Traurige Tropen, 1970); Anthropologie structurale, 1958 (dt. Strukturale Anthropologie, 1967); Anthropologie structurale deux, 1973 (dt. Strukturale Anthropologie II, 1975); Mythologiques I – IV, 1964 – 1971 (dt. Mythologica, I – IV, 1971 – 1975).

Literatur zu Lévi-Strauss: W. Lepenies/H. Ritter (Hg.), Orte des wilden Denkens, 1970; M. Oppitz, Notwendige Beziehungen, 1975; A. de Ruijter, Claude Lévi-Strauss, 1991; E. Leach, Claude Lévi-Strauss zur Einführung, 1998²; D. Bertholet, Claude Lévi-Strauss, 2003; A. Fischer, Natur und Kultur bei Claude Lévi-Strauss, 2003.

LOCKE, JOHN: der englische Philosoph wurde am 29. 8. 1632 in Wrington (Somerset) geboren. Von 1652 bis 1658 studierte er Philosophie am Christ Church College der Oxforder Universität. 1660 wurde er ebendort Lehrer für Altgriechisch, 1662 für Rhetorik und 1663 für Moralphilosophie. Überdies beschäftigte er sich mit naturwissenschaftlichen Problemen und absolvierte ein Medizinstudium. 1667 wurde Locke Sekretär und Leibarzt von Lord Ashley, dem späteren Grafen von Shaftesbury. Er übernahm wichtige administrative Aufgaben und wurde

1668 Mitglied der »Royal Society«. Von 1675 bis 1679 lebte er in Frankreich, wo er die Cartesische Philosophie intensiv studierte. 1683 ging Locke mit dem Grafen Shaftesbury für sechs Jahre ins Exil nach Holland. Nach der Revolution von 1688 kehrte er 1689 nach England zurück und bekleidete ein Staatsamt. Er starb am 28. 10. 1704 in Oates (Essex).

Locke ist einer der Hauptvertreter des *Sensualismus*, einer Position, der zufolge die sinnliche Erfahrung die alleinige Quelle der Erkenntnis ist. Der von ihmj formulierte Grundsatz des Sensualismus lautet: »Nihil est in intellectu, quod non prius fuerit in sensu« (dt. »Nichts ist im Verstande, was nicht vorher im Sinn ist«). Er wendet sich damit gegen die von Descartes vertretene Lehre von den »angeborenen Ideen«, d. h. Ideen, die im Verstand unabhänigig von der sinnlichen Erfahrung existieren.

In seinem erkenntnistheoretischen Hauptwerk »An Essay Concerning Human Understanding« (1690; dt. »Versuch über den menschlichen Verstand«, 1757) stellt er seine sensualistische Konzeption vor. Die allgemeine Frage, von der er dabei geleitet ist, ist die nach Ursprung, Gewissheit und Umfang menschlicher Erkenntnis.

Das Material der Erkenntnis sind die *Ideen* bzw. Vorstellungen (engl. »ideas«). Die äußere Wirklichkeit wird im Geist (engl. »mind«) durch verschiedene Arten von Ideen repräsentiert. Anders formuliert: Die Ideen bilden auf unterschiedliche Weise die Wirklichkeit ab.

Die Ideen sind uns nicht angeboren. Das Bewusstsein des Menschen ist bei seiner Geburt eine »tabula rasa« (lat. »unbeschriebene Tafel«). Alle Ideen entstammen der sinnlichen Erfahrung. Es gibt nach Locke zwei Erfahrungsquellen für die Ideen: die *äußere Wahrnehmung* (engl. »sensation«) und die *innere Wahrnehmung* (engl. »reflection«). Beiden Erfahrungsquellen entstammen *einfache Ideen*, die vom Verstand zu *komplexen Ideen* gebildet werden können.

Einfache Ideen sind Sinnesdaten, die sich auf keine einfacheren Sinnesdaten zurückführen lassen, wie z. B. die Wahrnehmung von Farben. Sie entstehen dadurch, dass äußere, raum-zeitliche Objekte auf unsere Sinnesorgane einwirken. Die komplexen Ideen, auch Reflexionen genannt, entstehen durch die Rückwendung des Bewusstseins bzw. des Ich auf sich selbst und seine Denkakte.

Da bei der Bildung von einfachen Ideen äußere Objekte auf unsere Sinnesorgane einwirken, müssen diese Objekte Qualitäten (Eigenschaften) haben, von denen sich unsere Sinnesorgane affizieren (beeinflussen) lassen. Locke unterscheidet hierbei zwischen *primären* und *sekundären Qualitäten* von Objekten. Zu den ersteren gehören Form, Ausdehnung und Beweglichkeit, zu den letzteren Farbe, Geruch, Geschmack.

Seine staatstheoretischen Überlegungen stellt Locke in dem Werk »Two Treatises of Government« (1690; dt. »Zwei Abhandlungen über Regierung«, 1718) vor. Zentral ist für ihn die Frage nach dem Ursprung politischer Herrschaft und ihrer Rechtfertigung. Interessiert ist er aber auch an dem Aufbau eines funktionierenden Staatswesens. Seine Staatslehre kann als das theoretische Fundament des politischen *Liberalismus* betrachtet werden. Von vielen wurde das Werk als eine Rechtfertigung der englischen Revolution von 1688 angesehen.

In der ersten Abhandlung wendet sich Locke gegen die Lehre R. Filmers, nach der Könige ihr Recht auf absolute Herrschaft von Gott erhalten haben. Dieses Recht wird auf die Herrschaft des Urvaters Adam zurückgeführt. Er kritisiert auch Filmers Annahme, dass alle Menschen von Natur aus ungleich und unfrei sind.

Locke behauptet dagegen in der zweiten Abhandlung, dass in einem ursprünglichen Zustand – dem *Naturzustand* – alle Menschen vollkommen frei und gleich waren. In diesem Zustand herrschte das von Gott aufgestellte Naturgesetz, das das Zusammenleben und die Moral der Menschen regelte.

Von entscheidender Bedeutung ist für Locke das Recht des Menschen auf die Produkte der eigenen Arbeit: das *Eigentumsrecht*, das im Naturzustand garantiert wird.

Da es Menschen gibt, die gegen das Naturgesetz verstoßen (sie wollen sich das Eigentum der anderen mit Gewalt aneignen), geht der friedliche Naturzustand in einen Kriegszustand über. Um den Kriegszustand zu beenden, d. h. die Eigentumsverhältnisse zu stabilisieren, schließen sich die Menschen mittels eines *Gesellschaftsvertrages* zusammen und übertragen ihre Rechte auf einen von ihnen bestimmten *Herrscher* (Souverän). Die Aufgabe des Herrschers ist es, Leben, Freiheit und Eigentum der Bürger zu schützen.

Die Gewalt im Staat wird aufgeteilt in eine *Legislative* (die gesetzgebende Gewalt) und eine *Exekutive* (die ausführende Gewalt). Die erste besitzt das Parlament, die zweite der Souverän. Die Macht des Souveräns wird durch einen Staatsvertrag und durch die Gesetze, die das Parlament beschließt, eingeschränkt. Wenn eine der Gewalten die Rechte der Bürger verletzt, so ist das Volk dazu legitimiert, Widerstand zu leisten.

Locke hat in entscheidendem Maße an der Entwicklung und Verbreitung des Sensualismus als einer Art des *Empirismus* mitgewirkt. Er beeinflusste weitere Sensualisten bzw. Empiristen wie Berkeley und Hume. Darüber hinaus schuf er Grundlagen für die Entstehung der Philosophie der *Aufklärung*, insbesondere des französischen Materialismus (La Mettrie, Holbach, Diderot und Helvétius). Er kann auch als Vorläufer des logischen Empirismus (auch Neopositivismus genannt) des 20. Jh. (Carnap) betrachtet werden.

Weitere Werke von Locke: Epistola de tolerantia, 1689 (dt. Brief über die Toleranz, 1957); Some Thoughts Concerning Education, 1693 (dt. Gedanken über die Erziehung, 1729); The Works, I – III, 1704, I – X, 1812.

Literatur zu Locke: W. Euchner, Naturrecht und Politik bei John Locke, 1969; L. Krüger, Der Begriff des Empirismus, 1973; W. Baumgartner, Naturrecht und Toleranz, 1979; R. Brandt (Hg.), John Locke, 1980; U. Thiel, Lockes Theorie der personalen Identität, 1983; U. Steinvorth, Freiheitstheorien in der Philosophie der Neuzeit, 1987; R. Specht, John Locke, 1989; J. W. Yolton, A Locke dictionary, 1993; W. Euchner, John Locke zur Einführung, 1996; U. Thiel, John Locke, 1997; W. M. Spellman, John Locke, 1997; W. R. Ott, Locke's philosophy of language, 2004.

LUKÁCS, GEORG: der ungarische Philosoph, Kunst- und Literaturtheoretiker wurde am 13. 4. 1885 in Budapest geboren. Von 1902 bis 1906 studierte er in seiner Heimat-

stadt Rechtswissenschaften. 1906 promovierte er zum Dr. rer. oec., 1909 zum Dr. phil. Von 1909 bis 1910 lebte er in Berlin, wo er an Seminaren und Vorlesungen des Soziologen G. Simmel teilnahm. Seit 1913 lebte er in Heidelberg. Dort unterhielt er intensive Beziehungen zu M. Weber, E. Bloch und E. Lask. 1918 trat er der Kommunistischen Partei Ungarns bei und wurde in Béla Kuns Räteregierung Volkskommissar für Erziehung. Nach der Niederlage der Räterepublik floh er 1919 nach Wien. Von 1929 bis 1931 arbeitete er am Marx-Engels-Institut in Moskau. Seit 1931 lebte er in Berlin, ging jedoch nach der Machtergreifung der Nationalisten 1933 zurück nach Moskau, wo er als wissenschaftlicher Mitarbeiter am Philosophischen Institut der Akademie der Wissenschaften der UdSSR wirkte. 1944 kehrte er nach Ungarn zurück und wurde an der Budapester Universität Professor für Ästhetik und Kulturwissenschaft. Er kritisierte zunehmend den Stalinismus und Dogmatismus (er führte dagegen »eine Art Partisanenkampf«), blieb jedoch Mitglied der Kommunistischen Partei Ungarns und engagierte sich in der internationalen kommunistischen Bewegung. Während des ungarischen Aufstands 1956 wurde er Kulturminister in der Regierung I. Nagy. Er verließ jedoch die Regierung, nachdem Nagy den Austritt Ungarns aus dem Warschauer Pakt erklärt hatte. Nach der Niederschlagung des Aufstands durch sowjetische Truppen verlor Lukács seinen Lehrstuhl. Seine Schriften wurden danach in sozialistischen Ländern nicht mehr gedruckt. Erst seit den 60er Jahren wurde seine Arbeit in diesen Ländern immer mehr gewürdigt und erhielt eine ihr angemessene Anerkennung. Auch in seinem Spätwerk blieb Lukács dem Marxismus und der kommunistischen Bewegung treu. Er starb am 4. 6. 1971 in Budapest.

Lukács ist einer der wichtigsten Repräsentanten des *Neomarxismus* (auch »westlicher Marxismus« genannt). Darunter versteht man unterschiedliche Positionen, die sich auf eine offene, undogmatische Weise mit der Marxschen Lehre auseinandersetzen.

Die Marxsche Lehre ist für Lukács das Fundament sowohl seiner theoretischen als auch praktischen (politischen) Arbeit. Lukács' Deutung dieser Lehre findet man in seinem Hauptwerk »Geschichte und Klassenbewusstsein« (1923). Darin hebt er die *Hegelschen Elemente* der Marxschen Lehre und des Marxismus hervor. Die Geschichte ist ein *dialektischer Prozess*, sie wird vom Kampf der Gegensätze und Widersprüche vorangetrieben. Die gesamte Wirklichkeit hat einen gesellschaftlichen und geschichtlichen Charakter.

Als zentrale gesellschaftliche Kategorie wird von Lukács die *Totalität* bezeichnet. Einzelne Phänomene, insbesondere soziale Phänomene, können nicht isoliert, sondern nur in einem Zusammenhang verstanden werden. Es kommt darauf an, das Ganze (die Totalität) der Gesellschaft zu begreifen. Zur Einsicht in das Ganze ist eigentlich nur das Proletariat fähig, weil es das richtige Klassenbewusstsein hat.

Charakteristisch für die Entwicklung der kapitalistischen Gesellschaft ist der Prozess der *Verdinglichung*. Im Kapitalismus, genauer: unter den Bedingungen der kapitalistischen Produktion, wird der Mensch, insbesondere der Proletarier, zu einer Ware, einem Ding, das ihm als etwas Fremdes gegenübersteht.

Auch in zwischenmenschlichen Beziehungen herrscht die Verdinglichung; die Menschen betrachten sich gegenseitig als Dinge/Waren. Die Entgegensetzung von Subjekt (Mensch) und Objekt (Welt/andere Menschen) muss aufgehoben werden.

Die Einheit (Identität) von Subjekt und Objekt sieht Lukács im Klassenbewusstsein des Proletariats angelegt. Sie kann jedoch nur in einer sozialistischen Revolution bzw. in einer sozialistischen Gesellschaft realisiert werden. Die Herstellung der Einheit würde die Aufhebung der Verdinglichung bedeuten.

Lukács wendet marxistische Kategorien auf Kunst und Literatur an. In seinem Werk »Die Eigenart des Ästhetischen« (1963) zeigt er die Entstehung der Kunst bzw. der Kunstwerke aus dem Alltagsverhalten des Menschen (z.B. aus der Arbeit) auf.

Die Kunst wird als eine höhere Reproduktionsform des menschlichen Verhaltens betrachtet. Sie spiegelt die Wirklichkeit wider. Ihre Aufgabe ist es, die Wirklichkeit abzubilden.

Lukács verteidigt daher realistische – auch bürgerliche – Kunstformen. In den Werken von Tolstoi, Balzac, Goethe, Gogol, Th. Mann u.a. werden die historischen und gesellschaftlichen Prozesse realistisch dargestellt. Anders ausgedrückt: In diesen Werken spiegeln sich die Prozesse auf realistische Weise wider.

In dem Buch »Die Zerstörung der Vernunft« (1954) versucht Lukács, den Ursprung des *Faschismus* in der geistigen Entwicklung Deutschlands herauszufinden. Zu den geistigen Wegbereitern des Faschismus zählt er u.a. den späten Schelling, Schopenhauer, Nietzsche und Dilthey. All diese Autoren verabschieden sich von der Aufklärung, insbesondere von ihren moralischen und politischen Idealen – sie verabschieden sich somit von der Vernunft.

Den genannten Autoren wirft Lukács *Irrationalismus* vor; sie reduzieren die Erkenntis auf die Verstandestätigkeit und propagieren eine die gesamte Wirklichkeit intuitiv erfassende »Schau«. Sie verfahren somit rein subjektiv und liefern keine objektive Methode zur Erfassung der Wirklichkeit. Aus der Verbindung des Irrationalismus mit dem Sozialdarwinismus und der Rassentheorie geht die Ideologie des Faschismus hervor.

Lukács hat eine große Wirkung auf das intellektuelle Leben des 20. Jh. ausgeübt. Seine Arbeiten entfachten breitangelegte Diskussionen in der Philosophie, Soziologie, Kunst- und Literaturtheorie. Lukács hat die Entstehung und Entwicklung des Neomarxismus entscheidend geprägt. Stark von ihm angeregt sind E. Bloch und die Denker der »Frankfurter Schule«, insbesondere Th. W. Adorno und J. Habermas.

Weitere Werke von Lukács: Die Seele und die Formen, 1911; Die Theorie des Romans, 1920; Zur Ontologie des gesellschaftlichen Seins, 1984/1986; Werke, I – XVII, 1962 – 1981.

Literatur zu Lukács: E. Bahr, Georg Lukács, 1970; F. J. Raddatz, Georg Lukács in Selbstzeugnissen und Bilddokumenten, 1972; A. Heller u. a., Die Seele und das Leben, 1977; I. Hermann, Die Gedankenwelt von Georg Lukács, 1978; E. Fekete/E. Karádi (Hg.), Georg Lukács, 1981; F. Benseler, Revolutionäres Denken, 1984; G. Pasternack, Georg Lukács, 1986[2]; U. Bermbach/G. Trautmann (Hg.), Georg Lukács, 1987; R. Dannemann, Das Prinzip Verdinglichung, 1987; W. Jung, Georg Lukács, 1989; R. Dannemann, Georg Lukács zur Einführung, 1997; W. Jung, Von der Utopie zur Ontologie, 2001.

LUTHER, MARTIN: der deustche Theologe und Reformator wurde am 10. 11. 1483 in Eisleben geboren.

Von 1501 bis 1505 studierte er an der Artistenfakultät der Universität Erfurt. Nach dem Magisterexamen begann er 1505 ein Jurastudium, das er nach zwei Monaten abbrach. Nach einem Erweckungserlebnis (auf dem Weg von Mansfeld nach Erfurt überlebte er ein schweres Gewitter) trat er 1505 in den Orden der Augustinereremiten in Erfurt ein. Dort begann er, theologische Studien zu betreiben. Er empfing 1507 die Priesterweihe. 1510 unternahm er in Ordensangelegenheiten eine Reise nach Rom. 1512 promovierte er zum Doktor der Theologie und wurde Professor für Bibelauslegung in Wittenberg. Aufgrund von negativen Erfahrungen, die er als Seelsorger mit der Ablasspraxis der Kirche gemacht hatte, veröffentlichte er 1517 an der Schlosskirche in Wittenberg 95 Thesen über den Ablass. Damit wollte er noch keinen Bruch mit der Kirche vollziehen, sondern nur zu einer Diskussion der Thesen aufrufen. Die Thesen stießen auf große Resonanz in der Öffentlichkeit, ihre Veröffentlichung datiert den Beginn der Reformation. Daraufhin wurde 1518 gegen Luther ein Prozess eingeleitet, in dem er wegen Ketzerei angeklagt war. Er entfernte sich in der Folgezeit immer mehr von der offiziellen Lehre und Praxis der Kirche. Unter anderem bestritt er das Dogma von der Unfehlbarkeit des Papstes und der Konzilien. 1520 verbrannte er öffentlich die päpstliche Bulle, die ihm den Bann androhte. 1521 wurde Luther vor dem Reichstag in Worms zum Widerruf aufgefordert. In zwei Verhandlungen lehnte er jedoch jeglichen Widerruf ab. Infolgedessen wurde über ihn die Reichsacht verhängt. Um Luther vor der Verfolgung durch die Kirche zu schützen, ließ ihn sein Landesherr Kurfürst Friedrich der Weise zum Schein gefangennehmen und heimlich auf der Wartburg in Sicherheit bringen. Dort begann er das »Neue Testament« zu übersetzen. Die Übersetzung der gesamten Bibel wurde erst 1534 abgeschlossen. 1522 kehrte Luther nach Wittenberg zurück, um an der Umgestaltung des kirchlichen Lebens teilzunehmen. Er war an der Gründung von evangelischen Gemeinden beteiligt, veränderte die Prozedur des Gottesdienstes und führte heftige Auseinandersetzungen mit seinen Gegnern. 1525 heiratete er die frühere Nonne Katharina von Bora, mit der er sechs Kinder hatte. Er starb am 18. 2. 1546 in Eisleben.

Luther ist der Vater der *Reformation* bzw. des *Protestantismus.* Er wendet sich gegen die damals uneingeschränkte Autorität der Kirche, insbesondere gegen die unangefochtene Stellung des Papstes, und kritisiert kirchliche Dogmen. Darüber hinaus prangert er Verfehlungen des kirchlichen Lebens (z. B. Ablasshandel) an.

Im Mittelpunkt seiner Theologie steht die Frage nach dem Weg des Menschen zum *Heil.* Der Mensch kann nicht aus eigener Kraft und auch nicht mit Hilfe der Kirche das Heil erlangen. Die göttliche Gerechtigkeit kann nicht durch eine sittliche Leistung des Menschen bewirkt werden. Sie ist vielmehr ein Geschenk Gottes, das der Mensch in *Demut* annehmen soll.

Der Mensch rechtfertigt sich nicht durch seine Taten, sondern alleine durch seinen *Glauben an Gott*. Wenn sich der Mensch vor Gott seine Fehler und Sünden eingesteht und ihn um Barmherzigkeit und Gnade bittet, so kann er die Gnade Gottes erfahren. Die Gnade Gottes ist ein Akt höchster Gerechtigkeit.

Die *Rechtfertigung* wird einzig durch Jesus Christus und nicht durch die Kirche und ihre Instanzen vermittelt. Die rechte Beziehung zu Gott durch seinen Sohn Jesus Christus und nicht die Beziehung zur Kirche ist daher für den Gläubigen maßgebend.

Die *Bibel* ist das Wort Gottes, in dem sich sein Handeln in Jesus Christus offenbart. Sie stellt die einzige Quelle der göttlichen Offenbarung und der göttlichen Wahrheit dar. Nur an ihren Inhalten soll sich der Gläubige orientieren.

In der Schrift »De servo arbitrio« (1525; dt. »Vom unfreien Willen«, 1526) stellt Luther in der Auseinandersetzung mit Erasmus von Rotterdam seine Freiheitsauffassung vor. Der Mensch ist gegenüber Gott *unfrei*. Sein Schicksal hängt von Gottes Willen ab. Wäre er frei, würde er sich zum Herrn über sein Schicksal machen. Eine solche Selbstermächtigung bedeutet jedoch Sünde.

Der Mensch kann nur dann frei werden, wenn er im Glauben an Gott es unterlässt, sich selbst zu ermächtigen. Sein Wille kann demnach nur durch die Gnade Gottes frei sein.

Nach Luther haben Mönche und Priester (der geistliche Stand) keinen priviligierten Zugang zu Gott. Im Prinzip kann jeder Gläubige priesterliche bzw. geistliche Tätigkeiten ausüben. Eine wichtige Rolle spielt für Luther der weltliche *Beruf*. In den Ständen wird der christliche Glaube wahrhaft gelebt.

Zentral war für Luther der biblische Grundsatz: »Wer nicht arbeitet, soll auch nicht essen«. Aus seiner Lehre entwickelte sich der protestantische Arbeitsethos. Auch die *Ehe* erfährt bei ihm eine Hochschätzung.

Als Reformator hat Luther die historische und die geistige Entwicklung der Menschheit entscheidend geprägt. Seine Lehre hat auf fast alle Bereiche des Lebens gewirkt. Sie revolutionierte die Theologie und beeinflusste viele philosophische Konzeptionen (z.B. Kants Pflicht-Ethik). Zu erwähnen ist auch Luthers Bedeutung für die Entwicklung der deutschen Sprache. Mit seiner Bibelübersetzung trug er maßgeblich zur Herausbildung einer einheitlichen deutschen Schriftsprache bei.

Weitere Werke von Luther: Werke, Kritische Gesamtausgabe, 1883ff.

Literatur zu Luther: G. Ritter, Luther, 1925; P. Althaus, Die Ethik Martin Luthers, 1965; E. Jüngel, Zur Freiheit eines Christenmenschen, 1978; P. Althaus, Die Theologie Martin Luthers, 1980[5]; G. Ebeling, Luther, 1990[4]; R. Friedenthal, Luther, 1996[8]; B. Lohse, Martin Luther, 1997[3]; M. Tekla, Martin Luther, 2001; H. Herrmann, Martin Luther, 2003; E. Maurer, Luther, 2004; G. Wehr, Luther, 2004.

LYOTARD, JEAN-FRANÇOIS: der französische Philosoph wurde am 10. 8. 1924 in Versailles geboren. Er studierte Philosophie an der Sorbonne in Paris. Von 1950 bis 1959 arbeitete er als Gymnasiallehrer u. a. in Constantine (Algerien). 1954 wurde er Mitglied der marxistischen Gruppe um die Zeitschrift »Socialisme ou Barbarie«, von der er sich jedoch Anfang der 60er Jahre trennte. Von 1959 bis 1966 war er Assistent für Philosophie an der Sorbonne, von 1966 bis 1972 arbeitete er als Assistent, dann als Lehrbeauftragter an den Universitäten von Nanterre. 1971 promovierte Lyotard mit der Arbeit »Discourse, figure«. 1972 wurde er Professor an der Universität von St. Denis. Diese Professur behielt er bis zu seiner Emeritierung im Jahre 1987. Er war Mitbegründer und Leiter des »Collège international de philosophie« in Paris. Er starb am 21. 4. 1998 ebendort.

Lyotard ist einer der wichtigsten Vertreter der *Postmoderne*. Er ist derjenige, der das Wort »postmodern« in den philosophischen Diskurs der Gegenwart eingeführt hat.

Er wendet sich gegen die Versuche, eine allgemeingültige und allumfassende Erklärung der Welt zu liefern. Solche Versuche nennt er »große Erzählungen« (z. B. Emanzipation, Aufklärung).

Das eigentliche Feindbild von Lyotard und von vielen anderen postmodernen Denkern sind der Marxismus und der Hegelianismus, weil sie den Anspruch auf Allgemeingültigkeit stellen bzw. eine allgemeingültige Welterklärung liefern. Mit »postmodern« wird keine Epoche, sondern der »Zustand der Kultur«, in dem »große Erzählungen« ihre Plausibilität verloren haben, bezeichnet (vgl. »La condition postmoderne«, 1979; dt. »Das postmoderne Wissen«, 1982).

In der Postmoderne herrscht vielmehr eine *Pluralität* von Meinungen, Denk- und Wissensarten, Lebensformen und Diskursen. Sie stehen gleichberechtigt nebeneinander. Es gibt demnach kein allumfassendes System, keine allgemeingültige Theorie und kein universelles, übergreifendes Sprachspiel.

Nicht Vereinheitlichung (Synthese), sondern *Differenzierung* wird von Lyotard als »Prinzip« der Postmoderne betrachtet, und zwar Differenzierung in den Bereichen Philosophie, Wissenschaft, Kunst und Politik.

Da das menschliche Wissen sprachlich vermittelt ist, drückt sich die Differenzierung auf der Wissensebene in der Pluralität von *Diskursen* aus. Beispiele für Diskurse bzw. Diskursgenres sind: der argumentative Text eines Philosophen, der Bericht eines Historikers und ein Roman.

Lyotard spricht von der *Inkommensurabilität* (Unübersetzbarkeit) von Diskursarten. Die Regeln der Diskursgenres sind ineinander nicht übersetztbar. Jedes Genre hat seine eigenen Regeln. Wenn man das Genre wechselt, muss man andere Regeln verwenden. Die Fähigkeit von einem Genre zum anderen überzuwechseln wird von Lyotard als »switch« bezeichnet.

Lyotard betont, dass zwischen den Diskursgenres keine Einheit, sondern der *Widerstreit* herrscht (vgl. »Le différend«, 1983; dt. »Der Widerstreit«, 1986). Zwischen den einzelnen Diskursgenres kann es keine »Metaregel«, d.h. keine übergreifende Vermittlungsinstanz, geben. Die einzelnen Diskursgenres sind selbstständig und nicht hintergehbar.

Der Widerstreit kann und soll nicht gelöst werden. Er ist ein konstitutiver Bestandteil der postmodernen Wissenskultur. Die Philosophie soll nicht den Konsens, sondern den *Dissens* in den Mittelpunkt ihres Interesses stellen.

Nach Lyotard ist die *Philosophie* keine Wissenschaft. Sie fragt vielmehr nach Voraussetzungen des Denkens, des Wissens (und damit der Wissenschaft) und des Diskurses. Dies macht sie mittels der *Reflexion*, der methodischen Hinwendung zu diesen Voraussetzungen, oder mit Kant formuliert: Bedingungen der Möglichkeit von Denken, Wissen und Handeln. Da es keine Metaregel des Denkens gibt, ist es notwendig, nach solchen Bedingungen zu fragen.

In seinen Arbeiten zur Ästhetik aktualisiert Lyotard den von Kant eingeführten Begriff des *Erhabenen*. Es ist das, was nicht darstellbar ist. Die Aufgabe der Kunst ist es, auf das Undarstellbare hinzuweisen. Es kann nicht direkt dargestellt bzw. repräsentiert werden. In den Werken der Avantgarden des 20. Jh. sieht Lyotard Hinweise auf das Undarstellbare.

Lyotards Arbeiten sind bis heute Gegenstand breit angelegter Diskussionen. Seine Philosophie hat maßgeblich Einfluss auf die Entwicklung der Postmoderne als eine der bedeutendsten geistigen Strömungen der Gegenwart genommen. Ihre Wirkung erstreckt sich auf Philosophie, Kulturkritik und Ästhetik. Seine Überlegungen zur Kategorie des Erhabenen führten zur Wiederbelebung dieser Kategorie in der philosophischen Ästhetik.

Weitere Werke von Lyotard: Economie libidinale, 1974 (dt. Ökonomie des Wunsches, 1984); Du sublime, 1988 (dt. Das Erhabene, 1989) ; Peregrinations, 1988 (dt. Streifzüge, 1989); Misère de la philosophie, 2000 (dt. Das Elend der Philosophie, 2004).

Literatur zu Lyotard: M. Frank, Die Grenzen der Verständigung, 1988; C. Pries/W. Welsch (Hg.), Ästhetik im Widerstreit, 1991; W. Reese-Schäfer, Lyotard zur Einführung, 1995[3]; R. Harvey, Jean-François Lyotard, 2001; W. Welsch, Unsere postmoderne Moderne, 2002[6]; S. Malpas, Jean-François Lyotard, 2003; C. Davis, After Poststructuralism, 2004.

M

MACH, ERNST: der österreichische Physiker und Philosoph wurde am 18. 2. 1838 in Turas (Mähren) geboren. Er studierte seit 1855 Mathematik und Physik an der Universität Wien. Nach der Promotion 1860 und der Habilitation 1861 wurde er ebendort Privatdozent. 1864 erhielt er eine Professur für Mathematik an der Universität Graz, 1867 eine Professor für Physik an der deutschen Karls-Universität in Prag. 1895 wurde Mach Professor für Philosophie an der Wiener Universität. 1898 erlitt er einen Schlaganfall und musste 1901 vorzeitig emeritiert werden. Er starb am 19. 2. 1916 in Haar (bei München).

Mach ist einer der bedeutendsten Vertreter des *Empiriokritizismus*, einer Lehre, der gemäß die Sinneserfahrung, genauer: die Sinnesempfindungen, das Fundament der Erkenntnis bildet. Empiriokritizismus stellt eine Weiterentwicklung des *Empirismus* dar.

Mach fragt nach den erkenntnistheoretischen Grundlagen der Wissenschaften. Das Ziel der Wissenschaften ist es, Erfahrung von allen metaphysichen (über die sinnliche Erfahrung hinausgehenden) und apriorischen (der sinnlichen Erfahrung vorausliegenden) Elementen zu reinigen. Sie sollen die durch unsere Sinne vermittelten Erscheinungen (Phänomene) beschreiben und die zwischen ihnen bestehenden Zusammenhänge (z. B. Gesetze) aufzeigen.

In seinem erkenntnistheoretischen Hauptwerk »Beiträge zur Analyse der Empfindungen« (1886) betont Mach, dass sowohl die innere als auch die äußere Welt aus »gleichartigen Elementen«, den *Sinnesempfindungen*, besteht. Da die Elemente der äußeren Körperwelt in einer funktionalen Abhängigkeit zu Elementen der inneren Welt, des Ich, stehen, können sie auch als »Empfindungen« bezeichnet werden.

Daher ist eine strikte Trennung zwischen Ich und äußerer Körperwelt, zwischen dem Psychischen und dem Physischen, nicht aufrechtzuerhalten. Vielmehr besteht eine *Einheit* von Ich (Empfindungskomplex »Ich«) und Körperwelt (Empfindungskomplex »Körperwelt«). Mach spricht von einem »Zusammenhang der Elemente«.

Weder das Ich noch die Körperwelt bildet eine eigenständige Größe. Die Aufgabe der Forschung ist es, Verknüpfungen zwischen den gleichartigen Elementen aller Bereiche aufzudecken. Die Verknüpfungen zwischen physikalischen Elementen, also zwischen den Körpern der Außenwelt, untersucht die Physik, die zwischen physikalischen Elementen und Körperregungen die Sinnesphysiologie und die zwischen physikalischen Elementen und mentalen Zuständen (z.B. Wahrnehmungen) die Psychologie.

Auch in dem Werk »Die Mechanik in ihrer Entwicklung historisch-kritisch dargestellt« (1883) hebt Mach hervor, dass man alle naturwissenschaftliche Erkenntnis auf Sinnesempfindungen zurückführen kann. Sie sind unmittelbar gewiss und nicht hintergehbar. Er lehnt das von Newton vorgestellte Konzept des *absoluten Raumes* ab, weil es eine Abstraktion darstellt, die nicht auf Sinnesempfindungen zurückführbar ist. Auch Raum und Zeit sind für Mach Komplexe von Empfindungen.

Da naturwissenschaftliche Erkenntnisse auf Sinnesempfindungen basieren, können sie keine absolute Gültigkeit beanspruchen. Das von Mach aufgestellte *Ökonomieprinzip* besagt daher, dass sich die naturwissenschaftliche Forschung nicht an absolut gesetzten Konzepten, sondern an der auf Sinnesempfindungen basierenden Anschauung orientieren soll.

Der praktische Wert der naturwissenschaftlichen Forschung besteht in den Möglichkeiten, Lebenssituationen besser bewältigen zu können. Auch der *Irrtum* gehört zum wissenschaftlichen Forschungsprozess. Er wird als erkenntnisfördernd betrachtet (vgl. »Erkenntnis und Irrtum«, 1905).

Machs Überlegungen zu *Mechanik* übten einen großen Einfluss auf A. Einstein und W. Heisenberg aus. Seine Gedanken und Konzepte wurden von den Vertretern des logischen Empirismus des »Wiener Kreises«, insbesondere von R. Carnap, weitergeführt. Auch der Operationalismus H. Dinglers kann als eine Weiterentwicklung der Machschen Theorie betrachtet werden. W. I. Lenin verfasste eine Streitschrift gegen Mach (»Materialismus und Empiriokritizismus«, 1909), weil er die Ausbreitung seiner Ideen im Austromarxismus und bei den russischen Marxisten verhindern wollte.

Weitere Werke von Mach: Populärwissenschaftliche Vorlesungen, 1896; Die Prinzipien der Wärmelehre, 1896; Kultur und Mechanik, 1915; Die Prinzipien der physikalischen Optik, 1921; Wissenschaftliche Kommunikation, J. Thiele (Hg.), 1978.

Literatur zu Mach: R. Musil, Beitrag zur Beurteilung der Lehren Machs, 1908; H. Dingler, Die Grundgedanken der Machschen Philosophie, 1924; R. von Mieses, Ernst Mach und die empiristische Wissenschaftsauffassung, 1938; R. S. Cohen/R. J. Seeger (Hg.), Ernst Mach, 1970; J. T. Blackmore, Ernst Mach, 1972; J. Bradley, Machs Philosophie der Naturwissenschaft, 1974; R. Haller, Ernst Mach, 1988; J. T. Blackmore (Hg.), Ernst Mach, 1992; M. Sommer, Evidenz im Augenblick, 1996; G. Holton, Wissenschaft und Anti-Wissenschaft, 2000; M. Anders, Präsenz zu denken, 2002.

MACHIAVELLI, NICCOLÒ: der italienische Staatstheoretiker, Historiker, Philosoph und Schriftsteller wurde am 3. 5. 1469 in Florenz geboren. Nach dem Studium der Rechtswissenschaften wurde er 1498 Vorsteher der Zweiten Kanzlei im Dienste der Republik Florenz. Er übernahm unterschiedliche Aufgaben als Beamter, Berater und Diplomat. Nach der Machtergreifung

durch die Medici – damals eine der einflussreichsten Familien Italiens – wurde er 1513 aus dem Staatsdienst entlassen, weil man ihm eine Verschwörung gegen die Medici zur Last legte. In der Verbannung auf seinem Landgut in Sant Andrea (in der Nähe von Florenz) verfasste er seine politischen und literarischen Schriften. Zwischen 1513 und 1522 entstanden seine Werke »Discorsi sopra la prima deca di Tito Livio« (erschienen postum 1531; dt. »Vom Staate oder Betrachtungen über die ersten zehn Bücher des Titus Livius«, 1832) und »Il Principe« (erschienen postum 1532; dt. »Der Fürst«, 1842).

Da sich Machiavelli immer als treuer Diener der Republik Florenz verstand, widmete er den »Fürsten« den Medici. Daraufhin gewann er deren Gunst und erhielt von ihnen den Auftrag, die Geschichte der Stadt Florenz zu schreiben (»Istorie fiorentine«, erschienen postum 1532; dt. »Geschichte von Florenz«, 1925). Nach dem Sturz der Medici 1527 verlor Machiavelli seine Stellung als Geschichtsschreiber. Er starb am 22. 6. 1527 in Florenz.

Machiavelli ist einer der bedeutendsten Repräsentanten der neuzeitlichen *Staatsphilosophie* und einer der Begründer der modernen *Geschichtswissenschaft* und der *politischen Wissenschaft*. Die geistesgeschichtliche Periode, in der er lebte und wirkte, ist die *Renaissance* (14. – 16. Jh). Wichtigstes Merkmal dieser Periode ist die *Wiederbelebung der antiken Tradition*. Damit geht eine ablehnende Haltung gegenüber der christlich-mittelalterlichen Lehre einher, der gemäß Geschichte ein zielgerichtetes Heilsgeschehen darstellt. Als Zweck der Geschichte und damit allen menschlichen Tuns wird die Erlösung der Menschheit in einem jenseitigen Gottesstaat betrachtet.

In der Renaissance zerfällt der Glaube an ein Heilsgeschehen und an ein besseres, jenseitiges Leben. Die christliche Lehre wird als utopisch aufgefasst. An ihre Stelle treten realistische Konzepte vom Menschen und von der Geschichte auf. Charakteristisch für die Renaissance ist auch die *Hinwendung zum Menschen* mit all seinen weltlichen Angelegenheiten.

Machiavelli greift auf staatsphilosophische, ethische und historiographische Lehren der Antike zurück. Antike Komponenten seiner Lehre sind: das römische Herrschaftsideal, die Tugendlehre und das zyklische Geschichtsbild. Machiavellis politische Ziele sind die *Einheit Italiens* und die *Etablierung eines starken Staates* mit einer charismatischen Persönlichkeit, dem *Fürsten*, an seiner Spitze. Alle seine theoretischen und praktischen Bemühungen dienen der Realisierung dieser Ziele.

Machiavelli vertritt im Gegensatz zu christlichen Lehren eine *realistische Auffassung* von Mensch, Welt und Politik. Er schildert, wie die Menschen in Wirklichkeit *sind* und nicht wie sie sein *sollen*. Er betont, dass die Menschen hinterlistig, heuchlerisch und habgierig sind. Unter ihnen herrschen Angst, Feindschaft und Hass. Dies trifft auch auf das politische Handeln zu. Machiavelli hebt hervor: »Wer politisch handelt, muss auch Böses tun«.

In der Politik soll die Moral keine wesentliche Rolle spielen. Um *Macht* zu gewinnen und zu erhalten, kann auch amoralisch gehandelt werden. Lüge, Betrug, Erpressung,

Mord und Krieg sind zulässige Mittel der politischen Auseinandersetzung.

Machiavelli lehnt jedoch nicht prinzipiell jegliche Moral und Religion ab. Sie sind in seinen Augen für das Funktionieren eines Gemeinwesens unerlässlich. Allerdings sollen sie nur in der Privatsphäre der Bürger eine orientierende und handlungsanleitende Rolle spielen. Aus dem Bereich der Politik sollen sie weitgehend ausgeschlossen werden.

Machiavelli plädiert somit für eine strikte *Trennung von Politik und Moral.* Regeln des politischen Handelns können nicht auf Moral oder Religion zurückgeführt werden. Vielmehr werden sie anhand von Kenntnissen der historischen Ereignisse und der konkreten politischen Verhältnisse gewonnen.

Die Politik bildet einen eigenständigen Bereich des menschlichen Handelns und ist damit nicht mehr nur ein Teil der göttlichen Ordnung. Ausschlaggebend für das politische Handeln sind der *zweckmäßige Gebrauch der Mittel* und der daraus resultierende *Erfolg*.

Da der Mensch von Natur aus böse ist, in der Welt Lüge, Betrug, Mord usw. herrschen, ist es unerlässlich, einen *starken Staat* zu etablieren, der Stabilität und Frieden garantieren könnte. Ein solcher Staat soll von einem charismatischen Herrscher, dem *Fürsten*, geführt werden.

Nach Machiavelli sind für eine erfolgreiche Politik des Fürsten drei Faktoren von zentraler Bedeutung: *virtù*, *fortuna* und *necessità.* Die virtù bezeichnet die Kraft, Entschlossenheit und Durchsetzungsfähigkeit eines Fürsten. Sie versetzt ihn in die Lage, herausragende politische Leistungen zu vollbringen.

Mit fortuna sind die Wechselfälle des Glücks gemeint. Der Fürst kann nur dann den Staat erfolgreich führen, wenn Zeitumstände für ihn günstig sind. Er muss aber auch ein Gespür für Zeitumstände haben.

Die necessità bezeichnet die Notwendigkeit, unter bestimmten Umständen bestimmte Handlungen zu vollziehen bzw. bestimmte Mittel einzusetzen.

Der Fürst darf amoralisch im Interesse des Staates handeln (z.B. lügen, betrügen, einen Krieg führen), auch wenn es seinen privaten moralischen Ansichten widerspricht. Das Interesse des Staates steht demnach über seinen privaten moralischen Überzeugungen. Diese Auffassung wird als die Lehre von der *Staatsräson* bezeichnet.

Machiavellis Lehre wirkte hauptsächlich auf die neuzeitliche Staatsphilosophie und -theorie. Sie beeinflusste aber auch das konkrete politische Handeln vieler Politiker und die Interpretation politischer Ereignisse durch Wissenschaftler und Laien. Folgende Philosophen empfingen wichtige Impulse von Machiavelli: Bacon, Hobbes, Montaigne, Rousseau, Herder, Hegel, Fichte und Schelling. Zu den Politikern, die durch Machiavelli stark angeregt worden sind, gehören: Friedrich der Große, Napoleon und Clausewitz.

Mit *Machiavellismus* bezeichnet man meist skruppellose Machtpolitik, in der Moral keine Rolle spielt. Der Begriff wurde seit dem 17. Jh. häufig polemisch gebraucht. Der Machiavellismus kann als eine Verstellung der Machiavellischen Lehre bezeichnet werden, denn Machiavelli war kein Amoralist (siehe oben). Moral und Religion sind für die Stabilität des Staates und den Frieden notwendig.

Weitere Werke von Machiavelli: Opere, I – VIII, S. Bertelli/F. Gaeta (Hg.), 1960-1965; Gesammelte Schriften, I – V, F. Nikolaus/H. Floerke (Hg.), 1925.

Literatur zu Machiavelli: W. Dilthey, Weltanschauung und Analyse des Menschen seit Renaissance und Reformation, 1921²; E. Cassirer, Individuum und Kosmos in der Philosophie der Renaissance, 1927 (repr. 1977); M. Brion, Machiavelli und seine Zeit, 1957; F. Meinecke, Die Idee der Staatsräson, 1960²; K. Kluxen, Politik und menschliche Existenz bei Machiavelli, 1967; M. Fleisher (Hg.), Machiavelli and the Nature of Political Thought, 1972; D. Sternberger, Machiavellis Principe und der Begriff des Politischen, 1974; R. König, Niccolò Machiavelli, 1979²; A. Buck, Machiavelli, 1985; M. Viroli, Machiavelli, 1998; H. Münkler, Machiavelli, 2004; P. Schröder, Niccolò Machiavelli, 2004; Q. Skinner, Machiavelli zur Einführung, 2004⁴.

MAIMONIDES, MOSES (Moshe ben Maimon): der jüdische Philosoph, Arzt und Theologe wur-

de am 30. 3. 1135 in Córdoba (Andalusien) geboren. 1149 musste er vor der Verfolgung durch Moslems fliehen. Sein Fluchtweg führte ihn über Marokko (Fez) und Palästina 1172 nach Ägypten. In Kairo wurde er zum Hofarzt Sultan Saladins ernannt. Er avancierte zum geistigen Führer der jüdischen Gemeinde in Ägypten und verfasste eine Reihe von hebräischen und judeo-arabischen Schriften. Er schrieb u. a. den großen Gesetzeskodex »Mishneh Torah« (dt. »Wiederholung der Tora«), einen Kommentar zur »Mishneh« und mehrere medizinische Traktate. Sein Hauptwerk »Dalālat al-Hā'irin« (dt. »Führer der Unschlüssigen«, 1923/24) entstand um 1190 und wurde ursprünglich arabisch geschrieben, dann ins Hebräische (hebr. »Moreh Nevukhim«) von Samuel Ibn Tibbon und Lateinische (lat. »Dux Neutrorum«) von Johannes Buxtorff übersetzt. Er starb am 13. 12. 1204 in Fustat (Alt-Kairo).

Maimonides ist einer der bedeutendsten *Denker der jüdischen Tradition*. Sein Anliegen ist es, Glaubenssätze, die aus dieser Tradition stammen, mit philosophischen Wahrheiten in Einklang zu bringen. Neben der Bibel und der jüdischen Tradition ist er hauptsächlich von Aristoteles und den arabischen Philosophen Avicenna, Al-Farabi und Avempace beeinflusst.

Sein Hauptwerk »Führer der Unschlüssigen« richtet sich an eine philosophische Elite. Nur der Philosoph, der über besondere intellektuelle Fähigkeiten verfügt, ist in der Lage, sich an Gott anzunähern.

Maimonides fragt in seinem Hauptwerk nach dem Verhältnis des *jüdischen Gesetz* (Torah) bzw. der Bibel zur (griechischen) *Philosophie*. Beide Sichtweisen, die des Gesetzes und die der Philosophie, stellen keinen Widerspruch dar, sondern stimmen in fast allen Punkten überein. Scheinbare Gegensätze können durch allegorische Deutung der Bibel aufgehoben werden. Die bildhafte Sprache der Bibel ist für die Masse geeignet, der eigentliche Sinn der Schrift kann nur vom Philosophen begriffen werden.

In seiner Gotteslehre vertritt Maimonides eine *negative Theologie*. Gott ist das ganz Andere, das nicht positiv, sondern nur negativ bestimmt werden kann. Er ist jenseits der Welt, jenseits der Erkenntnis und auch jenseits der Sprache. »Ich weiß nur, was Gott *nicht* ist«. »Die verneinenden Aussagen von Gott sind die wahren Aussagen«.

Aus Gottes Wirken in Natur und Geschichte kann auf sein Handeln und seine Attribute (Eigenschaften) geschlossen werden. Wenn man sagt, dass Gott barmherzig ist, dann meint man damit eigentlich, dass er barmherzig handelt, nicht dass er selbst barmherzig ist.

Die Frage, ob die Welt erschaffen oder ewig sei, kann nicht mit Hilfe der Philosophie oder Wissenschaft beantwortet werden, weil die Begründungen für beide Möglichkeiten mangelhaft sind. Als gläubiger Jude entscheidet sich Maimonides für das

Erschaffensein der Welt durch Gott. Diese Entscheidung ist rein praktisch, aus dem Glauben heraus, und wird theoretisch nicht begründet.

Das Gesetz ist handlungsorientierend, es bestimmt die Pflichten der Menschen. Sie sollen durch rechtes und tugendhaftes Handeln Gottes Wirken auf Erden nachahmen. Sie können jedoch Gottes Wirken nur dann angemessen nachahmen, wenn sie das Gesetz besser verstehen. Von entscheidender Bedeutung ist dabei die Hinwendung der Menschen zur Welt.

Maimonides beeinflusste die jüdische philosophische Tradition (u. a. S. Maimon, M. Mendelssohn, H. Cohen), die mittelalterliche Scholastik (u. a. Thomas von Aquin) und die Mystik (Meister Eckhart)

Seine Wirkung ist auch bei B. Spinoza erkennbar.

Weitere Werke von Maimonides: Acht Kapitel. Eine Abhandlung zur jüdischen Ethik und Gotteserkenntnis, 1992²; Das Buch der Erkenntnis, E. Goodman-Thau/C. Schulte (Hg.), 1994.

Literatur zu Maimonides: W. Bacher/M. Braun/D. Simonsen (Hg.), Moses ben Maimon, 1908/1914 (repr. 1971); L. Strauss, Philosophie und Gesetz, 1935; F. G. Bratton, Maimonides, 1967; I. Twersky, A Maimonides Reader, 1972; M. Simon, Geschichte der jüdischen Philosophie, 1984; F. Niewöhner, Maimonides, 1988; B. W. Strassburger, Maimonides, 1991; H. Markstein, Der zweite Moses, 1995; R. S. Cohen, Maimonides and the sciences, 2000; M. Kavka, Jewish messianism and the history of philosophy, 2004.

MALEBRANCHE, NICOLAS:

der französische Philosoph und Theologe wurde am 6. 8. 1638 in Paris geboren. Er studierte Philosophie

am Collège de la Marche und Theologie an der Sorbonne. 1660 trat er in das Oratorium ein, eine auf Reformen ausgerichtete Organisation innerhalb der katholischen Kirche. 1664 erhielt er Priesterweihe, 1699 wurde er Mitglied der Académie des Sciences. Er starb am 13. 10. 1715 in Paris.

Malebranche ist der wichtigste Repräsentant des *christlichen Cartesianismus.* Unter Cartesianismus versteht man eine philosophische Strömung des 17. und 18. Jh., die in Anlehnung an die Lehre René Descartes' entstanden ist. Malebranche deutet die Lehre Descartes' um, indem er sie in den Kontext der christlichen Philosophie und Theologie, insbesondere der Philosophie A. Augustinus', stellt. Sein eigentliches Anliegen ist es, zwischen der Cartesischen Philosophie und dem christlichen Glauben zu vermitteln.

In dem Werk »De la recherche de la vérité« (1674-1678; dt. »Über die Suche nach der Wahrheit«, 1776-1780) stellt er seine philosophische Konzeption vor. Er geht davon aus, dass uns nicht die Dinge der Außenwelt, sondern die *Ideen* der Dinge in unserem Intellekt unmittelbar gegeben sind. Im Gegensatz zu Descartes behauptet er jedoch, dass die Ideen Urbilder der Dinge sind, die in Gott existieren.

Erkenntnis ist nur »in Gott« bzw. »durch Gott«, d. h. durch Teilhabe an den in Gott existierenden Ideen, möglich.

Wie Descartes behauptet Malebranche, dass es zwei getrennte Substanzen gibt: die *ausgedehnte* (Körper/Leib) und die *denkende* (Geist/Seele). Anders als Descartes betont er aber, dass zwischen den beiden Substanzen nur *Gott* vermitteln kann. Nur durch seinen Eingriff kann eine Wechselwirkung zwischen den beiden Substanzen stattfinden. Beispiel: Das Vorliegen eines körperlichen Zustands (eine Wunde) ist für Gott Anlass, den entsprechenden seelischen Zustand (Schmerz) hervorzurufen. Umgekehrt kann ein seelischer Zustand (Zorn) Gott dazu veranlassen, einen körperlichen Zustand (körperlicher Angriff auf eine andere Person) hervorzurufen. Nach Malebranche besteht eigentlich eine Einheit von Leib und Seele, die nur von Gott gestiftet wird.

Auch unter den Dingen der Außenwelt gibt es keine notwendige Verbindung im Sinne des Ursache-Wirkung-Verhältnisses, also keine Verbindung, die von den Dingen ausgeht. Sie wirken nicht selbst aufeinander.

Die einzig wirkende Ursache in der Außenwelt ist Gott. Anders formuliert: Alle Dinge stehen in einem Abhängigkeitsverhältnis zu ihm. Er hat sie erschaffen und gewährleistet ihr Bestehen. Gott als Vermittler zwischen den Dingen greift bei gegebenem Anlass in die Welt ein. Diese Position wird als *Okkasionalismus* bezeichnet.

Die von Malebranche entwickelte erkenntnistheoretische Lehre wirkte auf G. Berkeley und D. Hume. Mit dem Okkasionalismus Melabranches setzte sich u. a. G. W. Leibniz auseinander.

Weitere Werke von Malebranche: Méditations chrétiennes et métaphysiques, 1699 (dt. Christlich-metaphysische Beobachtungen von Nicolas Malebranche, 1842); Œuvres I – XXI, A. Robinet u. a. (Hg.), 1958 – 1970.

Literatur zu Malebranche: K. Oedingen, Vernunft und Erfahrung in der Philosophie des N. Malebranche, 1951; G. Rodis-Lewis, Malebranche, 1963; A. Robinet, Malebranche, 1967; M. Eickhoff, Ontologismus und Realismus, 1969; J. Reiter, System und Praxis, 1972; S. Ehrenberg, Gott, Geist und Körper in der Philosophie von Nicolas Malebranche, 1992; P. Steinfeld, Realität des Irrtums, 1997; The Cambridge companion to Malebranche, S. M. Nadler (Hg.), 2000; A. Pyle, Malebranche, 2003.

MANNHEIM, KARL: der ungarische Soziologe wurde am 27. 3. 1893 in Budapest geboren. Er studierte Philosophie und Soziologie in Budapest, Freiburg i. Br., Paris und Heidelberg. Zu seinen Lehrern gehörte M. Weber. In Budapest gehörte er zum sog. »Sonntagskreis«, in dem sich namhafte Intellektuelle (z. B. G. Lukács) zu Diskussionen über philosophische und politische Themen trafen. 1922 promovierte er. Nach der Habilitation wurde er 1926 Privatdozent in Heidelberg, 1930 erhielt er eine Professur für Soziologie an der Universität Frankfurt am Main. 1933 emigrierte

Mannheim als Jude nach England, wo er Dozent an der »London School of Economics and Political Science« wurde. 1942 erhielt er eine Professur am »Institute of Education« der University of London. Er starb am 9. 1. 1947 in London.

Mannheim ist Mitbegründer der *Wissenssoziologie*. Sie untersucht den Zusammenhang zwischen menschlichem Wissen/Bewusstsein und den sozialen Strukturen und Prozessen, die dieses Wissen/Bewusstsein formen. Er wurde hauptsächlich von Marx, Simmel, Dilthey, Scheler und M. Weber beeinflusst.

In Anlehnung an Marx betont Mannheim, dass das menschliche Denken an das soziale bzw. gesellschaftliche Leben, genauer: an bestimmte soziale Schichten, gebunden ist. Auch höhere Denkformen (»Kategorialstruktur des Bewusstseins«) werden durch die »Seinsgebundenheit des Denkens« bestimmt. Sie bildet ein nicht-hintergehbares Faktum – sie kann nicht aufgehoben werden.

In seinem Hauptwerk »Ideologie und Utopie« (1929) unterstreicht Mannheim die These von der generellen Standortgebundenheit des Denkens. Er entwirft hier die Konzeption des *totalen Ideologiebegriffs*. Das menschliche Denken ist bei allen Parteien und in allen Epochen ideologisch. Ideologien sind Ideenkomplexe, die der Aufrechterhaltung der bestehenden gesellschaftlich-politischen Ordnung dienen. Sie werden weiterhin als »seinsverdeckend« bestimmt.

Die Politikwissenschaft z.B. kann niemals wertfrei sein. Politisches Wissen ist immer durch Wertungen, die ihren Ursprung im gesellschaftlichen Leben haben, bestimmt. Die Interessen bestimmter gesellschaftlicher Gruppen fließen in politische Konzepte und Theorien ein.

Ein Denken, das auf seine »Seinsgebundenheit« nicht reflektiert, wird als »falsches Bewusstsein« bezeichnet. Im Gegensatz zu Marx ist Mannheim nicht an einer *Ideologiekritik* als Instrument des Kampfes für eine bessere Gesellschaftsordnung interessiert.

In Opposition zu Ideologien stehen die *Utopien*. Sie sind Ideenkomplexe, die auf die Veränderung oder Zerstörung der bestehenden gesellschaftlich-politischen Ordnung abzielen. Das utopische Denken kommt im Bewusstsein der unterdrückten sozialen Gruppen zum Ausdruck. Diese Gruppen sind an der Veränderung bzw. Zerstörung der bestehenden Ordnung besonders stark interessiert.

Die »freischwebende Intelligenz« (»eine relativ klassenlose Schicht«, die in geringem Maße von Interessen abhängig ist) hat die Aufgabe, die Standortgebundenheit des Denkens aufzuzeigen und zu analysieren. Nur sie ist in der Lage, der allgemeinen Relativität des Wissens zu entgehen und eine Vermittlung und gegebenenfalls Synthese der unterschiedlichen Standorte zu vollbringen. Nur freischwebende Intellektuelle sind dazu fähig, eine »Zeitdiagnose« der jeweiligen historischen Wirklichkeit aufzustellen und eine allgemeine Lebens- und Handlungsorientierung vorzuschlagen.

Mannheim äußert sich ausgiebig zur politischen Entwicklung in der modernen Gesellschaft (vgl. »Freedom, Power and Democratic Planning«, 1950; dt. »Freiheit und geplante Demokratie«, 1970). Er lehnt sowohl die Gesellschaftsform der totalitären Diktatur als auch die der liberalen Demokratie ab. Die liberale Demokratie kann sich zu einer totalitären Diktatur entwickeln, wovon der geschichtliche Prozess in der ersten Hälfte des 20. Jh. ein Zeugnis ablegt.

Mannheim plädiert für einen »dritten Weg«, für eine *geplante Demokratie*, in der auch die Freiheit »geplant« werden soll. Planung bestimmt er als »rationale Beherrschung der irrationalen Kräfte«.

Die geplante Demokratie soll ein Bollwerk gegen jede Form des Totalitarismus sein. Allerdings kann sie nur dann funktionieren, wenn die Bürger ein bestimmtes Bewusstsein herausbilden, das sich durch vernünftiges Denken und Verantwortlichkeit auszeichnet. Eine wichtige Rolle spielt dabei die Erziehung.

Mannheim beeinflusste die Entwicklung und Ausbreitung der Wissenssoziologie.

Weitere Werke von Mannheim: Die Gegenwartsaufgaben der Soziologie, 1932; Mensch und Gesellschaft im Zeitalter des Umbaus, 1935; Diagnosis of Our Time, 1943 (dt. Diagnose unserer Zeit, 1951); Essays on the Sociology of Knowledge, 1952; Essays on Sociology and Social Psychology, 1953; An Introduction to the Sociology of Education, 1962; Wissenssoziologie, K. H. Wolff (Hg.), 1970²; Strukturen des Denkens, D. Kettler/ V. Meja/N. Stehr (Hg.), 1980.

Literatur zu Mannheim: H.-J. Lieber, Wissen und Gesellschaft, 1952; K. Lenk, Der Ideologiebegriff und die Marxkonzeption in der deutschen Wissenssoziologie, 1961; A. Neusüss, Utopisches Bewusstsein und freischwebende Intelligenz, 1968; D. Boris, Krise und Planung, 1971; G. W. Remmling, The Sociology of Karl Mannheim, 1975; V. Meja/N. Stehr, Der Streit um die Wissenssoziologie, 1982; B. Longhurst, Karl Mannheim and the contemporary sociology of knowledge, 1989; W. Hofmann, Karl Mannheim zur Einführung, 1996; P. Zimmermann, Soziologie als Erkenntniskritik, 1998; R. Laube, Karl Mannheim und die Krise des Historismus, 2004.

MARCEL, GABRIEL: der französische Philosoph, Schriftsteller und Theaterkritiker wurde am 7. 12. 1889 in Paris geboren. Er studierte von 1906 bis 1910 Philosophie an der Sorbonne. Von 1912 bis 1923 arbeitete er als Gymnasiallehrer in Paris, Sens und Montpellier. Von 1923 bis 1939 war er im Verlagswesen tätig. 1929 trat er vom Judentum zum Katholizismus über. Ab 1949 lehrte er an verschiedenen Universitäten (u.a. Aberdeen, Oxford, Harvard). 1952 wurde Marcel Mitglied des Institut Français, 1964 erhielt er den Friedenspreis des Deutschen Buchhandels. Er starb am 8. 10. 1973 in Paris.

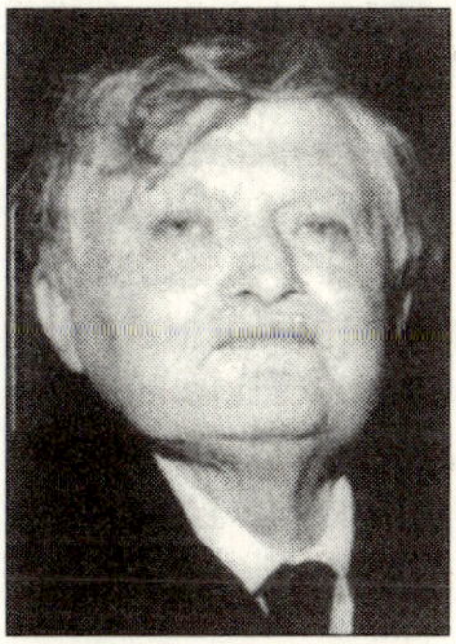

Marcel ist der Hauptvertreter des *christlichen Existentialismus.* Im Mittelpunkt seines Interesses steht der einzelne Mensch in seinen konkreten Lebensbezügen und in seinem Bezug zum Absoluten (Gott). Er wendet sich gegen jegliche Systemphilosophie, insbesondere gegen die Hegels, weil in ihr konkrete Lebenserfahrungen des Menschen sowie seine Einzigartigkeit nicht erfasst werden können. In scharfer Abgrenzung zur Systemphilosophie und zum Idealismus entwirft Marcel eine »existentielle Philosophie des Konkreten«. Sie soll die menschliche Existenz in all ihren Bezügen zum Sein erhellen.

Marcel unterscheidet streng zwischen der *ersten* und der *zweiten Reflexion.* Die erste Reflexion ist verobjektivierend; sie macht die Welt und den Menschen zu *Objekten* einer (meist wissenschaftlichen) Betrachtung. Sie hat es mit *Problemen* zu tun, die gelöst werden sollen. Der Ausgangspunkt der ersten Reflexion ist die Neugier. Die Ausgangsfrage lautet: Wie löse ich ein Problem? Der Reflektierende ist hierbei nicht der einzelne Mensch in seinen konkreten Lebenssituationen, sondern der Mensch als solcher, d.h. eine Abstraktion von dem konkreten Menschen.

Marcel kritisiert die Herrschaft der ersten Reflexion in der modernen Welt, insbesondere deren – von den Wissenschaften erhobenen – Universalitätsanspruch, wonach das Verobjektivierte die einzig akzeptable Form des Seins darstellt, und setzt ihr die zweite Reflexion entgegen. Sie thematisiert das einzelne und konkrete Seiende, das nicht im Rahmen einer Problemanalyse verobjektiviert werden kann. Ihre Ausgangssituation ist nicht die Neugier, sondern das Staunen. Sie beschäftigt sich nicht mit Problemen, sondern mit *Geheimnissen.* Ein Problem ist etwas Äußeres und Unpersönliches, ein Geheimnis etwas, was den einzelnen Menschen persönlich betrifft, ihn in seinem Innersten berührt.

Der ersten Reflexion entspricht die Haltung des *Habens*, der zweiten die des *Seins* (vgl. »Être et avoir«, 1935; dt. »Sein und Haben«, 1954). Das, was ich habe, ist für mich ein Objekt, über das ich verfüge und das außerhalb meines Selbst existiert. Das, was ich bin, gehört zu mir, macht mein Sein bzw. meine Bestimmung aus. Dazu gehören bestimmte Fähigkeiten, aber auch Dinge, die mich prägen und meine schöpferische Entwicklung fördern.

Nur in der zweiten Haltung kann der Mensch sich selbst *transzendieren*, d.h. über sich selbst hinausgehen und dadurch an einem übergreifenden Sein teilnehmen. Von zentraler Bedeutung ist dabei die Erfahrung der interpersonalen Beziehung: die Begegnung von *Ich* und *Du*. Nur dort, wo sich das Ich vom Du her bestimmt (wie z.B. in der Liebe), ist eigentliche Existenz möglich. Im liebenden Zusammensein von Ich und Du vollzieht sich die Teilnahme am Geheimnis des Seins. Die Liebe gründet im Absoluten. Marcel bestimmt *Gott* als das »absolute Du«, dem sich der Mensch im Glauben öffnet.

Weitere Werke von Marcel: Journal métaphysique, 1927 (dt. Metaphysisches Tagebuch, 1955); Du refus a l'invocation, 1940 (dt. Schöpferische Treue, 1963); L'homme problématique, 1955 (dt. Der Mensch als Problem, 1956); Présence et immortalité, 1959 (dt. Gegenwart und Unsterblichkeit, 1961); Auf der Suche nach Wahrheit und Gerechtigkeit, W. Ruf (Hg.), 1964; Dialog und Erfahrung, W. Ruf (Hg.), 1969.

Literatur zu Marcel: P. Ricoeur, Gabriel Marcel et Karl Jaspers, 1947; M.-M. Davy, Gabriel Marcel, 1964; O. F. Bollnow, Französischer Existentialismus, 1965; V. Berning, Das Wagnis der Treue, 1973; S. Foelz, Gewissheit im Suchen, 1980; P. A. Schilpp/L. E. Hahn (Hg.), The Philosophy of Gabriel Marcel, 1984; P.-F. Ruelius, Mysterium Spes, 1995; J. M. Depner, Der Mensch zwischen Haben und Sein, 1998.

MARK AUREL: der römische Kaiser und Philosoph wurde am 26. 4. 121 in Rom geboren. Schon als

Knabe zeigte er Interesse für Philosophie. Der Stoiker Junius Rusticus hatte einen großen Einfluss auf seine intellektuelle Entwicklung. 161 wurde Mark Aurel Kaiser des Römischen Reichs. Er führte an verschiedenen Orten des Reichs (u. a. in Germanien) Feldzüge. Zu wichtigen Ereignissen während seiner Regierungszeit gehören der Ausbruch der Pest und die Christenverfolgung. Mark Aurel war auch mit wirtschaftlichen Problemen seiner Zeit konfrontiert, vor allem mit der Eindämmung der Inflation. Er starb am 17. 3. 180 bei Wien.

Mark Aurel ist einer der bedeutendsten Vertreter der *jüngeren Stoa*, einer philosophischen Strömung zwischen dem 1. und 2. Jh. n. Chr. Sein einziges Buch »Ta eis heauton« (griech.; lat. »Ad se ipsum libri XXII«; dt. »Selbstbetrachtungen«, 1948) verfasste er im Feld. Er schrieb es für sich, um Klarheit über fundamentale Gegebenheiten des Lebens zu gewinnen.

Alles bildet nach Mark Aurel eine *Einheit* und alles befindet sich im Fluss. Die *göttliche Vernunft* bestimmt das gesamte Geschehen und gewährleistet die Ordnung und das Wohl des Ganzen. Der Mensch hat einen festen Platz in dieser Ordnung.

Seine Vernunft, d. h. sein Denkvermögen, hat teil an der göttlichen Vernunft. Die Vernunft hat drei Modalitäten: die Vernunft des einzelnen Menschen, die Vernunft der Menschheit und die Vernunft des Weltganzen (griech. »kosmos«)

Mark Aurel beschäftigt sich – wie auch die anderen Vertreter der jüngeren Stoa – weder mit Logik noch mit Physik, sondern allein mit der *Ethik*. Nur sie kann dem Menschen eine praktische Lebensorientierung geben. Wenn er tugendhaft, d. h. in Übereinstimmung mit der göttlichen Vernunft handelt, kann er *Glückseligkeit* (griech. »eudaimonia«) erreichen.

Der Mensch soll Herr über seine Leidenschaften sein und sich durch nichts erschüttern lassen. *Leidenschaftslosigkeit* (griech. »apatheia«) und *Unerschütterlichkeit der Seele* (griech. »ataraxia«) sind für Mark Aurel die zwei wichtigsten Lebensprinzipien.

Der Mensch soll seine Seele durch den Rückzug vom Äußeren reinigen. Zu äußeren Gütern gehören z. B. Ehre, Macht und Ruhm.

Durch den Rückzug gewinnt er *Distanz* zu äußeren Dingen, aber auch zu seinem Körper, und *innere Seelenruhe*. Beide Zustände sind Voraussetzungen des guten Handelns. Die höchte aller Tugenden ist die *Gerechtigkeit*.

Nach Mark Aurel soll Philosophie nicht rein theoretisch betrieben, sondern *gelebt* werden. Theoretische Einsichten und Überlegungen sollen der Gestaltung der konkreten Lebenspraxis bzw. der Lebensbewältigung dienen.

Einzeldinge haben nur Sinn in einem größeren Zusammenhang. Auch der einzelne Mensch kann sich nur in der Gemeinschaft entfalten. Er hat ihr gegenüber allerdings *Pflichten* zu erfüllen. Da alle Menschen an der göttlichen Vernunft teilhaben, sind sie dadurch gleichberechtigt. Sie sind Bürger eines gemeinsamen, die ganze Welt umfassenden Staates. Mark Aurel entwirft somit eine Konzeption des *Weltbürgers* und der kosmopolitischen Staatsordnung.

Literatur zu Mark Aurel: U. v. Wilamowitz-Moellendorf, Kaiser Marcus, 1931; W. Görlitz, Marc Aurel, 1954; A. R. Birley, Mark Aurel, 1977[2]; R. Klein (Hg.), Marc Aurel, 1979; M. Pohlenz, Die Stoa, 2 Bde., 1984[6]; U. Schall, Marc Aurel, 1995; K. Rosen, Marc Aurel, 1997; C. Motschmann, Die Religionspolitik Marc Aurels, 2002.

MARCUSE, HERBERT: der deutsch-amerikanische Philosoph und Gesellschaftstheoretiker wurde am 19. 7. 1898 in Berlin geboren. Er studierte Germanistik und Philosophie in Berlin und Freiburg i. Br. Das Studium schloss er mit der Dissertation »Der deutsche Künstlerroman« 1922 ab. Danach arbeitete er als Buchhändler in Berlin. 1928 kehrte er an die Universität Freiburg zurück, um bei Husserl und Heidegger sein philosophisches Wissen zu vertiefen. Aufgrund von politischen Differenzen zu Heidegger scheiterte sein Versuch, sich bei ihm mit der Arbeit »Hegels Ontologie und die Grundlegung einer Theorie

der Geschichtlichkeit« zu habilitieren. 1932 wurde er Mitarbeiter des von M. Horkheimer geleiteten »Instituts für Sozialforschung« in Frankfurt am Main. 1933 emigrierte Marcuse als Jude und Marxist zunächst in die Schweiz (Genf), dann in die USA (New York). Bis 1942 arbeitete er für das nach New York verlegte »Institut für Sozialforschung«. In dieser Zeit schrieb er wichtige Aufsätze für die von M. Horkheimer herausgegebene »Zeitschrift für Sozialforschung« und verfasste 1941 das Buch »Reason and Revolution« (dt. »Vernunft und Revolution«, 1962). Von 1942 bis 1950 war Marcuse als Sozialfoscher für die amerikanische Regierung tätig. Von 1950 bis 1952 war er Lektor in Soziologie und Mitarbeiter am »Russian Institut« der Columbia University, von 1952 bis 1954 Mitarbeiter am »Russian Research Center« der Harvard University. Im Rahmen dieser Tätigkeit entstand die Studie »Soviet Marxism« (1958; dt. »Die Gesellschaftslehre des sowjetischen Marxismus«, 1964), in der sich Marcuse kritisch mit dem Marxismus sowjetischer Prägung auseinandersetzte. 1954 erhielt er eine Professur für Politikwissenschaft an der Brandeis University, 1964 eine Professur für Sozialphilosophie an der University of California in San Diego. 1965 wurde Marcuse Honorarprofessor der Freien Universität Berlin. Er starb am 29. 7. 1979 in Starnberg.

Marcuse ist neben M. Horkheimer und Th. W. Adorno der wichtigste Vertreter der *Kritischen Theorie* (auch »Frankfurter Schule« genannt). Sie soll nicht der Stabilisierung der bestehenden gesellschaftlichen Ordnung dienen, sondern Wege zur Veränderung der Gesellschaft aufzeigen. Dabei wird die Gesellschaft als eine Ganzheit (Totalität) aufgefasst. Die drei Säulen der kritischen Gesellschaftstheorie sind: die Hegelsche Dialektik, die Marxsche Analyse des Kapitalismus und die Psychoanalyse Freuds.

Marcuse glaubt daran, dass eine grundlegende Veränderung der Gesellschaft durch eine *Revolution* vonstatten gehen kann. Das Proletariat hat jedoch seine revolutionäre Kraft eingebüßt. Es stellt kein revolutionäres Subjekt mehr dar. Es wurde in die kapitalistische Gesellschaft integriert und nimmt an dem allgemeinen Wohlstand teil. Die Unterdrückung ist dadurch jedoch nicht verschwunden. Die Ideale der Aufklärung wurden nicht verwirklicht, die Gefahr des Faschismus wurde nicht gebannt.

In der modernen kapitalistischen Gesellschaft entstanden subtile Formen sozialer Kontrolle, Manipulation und Unterdrückung, die den meisten Menschen gar nicht bewusst sind. Die Menschen werden zum *Konsumzwang* erzogen und ihre eigentlichen Bedürfnisse verschwiegen.

Die *Marxsche Theorie* reicht nicht aus, um die Befreiung der Menschen aus den entfremdeten und verdinglichten Verhältnissen zu vollführen. Sie muss durch die *Psychoanalyse Freuds* ergänzt werden (vgl. »Eros and Civilization«, 1955; dt. »Eros und Kultur«, 1957). Die ökonomische Analyse der Gesellschaft muss durch eine Analyse der Tiefenstruktur der menschlichen Psyche vervollständigt werden. Die Psychoanalyse soll dem Mensch dazu verhelfen, seine *Triebe* zu befreien.

Zur »äußeren Befreiung« (Befreiung von politischen und ökonomischen Zwängen) soll die »innere Befreiung« (Befreiung der Triebe) hinzutreten. Streng genommen muss sich der Mensch erst selbst befreien bzw. ändern, damit eine soziale Revolution eintreten kann. Mit anderen Worten: Der Veränderung des menschlichen Bewusstseins folgt die Veränderung der ökonomischen Bedingungen.

In seinem Hauptwerk »The One-Dimensional Man« (1964; dt. »Der eindimensionale Mensch«, 1967) zeigt Marcuse auf, dass sich in der spätkapitalistischen Gesellschaft hinter der »technologischen Rationalität« Irrationalität versteckt. Diese Gesellschaft ist irrational, weil sie Selbstverwirklichung und Freiheit der Individuen behindert. Genauer: Ihre technischen und ökonomischen Potenziale dienen nicht der Selbstverwirklichung des Menschen, sondern dessen Unterdrückung.

Menschliche Bedürfnisse werden in der spätkapitalistischen Gesellschaft immer mehr manipuliert. Sie ist eine »Gesellschaft ohne Opposition«, in der alle Kritik integriert und jede systemumwälzende Veränderung unterbunden wird. Der Mensch ist eindimensional, weil seine Vernunft auf die technologische Rationalität reduziert wird. Diese Form der Rationalität herrscht nicht nur in der Technik, sondern in fast allen Bereichen der Gesellschaft, z. B. in der Politik.

Da nach Marcuse das Proletariat nicht dazu fähig ist, eine revolutionäre Umwälzung der Gesellschaft zu vollführen, verweist er auf das revolutionäre Potenzial von Randgruppen und Minderheiten. Sie sind dazu in der Lage, eine »neue Sensibilität« gegenüber der Gesellschaft herauszubilden und sich ihr zu verweigern. Die studentische Protestbewegung der 60er Jahre betrachtet er als Initiator einer »Großen Weigerung« und als treibende Kraft revolutionärer Umwandlung der kapitalistischen Gesellschaft. Marcuse wurde zum »theoretischen Kopf« dieser Bewegung in den USA und Europa.

Weitere Werke von Marcuse: Kultur und Gesellschaft, I –II, 1965; Das Ende der Utopie, 1967; Psychoanalyse und Politik, 1968; An Essay on Liberation, 1969 (dt., Versuch über die Befreiung, 1969); Ideen zu einer kritischen Theorie der Gesellschaft, 1969; Gespräche mit Herbert Marcuse, 1978.

Literatur zu Marcuse: Antworten auf Herbert Marcuse, J. Habermas (Hg.), 1968; H. H. Holz, Utopie und Anarchismus, 1968; J. P. Árnason, Von Marcuse zu Marx, 1971; A.

MacIntyre, Herbert Marcuse, 1971; S. Breuer, Die Krise der Revolutionstheorie, 1977; U. Gmünder, Kritische Theorie, 1985; G. Flego, Herbert Marcuse, 1989; H. Brunkhorst, Herbert Marcuse zur Einführung, 1990[2]; G. Servais, Arbeit, Vernunft, Glück, 1998; R. Behrens, Übersetzungen – Studien zu Herbert Marcuse, 2000.

MARX, KARL: der deutsche Philosoph, Gesellschaftstheoretiker und Politiker wurde am 5. 5. 1818 in Trier geboren. Sein Vater konvertierte vom Judentum zum Protestantismus. Marx studierte ab 1835 Rechtswissenschaften in Bonn, ab

1836 in Berlin. In Berlin wechselte er zum Studium der Philosophie und Geschichte. Er promovierte 1841 in Jena mit der Schrift »Die Differenz der demokritischen und epikureischen Naturphilosophie«. 1842 wurde er Mitarbeiter, dann Chefredakteur der linksorientierten »Rheinischen Zeitung« in Köln. Nach dem Verbot der Zeitung 1843 wurde er aus Köln ausgewiesen und siedelte nach Paris um. Dort beschäftigte er sich intensiv mit den französischen Sozialisten (u.a. Saint-Simon, P. J. Proudhon) sowie mit englischen Nationalökonomen (A. Smith, D. Ricardo) und gab mit A. Ruge die »Deutsch-Französischen Jahrbücher« heraus. In Paris schloss er Freundschaft mit F. Engels. 1845 wurde Marx aus Paris ausgewiesen und ging nach Brüssel. Dort verfasste er 1848 zusammen mit Engels die Schrift »Das kommunistische Manifest«, die das politische Programm der proletarisch-revolutionären Bewegung enthält. Infolgedessen wurde er aus Brüssel ausgewiesen und ging zurück nach Köln, wo er die »Neue Rheinische Zeitung« ins Leben rief. Nach dem Verbot der Zeitung 1849 wurde Marx erneut aus Köln ausgewiesen. Er emigrierte daraufhin nach London. 1865 wurde dort unter seiner Leitung die »Erste Internationale« (»Internationale Arbeiterassociation«) gegründet. 1867 veröffentlichte er den ersten Band seines Hauptwerkes »Das Kapital« (zweiter und dritter Band wurden von Engels nach dem Tod von Marx aus dessen Nachlass 1885 und 1894 veröffentlicht). Er starb am 14. 3. 1883 in London.

Marx ist der Begründer des *Historischen Materialismus*. Die Grundlage aller gesellschaftlichen Prozesse bildet für ihn die *materielle Praxis*, d.h. die Produktion von Waren. In der *Arbeit* verwirklicht sich der Mensch. Sie macht seine Eigenart aus, sie ist das Medium, in dem er seine Kräfte entfaltet. Ökonomische (materielle) Produktion ist die Basis aller gesellschaftlichen und geschichtlichen Erscheinungen. Nach Marx formen materielle Produktionsstrukturen das Bewusstsein (Denken) der Menschen. Marx ging es darum, die Geschichte als einen materiellen Produktionsprozess darzustellen und die Gesetzmäßigkeiten dieses Prozesses aufzuzeigen.

Marx übernimmt von Hegel den Begriff der *Dialektik*, deutet ihn jedoch wesentlich um. Dialektik bedeutet nicht wie bei Hegel die Bewegung des absoluten Geistes, sondern die Bewegung der sich widersprechenden ökonomischen und gesellschaftlichen Kräfte, genauer: die Wechselwirkung zwischen diesen Kräften.

Zentral ist für ihn der Widerspruch zwischen *Produktionsverhältnissen* und *Produktivkräften* (Marx spricht auch von der Dialektik von Produktionsverhältnissen und Produktivkräften). Dieser Widerspruch ist der Motor der geschichtlichen und gesellschaftlichen Entwicklung.

Zu den Produktionsverhältnissen gehört die Organisation der Arbeit, die Beziehungen der Menschen untereinander im Produktionsprozess. Als Produktionsverhältnisse werden meist die in einer bestimmten Epoche herrschenden Eigentumsverhältnisse bestimmt. Zu den Produktivkräften gehören Fähigkeiten und Fertigkeiten der im Produtionsprozess stehenden Menschen, Produktionsmittel (Werkzeuge, Maschinen) und Rohstoffe.

Die Produktionsverhältnisse stellen das starre Element der Gesellschaft dar, weil sie – wie die Eigentumsverhältnisse – meist der Stabilisierung der Herrschaft dienen. Die Produktivkräfte können dagegen als das dynamische Element der Gesellschaft betrachtet werden. Sie (z.B. bestimmte Erfindungen und Innovationen) treiben ihre Entwicklung voran.

Auf einer bestimmten Stufe der gesellschaftlichen und historischen Entwicklung geraten die Produktivkräfte in einen Widerspruch mit den Produktionsverhältnissen. Die Produktionsverhältnisse sind veraltet, sie passen nicht mehr zu den neu entstandenen Produktivkräften. Als Konsequenz dieses Widerspruchs kommt es zu einer sozialen Revolution und zur Entstehung einer neuen *Gesellschaftsformation.*

In der Geschichte der Menschheit sind bisher vier Gesellschaftsformationen entstanden, in denen unterschiedliche Eigentumsverhältnisse/Produktionsverhältnisse walten: Urgesellschaft (Stammeseigentum), Sklavengesellschaft (Gemeinde- und Staatseigentum), Feudalismus (feudales und ständisches Eigentum) und Kapitalismus (Privateigentum).

Die zentrale Kategorie der Gesellschaft ist die der *Klasse.* Eine Klasse bezeichnet eine Gruppe von Menschen, die gemeinsame Interessen und eine ähnliche sozial-wirtschaftliche Lage aufweisen. Entscheidend für die Zugehörigkeit zu einer Klasse ist der Besitz von Produktionsmitteln. Besitzt eine Klasse die Produktionsmittel, so herrscht sie auch im Bereich des Politischen – sie hat die politische Macht. Die Zugehörigkeit zu einer Klasse prägt ein spezifisches Klassenbewusstsein der Angehörigen einer Klasse, sie prägt ihr Denken und Handeln.

In jeder Gesellschaftsformation herrscht ein Klassengegensatz: Der Klasse der Besitzer von Produktionsmitteln steht die Klasse der Besitzlosen entgegen. Die Widersprüche, die zwischen den Klassen bestehen, führen zu *Klassenkämpfen.* In der Sklavengesellschaft ist es der Kampf zwischen Plebejern und Sklaven, im Feudalismus der zwischen Feudalherren und Leibeigenen, im Kapitalismus der zwischen Kapitalisten und Arbeitern.

Charakteristisch für die kapitalistische Gesellschaft ist ein sehr starkes Wachstum der Produktivkräfte. Es ist durch Arbeitsteilung und Großproduktion bedingt. Auf der anderen Seite bleiben Produktionsverhältnisse/Eigentumsverhältnisse unverändert. Ihr wesentliches Merkmal ist das *Privateigentum.*

Der Widerspruch zwischen Produktionsverhältnissen und Produktivkräften drückt sich im Klassenkampf zwischen Kapitalisten und Arbeitern aus. Er muss nach Marx zu einer von den Arbeitern geführten *Revolution* und zum Umsturz der kapitalistischen Ordnung führen.

Das wichtigste Ziel dieser Revolution ist die Abschaffung des Privateigentums und die Überführung der Produktionsmittel in gemeinschaftliches Eigentum. Die Abschaffung des Privateigentums führt zur Aufhebung der Ausbeutung und zur Beendigung des Klassenkampfes. Die klassenlose Gesellschaft, in der politische, ökonomische und soziale Gleichheit herrschen soll, wird von Marx als *Kommunismus* bezeichnet.

In seinem Hauptwerk »Das Kapital« schildert Marx die Widersprüchlichkeit der kapitalistischen Gesellschaft und die Notwendigkeit, sie durch eine andere Gesellschaftsform zu ersetzen.

Im Mittelpunkt seiner ökonomischen Konzeption steht die *Werttheorie*. Der Arbeiter, der eine Ware produziert, erzeugt mehr Wert als zum Erhalt seiner Arbeitskraft nötig ist. Er erzeugt mehr Wert als er als Lohn ausbezahlt bekommt. Der Überschuss des erzeugten Wertes, der *Mehrwert*, kommt als Gewinn dem Kapitalisten zugute.

Marx bezeichnet den Vorgang der Anhäufung und Vergrößerung des Mehrwerts bzw. des Kapitals durch den Kapitalisten als *Akkumulation*. Die Ausbeutung und Verarmung der Arbeiter muss notwendigerweise zu einer Verschärfung des Klassenkampfes und zu einer proletarischen Revolution führen.

Von zentraler Bedeutung ist für Marx das Phänomen der *Entfremdung* in der kapitalistischen Gesellschaft (vgl. »Ökonomisch-philosophische Manuskripte«, 1844). Der Arbeiter (der Warenproduzent) entäußert seine Fähigkeiten und Kräfte. Er »überträgt« sie auf das Produkt der Arbeit. Das Produkt der Arbeit verselbstständigt sich, löst sich vom Produzenten ab und steht ihm als etwas Fremdes gegenüber. Es wird damit zu einem ihm fremden Gegenstand.

Der Arbeiter schafft demnach im Kapitalismus Produkte, die für ihn zu fremden Gegenständen werden, weil sie nicht ihm, sondern dem Besitzer der Produktionsmittel, dem Kapitalisten, gehören. Nur die Abschaffung des Privateigentums und die Überführung der Produktionsmittel in gemeinschaftliches Eigentum führen zur Aufhebung der Entfremdung.

Ein wichtiger Bestandteil der Marxschen Lehre ist die *Ideologiekritik* (»Die deutsche Ideologie«, 1932). Ideologien sind Lehren, nach denen es eine ideelle, rein geistige Sphäre gibt, die eine selbstständige Größe darstellt und einen Primat vor der materiellen Sphäre (Sphäre der materiellen Produktions- und Lebensverhältnisse) hat. Die geistige Sphäre wird von Ideologen (z. B. B. Bauer, M. Stirner, A. Ruge) auch als das Denken bzw. das denkende Bewusstsein bestimmt und als die fundamentalere Wirklichkeit betrachtet.

Für Marx verhält es sich umgekehrt: Die materiellen gesellschaftlichen Verhältnisse bilden die fundamentalere Wirklichkeit und bestimmen das denkende Bewusstsein (Gedanken, Ideen, Theorien). Kurz: *Das gesellschaftliche Sein bestimmt das Bewusstsein.*

Das gesellschaftliche Sein wird von Marx auch als gesellschaftliche *Basis*, das denkende Bewusstsein samt seinen geistig-kulturellen Gebilden (Philosophie, Religion, Politik) als ideologischer *Überbau* bezeichnet.

Falsches Bewusstsein ist ein Bewusstsein, das seine gesellschaftlichen und ökonomischen Bedingungen nicht beachtet. In ihm kommen die herrschenden Verhältnisse und die Meinungen der herrschenden Klasse zum Ausdruck. *Wahres Bewusstsein* reflektiert auf seine gesellschaftliche Bedingtheit. Dabei soll die Theorie eine Einheit mit der gesellschaftlichen Praxis bilden.

Die Marxsche Lehre beeinflusste entscheidend Philosophen, Sozial-, Wirtschafts- und Kulturwissenschaftler. Darüber hinaus wirkte sie maßgeblich auf die gesellschaftlichen und politischen Prozesse im 19. und 20. Jh. Für viele Menschen wurde sie zur Weltanschauung und zum Instrument des politischen Handelns. Sie avancierte in vielen Ländern der Welt zur herrschenden Staatsdoktrin.

Weitere Werke von Marx: Zur Kritik der Hegelschen Rechtsphilosophie, 1844; Die heilige Familie (zus. mit F. Engels), 1845; Das Elend der Philosophie, 1847; Zur Kritik der politischen Ökonomie, 1859; Thesen über Feuerbach (zus. mit F. Engels), 1888; K. Marx/F. Engels, Werke, Schriften, Briefe, Historisch-kritische Gesamtausgabe (MEGA), 1927-35; K. Marx/F. Engels, Werke I-XXXIX (MEW), Erg.-Bde. I-II, 1957-68.

Literatur zu Marx: E. Bloch, Über Karl Marx, 1968; I. Fetscher, Karl Marx und der Marxismus, 1969; K. Hartmann, Die Marxsche Theorie, 1970; H. Fleischer, Marx und Engels, 1970; F. J. Raddatz, Karl Marx, 1975; R. Friedenthal, Karl Marx, 1981; W. Euchner, Karl Marx, 1982; W. Blumenberg, Karl Marx, 1998[27]; F. Wheen, Karl Marx, 2001; T. Rockmore, Marx after Marxism, 2002; O. K. Flechtheim, Marx zur Einführung, 2003[4].

MEAD, GEORGE HERBERT: der amerikanische Soziologe wurde am 27. 2. 1863 in Soth Hadley geboren. Von 1879 bis 1883 besuchte er

das College in Oberlin (Ohio). Ab 1887 studierte er Psychologie und Philosophie in Harvard, von 1888 bis 1889 in Leipzig (bei Wundt), danach in Berlin (bei Dilthey und Paulsen). 1891 übernahm er eine

Dozentur für Psychologie an der University of Michigan in Ann Arbor. 1894 erhielt er an der neu gegründeten University of Chicago eine Professur für Philosophie und Sozialpsychologie. Er starb am 26. 4. 1931 in Chicago.

Mead ist der Begründer des *Symbolischen Interaktionismus*. Er geht davon aus, dass individuelles Denken und Verhalten nur im Zusammenhang mit *sozialen Prozessen* bestimmt werden können. Der einzelne Mensch, das Individuum, entwickelt sich aus der Gesellschaft und nicht umgekehrt.

Beeinflusst ist Mead durch den *Behaviorismus*, wonach bei der wissenschaftlichen Erfassung psychischer Phänomene von beobachtbaren Aktivitäten der Menschen ausgegangen wird. Er leugnet jedoch nicht im Gegensatz zu strengen Behavioristen die besondere Rolle der inneren Erfahrung.

Darüber hinaus ist Mead von der *Evolutionstheorie* Darwins stark beeinflusst. Er hebt hervor, dass die von Darwin entdeckten Evolutionsprinzipien nicht nur für die Entwicklung biologischer Arten, sondern auch für die der Institutionen und Gesellschaften gelten.

In seinem Hauptwerk »Mind, Self and Society« (1934; dt. »Geist, Identität und Gesellschaft«, 1968) stellt er sein sozialpsychologisches Konzept vor. *Geist* als der Inbegriff aller intellektuellen Fähigkeiten des Menschen ist etwas Gesellschaftliches. Er entsteht und entwickelt sich im Rahmen gesellschaftlicher Prozesse.

Mead unterscheidet drei Persönlichkeitsinstanzen: »I« (dt. »Ich«), »me« (dt. »Mich«) und »self« (dt. »Selbst«). *I* bezeichnet die dem Menschen innewohnende Spontaneität und Kreativität. Das *me* bezeichnet meine Vorstellung von dem Bild, das eine Bezugsperson von mir hat, oder auch die Verinnerlichung (Internalisierung) ihrer Erwartungen an mich. Es stellt die mit sozialen Normen verbundene kontrollierende Persönlichkeitsinstanz dar. Das me kontrolliert und bewertet die spontanen Impulse des I. Wenn der einzelne Mensch von mehreren wichtigen Bezugspersonen beeinflusst ist, dann bilden sich »in ihm« mehrere unterschiedliche me. Werden sie zu einer einheitlichen Vorstellung zusammengebunden, dann entsteht das *self*, die Ich-Identität.

Im Prozess der Identitätsbildung spielen *Sprache* und *Kommunikation* eine entscheidende Rolle. Die Ich-Identität wird in sprachlich vermittelter Kommunikation gebildet. Menschen kommunizieren miteinander mit Hilfe von Zeichen (»signifikanten Symbolen«). Ihre Bedeutungen sind sozial, d.h. sie werden in einem sozialen Kontext gebildet und können von allen an der Kommunikation Beteiligten im Prinzip erfasst werden. Die Bedeutungen sprachlicher Ausdrücke können niemals privat sein.

Neben der Sprache sind es das kindliche Spiel und der Wettkampf, die die Entwicklung der Ich-Identität bedingen. Beim Spiel erlernt das Kind unterschiedliche *Rollen*. Es übernimmt Rollen anderer Menschen und kann sich damit in sie hineinversetzen. Nimmt es bestimmte Rollen ein, dann ist es in der Lage, sich von diesen aus selbst zu betrachten. Durch die Übernahme der Rolle bzw. der Perspektive der anderen Menschen kann es sich selbst als Objekt erfahren.

Im Laufe seiner Entwicklung lernt der Einzelne nicht nur seine konkreten Mitmenschen kennen. Er bildet eine Allgemeinvorstellung vom Menschen. Mead nennt sie den »verallgemeinerten Anderen« (engl. »generalized other«). Er ist der Inbegriff für allgemeine Normen und Werte einer Gesellschaft.

Die von Mead gegründete Schule des Symbolischen Interaktionismus entwickelte sich zu einer soziologischen Forschungstradition. Ein wichtiger Vertreter dieser Schule ist H. Blumer. Mead hatte darüber hinaus eine große Wirkung auf J. Dewey, A. Gehlen, J. Habermas und H. Joas.

Weitere Werke von Mead: The Philosophy of the Present, 1932; Movements of Thought in the 19th Century, 1936; The Philosophy of the Act, 1938; George Herbert Mead on Social Psychology, 1964 (dt. Sozialpsychologie, 1969); Philosophie der Sozialität, H. Kellner (Hg.), 1969.

Literatur zu Mead: A. Strauss (Hg.), The Social Psychology of George Herbert Mead, 1956; H. Blumer, Symbolic Interactionism, 1969; K. Raiser, Identität und Sozialität, 1971; H. Joas, Praktische Intersubjektivität, 1980; H. Wenzel, George Herbert Mead zur Einführung, 1990; Ch. Becker, Selbstbewusstsein und Individualität, 1993; H. Joas, George Herbert Mead, in: D. Käsler (Hg.), Klassiker der Soziologie, Bd. I, 1999; H.-J. Wagner, Rekonstruktive Methodologie, 1999; H. Joas, Praktische Intersubjektivität, 2000.

MEINONG, ALEXIUS: der österreichische Philosoph wurde am 17. 7. 1853 in Lemberg geboren. Nach dem Besuch des Gymnasiums in Wien studierte er ab 1870 deutsche Philologie, Geschichte und Philosophie. Er promovierte 1874 mit einer Arbeit über Arnold von Brescia. Stark beeinflusst wurde er von dem Philosophen Franz Brentano. 1877 habilitierte sich Meinong mit der Arbeit »Hume-Studien«. 1882 erhielt er eine außerordentliche

Professur in Graz, 1889 eine ordentliche Professur ebendort. 1914 wurde er Mitglied der Wiener Akademie der Wissenschaften. Er starb am 27. 11. 1920 in Graz.

Die Grundgedanken seiner Philosophie formuliert Meinong in der Schrift »Über Gegenstandstheorie« (1904). Er geht davon aus, dass jede Vorstellung sich auf etwas, auf einen Gegenstand, bezieht. Es gibt unterschiedliche Arten/Klassen von Gegenständen. Zu den wichtigsten gehören die Objekte und die Objektive.

Objekte sind raum-zeitliche konkrete Gegenstände, die *existieren* (z.B. ein Apfel) und abstrakte Gegenstände, die *bestehen* (z.B. mathematische Gegenstände wie die Zahl 10, Relationen und Eigenschaften).

Objektive sind Sachverhalte (z.B. dass der Apfel auf dem Boden liegt). Sie können nur bestehen und sind Gegenstände der Urteile. Der Sachverhalt »dass der Apfel auf dem Boden liegt« ist ein Objektiv, ein Urteilsgegenstand. Apfel, Liegen und Boden sind Objekte, die in dem Urteil beurteilt werden.

Meinong postuliert auch Gegenstände, die weder existieren noch bestehen. Sie sind »nichtseiend«. Zu ihnen gehören *fiktive*, aber logisch mögliche Gegenstände (Pegasus, der goldene Berg) und *in sich widersprüchliche,* d.h. logisch unmögliche Gegenstände (das runde Dreieck, die größte Primzahl).

Meinongs Gegenstandstheorie wirkte auf Phänomenologen (z.B. E. Husserl) und Vertreter der modernen Logik und der Analytischen Philosophie (z.B. B. Russell).

Weitere Werke von Meinong: Gesamtausgabe, I – VII, R. Haller/R. Kindinger/R. M. Chisholm (Hg.), 1968 -1978.

Literatur zu Meinong: J. N. Findlay, Meinong's Theory of Objects and Values, 1963; R. Haller (Hg.), Jenseits von Sein und Nichtsein, 1972; K. Lambert, Meinong and the Principle of Independence, 1983; D. Jacquette, Meinongian logic, 1996;

MENDELSSOHN, MOSES: der deutsche Philosoph jüdischer Herkunft wurde am 6. 9. 1729 in Dessau geboren. Er erhielt eine Ausbildung bei dem Dessauer Rabiner D. Fränkel. 1743 folgte er seinem Lehrer

nach Berlin. Dort studierte er autodidaktisch Philosophie und Sprachen (Deutsch, Hebräisch, Latein, Griechisch, Englisch, Französisch und Italienisch). 1750 wurde Mendelssohn Hauslehrer bei dem Seidenhändler Isaak Bernhard. Nach dessen Tod (1768) führte er zusammen mit seiner Witwe den Betrieb. Er schloss Freundschaft mit G. E. Lessing, für dessen Figur »Nathan der Weise« er als Vorbild diente. 1771 wurde Mendelssohn als Mitglied der Berliner Akademie der Wissenschaften gewählt. Diese Wahl wurde von Friedrich II wegen Mendelssohns jüdischer Herkunft nicht bestätigt. Er starb am 4. 1. 1786 in Berlin.

Mendelssohn ist einer der bedeutendsten Vertreter der deutschen *Aufklärung* und ein Vorkämpfer für soziale, rechtliche und politische Gleichstellung der Juden mit den Christen. Er glaubt als Aufklärer an die *Autonomie* (Selbstständigkeit) der menschlichen *Vernunft*. Sie ist auf sich selbst angewiesen und bedarf letztlich keiner ihr äußeren Autorität. Sie ist das Medium, in dem die Wahrheit erkannt werden kann, und gilt als das Richtmaß des Denkens und Handelns.

Mendelssohn verbreitet die Ideale der Aufklärung und Emanzipation unter den Juden. Er versucht, die Philosophie der Aufklärung mit der *jüdischen Tradition* zu vereinbaren. Man kann ihm zufolge die Vernunft in Anspruch nehmen, ohne die Reinheit des Glaubens in Frage zu stellen.

Mendelssohn unterscheidet drei Seelenvermögen: Erkenntnis, Wille und Billigung (ästhetische Urteilskraft). Eine wichtige Rolle spielt für ihn die *Ästhetik* (Lehre vom Schönen). In der Schrift »Briefe über die Empfindungen« (1755) hebt er hervor, dass die Empfindung die Quelle des Gefühls des Schönen und Erhabenen ist. Sie ist das Kriterium für die Beurteilung ästhetischer Sätze.

Schönheit wird nicht als eine Eigenschaft des Gegenstands (die Vollkommenheit des Gegenstands), sondern als eine Leistung des empfindenden Menschen bestimmt. Ein Gegenstand ist schön, wenn er eine »sinnlich-vollkommene Vorstellung« hervorruft. Die Anschauung des Schönen verfeinert die Erkenntnisfähigkeit und das moralische Vermögen des Menschen.

In seinem philosophischen Hauptwerk »Phaedon oder über die Unsterblichkeit der Seele« (1767) liefert Mendelssohn Beweise für die *Unsterblichkeit der Seele*. Das Werk stellt eine Übersetzung und eine Kommentierung des platonischen Dialogs »Phaidon« dar. Mendelssohn betont, dass die Seele eine einfache, d.h. nicht zusammengesetzte Substanz ist und dass sie sich daher nach dem Tod nicht in einzelne Teile auflösen kann. Des weiteren behauptet er: Wäre die Seele sterblich, dann müsste das diesseitige Leben das höchste Gut darstellen. Die Leugnung der Unsterblichkeit der Seele hätte sehr negative Folgen für die Moral der Menschen.

Große Wirkung hatte Mendelssohns religionsphilosophische Schrift »Jerusalem oder über religiöse Macht und Judentum« (1783). Er versucht darin, *Vernunfterkenntnis* und *jüdischen Glauben* miteinander zu vereinbaren. Der jüdische Glaube ist für ihn ein rationaler, sich an der menschlichen Vernunft orientierender, Glaube.

Das Judentum ist eine Vernunftreligion, die auf dem Studium der Natur basiert. Der Glaube kann nur dann rein sein, wenn er von politischer Macht getrennt ist. Daher spricht sich Mendelssohn für eine strikte Trennung von Staat und Religion aus.

Der jüdische Glaube drückt sich nicht in der »geoffenbarten Religion«, sondern in der »geoffenbarten Gesetzgebung« aus. Das Judentum gründet sich nicht auf Dogmen und erlösenden Wahrheiten, sondern auf Gesetze, Verordnungen, Lebensregeln und Vorschriften.

Die Juden sind ein auserwähltes Volk, eine »priesterliche Nation«, die auf »gesunde« und unverfälschte Begriffe von Gott und seinen Eigenschaften hinweist. Mendelssohn plädiert für religiöse und politische *Toleranz*.

In einer religionsphilosophischen Kontroverse, im sog. »Pantheismusstreit«, verteidigt Mendelssohn Lessing gegen den von F. H. Jacobi erhobenen Vorwurf des Spinozismus.

Mendelssohn wirkte maßgeblich auf andere Aufklärungsphilosophen wie I. Kant und Ch. Garve. Er trug zur Verbreitung der Aufklärungsphilosophie unter deutschen Juden bei.

Weitere Werke von Mendelssohn: Gesammelte Schriften, I – XX, 1929-1932, VII und XIV, 1938.

Literatur zu Mendelssohn: J. H. Schoeps, Moses Mendelssohn, 1979; N. Hinske (Hg.), Ich handle mit Vernunft, 1981; M. Albrecht, Moses

Mendelssohn, 1982; A. Altmann, Die trostvolle Aufklärung, 1982; K. Christ, Jacobi und Mendelssohn, 1988; A. Hütter, Moses Mendelssohn, 1990; M. Albrecht/E. Engel (Hg.), Moses Mendelssohn im Spannungsfeld der Aufklärung, 2000; D. Schmid, Moses Mendelssohn, 2003; H. Simon, Moses Mendelssohn, 2003.

MERLEAU-PONTY, MAURICE: der französische Philosoph wurde am 14. 3. 1908 in Rochefort-sur-Mer geboren. Er studierte von 1926 bis

1930 an der École Normale Supérieure in Paris. Nach dem Studium war er Lehrer an verschiedenen Gymnasien und an der École Normale Supérieure. Während der deutschen Besatzung Frankreichs war er in der Widerstandsbewegung aktiv. 1945 promovierte Merleau-Ponty an der Sorbonne und wurde im gleichen Jahr Professor in Lyon. 1950 wurde er Professor für Psychologie und Pädagogik an der Sorbonne in Paris. 1952 erhielt er eine Professur für Philosophie am Collège de France. Von 1945 bis 1953 war er zusammen mit J.-P. Sartre Herausgeber der Zeitschrift »Les temps modernes«. 1953 vollzog er einen politischen Bruch mit Sartre. Merleau-Ponty kritisierte den kommunistischen Totalitarismus, insbesondere den Terror in der Sowjetunion. Er starb am 3. 5. 1961 in Paris.

Merleau-Ponty ist einer der wichtigsten Repräsentanten der französischen *Phänomenologie*. Beeinflusst wurde er hauptsächlich von E. Husserl, M. Heidegger und J.-P. Sartre. Im Zentrum seiner Überlegungen stehen die vorgängige, vortheoretische Eingebundenheit des Menschen, seines Erkennens und Handelns, in die Welt und die Struktur der Wahrnehmung.

In seinem Frühwerk »La structure du comportement« (1942; dt. »Die Struktur des Verhaltens«, 1976) untersucht er das Verhältnis von *Bewusstsein* und *Welt*. Das leibliche Verhalten des Menschen spielt sich »zwischen« dem Bewusstsein (Geist/Subjekt) und der Welt (Objekt/Natur) ab. Es wird als eine »Auseinandersetzung« des Organismus mit der Umwelt, als spontane Selbstorganisation, bestimmt. Das Bewusstsein ist nicht vom Verhalten getrennt, sondern stellt eine höhere Stufe desselben dar. Entscheidend für die Analyse des Verhaltens sind die Begriffe Struktur, Gestalt und Sinn.

In seinem Hauptwerk »Phénoménologie de la perception« (1945; dt. »Phänomenologie der Wahrnehmung«, 1966). untersucht er noch eingehender das Verhältnis von Bewusstsein und Welt. Die menschliche *Wahrnehmung* betrachtet er als das Grundphänomen, das zwischen Bewusstsein und Welt vermittelt. Sie stellt unseren grundlegenden Zugang zur Welt dar. In ihr erschließt sich uns ein Bereich, der unmittelbar bzw. vor unserem bewussten Umgang mit der Welt gegeben ist. Die Wahrnehmung ist kein Vermögen, sondern die grundlegende Haltung bzw. Einstellung des Menschen zur Welt.

Dem *Leib* kommt eine ganz besondere Funktion zu. Er ist kein Körper unter anderen Körpern in der Welt. Er ist kein Gegenstand des Bewusstseins. Vielmehr stellt er das Medium dar, in dem wir uns zur Welt verhalten. Durch den Leib ist der Mensch in der Welt verankert. Der Leib ist Ausgangspunkt und Gesichtspunkt aller Wahrnehmung.

In seinen späteren Schriften verweist Merleau-Ponty darauf, dass das Sehen letztlich keine Tätigkeit des denkenden Menschen, des Subjekts ist, es vollzieht sich vielmehr in einem Zwischenraum zwischen Subjekt und Objekt (Welt) (vgl. »Le visible et l'invisible«, 1964; dt. »Das Sichtbare und das Unsichtbare«, 1986).

Merleau-Ponty verweist immer wieder auf die Eingebundenheit des Menschen in eine ursprüngliche, konkrete *Lebenswelt*. Und er zeigt auf, dass auch Einzelwissenschaften in der Lebenswelt verankert sind. Genauer: Die Lebenswelt ist das Fundament der einzelwissenschaftlichen Begriffs- und Theoriebildung.

Merleau-Pontys Philosophie beeinflusste vor allem französische Denker wie Lévi-Strauss, Lacan, Foucault, Castoriadis, Levinas und Derrida. Seine kritische Auseinandersetzung mit dem Marxismus führte zu heftigen Kontroversen (z. B. mit Sartre).

Weitere Werke von Merleau-Ponty: Humanisme et terreur, 1947 (dt. Humanismus und Terror, I – II, 1966); Les aventures de la dialectique, 1955 (dt. Die Abenteuer der Dialektik, 1968).

Literatur zu Merleau-Ponty: H. Spiegelberg, The Phenomenological Movement, 1965[2]; M. R. Barral, Merleau-Ponty, 1965; L. Spurling, Phenomenology and the Social World, 1977; V. Descombes, Das Selbe und das Andere, 1981; A. Métraux/B.

Waldenfels (Hg.), Leibhaftige Vernunft, 1986; B. Waldenfels, Phänomenologie in Frankreich, 1987; P. Good, Maurice Merleau-Ponty, 1998; B. Hünersdorf, Reflexive Pädagogisierung, 2000; E. Matthews, The philosophy of Merleau-Ponty, 2002.

MILL, JOHN STUART: der englische Philosoph, Ökonom und Sozialreformer wurde am 20. 5. 1806 in London geboren. Erzogen und ausgebildet wurde er hauptsächlich von seinem Vater James Mill, einem schottischen Philosophen, Historiker und Ökonomen, der mit dem Utilitaristen J. Bentham befreundet

war. Von 1823 bis 1858 arbeitete er für die East India Company. Von 1865 bis 1868 war Mill ein unabhängiges Mitglied des britischen Unterhauses. Er engagierte sich in vielfältiger Weise sozial und politisch. Unter anderem trat Mill für die Emazipation der Frau, eine gerechte Verteilung der Güter und für gleiche allgemeine Bildung ein. Er starb am 8. 5. 1873 in Avignon.

Mill ist einer der bedeutendsten Repräsentanten des empiristisch geprägten *Positivismus* und des *Utilitarismus*. Beeinflusst wurde er vor allem durch A. Comte, D. Hume, J. Bentham, A. Smith und D. Ricardo.

Den empiristisch geprägten Positivismus entwickelt er in seinem theoretischen Hauptwerk »A System of Logic«, 1843 (dt. »System der deduktiven und induktiven Logik«, 1849). Es steht in der Tradition des klassischen englischen Empirismus. Grundlage der Erkenntnis ist die *sinnliche Erfahrung*. Wissenschaft soll sich an den sinnlich feststellbaren *Tatsachen* (engl. »facts«), an dem Positiven, orientieren. Spekulatives Denken, d. h. ein Denken, das nicht auf Positivem beruht, wird als unwisssenschaftlich abgelehnt.

Die Tatsachen existieren nicht an sich, sondern sind notwendigerweise auf die menschliche Sinneswahrnehmung bezogen. Anders formuliert: Sie sind relativ zum menschlichen *Bewusstsein*. Die Untersuchung des menschlichen Bewusstseins findet in der Psychologie statt, die für Mill eine Grundlagenwissenschaft ist.

Wissen wird durch *Induktion* gewonnen, d. h. durch den Schluss vom Einzelnen auf das Allgemeine, genauer: von Einzelfällen auf Gesetzmäßigkeiten. Auch die *deduktiv* verfahrenden Wissenschaften (Deduktion = die Ableitung des Einzelnen bzw. Besonderen aus dem Allgemeinen) wie Geometrie, Arithmetik und formale Logik sind Mill zufolge induktiv, weil deren Axiome (Grundsätze) als Verallgemeinerungen aus der Erfahrung aufzufassen sind.

Besonders wichtig für die Sprachphilosophie und Logik ist die von Mill getroffene Unterscheidung zwischen Denotation und Konnotation. Unter *Denotation* eines Namens versteht man die Gegenstände (die Menge der Gegenstände), denen der Name als Prädikat zukommt. Ein Eigenname (engl. »singular term«) bezeichnet, denotiert, genau einen Gegenstand, ein Allgemeinname (engl. »general name«) bezeichnet mehrere Gegenstände und zugleich die Klasse der Gegenstände. Unter *Konnotation* eines sprachlichen Ausdrucks versteht Mill den Inhalt dieses Ausdrucks, also das, was mit dem Ausdruck gemeint, konnotiert, wird.

Mill spricht sich dafür aus, dass die Methode der Naturwissenschaften auch in den Geistes- bzw. Gesellschaftswissenschaften angewandt wird. In diesem Sinne spricht er von einer einheitlichen Methode für alle Wissenschaften (diese Position nennt man heute den methodologischen Monismus).

Die *kausale Erklärung* (die Unterordnung eines Einzelfalls unter ein allgemeines Gesetz) wird als die einzig wissenschaftliche Form der Erklärung betrachtet. Auch die Geistes- und Sozialwissenschaften sollen in der Lage sein, exakte Voraussagen aufzustellen. Mill räumt jedoch ein, dass diese Wissenschaften nicht dieselbe Sicherheit und Genauigkeit wie die Naturwissenschaften erreichen können.

In der Ethik ist Mill ein Verfechter des *Utilitarismus*, einer ethischen Position, der zufolge der Nutzen bzw. die Nützlichkeit den höchsten Zweck des menschlichen Handelns darstellt (vgl. »Utilitarianism«, 1863; dt. »Das Nützlichkeitsprinzip«, 1869). Genauer ist es der Nutzen für das individuelle und allgemeine Glück. Er übernimmt von J. Bentham das sog. *Nützlichkeitsprinzip* (»das größte Glück für die größtmögliche Zahl«), steht jedoch dem Benthamschen Programm der Quantifizierung (Messbarkeit) von Lust- und Unlustgefühlen skeptisch gegenüber. Die freie Entfaltung der Persönlichkeit, d.h. die Selbstverwirklichung des Menschen, ist für ihn der beste Weg zum Glück.

In dem Werk »On Liberty« (1859; dt. »Über die Freiheit«, 1860), in dem Mill seine politische Philosophie darstellt, plädiert er für die

Durchsetzung individueller Freiheiten (z.B. Meinungs-, Gewissens-, Diskussions- und Versammlungsfreiheit). Sie sollen nur dort eingegrenzt werden, wo sie die Freiheit der Anderen bedrohen.

Individuelle Freiheiten sollen der Gesellschaft, genauer: dem allgemeinen Wohlergehen, dienen und den Fortschritt der Menschheit fördern. Mill spricht sich darüber hinaus für die repräsentative Demokratie, den gesellschaftlichen Pluralismus, die Gleichberechtigung von Mann und Frau und das Recht des Individuums auf freie Selbstentfaltung aus.

Mills Überlegungen zur Methodologie der Wissenschaften sind bis heute Gegenstand zahlreicher Kontroversen. Seine ethischen und politischen Gedanken prägten die Entwicklung des Utilitarismus und des politischen Liberalismus.

Weitere Werke von Mill: Collected Works, I – XIX, J. M. Robson (Hg.), 1965-1981; Gesammelte Werke, I – XII, T. Gomperz (Hg.), 1869-1881 (repr. 1968).

Literatur zu Mill: R. P. Anschutz, The Philosophy of John Stuart Mill, 1953; M. Cranston, John Stuart Mill, 1958; H. Jacobs, Rechtsphilosophie und politische Philosophie bei John Stuart Mill, 1965; K. Britton, John Stuart Mill, 1969; C. L. Ten, Mill on Liberty, 1980; R. Schumacher, John Stuart Mill, 1994; J. Gaulke, John Stuart Mill, 1996; P. Rinderle, John Stuart Mill, 2000; J. G. Backhaus, John Stuart Mill, 2002.

MONTESQUIEU, CHARLES DE SECONDAT: der französische Rechtsphilosoph wurde am 18. 1. 1689 auf Schloss La Brède bei Bordeaux geboren. Von 1705 bis 1708

studierte er Rechtswissenschaften in Bordeaux. 1714 war er Rat, 1716 Präsident des Parlaments ebendort. 1726 verkaufte er das ererbte Richteramt und machte Studienreisen nach Deutschland, Italien, Holland, England und in die Schweiz. 1728 wurde er Mitglied der Académie Française. Er starb am 10. 2. 1755 in Paris.

Montesquieu ist einer der bedeutendsten Rechtstheoretiker der *Aufklärung*. Er glaubt an die Kraft der menschlichen *Vernunft*. Der Mensch bestimmt selbst über sein Leben und über den Gang der Geschichte.

In seinem Werk »Considérations sur les causes de la grandeur des Romains et de leur décadence« (1734; dt. »Betrachtungen über die Ursachen von Größe und Untergang der Römer«, 1786) zeigt er auf, dass nicht Gott über den Gang der Geschichte bestimmt. Aufstieg und Untergang des Römischen Reichs hat keine göttliche, sondern rein irdische Ursachen.

Maßgebend für den Aufstieg des Römischen Reiches waren die Tugenden der Römer, z.B. Tapferkeit, Liebe zum Vaterland und eine kluge Gesetzgebung. Der Niedergang des Römischen Reiches wurde durch das Ableben dieser Tugenden, Gewalt und Gesetzesmissbrauch verursacht.

In seinem Hauptwerk »De l'esprit des lois« (1748; dt. »Über den Geist der Gesetze«, 1753) stellt er sein rechtsphilosophisches Konzept vor. Er möchte zeigen, dass nicht nur in der Natur, sondern auch in der Gesellschaft und der Politik Gesetzmäßigkeiten herrschen. Auch soziale Phänomene können verobjektiviert und empirisch-wissenschaftlich untersucht werden. Sein besonderes Interesse gilt der Sphäre des *Rechts*. Hinter den positiven Gesetzen, d.h. Gesetzen, die in einem bestimmten Land herrschen, bestehen Gesetzmäßigkeiten.

Montesquieu legt nicht einzelne Gesetze aus, sondern analysiert die Beziehungen der Gesetze zu unterschiedlichen natürlichen und gesellschaftlichen Faktoren. Nur auf diese Weise kann der »Geist der Gesetze« erkannt werden. Es sind soziale, wirtschaftliche, politische, klimatische und religiöse Faktoren.

Die Gesetzgebung ist nicht von anderen gesellschaftlichen Bereichen getrennt. Alle Bereiche bzw. Faktoren bilden eine Ganzheit, eine *Totalität*. Montesquieu spricht von einem »allgemeinen Geist«.

Von zentraler Bedeutung sind für ihn klimatische Faktoren. Das *Klima* eines Landes bestimmt entscheidend seine Gesetzgebung bzw. sein Rechtssystem.

Montesquieu unterscheidet drei Regierungsformen: *Republik* (in der Form der Demokratie oder der Aristokratie), *Monarchie* und *Despotie*. Jeder dieser Regierungsformen kommt ein bestimmtes Handlungsprinzip zu. In der Republik herrscht die Tugend, in der Monarchie die Ehre und in der Despotie die Furcht.

Auch bei der Einrichtung der jeweiligen Regierungsform spielen geographische und klimatische Faktoren eine wichtige Rolle. Die Republik kann man nur in einem kleinen Bereich, z.B. einer Stadt, errichten, die

Monarchie in einem mittelgroßen Bereich, die Despotie in einem großen Reich.

Montesquieu hält die Monarchie für die beste der drei Regierungsformen. Als Vorbild dient ihm dabei die englische konstitutionelle Monarchie. Sie hat die fortschrittlichste aller Verfassungen. Die Adelsklasse soll darauf achten, dass sich die Monarchie nicht in eine Despotie verwandelt.

Montesquieu spricht sich für eine Teilung der Gewalten in *Legislative* (gesetzgebende Gewalt), *Exekutive* (ausführende Gewalt) und *Judikative* (urteilende Gewalt) aus. Die Teilung der Gewalten gewährleistet die *Freiheit* der Bürger, weil sich die drei Gewalten gegenseitig kontrollieren. Außerdem plädiert er für Gleichheit vor dem Gesetz.

Montesquieu beeinflusste andere Denker der französischen Aufklärung, wie Diderot, Voltaire, d'Alembert. Erkennbar ist sein Einfluss auch bei Herder, Goethe und Hegel. Seine Lehre von der Gewaltenteilung ist von größter Wichtigkeit für die Entwicklung des politischen Denkens und für die Formulierung der Verfassung der Vereinigten Staaten von Amerika.

Weitere Werke von Montesquieu: Lettres persanes, 1721 (dt. Persische Briefe, 1760); Œuvres complètes, I – VII, 1875-1879 (repr. 1972).

Literatur zu Montesquieu: V. Klemperer, Montesquieu, 2 Bde., 1914/15; R. Shackleton, Montesquieu, 1963²; J. R. Roy, Montesquieu, 1968; M. Richter, The Political Theory of Montesquieu, 1977; L. Desgraves, Montesquieu, 1986; J. Charpentier, Montesquieu, 1994; M. Hereth, Montesquieu zur Einführung, 1995; P.-L. Weinacht (Hg.), Montesquieu, 1999; D. W. Carrithers (Hg.), Montesquieu and the spirit of modernity, 2002.

MORRIS, CHARLES WILLIAM: der amerikanische Philosoph wurde am 23. 5. 1901 in Denver (Colorado) geboren. Er studierte Philosophie,

Ingenieurwissenschaften, Biologie und Psychologie an der Universität von Wisconsin in Madison, an der Northwestern University in Evanston und an der University of Chicago. 1925 promovierte er mit der Arbeit »Symbolism and Reality« bei G. H. Mead. Von 1925 bis 1931 war er Dozent für Philosophie am Rice Institute in Houston (Texas). 1931 erhielt er eine Professur für Philosophie an der University of Chicago. Er lehrte auch an der Harvard University und an der New School of Social Research in New York. Von 1958 bis 1971 war er Research Professor an der University of Florida in Gainesville. Er starb dort am 15. 1. 1979.

Morris ist einer der Begründer der modernen *Semiotik* (Lehre von Zeichen). In seiner Theorie knüpft er an die von Ch. S. Peirce entwickelte semiotische Position. Wichtige Anregungen erhielt er aber auch vom Logischen Empirismus, Pragmatismus sowie vom Sozialbehaviorismus.

Die Semiotik als allgemeine Zeichentheorie soll die Einheit der Wissenschaften stiften. Da jede Wissenschaft Zeichen verwendet, soll die Semiotik die Grundlage aller Wissenschaften sein.

In seinem Hauptwerk »Foundation of the Theory of Signs« (1938; dt. »Grundlagen der Zeichentheorie«, 1972) entwickelt er seine semiotische Theorie. In Anlehnung an Peirce spricht er von der *Semiose*, d.h. von dem »Prozess, in dem etwas als Zeichen fungiert«. An diesem Prozess unterscheidet er drei Aspekte: Zeichenträger, das Bezeichnete (Designat) und die Wirkung auf einen Interpreten (Interpretant).

Diesen drei Aspekten des Zeichenprozesses entsprechen die drei Teilgebiete der Semiotik: Syntax, Semantik und Pragmatik. In der *Syntax* untersucht man die Beziehungen der Zeichen untereinander, in der *Semantik* die Beziehung zwischen Zeichen und Bezeichnetem, in der *Pragmatik* die Beziehung zwischen Zeichen und Zeichenbenutzer bzw. –interpreten. Diese Dreiteilung hat sich in der Semiotik durchgesetzt. Sie wird auch in anderen Bereichen, z.B. in Linguistik, Wissenschaftstheorie, Logik, verwendet.

Morris untersucht die besondere Rolle der *ästhetischen Zeichen*. In diesem Zusammenhang konzipiert er eine »Ästhetische Semiotik« (vgl. »Aesthetics and the Theory of Signs«, 1939). Wichtig ist für ihn die Stellung der Zeichen, ihre Funktion innerhalb der *Kommunikation*. Dabei nimmt die Pragmatik, in der das *Verhalten* der Zeichenbenutzer untersucht wird, eine Schlüsselrolle ein.

Morris hat die Entwicklung und Ausbreitung der Semiotik entscheidend beeinflusst.

Weitere Werke von Morris: Aesthetics and the Theory of Signs, 1939; Signs, Language, and Behavior, 1946 (dt. Zeichen, Sprache und Verhalten, 1973); Zeichen, Wert, Ästhetik, A. Eschbach (Hg.), 1975; Pragmatische Semiotik und Handlungstheorie, A. Eschbach (Hg.), 1975.

Literatur zu Morris: U. Eco, Einführung in die Semiotik, 1971; A. Eschbach (Hg.), Zeichen, Wert, Ästhetik, 1975; J. Trabant, Elemente der Semiotik, 1976; A. Eschbach (Hg.), Zeichen über Zeichen über Zeichen, 1981.

MORUS, THOMAS: der englische Schriftsteller und Staatsmann wurde am 7. 2. 1478 in London geboren. Von 1492 bis 1494 studierte

er Klassische Sprachen und Philosophie in Oxford, von 1494 bis 1496 Rechtswissenschaft in London. Danach arbeitete er mit viel Erfolg als Richter. 1499 lernte er Erasmus von Rotterdam kennen, der ihn mit humanistischem Gedankengut vertraut machte. 1523 wurde Morus zum Sprecher des Unterhauses, 1529 zum Lordkanzler gewählt. 1532 trat er aus Protest gegen die Politik des Königs Heinrich des VIII vom Amt des Lordkanzlers zurück. Da er sich weigerte, den König als Oberhaupt der anglikanischen Kirche anzuerkennen, wurde er des Hochverrats angeklagt und am 6. 7. 1535 in London hingerichtet. 1886 wurde er selig-, 1935 heiliggesprochen.

Morus ist ein bedeutender Vertreter des *utopischen Kommunismus* und des *Humanismus*. Er prangert einerseits die sozialen Missstände seiner Zeit, insbesondere die Ausbeutung und die Ungleichheit, an, entwickelt andererseits Konzepte zur Verbesserung der sozialen und politischen Verhältnisse. Beeinflusst wurde er hauptsächlich durch Erasmus von Rotterdam und Epikur.

Berühmt wurde Morus durch sein Buch »De optimo republicae statu, deque nova insula Utopia« (1516; dt. »Von der besten Staatsverfassung und von der Insel Utopia«, 1524). Das griechische Wort »Utopia« bedeutet »Nirgendsort« bzw. »Unort«.

Im ersten Teil des Werkes kritisiert Morus die sozialen und politischen Verhältnisse im damaligen

England. Er verweist darauf, dass die Todesstrafe für Diebstahl die Menschen nicht davon abhält, zu stehlen. Er zeigt auf, dass die Armut die eigentliche Ursache der Kriminalität ist. Die Armut ist ihrerseits Folge der ungerechten wirtschaftlichen und sozialen Ordnung des Staates. Die Kluft zwischen arm und reich wird immer größer.

Im zweiten Teil des Buches entwirft Morus das alternative Modell eines idealen Zustands des Staates. Er knüpft dabei an politische Konzepte Platons und Pico della Mirandolas an.

Auf der fiktiven Insel Utopia gibt es kein *Privateigentum*, denn es ist die Quelle aller Ungerechtigkeit, Ungleichheit und Ausbeutung. Dort gibt es nur *Gemeineigentum*. Die Güter gehören allen und werden unter alle verteilt. Gier und Neid sind daher auf Utopia nicht bekannt. Der Unterschied zwischen arm und reich existiert nicht mehr. Alle besitzen eine Arbeit und stellen materielle Güter gemeinsam her.

Die Tätigkeiten der Menschen wechseln, wodurch sie ihre Fähigkeiten vielseitig entfalten können. Die Arbeitszeit ist auf sechs Stunden reduziert, so dass sich die Utopianer in ihrer Freizeit geistigen Betätigungen widmen können. Sie beschäftigen sich vor allem mit Philosophie, Literatur, Naturwissenschaften und Künsten.

Zum guten Leben gehört auf Utopia die Befriedigung von natürlichen und geistigen Bedürfnissen. Morus spricht sich für ein *einfaches Leben* aus. Als wichtigste Tugend wird die *Wohltätigkeit*, »den Kummer der Mitmenschen zu lindern«, betrachtet, das höchste Ziel im Staat ist die Herstellung wahrer *Gemeinschaftlichkeit*.

Die Utopia stellt einen geschlossenen Handelsstaat dar. Grundlage der Ökonomie ist die Landwirtschaft. Im Falle eines Krieges sollen Söldner das Land verteidigen. Sie werden vom Export der landwirtschaftlichen Güter finanziert.

Morus entfernt sich in seiner Staatsvorstellung von mittelalterlichen politischen Konzeptionen, in denen alleine Gott das Leben der Menschen und den Lauf der Geschichte bestimmt. Für ihn sind Menschen Verantwortung tragende Wesen, die über ihr Leben selbst bestimmen und es selbst gestalten können.

Mit seinem Werk begründete Morus eine Tradition des politischen Denkens, in der Konzepte einer besseren Staatsverfassung im Mittelpunkt des Interesses stehen. Zu dieser Tradition gehören die Gesellschaftsentwürfe von Campanella, Bacon, Fourier, Saint-Simon, Owen und Proudhon. Die Gedanken von Morus sind auch bei Marx und Engels wirksam. Beide beanspruchten es, die Konzeption des utopischen Kommunismus zu der des wissenschaftlichen Kommunismus zu entwickeln.

Weitere Werke von Morus: Opera omnia latina, 1689 (repr. 1963); The Complete Works of St. Thomas Morus, I – XIV, R. S. Sylvester u.a. (Hg.), 1963ff.

Literatur zu Morus: K. Kautsky, Th. More und seine Utopie, 1973[7]; W. Vosskamp (Hg.), Utopieforschung, 1985[2]; U. Baumann/H. P. Heinrich, Thomas Morus, 1986; R. Marius, Thomas Morus, 1986; H. P. Heinrich, Thomas Morus, 1991; D. Herz, Thomas Morus zur Einführung, 1999; J. Guy, Thomas More, 2000.

N

NEWTON, ISSAC: der englische Physiker, Astronom und Mathematiker wurde am 25. 12. 1642 in Woolsthorpe geboren. Er studierte ab 1661 Mathematik, Klassische Philologie und Theologie am Trinity College in Cambridge. 1664 machte er dort den Bachelor, 1668 den Magister. 1669 erhielt er als Nachfolger seines Lehrers I. Barrow eine Professur für Mathematik in Cambridge. 1671 wurde Newton Mitglied der Royal Society. Ab 1703 bis zu seinem Tod war er deren

Präsident. 1696 wurde er zum Aufseher des Londoner Münzamtes ernannt und war für die Durchführung der Münzreform verantwortlich. 1699 wurde er Vorsteher der Königlichen Münze in Londen. 1705 hat man ihn geadelt. Er starb am 20. 3. 1727 in Kensington (heute zu London gehörig).

Newton ist der Begründer der *klassischen Physik* und damit einer der Mitbegründer des neuzeitlichen *naturwissenschaftlichen Weltbildes*. In seiner Theorie knüpft er an Arbeiten Galileis, Huygens und Keplers an. Er lehnt die im Mittelalter vertretene Auffassung, nach der es für die Sphäre des Irdischen andere Gesetze gibt als für die des Himmlischen. Newton zufolge gelten für beide Sphären dieselben physikalischen Gesetze. Es gibt nur *eine* Physik für das ganze Universum.

Seine physikalische Theorie stellt Newton in seinem Hauptwerk »Philosophiae naturalis principia mathematica« (1687; dt. »Mathematische Prinzipien der Naturlehre«, 1872) dar, das als erstes Lehrbuch der theoretischen Physik gilt. Bahnbrechend sind darin seine Überlegungen zur *Gravitation*. Sie ist eine Eigenschaft der Masse. Massen üben aufeinander eine Anziehungskraft aus.

Das *Gravitationsgesetz* besagt, dass die Anziehungskraft zwischen zwei Körpern dem Produkt ihrer Massen und dem Quadrat ihres gegenseitigen Abstandes proportional ist. Das Gesetz der Gravitation ist universell, d. h. es herrscht im ganzen Kosmos.

Weiterhin begründet Newton in seinem Hauptwerk die *theoretische Mechanik*. Er stellt drei Gesetze der Mechanik auf: das *Trägheitsgesetz*, das *Kraftgesetz* und das *Gesetz über die gegenseitige Einwirkung zweier Körper*. Das erste Gesetz besagt: »Jeder Körper beharrt in seinem Zustand der Ruhe oder der gleichförmigen geradlinigen Bewegung, wenn er nicht durch eingeprägte Kräfte gezwungen wird, seinen Zustand zu ändern«. Das zweite Gesetz lautet: »Die Änderung des Impulses ist proportional zu der eingedrückten bewegenden Kraft und sie geschieht in Richtung der Gerade, in der die Kraft eingedrückt wird«. Das dritte Gesetz besagt, dass Kräfte immer paarweise auftreten und dabei gleich groß, jedoch von entgegengesetzter Richtung sind.

Die Grundbegriffe der Newtonschen Physik sind: *Masse*, *Raum* und *Zeit*. Masse ist eine Eigenschaft der Körper. Sie äußert sich in der Trägheit und Gravitation der Materie. Raum ist ein »Behälter«. Raum und das, was in ihm ist (Körper), werden als zwei unabhängige Größen betrachtet.

Newton trifft die Unterscheidung zwischen dem *relativen* und dem *absoluten Raum*. Der relative Raum wird über die Stellungen und Bewegungen der Körper zueinander in einem Koordinatensystem, der absolute Raum wird ohne den Bezug auf einen Körper bestimmt. Er stellt ein körperunabhängiges Bezugssystem dar. Newton spricht auch von *absoluter Zeit*: Sie »verfließt an sich und vermöge ihrer Natur gleichförmig und ohne Beziehung auf irgendeinen äußeren Gegenstand«.

Von großer Bedeutung sind auch Newtons Arbeiten auf dem Gebiet der physikalischen *Optik* (vgl. »Optics«, 1704; dt. »Optik«, 1898). Er zerlegte mit Hilfe eines Prismas weißes Licht in seine Spektralfarben und entwickelte eine Theorie der Farben und des Lichts. 1671 konstruierte er das erste Spiegelteleskop.

Auf dem Gebiet der *Mathematik* entwickelte er die Infinitesimalrechnung. Die Mathematik diente ihm als ein Instrument zur Darstellung seiner physikalischen Theorie, insbesondere der physikalischen Gesetze.

Wichtig waren auch seine Überlegungen zur *Methodologie der Naturwissenschaften*, vor allem der Physik. Naturwissenschaften sollen *empirisch* vorgehen, d. h. sie sollen sich an beobachtbaren Tatsachen orientieren. *Beobachtung* und *Experiment* sind die Instrumente der naturwissenschaftlichen Arbeit.

In diesem Zusammenhang kritisierte Newton die von Descartes vertretene Auffassung, nach der es angeborene Ideen gibt, die nicht aufgrund von Beobachtungen gewonnen bzw. erkannt werden. Man sollte in den Naturwissenschaften auf metaphysische (über die sinnliche Erfahrung hinausgehende) Aussagen verzichten. Sie sollen überdies *induktiv* verfahren, d. h. aus Einzelbeobachtungen auf allgemeine Gesetze schließen.

Newtons Theorie prägte in entscheidendem Maße die Entwicklung der Physik. Sie bildete die Grundlage der Physik bis zu der von Einstein entwickelten Relativitätstheorie. In der Philosophie beeinflusste Newton vor allem die englischen Empiristen (z. B. Locke und Hume) und Kant.

Weitere Werke von Newton: opera omnia, I – V, S. Horsley (Hg.), 1779 – 1785.

Literatur zu Newton: S. I. Wawilow, Isaac Newton, 1951; F. Dessauer, Weltfahrt und Erkenntnis, 1965; A. R. Hall, Die Geburt der naturwissenschaftlichen Methode, 1965; J. Mittelstraß, Neuzeit und Aufklärung, 1970; G. Freudenthal, Atom und Individuum im Zeitalter Newtons, 1982; I. Schneider, Issac Newton, 1988; N. Guicciardini, Newton, 2001; The Cambridge companion to Newton, I. B. Cohen (Hg.), 2002.

NIETZSCHE, FRIEDRICH: der deutsche Philosoph wurde am 15. 10. 1844 in Röcken (bei Lützen) ge-

boren. Bereits als zehnjähriger Knabe verfasste er Gedichte und musikalische Kompositionen. Von 1858 bis 1864 besuchte er die Eliteschule Pforta, von 1864 bis 1865 studierte er Theologie und Klassische Sprachen in Bonn, ab 1865 in Leipzig. 1869 wurde er Professor für Klassische Philologie an der Universität Basel. An diesem Ort lernte er wichtige Persönlichkeiten seiner Zeit kennen, u. a. J. Burckhardt und R. Wagner. Wagner, mit dem Nietzsche zunächst befreundet, dann verfeindet war, hatte einen großen Einfluss auf die intellektuelle Entwicklung Nietzsches. 1879 musste er wegen Krankheit (schwere Kopfschmerzen) seine Lehrtätigkeit aufgeben. Nach 1879 arbeitete er an verschiedenen Orten in Italien als freier Philosoph. 1889 erlitt er in Turin einen Nervenzusammenbruch. Danach lebte er in geistiger Umnachtung unter der Vormundschaft seiner Mutter und ab 1897 seiner Schwester. Er starb am 25. 8. 1900 in Weimar.

Nietzsche ist einer der bedeutendsten Repräsentanten der *Lebensphilosophie*. Das Leben bildet das Fundament des menschlichen Daseins. Es liegt dem Denken, Erkennen und Handeln zugrunde. Die treibende Kraft des Lebens, sein Antrieb, wird von Nietzsche als der *Wille* bezeichnet. Er ist nicht bloß ein Vermögen des Menschen, sondern das »Prinzip« der gesamten Wirklichkeit.

Nietzsche knüpft an die Philosophie Arthur Schopenhauers an, in der auf die fundamentale Rolle des Willens für das Leben hingewiesen wird. Er führt jedoch Schopenhauers Lehre fort und entwirft das Konzept des *Willens zur Macht*. Auch dieser Wille ist eine Kraft, die das gesamte Leben und die gesamte Wirklichkeit bestimmt. Genauer kann er als der Wille zum Leben und zur *Steigerung des Lebens* bezeichnet werden.

Nietzsche lebte in einer Zeit, in der die traditionellen Werte, insbesondere die vom Christentum geprägten Werte, ihre leitende Rolle für das Leben verloren hatten. Das Christentum konnte dem Menschen keine Lebensorientierung und keinen Lebenssinn mehr geben. Durch die Auflösung des christlichen Wertekanons, der christlichen Moral, ist eine Sinnleere, ein Sinnvakuum entstanden. Nietzsches Philosophie ist eine Antwort auf den Werte- und Sinnverlust seiner Zeit.

Er versucht daher, unterschiedliche Sinn- und Orientierungsmöglichkeiten aufzuzeigen. Es gibt ihm zufolge drei Bereiche, in denen der Wille zur Macht sich am stärksten und reinsten äußert, und in denen damit eine angemessene Lebensorientierung gefunden werden kann: In der ersten Phase seiner geistigen Entwicklung ist es für ihn die *Kunst*, in der zweiten die *positiven Wissenschaften*, in der dritten die *Konzeption des Übermenschen*.

Nach Nietzsche hat die gesamte Wirklichkeit, d. h. nicht nur die Natur, sondern auch das menschliche Denken und Handeln, einen *dynamischen* Charakter. Alles befindet sich in andauernder Bewegung, im andauernden Wandel. Alle Phänomene sind entstanden und geschichtlich geworden. Die entstehungsgeschichtliche Betrachtungsweise wird von ihm als *genealogische* bezeichnet. Mit ihrer Hilfe kann gezeigt werden, dass es keine ewigen und absoluten Wahrheiten gibt (vgl. »Menschliches, Allzumenschliches«, 1878; »Zur Genealogie der Moral«, 1887). Auch moralische Wahrheiten (Werte, Normen, Grundsätze) entstehen und vergehen – auch sie befinden sich in stetigem Wandel.

Demgemäß gibt es nicht den einen göttlichen (absoluten und übergreifenden) Standpunkt, von dem aus man die Wirklichkeit beurteilen könnte, vielmehr existieren unterschiedliche Deutungen, Interpretationen, Perspektiven und Denkweisen. Sie alle wurzeln im Leben der einzelnen Menschen. Sie sind Äußerungen des Lebens.

Gott fasst Nietzsche als eine Illusion derjenigen Menschen auf, die keine eigene Interpretation der Welt haben und eine absolute Macht als Sinn- und Orientierungsfundament brauchen. Da die religiös-christlichen Werte ihre dominierende Stellung eingebüßt haben und als dieses Fundament nicht mehr betrachtet werden können, fordert Nietzsche die *Umwertung aller Werte* (vgl. »Jenseits von Gut und Böse«, 1886). In diesem Kontext spricht er den Satz »Gott ist tot« aus.

Neue Werte sollen an Stelle der alten gesetzt und dem Leben somit ein neuer Sinn gegeben werden. Dies kann nur von einem neuen Menschentypus, dem *Übermenschen*, vollbracht werden. Er verzweifelt nicht an dem Verlust Gottes und setzt neue Werte, die als Richtlinien des Lebens aufgefasst werden können.

Zu den alten zu überwindenden Werten bzw. Grundüberzeugungen gehören: der Glaube an eine absolute Wahrheit (Gott), an den Gegensatz von Gut und Böse, an eine unteilbare, ewige Seele und an einen freien Willen. Nietzsche kritisiert die in der Philosophie herrschenden Vorurteile, wie z. B. die Überschätzung der Rolle des bewussten Denkens und die Unterschätzung der Rolle der unbewussten Triebe und Motive.

In seinem Werk »Also sprach Zarathustra« (1883-1885) stellt Nietzsche seine Lehre vom Übermenschen vor. Der Übermensch ist ein Mensch, der in der Lage ist, Denkschranken zu überwinden und sein Leben selbst zu bestimmen. Er setzt und verwirklicht seine eigenen Werte. Er ist dazu fähig, unbewusste und hinter den Erscheinungen liegende Strukturen und Prozesse zu erkennen, Vorurteile und Dogmen zu entlarven. Er hat den Mut, mit neuen Lebensorientierungen zu »experimentieren«.

Im Gegensatz zum Übermenschen steht der *Herdenmensch*, der keine Eigenart (Individualität) hat und sich an den Werten und Überzeugungen orientiert, an die die »Masse« glaubt.

Nietzsches Philosophie kann als *Kulturphilosophie* angesehen werden. Er liefert einerseits eine radikale Kritik an der christlich geprägten Kultur des Abendlandes, andererseits schlägt er neue Kulturwerte vor, die zur Herausbildung neuer Lebensorientierungen beitragen sollen. Sein Anliegen ist es, die abendländische Kultur grundlegend zu erneuern. In diesem Zusammenhang wendet er sich entschieden gegen den »Nationalitäts-Wahn« und plädiert für eine *kulturelle Einheit Europas*.

Bereits zu seinen Lebzeiten erlangte Nietzsches Philosophie große Beachtung. Ihre eigentliche Wirkung begann allerdings erst im 20. Jh. Nietzsches Wirkung erstreckt sich auf Philosophie (hauptsächlich Lebensphilosophie, Existenzphilosophie, Pragmatismus, Interpretationismus und Postmoderne), Psychologie (L. Klages, S. Freud, C. G. Jung) und Literatur (R. M. Rilke, S. George, S. Zweig, Th. Mann). Seine Gedanken wurden auch in der breiten Öffentlichkeit wirksam. Von vielen wurde er als ein »Prophet« angesehen. Von den Nationalsozialisten wurde seine Philosophie missdeutet und missbraucht. Einige seiner Begriffe (z.B. »Übermensch«, »Sklavenmoral«) dienten ihnen zur Begründung ihrer Weltanschauung.

Weitere Werke von Nietzsche: Die Geburt der Tragödie aus dem Geiste der Musik, 1872; Unzeitgemäße Betrachtungen, 1873; Die fröhliche Wissenschaft, 1882; Der Fall Wagner, 1888; Der Wille zur Macht, 1901; Kritische Gesamtausgabe, G. Colli/M. Montinari (Hg.), 1967ff.

Literatur zu Nietzsche: K. Jaspers, Nietzsche, 1936; M. Heidegger, Nietzsche, 2 Bde., 1969; M. Müller-Lauter, Nietzsche, 1971; C. P. Janz, Friedrich Nietzsche, 3 Bde., 1978/79; J. Salaquarda (Hg.), Nietzsche, 1980; W. Kaufmann, Nietzsche, 1982; M. Montinari, Nietzsche lesen, 1982; G. Figal, Nietzsche, 1989; G. Vattimo, Nietzsche, 1992; W. Ries, Nietzsche zur Einführung, 1995[5]; L. Spinks, Friedrich Nietzsche, 2002; M. Tanner, Nietzsche, 2004.

NIKOLAUS VON KUES (lat. Cusanus): der deutsche Theologe und Philosoph wurde 1401 in Kues an der Mosel geboren. 1416/1417 studierte er freie Künste in Heidelberg, von 1417 bis 1423 Rechtswissenschaften in Padua. Er schloss das Studium mit dem Titel »Doctor decretorum« ab. Von 1425 bis 1428 studierte er Philosophie und Theologie an der Universität Köln. Von 1435 bis 1445 war er Probst von Münstermaifeld. Zwischen 1432 und 1437 nahm er am Konzil von Basel teil. 1437 reiste er in diplomatischer Mission nach Konstantinopel, um zwischen der West- und Ostkirche zu

vermitteln. Von 1438 bis 1448 kämpfte er als Gesandter des Papstes Eugen IV. auf den deutschen Reichs- und Fürstentagen um die Einheit der Kirche. 1448 wurde er von Papst Nikolaus V. zum Kardinal ernannt, 1450 zum Bischof von Brixen (Tirol) und im selben Jahr zum apostolischen Legaten. Von 1459 bis 1464 war er Kurienkardinal und Generalvikar in Rom. In dieser Funktion versuchte Nikolaus von Kues, die römische Kirche zu reformieren. Er starb am 11. 8. 1464 in Todi (Umbrien). Sein Grab befindet sich in der St. Pietro-Kirche in Vincoli, sein Herz ruht im St. Nikolaus Hospital in Kues.

Nikolaus von Kues ist einer der herausragendsten Gelehrten und Kirchenpolitiker des Mittelalters. Mit seiner Lehre bereitete er die Entstehung des neuzeitlichen Weltbildes vor. Er hat sein Leben lang für die Einheit und innere Erneuerung der katholischen Kirche gekämpft. Darüber hinaus vermittelte er unermüdlich zwischen Kirche und Staat und war darum bemüht, eine Rechtsgrundlage für das Verhältnis beider zu schaffen.

Seine Position kann als *Negative Theologie* bezeichnet werden. Der Mensch kann Gott positiv nicht begreifen. Gott ist die absolute Wahrheit und sie entzieht sich dem menschlichen Verstand. Möglich ist nur die *belehrte Unwissenheit* (lat. »docta ignorantia«), d.h. die Einsicht, dass die absolute Wahrheit unerkennbar ist (vgl. »De docta ignorantia«, 1440; dt. »Von der Wissenschaft des Nichtwissens«, 1862).

Gott ist die aktual unendliche Wahrheit. Der Mensch, genauer: sein Verstand, ist endlich und erfasst nur Endliches. Unendliches (Gott) kann durch Endliches (Mensch) nicht erfasst werden. Alles Endliche steht jedoch in einem Verhältnis zu Gott. Zwischen Gott und Endlichem besteht eine Wechselwirkung.

Zentral für die Lehre des Nikolaus von Kues ist der Gedanke des *Zusammenfalls der Gegensätze* (lat. »coincidentia oppositorum«). Genauer meint er das Zusammenfallen der Gegensätze des Endlichen im Unendlichen (Gott). Dieses Zusammenfallen ermöglicht eine *Annäherung* des Menschen an Gott, ohne dass er erkannt werden könnte. Gott vermittelt zwischen allen Gegenständen des Endlichen und bildet somit die Weltmitte.

Nur über die *Vernunft* kann sich der Mensch an den unerkennbaren Gott annähern. Nur mit ihrer Hilfe kann er das Zusammenfallen der Gegensätze begreifen. Sie ist daher sein höchstes Erkenntnisvermögen.

Die Erkenntnis ist nach Nikolaus von Kues ein unendlicher Prozess der Annäherung an die absolute Wahrheit. Mit dieser Auffassung steht er im Gegensatz zu vielen mittelalterlichen Lehren, wonach sich Wahrheit dem Menschen auf einmal offenbart.

Die Erkenntnis schreitet voran vom Bekannten zum Unbekannten. Sie geht von mathematischen Inhalten aus, die als Produkte des menschlichen Geistes bestimmt werden. Allerdings kann das Absolute (Gott) – wie bereits erwähnt wurde – niemals erkannt werden.

Der menschliche Geist ist ein Abbild des göttlichen Geistes. Dies ermöglicht es dem Menschen, an der göttlichen Kraft teilzunehmen. Das schöpferische Tun des Menschen ist mit dem schöpferischen Tun Gottes nicht identisch, es ist ihm jedoch ähnlich. Der Mensch ist kein passives, leidendes, sondern ein *aktives*, schöpferisches Wesen.

Nikolaus von Kues ist ein Wegbereiter des *heliozentrischen Weltbildes*. Das Universum hat kein räumliches Zentrum. Es ist unendlich. Somit kann die Erde nicht als das Zentrum der Welt betrachtet werden. Sie ist ein Planet unter anderen und bewegt sich in einer Kreisbahn.

Jeder Punkt des Universums ist gleich weit von Gott entfernt. Jeder Punkt ist ferner Mittelpunkt einer unendlich großen Sphäre. Das bedeutet, dass alle Punkte im Universum gleichwertig sind. Demgemäß lehnt Nikolaus von Kues die in der Scholastik herrschende Trennung zwischen einer irdischen und einer himmlichen Sphäre sowie einer irdischen und einer himmlischen Physik ab. Im ganzen Universum gelten dieselben physikalischen Gesetze.

Nikolaus von Kues ist auch Mitinitiator des neuzeitlichen naturwissenschaftlichen Weltbildes. Wissenschaftliches Forschen besteht im *Vergleichen* und *Messen* (vgl. »Idiota de sapientia, de mente, de staticis experimentis«, 1450; dt. »Gespräch eines Idioten oder gemeynen Leyens und eines Redners«, 1617).

Hauptsächlich ist es die Messbarkeit, die als das Kriterium der Wissenschaftlichkeit gilt. Nikolaus von Kues begründet damit die qualitative, d.h. auf Messungen beruhende, Methode in den Wissenschaften. Weitere Instrumente der wissenschaftlichen Forschung sind die *Beobachtung* und das *Experiment*.

Nikolaus von Kues fordert den einzelnen Menschen dazu auf, selbstständig zu denken und sich nicht an fremden bzw. herrschenden Autoritäten blind zu orientieren. Diese Forderung macht ihn zu einem *Vordenker der Aufklärung*.

Im politischen Bereich plädiert er für einen weltweiten *Frieden* und für *Toleranz*. Andersgläubige Menschen sollen respektiert werden. Keine Religion soll den Anspruch erheben, allein die göttliche Wahrheit und den richtigen Glauben zu vertreten.

Nikolaus von Kues war mit seinen Gedanken seiner Zeit weit voraus. Er nahm vieles vorweg, was erst im 17., 18. und 19. Jh. zum allgemeinen Gedankengut wurde. Wichtige Impulse erhielt von ihm Bruno, der ihn den »göttlichen Cusanus« nannte. Angeregt durch seine Gedanken wurden auch Ficino, Pico della Mirandola, Campanella und Leonardo da Vinci. Sein Einfluss ist auch bei Lessing sichtbar.

Weitere Werke von Nikolaus von Kues: Opera, I – II, 1488 (repr. 1966/67); Schriften des Nikolaus von Kues in deutscher Übersetzung, 1936ff.

Literatur zu Nikolaus von Kues: K. Jaspers, Nicolaus Cusanus, 1968[2]; H. Blumenberg, Die Legitimität der Neuzeit, 4. Teil, 1976; W. Beierwaltes, Identität und Differenz, 1977; K. Jacobi (Hg.), Nikolaus von Kues, 1979; E. Meuthen, Nikolaus von Kues, 1992[7]; K.-H. Kandler, Nikolaus von Kues, 1995, K. Flasch, Nicolaus Cusanus, 2001; N. Winkler, Nikolaus von Kues zur Einführung, 2001; A. Gierer, Cusanus, 2002; J. Wolter, Apparitio dei, 2004.

O

OCKHAM, WILHELM VON: der englische Philosoph und Theologe wurde ca. 1286 in Ockham (Grafschaft Surrey) geboren. Um

1300 trat er in den Franziskaner-Orden ein. Von 1310 bis 1317 studierte er in Oxford im dortigen Franziskaner-Konvent. Zwischen 1317 und 1319 arbeitete er seinen Sentenzenkommentar aus. 1323 wurde Ockham in 56 Punkten wegen Lehrabweichungen durch den Oxforder Kanzler Johannes Lutterell beim päpstlichen Hof in Avignon angeklagt. 1324 kam er zum Prozess nach Avignon. Nach vier Jahren Haft floh er zusammen mit Michael von Cesena, dem General des Franziskaner-Ordens, nach Pisa, wo sich Kaiser Ludwig der Bayer aufhielt. Von dort ging er mit dem Kaiser, der sich im Streit mit dem Papst befand, nach München. In seinem Münchener Exil verfasste er viele Streitschriften gegen den Papst und die Rolle der Kirche. Er starb in München zwischen 1347 und 1349.

Ockham ist der bedeutendste Vertreter des mittelalterlichen *Nominalismus*, einer Lehre, der gemäß das Allgemeine in der äußeren Wirklichkeit nicht existiert. Der Nominalismus ist eine der Positionen in dem mittelalterlichen *Universalienstreit* (Universalien = allgemeine Wesenheiten, Allgemeinbegriffe oder Allgemeinaussagen), in dem es um die Frage ging, ob das Allgemeine neben den konkreten Einzeldingen existiert bzw. ob es selbstständig und unabhängig von den konkreten Einzeldingen existiert.

Im *Realismus*, der die Gegenposition zum Nominalismus darstellt, wird diese Frage bejaht: Das Allgemeine hat eine eigene Realität; es existiert unabhängig von den Einzeldingen und ist ihnen vorgeordnet. Mit anderen Worten: Universalien sind selbstständige und den Einzeldingen vorgeordnete Wirklichkeiten.

Ockham behauptet, dass ein Universale ein *Gedankengebilde* (Begriff) ist. Ferner ist es ein *Zeichen*, das für Einzeldinge oder für andere Zeichen verwendet werden kann. Nur wahrnehmbare, raum-zeitliche Einzeldinge sind real, nur sie existieren in der Welt. Das Einzelne (Singuläre) ist der primäre Gegenstand der Erkenntnis (vgl. »Summa totius logicae«, 1508).

Ockham bestreitet jedoch nicht, dass Universalien als Gedankengebilde (Allgemeinbegriffe des Verstandes) eine wichtige Rolle im Alltag und in der Wissenschaft spielen. Wissenschaft kann man ohne die Verwendung dfer Universalien (der Allgemeinbegrife und der allgemeinen Ausdrücke) gar nicht betreiben.

Ockham unterscheidet zwischen *intuitiver* und *abstraktiver Erkenntnis*. Die erstere stellt die Existenz von Einzeldingen fest. Sie bezieht sich unmittelbar auf die Einzeldinge. Die zweitere baut auf der ersteren auf. Sie vollzieht sich als die Bildung der Universalien durch das Absehen (Abstraktion) von den Einzeldingen, besser: von einer Vielheit von Einzeldingen. Ihr Ergebnis sind allgemeine Aussagen.

Eine bedeutende Leistung Ockhams ist seine *Sprachkritik*. Er untersucht präzise sprachliche Mittel der Erkenntnis, wie Termini, Sätze und Schlussregeln. Wissenschaft kann sich nur im Medium der Sprache artikulieren. Untersuchungsobjekte der Wissenschaft sind nicht die Dinge, sondern Aussagen über Dinge.

Ockham unterscheidet zwischen sprachlicher *Darstellung* und sprachlich dargestellter *Wirklichkeit*. Viele der in der Philosophie gemachten Unterscheidungen bezeichnen keine realen, in der Welt vorkommenden Unterschiede zwischen den Dingen, sondern sind nur unterschiedliche Darstellungen der Dinge.

Von großer Bedeutung für die Erkenntnistheorie und Wissenschaftstheorie ist das von Ockham eingeführte *Ökonomieprinzip* (im Sinne der Denkökonomie), das auch als »Ockhams Rasiermesser« (engl. »Ockham's razor«) bezeichnet wird. Es besagt, dass man in wissenschaftlichen Erklärungen mit theoretischen Annahmen sparsam umgehen soll. Nur die allernotwendigsten Annahmen sollen in Erklärungen aufgenommen werden. Überflüssige Annahmen werden ausgeschlossen, »wegrasiert«.

Die konsequente Folge der Ockhamschen Theorie ist die strikte Trennung von *Wissen* und *Glauben*. Das Fundament des Wissens ist die sinnliche Erfahrung, präziser: die auf sinnlicher Erfahrung beruhende Beobachtung von Einzeldingen.

Gott kann nicht sinnlich erfahren bzw. beobachtet werden. Auch mittels des begrifflichen Denkens (auch Begriffe werden aus der sinnlichen Erfahrung durch Abstraktion gewonnen) kann er nicht erfasst werden. Daher ist ein Wissen von Gott nicht möglich.

Alle Aussagen über Gott entstammen nicht dem Wissen, sondern dem Glauben. Im Glauben gibt es keinen Platz für auf sinnliche Erfahrung beruhende Erkenntnis und für strenge wissenschaftliche Beweisführung. Er bezieht sich einzig und allein auf die göttliche Offenbarung.

Damit zerbrach die in der Scholastik vertretene Einheit von Wissen und Glauben. Auch die Rolle der *Theologie* wurde neu diskutiert, denn Ockhams Trennung von Wissen und Glauben bedeutet, dass die Theologie als Wissenschaft nicht möglich ist.

Ockham kritisiert in scharfer Form das Papsttum und die Kirche. Er lehnt das Dogma von der Unfehlbarkeit des Papstes ab. Ferner wendet er sich gegen den politischen Herrschaftsanspruch des Papstes und der Kirche (vgl. »Breviloquium de potestate papae«, 1937).

Seine Überlegungen führen ihn zu einer Trennung zwischen *weltlicher* und *kirchlicher Herrschaft*. Weltliche politische Herrschaft ist nichts Naturgegebenes, sondern wird von Menschen bestimmt. Sie ist unabhängig von der Gewalt bzw. Macht des Papstes. Der Kaiser muss sich den Anordnungen des Papstes nicht fügen.

Ockham stellt aber auch die geistliche Macht des Papstes in Frage. Die Christenheit kann in seinen Augen ohne die Herrschaft des Papstes bestehen. Die Aufgabe der Kirche ist es, sich um die Sorgen und das Wohl der Menschen zu kümmern und nicht nach politischer Macht zu trachten. Sie soll auf weltliche Güter und Reichtum verzichten. Ockham plädiert als Franziskaner für das Ideal der *Besitzlosigkeit*.

Ockhams Lehre wurde noch zu seinen Lebzeiten Gegenstand vieler Kontroversen. Ockham prägte den Nominalismus, der zu einer der führenden Theorien des Mittelalters wurde und – in abgewandelter Form – bis in die Gegenwart eine wichtige Rolle in der Philosophie spielt. Seine Erkenntnistheorie, Logik und Sprachkritik können als Vorläufer des klassischen Empirismus (J. Locke, D. Hume) betrachtet werden. Ockham lieferte wichtige Beiträge zur Methodologie der empirischen Wissenschaften, was ihn zu einem Vordenker des neuzeitlichen naturwissenschaftlichen Weltbildes macht. Die Trennung von Wissen und Glauben hatte weitreichende Konsequenzen für die Entwicklung der Theologie.

Weitere Werke von Ockham: Opera philosophica et theologica, 1967ff.; Texte zur politischen Theorie, J. Miethke (Hg.), 1995; Texte zur Theorie der Erkenntnis und der Wissenschaft, R. Imbach (Hg.), 1996; Summe der Logik, P. Kunze (Hg.), 1999.

Literatur zu Ockham: G. Martin, Wilhelm von Ockham, 1949: H. Junghans, Ockham im Lichte der neueren Forschung, 1968; J. Miethke, Ockhams Weg zur Sozialphilosophie, 1969; G. Leff, William of Ockham, 1975; M. M. Adams, William Ockham, 2 Bde., 1987; R. Imbach, Wilhelm von Ockham, in: O. Höffe (Hg.), Klassiker der Philosophie, Bd. I, 1994; M. Kaufmann, Begriffe, Sätze, Dinge, 1994; J. P. Beckmann, Wilhelm von Ockham, 1995; V. Leppin, Wilhelm von Ockham, 2003; M. Lenz, Mentale Sätze, 2003.

ORTEGA Y GASSET, JOSÉ: der spanische Philosoph wurde am 9. 5. 1883 in Madrid geboren. Nach dem Besuch einer Jesuitenschule in Málaga studierte er Philosophie, 1887 in Bilbao, von 1898 bis 1902 in Madrid. 1904 promovierte er in Madrid. Danach studierte er weiter Philosophie in Leipzig, Berlin und Marburg. Zu seinen Lehrern in Marburg gehörten H. Cohen und P. Natorp. Von 1910 bis 1936 lehrte er als Professor für Metaphysik an der Uni-

versität Madrid. Im spanischen Bürgerkrieg emigrierte er nach Argentinien, dann nach Portugal. Nach 1945 war er erneut Philosophieprofessor in Madrid. 1948 gründete er zusammen mit Julián Marías das Instituto de Humanidades. Er starb am 18. 10. 1955 in Madrid.

Ortega y Gasset ist der Begründer des *Ratiovitalismus*, der als eine Spielart der Lebensphilosophie betrachtet werden kann. Der Begriff des *Lebens* steht im Mittelpunkt seiner Philosophie. Leben wird jedoch nicht als eine biologische, sondern als eine geistige Kategorie bestimmt. Die menschlichen Kulturleistungen (Moral, Philosophie, Kunst, Religion) sind nur »Funktionen des Lebens«. Beeinflusst wurde Ortega y Gasset in erster Linie durch Hegel, Dilthey, Nietzsche und Heidegger.

Seine Philosophie hat sehr individualistische Züge. Ihr Grundsatz lautet: »Ich bin ich und meine Umstände«. Jeder einzelne Mensch (Individuum) ist in der Lage, seine eigene Weltsicht und auch seine eigene Moral zu kreieren. Jeder hat seine eigene *Perspektive*, aus der er sich selbst und die Welt betrachten kann. Die Einzelperspektiven verschmelzen zur Perspektive einer Generation.

Die menschliche Vernunft soll der Bewältigung des Lebens dienen. Der Zweck der Philosophie und der Wissenschaft ist es, dem Leben einen Sinn zu geben.

Leben bedeutet Tätigsein. Es beruht auf Entscheidungen, die wiederum in *Glaubensüberzeugungen* gründen. Die Glaubensüberzeugungen bilden das nicht hintergehbare Fundamnet des Lebens. Jegliche Veränderung des Lebens ist eine Veränderung der jeweiligen Glaubensüberzeugungen.

Sehr wirkungsvoll wurde das von Ortega y Gasset verfasste Werk »La rebelión de las masas« (1929; dt. »Der Aufstand der Massen«, 1936). Dort formuliert er seine Kritik an der bestehenden westlichen bzw. europäischen Kultur. Merkmale dieser Kultur sind Unsicherheit, Unruhe und Sorge.

Der in ihr dominierende Menschentypus ist der *Massenmensch*, der auch als Durchschnittsmensch bezeichnet wird. Er geht im Alltagsleben auf; er ist nur mit den alltäglichen Sorgen, mit den »Lebensnotwendigkeiten«, beschäftigt, und orientiert sich an dem Durchschnittlichen, Gewöhnlichen, an dem, was die »Massen« machen. Seine Charaktereigenschaften sind Egoismus, Fremdbestimmtheit, Konformismus und Trägheit.

Er ist nicht dazu fähig, das Ganze des Lebens und der Gesellschaft zu sehen. Er lebt unkritisch und übernimmt die von anderen gesetzten Handlungsmaßstäbe und -normen.

Die Herrschaft der Massen kommt am stärksten in der Herausbildung des *Spezialistentums* zum Ausdruck. Der moderne Wissenschaftler ist der »Prototyp des Massenmenschen«. Seine Arbeit beschränkt sich auf ein Gebiet. Daher hat er keinen Blick für übergreifende Fragen und Probleme der Menschheit.

Kennzeichen des modernen Staates sind Bürokratie, Kontrollzwang und Erstarrung des individuellen und gesellschaftlichen Lebens. Der Staat in der Form der liberalen Demokratie dient nur noch der Sicherung der Massenexistenz.

Nach Ortega y Gasset kann allein eine geistig-kulturelle *Elite* den Untergang der europäischen Kultur verhindern. Ein Elite-Mensch ist in der Lage, über seinen eigenen individuellen Horizont hinauszuschauen und übergreifende Maßstäbe (Normen, Werte, Handlungsanweisungen) zu setzen. Er hat den Blick für das Ganze des Lebens. Damit ist er dazu fähig, die Gesellschaft zu verändern und die Menschen zu führen.

Ortega y Gasset spricht sich für ein *vereinigtes Europa* aus, in dem neue, lebensbejahende Werte herrschen sollen. Die europäische Kultur soll in höchstem Maße dynamisch sein.

Ortega y Gasset übte einen großen Einfluss auf die spanische und lateinamerikanische Philosophie des 20. Jh. aus. In Deutschland gehörte er nach dem zweiten Weltkrieg zu den am meisten gelesenen ausländischen Autoren. Seine Gedanken fanden einen Niederschlag in den Reden K. Adenauers.

Weitere Werke von Ortega y Gasset: El tema de nuestro tiempo, 1923 (dt. Die Aufgabe unserer Zeit, 1928); Historia como sistema, 1941 (dt. Geschichte als System und Über das römische Imperium, 1942); Obras completas, I – XI, 1946-1969 (dt. Gesammelte Werke, I-IV, 1954-1956, Neudr. I-VI, 1978).

Literatur zu Ortega y Gasset: J. Marías, José Ortega y Gasset und die Idee der lebendigen Vernunft, 1952; F. Niedermayer, José Ortega y Gasset, 1959; B. v. Galen, Die Kultur- und Gesellschaftsethik Ortega y Gassets, 1959; J. Th. Graham, The social thought of Ortega y Gasset, 2001; C. P. Ruiz, Deutschland – im Denken der spanischen Intellektuellen, 2004.

P

PARACELSUS (eigentlich Philippus Aureolus Theophrastus Bombastus von Hohenheim): der schweizer Arzt, Pharmakologe, Chemiker, Theologe und Philosoph wurde Ende 1493 oder Anfang 1494 in Einsiedeln (Kanton Schwyz) geboren.

1502 siedelte seine Familie nach Villach in Kärnten über. Paracelsus besuchte die Klosterschule St. Paul in Lavantall. 1509 erwarb er das Baccalaureat (unterster akademischer Grad) in Wien. Von 1512 bis 1516 studierte er Medizin in Ferrara (Italien). Auf unzähligen Reisen durch Europa sammelte er wichtige Erfahrungen als Arzt, Chemiker und Pharmakologe. 1524 ließ er sich als praktizierender Arzt in Salzburg nieder. Wegen seines Engagements für aufständische Bauern musste er Salzburg im selben Jahr verlassen. 1526 kam Paracelsus nach Straßburg, wo er das Bürgerrecht erhielt. 1527 behandelte er mit Erfolg den einflussreichen Verleger J. Froben in Basel, was ihm eine Stelle als Stadtarzt und als Honorarprofessor ebendort verschaffte. 1528 musste er Basel wegen Streitigkeiten mit seinen Fachkollegen und Apothekern fluchtartig verlassen. 1529 gelangte Paracelsus auf Umwegen nach Nürnberg. Dort veröffentlichte er Bücher, in denen er sich mit der Behandlung der Syphilis-Krankheit auseinander setzte. Er kritisierte u.a. die Anwendung des Quecksilbers und des Guaiak-Holzes gegen die Syphilis. Auf Drängen der Fugger, die vom Handel mit dem Guaiak-Holz profitiert haben, verließ Paracelsus Nürnberg und kam 1530/31 nach St. Gallen. Dort verfasste er seine Hauptwerke »Paragranum« und »Paramirum«. In St. Gallen entstanden auch theologische Schriften und ein Buch über psychische bzw. psychosomatische

Krankheiten (»Von den unsichtbaren Krankheiten«). Von 1532 bis 1534 wanderte Paracelsus als Arzt und Laienprediger durch das Appenzeller Land und Südtirol. 1534 entstand in Innsbruck die Schrift »Von der Bergsucht«, in Sterzing das »Büchlein von der Pest«. 1536 lebte Paracelsus in Ulm, wo er das erste Buch der »Grossen Wundarzney« veröffentlicht hat. 1540 wurde er durch den Fürstbischof Ernst von Baiern nach Salzburg berufen. Er starb dort aus unerklärten Gründen am 24.9.1541.

Paracelsus ist einer der bedeutendsten *Mediziner* und Pharmakologen. Er stellt die Behandlung von Krankheiten in einen übergreifenden, kosmischen Zusammenhang. Der einzelne Mensch als *Mikrokosmos* ist ein Teil des umfassenden Weltganzen, des *Makrokosmos*. Gott, Mensch und Natur bilden eine Einheit. Dies bedeutet, dass der Mensch und seine Leiden nicht isoliert betrachtet werden können.

Krankheiten entstehen dann, wenn das Gleichgewicht zwischen dem einzelnen Menschen und seiner Umwelt gestört wird. Die Aufgabe der Heilkunst (Medizin) ist es, dieses Gleichgewicht wiederherzustellen.

Paracelsus verwirft die bis in die Neuzeit herrschende »Vier-Säfte-Lehre« des griechisch-römischen Arztes Galenus (129-199 n. Chr.). Nach dieser Lehre enthält der menschliche Körper vier Säfte: Blut, Schleim, gelbe Galle und schwarze Galle. Wird im Körper das rechte Gleichgewicht dieser Säfte gestört, dann entstehen Krankheiten.

Paracelsus zufolge liegen allen Dingen in der Natur (auch dem Menschen) drei Substanzen zugrunde: *Schwefel*, *Quecksilber* und *Salz*. Die drei Substanzen sollen nicht als materielle Stoffe, sondern als Prinzipien verstanden werden. Schwefel ist das Prinzip der Verbrennbarkeit, Quecksilber das der Beweglichkeit und Verflüssigung, Salz das Prinzip der Beständigkeit und festen Konsistenz. Anhand des Zusammenwirkens dieser drei Substanzen/Prinzipien lässt sich das Funktionieren des Körpers, d.h. auch die Ursachen von Gesundheit und Krankheit, erklären.

In seinem Werk »Das Buch Paragranum« (1529-31) unterscheidet Paracelsus vier Säulen der Medizin: Philosophie, Astronomie, Alchemie und »Eigenschaften des Arztes«.

Mit *Philosophie* bezeichnet Paracelsus eine Naturlehre, in der das Verhältnis des Menschen zu den vier Grundelementen Luft, Feuer (obere Elemente), Wasser und Erde (untere Elemente) behandelt wird. Die Philosophie ist die Grundlage der Pharmakologie (Arzneilehre).

Alle inneren Organe und Prozesse des menschlichen Körper

haben ihre Entsprechung in der Außenwelt. So besteht z. B. eine Ähnlichkeit zwischen der Entstehung von Krankheiten und von Naturphänomenen. Aus Pflanzen, Metallen und Steinen können Arzneimittel für den Menschen gewonnen werden, weil sie sowohl im Menschen als auch in der äußeren Natur vorhanden sind. Der Mensch »enthält« alles, was in der Natur vorkommt.

In der *Astronomie* werden hauptsächlich die oberen Sphären, die Gestirne, behandelt. Die Gestirne sollen so wie die menschlichen Organe betrachtet werden. In der Astronomie werden auch die zeitlichen Abläufe von Vorgängen im Körper, insbesondere von Krankheitsvorgängen, und von Vorgängen in der Umwelt untersucht. Der Arzt braucht Kenntnisse über die der Zeit unterliegenden Körper- und Umweltvorgänge, um den Krankheitsverlauf zu erkennen und den Zeitraum für die Heilung festzulegen.

Die *Alchemie* vermittelt Kenntnisse darüber, wie Naturstoffe zu Heilmitteln verarbeitet werden. Erst durch die Verarbeitung können die Heilkräfte der Naturstoffe wirksam werden.

Abschließend beschäftigt sich Paracelsus mit den »Eigenschaften des Arztes«, mit seiner Haltung und der medizinischen Praxis. Wichtig sind für ihn einerseits die handwerklichen Fähigkeiten des Arztes, andererseits seine ethische Haltung. Der Arzt soll darum bemüht sein, sich weiter zu bilden und sein Wissen zu vermehren. Er soll ein auf *Treue* und *Liebe* beruhendes Verhältnis zum Patienten aufbauen. Eine wichtige Aufgabe des Arztes ist es, den Genesungswillen des Patienten zu stärken.

Paracelsus bestimmte für Jahrhunderte das Menschenbild in der westlichen Medizin. Er lieferte wichtige Erkenntnisse auf vielen Gebieten der medizinischen Forschung und hob die Schlüsselrolle der Ernährung für die Erhaltung der Gesundheit hervor. Als erster untersuchte er psychische Ursachen von Krankheiten.

Weitere Werke von Paracelsus: Sämtliche Werke, K. Sudhoff/W. Matthießen (Hg.), 1922ff.; Werke, I – V, W.-E. Peuckert (Hg.), 1965-68.

Literatur zu Paracelsus: K. Goldammer, Paracelsus: Natur und Offenbarung, 1953; L. Braun, Paracelsus und die Philosophiegeschichte; 1965; W. Pagel, Paracelsus, 1958; E. Kaiser, Paracelsus, 1969; H. Schipperges, Paracelsus, 1974; P. Meier, Paracelsus, 1993; H. Schipperges, Paracelsus – heute, 1994; K. Bielau, Paracelsus, 2002[2]; U. Benzenhöfer, Paracelsus, 2003[3].

PARMENIDES: der griechische Philosoph wurde ca. 515 v. Chr. in Elea (Süditalien) geboren. Damals

war Süditalien von Griechen besiedelt. Man weiß wenig über sein Leben. Er war vermutlich Schüler des Xenophanes und Lehrer Zenons von Elea. Seine Philosophie stellt er in dem Lehrgedicht »Über die Natur« dar, von dem nur Fragmente erhalten sind. Er starb ca. 445 v. Chr. in Elea.

Parmenides gehört zu den *Vorsokratikern*, den ersten abendländischen Philosophen. Angesichts der Vielfalt der Erscheinungen in der Welt fragen sie nach einem Urstoff, Prinzip oder nach der Einheit der gesamten Wirklichkeit (griech. »kosmos«). Sie versuchen, das Weltgeschehen zu erklären, ohne auf religiöse (mythische) Vorstellungen zurückzugreifen.

Auch Parmenides findet zunächst die Vielheit der sinnlich wahrnehmbaren Dinge vor. Er fragt jedoch nach etwas, was über diese Vielheit hinausgeht, nach einem *Ganzen*.

Er unterscheidet daher streng zwischen der Welt der sinnlich wahrnehmbaren Dinge und der Wirklichkeit als Ganzes. Die letztere kann nicht durch die Sinne, sondern nur durch das Denken erfasst werden. Das Ganze bezeichnet er als *Seiendes*.

Sein Grundsatz lautet: »Das Seiende ist, das Nichtseiende ist nicht«. Das Seiende ist ungeworden und unvergänglich. Weder entsteht es noch vergeht es. Es hat also weder Anfang noch Ende. Da es auch unbeweglich und unveränderlich ist, kann es als *zeitlos* bezeichnet werden.

Parmenides gibt weitere Merkmale des Seienden an. Es ist als Gegensatz zur Vielheit eins; es bildet eine *Einheit*, besser: ein einheitliches Ganzes. Es kennt demnach keine Unterschiede und Gegensätze. Des weiteren ist es *vollkommen*. Dies bedeutet, dass es abgeschlossen, von einer Grenze umgeben ist. Es stellt ein in sich geschlossenes Ganzes dar. Man kann es sich daher als eine »wohlgeordnete Kugel« vorstellen.

Entscheidend ist es, dass das so verstandene Seiende – wie bereits erwähnt wurde – nicht mit Hilfe der sinnlichen Wahrnehmung, sondern nur mit Hilfe des Denkens erfasst werden kann. Parmenides gelangt zu der radikalen Formulierung: »Denken und Seiendes sind dasselbe«. »Denken« meint hier im engeren Sinne des Wortes das Denken des Seienden bzw. das Erkennen des Seienden.

Das Erkennen des Seienden wird von Parmenides als *Wissen* bezeichnet und von bloßem *Meinen* unterschieden. Wissen bzw. Denken bezieht sich auf das zeitlose, unveränderliche und vollkommene Seiende, Meinen hingegen auf die vergänglichen, veränderlichen und unvollkommenen Dinge, d.h. auf die sinnlich wahrgenommenen Dinge.

Wissen hat es mit Einheit, Harmonie und Vollkommenheit zu tun, Meinen mit Vielheit, Gegensätzen und Unvollkommenheit. Und schließlich führt Wissen zur *Wahrheit*, Meinen zu *Schein* (Trug) und Irrtum.

Vergänglichkeit, Bewegung, Veränderung und Vielheit werden durch die Sinne vorgetäuscht. Eigentlich gibt es nur das eine wahre Seiende.

Parmenides ist der Begründer der *Ontologie* (Lehre vom Seienden bzw. Sein). Die von ihm vollzogene Trennung von sinnlich wahrnehmbarer Welt und dem einen Seienden prägte die Entwicklung der gesamten Philosophie. Platon übernahm diese Entgegensetzung, modifizierte sie jedoch grundlegend.

Eleatismus ist die Sammelbezeichung für alle Positionen, die sich an die Lehre des Parmenides anschließen. Sie betrachten das zeitlose, unveränderliche, unbewegliche, vollkommene und einheitliche Seiende als die eigentliche/wahre Wirklichkeit. Demgegenüber wird die sinnlich wahrnehmbare Wirklichkeit mit ihren Eigenschaften wie Vergänglichkeit, Veränderlichkeit usw. als eine Scheinwirklichkeit betrachtet. Es gibt kein Werden, sondern nur das eine wahre Seiende. Zu den wichtigsten eleatischen Denkern der Antike gehören Zenon aus Elea und Melissos aus Samos.

Werke von Parmenides: Die Fragmente der Vorsokratiker, H. Diels/ W. Kranz (Hg.), 1989[17].

Literatur zu Parmenides: J. Mansfeld, Die Offenbarung des Parmenides, 1964; L. Tarán, Parmenides, 1965; U. Hölscher, Parmenides, 1969; K. Bormann, Parmenides, 1971; W. Schadewaldt, Die Anfänge der Philosophie bei den Griechen, 1978; K. Held, Heraklit, Parmenides und der Anfang von Philosophie und Wissenschaft, 1980; M. Heidegger, Parmenides, 1982; K. Reinhardt, Parmenides und die Geschichte der griechischen Philosophie, 1985[4]; E. Tegtmeier, Zeit und Existenz, 1997; H.-Ch. Günther, Aletheia und Doxa, 1998; K. Riezler, Parmenides, 2001; M. Fleischer, Anfänge europäischen Philosophierens, 2001.

PASCAL, BLAISE: der französische Philosoph, Mathematiker, Physiker und Theologe wurde am 19. 6. 1623 in Clermont-Ferrand geboren.

Schon in jungen Jahren verfasste er wissenschaftliche Arbeiten, mit 16 Jahren z. B. eine Schrift über Kegelschnitte. Seit 1642 arbeitete er an der Konstruktion einer Rechenmaschine. Ihr endgültiges Modell »Pascaline« wurde erst 1652 fertiggestellt. 1646 wurde er zum Anhänger des Jansenismus, einer katholischen Reformbewegung, die der Lehre des Bischofs von Ypern, Cornelius Jansen, folgte. Am 23. 11. 1654 hatte Pascal ein religiöses Erweckungserlebnis. Daraufhin zog er in das Kloster Port Royal de Paris, das Zentrum der Jansenisten. Dort verfasste er Schriften, in denen er den Jansenismus gegen die Jesuiten verteidigte. Seit 1643 litt er an einer Nervenkrankheit, die ihn an der geistigen Arbeit behinderte. Er starb am 19. 8. 1662 in Paris.

Pascal ist einer der bedeutendsten Intellektuellen seiner Zeit. Sein Denken bewegt sich zwischen *strenger Wissenschaftlichkeit* und *tiefer Religiosität*. Er lieferte wichtige Beiträge auf den Gebieten der Mathematik und der Naturwissenschaften. Unter anderem gilt er als der Begründer der *Wahrscheinlichkeitstheorie*.

Pascal sieht jedoch die Grenzen des mathematischen und naturwissenschaftlichen Denkens. Es gibt ihm zufolge grundlegende Prinzipien und Wahrheiten, die durch die menschliche Vernunft nicht erfasst werden können. Genauer: Sie ist dazu nicht fähig, grundlegende Prinzipien und Wahrheiten zu begründen oder zu beweisen. Die Prinzipien und Wahrheiten können nur durch das »Herz« erschlossen werden.

Pascal entwirft eine »Logik des Herzens«. Damit ist eine gefühlsmäßige, unmittelbare (nicht auf Schlussfolgerungen basierende) Erkenntnis gemeint. Das Herz erkennt die ersten (fundamentalen) Begriffe, Prinzipien und Wahrheiten, z. B. dass es Raum, Zeit und Bewegung gibt, dass der Raum drei Dimensionen hat usw. Die »Logik des Herzens« wird dem Menschen allein im *Glauben* an Gott offenbart (vgl. »Pensées sur la religion«, 1669/1670; dt. »Gedanken über die Religion«, 1710).

Gott ist der letzte Garant der von Menschen erkannten Wahrheiten. Radikaler formuliert: Ohne Gott kann der Mensch weder sich selbst und die Welt erkennen noch einen Lebenssinn finden. Dies bedeutet, dass sowohl seine theoretische Erkenntnis als auch seine praktische Lebensorientierung von Gott abhängen.

Pascal erweist sich mit dieser Auffassung als ein Vertreter des Jansenismus, dem gemäß die *göttliche Gnade* über dem freien Willen des Menschen steht. Glaube besteht im persönlichen, inneren Verhältnis zu Gott. Pascal ruft zur Strenge des Glaubens, zur Liebe zu Gott, auf (vgl. »Lettres à un Provinciale«, 1657; dt. »Provinzialbriefe«, 1742).

Pascals Gedanken hatten einen Einfluss auf die französische Aufklärung. Seine Auffassung, wonach die exakten Wissenschaften (vor allem Mathematik und Physik) nicht in der Lage sind, fundamentale Prinzipien der Welt und des Lebens zu erfassen, wirkte u. a. bei Kierkegaard, Nietzsche, Tolstoi und Dostojewski.

Weitere Werke von Pascal: Œuvres complètes, I – XIV, L. Brunschvig u. a. (Hg.), 1904-1914 (repr. 1965).

Literatur zu Pascal: E. Wasmuth, Der unbekannte Pascal, 1962; L. Goldmann, Der verborgene Gott, 1973; I. Kummer, Blaise Pascal, 1978; A. Béguin, Blaise Pascal, 1979[8]; R. Guardini, Christliches Bewusstsein, 1991[4]; W. Schmidt-Biggemann, Blaise Pascal, 1999; M. Cuntz, Der göttliche Autor, 2004.

PEIRCE, CHARLES SANDERS: der amerikanische Philosoph wurde am 10. 9. 1839 in Cambridge (Massachusetts) geboren. Er studierte Chemie, Physik und Astronomie an

der Harvard University. Von 1861 bis 1891 arbeitete er in einem Landvermessungsprogramm der US-Regierung. Von 1879 bis 1884 lehrte er Philosophie an der Johns Hopkins University in Baltimore. Seit 1884 lebte er zurückgezogen auf seiner Farm in der Nähe von Milford. In den letzten Lebensjahren wurde er finanziell durch Freunde, u. a. W. James, unterstützt. Er starb am 19. 4. 1914 in Milford.

Peirce ist der Begründer des *Pragmatismus* (vom griech. »pragma«,

»Handlung«), einer philosophischen Lehre, der gemäß der Mensch nicht ein rein denkendes bzw. geistiges, sondern in erster Linie ein *handelndes* Wesen ist.

Das Handeln hat einen Vorrang vor anderen Vermögen des Menschen (Denken, Fühlen, Wollen), die *Praxis* (der konkrete Lebensvollzug) ist wichtiger als die *Theorie* (das reine Denken). Das Denken wird im Pragmatismus in eine Beziehung zum Handeln gebracht – es ist ein Instrument des Handelns.

Als Kriterium der Wahrheit von Erkenntnissen wird von Peirce die praktische Brauchbarkeit bzw. der *praktische Nutzen* dieser Erkenntnisse betrachtet. Wahr ist das, was sich im konkreten Leben, in der Lebenspraxis, *bewährt*. Erkenntnisse sollen der Bewältigung der Lebenspraxis dienen.

Die von Peirce aufgestellte *pragmatische Maxime* lautet: »Man überlege, welche Wirkungen, die denkbarer Weise praktische Auswirkungen haben könnten, wir dem Gegenstand unseres Begriffs gedanklich zuschreiben. Dann ist der Begriff dieser Wirkungen die Gesamtheit unseres Begriffs des Gegenstandes« (vgl. »How to make our ideas clear«, 1878; dt. »Über die Klarheit der Gedanken«, 1965).

Peirce formuliert in dieser Maxime die Methode der Begriffsbildung. Die Bedeutung eines Begriffs wird über seine praktischen Auswirkungen festgelegt. Praktische Auswirkungen hängen mit unseren Handlungen zusammen, sie sind Folgen unserer Handlungen.

Das wissenschaftliche *Experiment* dient Peirce dabei als Vorbild. Im Experiment wirken wir planvoll auf ein Objekt ein, um seine Reaktion zu beobachten.

Erkenntnis wird als ein Prozess von *Zweifel* und *Bewährung* bestimmt. Es gibt keine absolut sichere irrtumsfreie Erkenntnis. Jede Erkenntnis kann sich als falsch erweisen. Diese Position wird als *Fallibilismus* bezeichnet. *Wahrheit* bestimmt Peirce als einen noch zu erreichenden *Konsens* (Übereinstimmung) aller Mitglieder einer Forschergemeinschaft.

Unsere Überzeugungen sollen wir sowohl in der Wissenschaft als auch im Alltag als *Hypothesen* (Annahmen) betrachten, die experimentell überprüft werden können. Zu neuen Hypothesen können wir mit Hilfe der *Abduktion* gelangen. Sie stellt nach Peirce neben Deduktion und Induktion die dritte Form des logischen Schließens dar.

Bei der Deduktion wird aus einem Gesetz oder einer Regel und einem vorliegenden Fall auf ein Resultat geschlossen, bei der Induktion aus einem vorliegendem Fall und einer Beobachtung auf die Regel. Bei der Abduktion wird von einer Regel und einer Beobachtung hypothetisch auf den vorliegenden Fall geschlossen.

Beispiel für eine Abduktion:

Alle Bohnen aus diesem Sack sind weiß (Regel)

Diese Bohnen sind weiß (Beobachtung)

Wahrscheinlich sind diese Bohnen aus diesem Sack (Fall).

Peirce gilt als der Begründer der modernen *Semiotik* (Lehre von Zeichen). Zeichen, genauer: Zeichenrelationen, bilden die Grundlage aller Erkenntnis. Alles, was existiert, ist Zeichen. Auch der Mensch wird als Zeichen aufgefasst.

Jedes Zeichen verweist auf andere Zeichen. Zeichen wird als eine *triadische Relation* bestimmt. Es ist eine Relation zwischen *Mittel*, *bezeichnetem Objekt* und *Zeicheninterpreten*. Jeder Bestandteil der triadischen Relation stellt selbst eine triadische Relation dar.

Weitere Werke von Peirce: Collected Papers, I – VI, C. Hartshorne/P. Weiss (Hg.), 1931-1935 (repr. 1960-1965), VII – VIII, A. W. Burks (Hg.), 1958; Schriften, K.-O. Apel (Hg.), 2 Bde., 1967/68.

Literatur zu Peirce: J. v. Kempski, Charles Sanders Peirce und der Pragmatismus, 1952; K.-O. Apel, Der Denkweg von Charles Sanders Peirce, 1975; R. F. Almender, The Philosophy of Charles Sanders Peirce, 1980; B. M. Scherer, Prolegomena zu einer einheitlichen Zeichentheorie, 1984; G. Schönrich, Zeichenhandeln, 1990; L. Nagl, Charles Sanders Peirce, 1992; K. Oehler, Charles Sanders Peirce, 1993; H. Pape (Hg.), Kreativität und Logik, 1994; H. Pape, Charles Sanders Peirce, 2004.

PHILON: der jüdische Theologe und Philosoph wurde ca. 15 v. Chr. in Alexandria geboren. Über sein Leben weiß man wenig. Er gehörte zu einer der angesehendsten jüdischen Familien Alexandrias. Er er-

hielt sowohl eine griechische als auch eine jüdische Ausbildung. 40 n. Chr. leitete er eine Gesandtschaft alexandrinischer Juden nach Rom, um bei Kaiser Caligula gegen die

Verfolgung der Juden in Alexandria zu protestieren. Die Mission verlief ohne Erfolg. Philon starb ca. 45/50 n. Chr. in Alexandria.

Philons Lehre stellt eine Synthese (Verbindung) von *griechischer Philosophie* und *jüdischem Glauben* dar. Er greift einerseits auf platonische, stoische und neupythagoreische Auffassungen, andererseits auf die jüdische Überlieferung, vor allem die Bibel, zurück. Beide Traditionen, die griechische und die jüdische, ergänzen sich gegenseitig.

Philon versucht, Glaubenswahrheiten philosophisch zu begründen. Mit anderen Worten: Die Wahrheit der jüdischen Religion soll mit philosophischen Mitteln erwiesen werden. Dabei hat der Glaube bzw. die in ihm geoffenbarten Wahrheiten einen Vorrang vor der philosophischen Erkenntnis. Philosophie ist ein Hilfsmittel der Gotteslehre (Theologie).

Philon trennt scharf zwischen *Gott* und *Welt*. Gott ist ungeworden, unvergänglich, unendlich und vollkommen. Er stellt die ursprüngliche Wirklichkeit dar. Welt ist hingegen geworden, vergänglich, endlich und unvollkommen. Sie besteht aus Materie, die als das nicht wirklich Seiende bestimmt wird.

Da Gott vollkommen ist und als das Unendliche jenseits der endlichen Welt existiert, können ihm keine Eigenschaften des Endlichen zugesprochen werden. Dies bedeutet, dass über Gott nichts Positives ausgesagt werden kann. Sicher sind wir uns nur dessen, dass Gott ist. Was er ist, kann nicht ermittelt werden.

Der Mensch kann sich keine positive Vorstellung von Gott machen. Sein Verstand reicht nicht aus, um Gott zu erfassen. Der Mensch kann nur in Negationen über Gott sprechen. In ihnen wird nur gesagt, was Gott *nicht* ist. Damit kann Philon als der Begründer der *negativen Theologie* angesehen werden.

Für Philon stellt sich die Frage, wie der jenseitige Gott auf die Welt, das Unendliche auf das Endliche, einwirken kann. Einen unmittelbaren Eingriff schließt er aus. Stattdessen geht er davon aus, dass es Wesen gibt, die zwischen Gott und Welt *vermitteln*. Zu ihnen zählen die biblischen Engel, die einerseits abstrakt als platonische Ideen oder reine Seelen, andererseits personifiziert dargestellt werden. Sie haben sowohl an Gott als auch an der Welt teil.

Als oberste Vermittlungsinstanz zwischen Gott und Welt wird der *Logos* (Vernunft) bestimmt. Er ist die Vernunft Gottes, tritt jedoch aus ihm heraus und wird zu seinem Abbild. Er wird als zweiter Gott bezeichnet.

Der Mensch kann sich in der *Ekstase* mit Gott vereinigen. Das Eingehen in Gott wird von Philon auch als die Erkenntnis Gottes betrachtet. Sie kann nicht rational nachvollzogen bzw. begründet, sondern nur *erlebt* werden. Die ekstatische Vereinigung des Menschen mit Gott kann als ein *mystischer Zustand* bezeichnet werden.

Das Streben nach der Einheit mit Gott wird von Philon als der Weg zum *Glück* (griech. »eudaimonia«) betrachtet. Die Erkenntnis Gottes bedeutet das Erreichen der höchsten *Tugend*. Der Mensch muss seine eigene Unvollkommenheit im Kontrast zur Vollkommenheit Gottes erkennen.

Philons Gedanken wurden im Neuplatonismus, z.B. bei Plotin, wirksam. Christliche Philosophen, z.B. Clemens von Alexandrien, Origenes und Augustinus, knüpften an seine Lehre an. Auch für sie stand das Verhältnis zwischen religiösem Glauben und griechischer Philosophie im Mittelpunkt des Interesses. Sie betonten in Anlehnung an Philon, dass die Philosophie der Theologie dienen soll.

Weitere Werke von Philon: De aeternitate mundi, 1552 (dt. Über die Ewigkeit der Welt, 1876); De providentia, 1822 (dt. Über die Vorsehung, 1964); Die Werke in deutscher Übersetzung, I – VI, L. Cohn u.a. (Hg.), 1909-1938 (repr. 1962), VII, 1964.

Literatur zu Philon: U. Früchtel, Die kosmologischen Vorstellungen bei Philon von Alexandrien, 1968; K. Otto, Das Sprachverständnis bei Philo von Alexandrien, 1968; G. D. Farandos, Kosmos und Logos nach Philon von Alexandria, 1976; S. Sandmel, Philo of Alexandria, 1979; Y. Amir, Die hellenistische Gestalt des Judentums bei Philon von Alexandrien, 1983; H. Simon/M. Simon, Geschichte der jüdischen Philosophie, 1984; K.-W. Niebuhr, Gesetz und Paränese, 1987; H. Burkhardt, Die Inspiration heiliger Schriften bei Philo von Alexandrien, 1992[2]; Ch. Noack, Gottesbewusstsein, 2000; R. Deines (Hg.), Philo und das Neue Testament, 2004.

PIAGET, JEAN: der Schweizer Psychologe wurde am 9. 8. 1896 in Neuchâtel geboren. Er studierte in seiner Heimatstadt von 1915 bis 1918 Biologie, 1918/19 Psychologie in Zürich, von 1919 bis 1921 Psychologie und Philosophie an der Sorbonne in Paris. Von 1921 bis 1925 arbeitete er als Foschungsdirektor am Institut J.-J. Rousseau in Genf. Dort untersuchte er verschiedene Aspekte der kindlichen Entwicklung. Von 1929 bis 1939 war Piaget Professor für Wissenschaftsgeschichte in Genf, von 1939 bis 1971

Professor für Soziologie ebendort, ab 1940 auch Professor für Experimentelle Psychologie. Parallel dazu war er von 1937 bis 1954 Professor

für Genetische Psychologie in Lausanne und von 1952 bis 1963 Professor für Kinderpsychologie an der Sorbonne in Paris. 1955 gründete er das interdisziplinäre Institut »Centre international d'épistémologie génétique« in Genf. Er starb dort am 16. 9. 1980.

Piaget ist einer der Wegbereiter der *Entwicklungspsychologie* und der Begründer der *genetischen Erkenntnistheorie*. Sein Ziel ist es, Biologie und Philosophie, insbesondere Erkenntnistheorie, miteinander zu verbinden. Diese Verbindung ist sehr fruchtbar, denn die Philosophie allein ist zu spekulativ, die Biologie – und auch andere Einzelwissenschaften – orientieren sich zu stark an Fakten.

Piagets zentrales Forschungsthema ist die *Entwicklung des Wissens*, hauptsächlich des *kindlichen Denkens*. Er beobachtete das Verhalten der eigenen Kinder und benutzte diese Beobachtungen zur Veranschaulichung seiner Theorie.

Er unterscheidet vier Perioden der kognitiven Entwicklung (»Kognition« ist die Sammelbezeichung für intellektuelle Fähigkeiten des Menschen, wie Denken, Erkennen, Wahrnehmen, Wissen, Erinnern und Verallgemeinern): In der *sensomotorischen Periode* (0 bis 2 Jahre) werden vorsprachliche Intelligenzleistungen in den Handlungen des Kindes beobachtet; in der *präoperationalen Periode* (2 bis 7 Jahre) bildet das Kind Begriffe; in der *konkret operationalen Periode* (7 bis 11 Jahre) entwickelt sich das logische Denken des Kindes; in der *formal operationalen Periode* (11 Jahre und älter) werden durch Abstraktion (Absehen) von konkreten Inhalten formale Operationen vollzogen (vgl. »La naissance de l'intelligence chez l'enfant«, 1936; dt. »Das Erwachen der Intelligenz beim Kinde«, 1969).

In all den Perioden passt sich der Mensch an die Umwelt an. Andererseits kann jedoch auch eine Anpassung der Umwelt an den Menschen, genauer: seine kognitiven Fähigkeiten, beobachtet werden.

Weitere Themen, die Piaget im Zusammenhang mit seiner Kinderpsychologie behandelt, sind u. a. der kindliche Sprachgebrauch und die Entwicklung der moralischen Kompetenz.

Die Aufgabe der genetischen Erkenntnistheorie ist es, die Entwicklung der Wissensarten des Menschen zu untersuchen. Erkenntnisse werden als Funktionen ihrer realen oder psychologischen Entstehung betrachtet. Erkennen wird durch seine »Geschichte, seine Soziogenese und vor allem die psychologischen Ursprünge der Begriffe und Operationen, auf denen es beruht«, erklärt (»Genetic Epistemology«, 1970; dt. »Einführung in die genetische Erkenntnistheorie«, 1973).

Piaget gilt als der Begründer der »Genfer Schule« (E. Claparède, T. Flournoy, B. Inhelder). Dort wurden seine Gedanken weiter entwickelt. Seine Theorie beeinflusste die von L. Kohlberg entwickelte Moralpsychologie.

Weitere Werke von Piaget: Werke, I – X, 1975-1994.

Literatur zu Piaget: L. Montada, Die Lernpsychologie Jean Piagets, 1970; R. I. Evans, Jean Piaget, 1973; H. Ginsburg/S. Opper, Piagets Theorie der geistigen Entwicklung, 1975; H. G. Furth, Intelligenz und Erkennen, 1976; B. Inhelder u. a. (Hg.), Hommage à Jean Piaget, 1977; M. A. Pulaski, Piaget, 1978; G. Rusch, Piaget und der radikale Konstruktivismus, 1994; I. Scharlau, Jean Piaget zur Einführung, 1996; F. Buggle, Die Entwicklungspsychologie Jean Piagets, 2001[4]; G. Neuhäuser, Konstruktiver Realismus, 2003.

PICO DELLA MIRANDOLA, GIOVANNI: der italienische Philosoph wurde am 24. 2. 1463 in Mirandola geboren. Von 1477 bis 1479 studierte er kanonisches Recht in Bologna, von 1479 bis 1482 Philosophie in Ferrara. Er beschäftigte sich vor allem mit der aristotelischen Philosophie und mit den von Aristoteles beeinflussten Denkern des

Mittelalters. Neben Latein und Griechisch eignete er sich Hebräisch und Arabisch an. 1484 ging er nach Florenz, wo er den Platoniker M. Ficino kennenlernte. Unter seinem Einfluss wurde er zu einem Verfechter der

platonischen Philosophie. 1486 verfasste er 900 Thesen, die er in Rom zu verteidigen anbot. Die Thesen sollten als Diskussionsgrundlage für einen Gelehrtenkongress dienen und beanspruchten, unterschiedliche philosophische und religiöse Positionen zu einer Einheit zusammenzufügen. Zu einer öffentlichen Diskussion der Thesen kam es nicht, weil Papst Innozent VIII. dreizehn von ihnen als häretisch bezeichnete. Daraufhin floh Pico nach Frankreich, wo er aufgrund einer Intervention des Papstes verhaftet wurde. Kurze Zeit danach wurde er jedoch nach einer Intervention von Lorenzo de Medici und anderer italienischer Adliger freigelassen und kehrte nach Florenz zurück. 1493 wurde er von Papst Alexander VI. freigesprochen. Er starb am 17. 11. 1494 in Florenz.

Pico ist einer der bedeutendsten Repräsentanten der *Renaissancephilosophie*. Sein Anliegen ist es, große Denktraditionen zusammenzufügen und eine einheitliche, universale (für alle gültige) Lehre zu entwickeln.

Die platonische und aristotelische Philosophie können miteinander vereinbart werden. Die jüdische Kabbala hat in seinen Augen viele Gemeinsamkeiten mit dem Christentum. Andere Denktraditionen, auf die sich Pico beruft, sind: antike Mysterien, arabische Philosophie und Pythagoreismus.

Obwohl sich Pico auf unterschiedliche Denktraditionen beruft, bilden die *platonische Philosophie* und das *Christentum* den Kern seiner Lehre. Die gesamte Wirklichkeit wird von ihm als eine Seinshierarchie dargestellt. Die niedrigste Stufe stellen die unbelebten Körper dar, das höchste Seiende ist *Gott*.

Der Mensch wird von Gott zur *Weltmitte* bestimmt. Sein Handeln ist nicht determiniert. Gott gibt ihm die Freiheit, sich selbst zu bestimmen (vgl. »De hominis dignitate«, 1496; dt. »Über die Würde des Menschen«, 1905).

Der Mensch ist der Schöpfer seiner selbst. Er kann sein Leben selbstständig und frei gestalten und ist nicht an ein vorherbestimmtes Gesetz gebunden. Damit prägt Pico maßgeblich das Menschenbild der Renaissance und wird zum Wegbereiter des *Humanismus*.

Der Mensch soll sich uneingeschränkt, frei und schöpferisch entfalten. Selbstständigkeit und Freiheit avancieren zu herrschenden Werten.

Im Zusammenhang mit der Hervorhebung der Selbstständigkeit und Freiheit des Menschen lehnt Pico die Astrologie ab. Die in ihr herrschende Auffassung von der Vorherbestimmtheit des menschlichen Lebens durch die Konstellationen der Sterne widerspricht dem Ideal der Freiheit, der freien Selbstbestimmung.

Weitere Werke von Pico: Opera Omnia, I – II, 1557 (repr. 1969); Ausgewählte Schriften, A. Liebert (Hg.), 1904.

Literatur zu Pico: E. Cassirer, Individuum und Kosmos in der Philosophie der Renaissance, 1927; E. Garin, Der italienische Humanismus, 1947; E. Monnerjahn, Giovanni Pico della Mirandola, 1960; H. Reinhardt, Freiheit zu Gott, 1989; A. Thumfart, Die Perspektive und die Zeichen, 1996; A.A. Schillinger-King, Die Affirmation des Unvermeindlichen in Widerstand und Würde, 1998.

PLANCK, MAX: der deutsche Physiker wurde am 23. 4. 1858 in Kiel geboren. Er studierte seit 1874 Mathematik und Physik in München und Berlin. Er promovierte 1879, 1880 folgte die Habilitation. 1885 erhielt er eine Professur für theoretische Physik an der Universität Kiel, 1888 an der Berliner Universität. 1894 wurde er Mitglied der »Königlich-Preußischen Akademie der Wissenschaften zu Berlin«, von 1912 bis 1938 war er einer ihrer Sekretäre. Von 1930 bis 1937 und von 1945 bis 1946 war er Präsident der »Kaiser-Wilhelm-Gesellschaft zur Förderung der Wissenschaften«. 1918 erhielt Planck den Nobelpreis für Physik. Er starb am 4.10.1947 in Göttingen. 1948 wurde die »Kaiser-Wilhelm-Gesellschaft zur Förderung der Wissenschaften« in »Max-Planck-Gesellschaft zur Förderung der Wissenschaften« umbenannt.

Planck gilt als der Begründer der *Quantentheorie*, der gemäß Strahlungsenergie nicht stetig in beliebig kleinen Mengen, sondern in einer

frequenzabhängigen Mindestmenge, in Quanten, diskontinuierlich abgegeben bzw. aufgenommen wird. Planck entdeckte das nach ihm benannte *Wirkungsquantum h*. Es stellt die Einheit, in der das Licht abgestrahlt wird, dar. Es wird als eine neue Naturkonstante bestimmt.

Planck leitete durch eine Interpolation das Gesetz der schwarzen Wärmestrahlung ab, das sog. *Plancksche Strahlungsgesetz*. Darin wird die Abhängigkeit der spektralen Dichte verschiedener Strahlungsgrößen von der Wellenlänge λ bzw. der

Frequenz ν der elektromagnetischen Strahlung und von der thermodynamischen Temperatur T beim schwarzen Strahler dargestellt.

Neben physikalischen Arbeiten, insbesondere auf dem Gebiet der *Thermodynamik*, lieferte Planck wichtige *philosophische* Beiträge. Sie beziehen sich vor allem auf erkenntnistheoretische Fragen und Probleme (vgl. »Das Weltbild der neuen Physik«, 1929).

Sinneswahrnehmung und Messung bilden die Grundlage der wissenschaftlichen Arbeit. Neben der Sinnenwelt muss es nach Planck eine von uns unabhängige reale Außenwelt geben.

Er unterscheidet drei Welten: 1) die *Sinnenwelt*, 2) die von uns unabhängige *reale Außenwelt* und 3) das *physikalische Weltbild*. Die letztere Welt ist die der wissenschaftlichen, sich an der Physik orientierenden Theorien. Die reale Außenwelt ist die »Grundlage« der Sinnenwelt. Anders ausgedrückt: Ohne die Außenwelt gäbe es keine Sinnenwelt.

Die Sinnenwelt ist zwar die Quelle der Erkenntnis, sie alleine kann uns jedoch keine objektive wissenschaftliche Wahrheit (z.B. Gesetze) liefern. Dazu bedarf es des abstrakten bzw. theoretischen Denkens. Es ordnet und interpretiert das sinnliche Material.

Mit Hilfe der Abstraktion (des Absehens von konkreten beobachtbaren Einzelerscheinungen) gelangt es zu Verallgemeinerungen und allgemeingültigen Gesetzen. Zum physikalischen Weltbild gehören Gesetze, mathematische Formeln, physikalische Konstanten usw.

Planck hatte einen großen Einfluss auf die Entwicklung der Physik im 20. Jh. Seine Theorie wurde u.a. von N. Bohr, W. Heisenberg und A. Einstein rezipiert und weiter entwickelt.

Weitere Werke von Planck: Das Prinzip der Erhaltung der Energie, 1887; Vorlesungen über Thermodynamik, 1897; Vorlesungen über die Theorie der Wärmestrahlung, 1906; Einführung in die theoretische Physik, I – V, 1916-1930; Physikalische Abhandlungen und Vorträge, I – III, 1958.

Literatur zu Planck: H. Dingler, Max Planck und die Begründung der sogenannten modernen theoretischen Physik, 1939; H. Kretzschmar, Max Planck als Philosoph, 1967; C. Liesenfeld, Philosophische Weltbilder des 20. Jahrhunderts, 1992; A. Hermann, Max Planck in Selbstzeugnissen und Bilddokumenten, 2000[7].

PLATON: Der griechische Philosoph wurde 428/27 v. Chr. in Athen geboren. Er entstammte einer vornehmen aristokratischen Familie. Ursprünglich war er an einer politischen Karriere interessiert. Enttäuscht von den politischen Verhältnissen in Athen wandte er sich unter der Leitung von Sokrates der Philosophie zu. Er wurde sein bekanntester Schüler. Nach dem Tode von

Sokrates unternahm er mehrere Reisen, u. a. nach Süditalien, wo er pythagoräische Mathematiker kennenlernte, und nach Ägypten. Von 388 bis 360 v. Chr. unternahm er mehrere Reisen nach Sizilien (Syrakus), wo er versuchte, die dortigen Herrscher (Dionysos I, Dionysos II) davon zu überzeugen, seine Staatslehre in Wirklichkeit umzusetzen. All diese Versuche scheiterten. Ca. 387 gründete Platon die »Akademie«, eine Lehrstätte, an der Philosophie und andere Wissenschaften, insbesondere Mathematik und Astronomie, unterrichtet wurden. Er starb 348/47 v. Chr.

Platon gilt neben Aristoteles als der bedeutendste Philosoph der Antike. Er ist der Begründer der *Ideenlehre*. Sie wird in Dialogen, in denen Sokrates der wichtigste Gesprächspartner ist, dargestellt. Beeinflusst ist Platon neben Sokrates auch von Parmenides, Heraklit, Demokrit, Pythagoras und Protagoras.

Platon findet eine Vielfalt von Einzeldingen, Ereignissen, aber auch von moralischen, politischen und religiösen Überzeugungen vor. Alle beobachtbaren bzw. vorgefundenen Phänomene sind veränderlich und vergänglich. Er ist der Überzeugung, dass hinter den veränderlichen und vergänglichen Phänomenen eine feste, unveränderliche und unvergängliche geistige Ordnung besteht. Diese Ordnung wird als Ideenreich bzw. Welt der Ideen bezeichnet.

Eine *Idee* ist nichts Subjektives, keine subjektive Vorstellung eines einzelnen Menschen, sondern etwas Objektives, etwas, was an sich, unabhängig von unserem Denken besteht. Sie ist das *Allgemeine* (eine allgemeine Wesenheit) im Unterschied zu den besonderen Einzeldingen (vgl. »Politeia«, dt. »Staat«).

Außer Unveränderlichkeit und Unvergänglichkeit (Ewigkeit) werden den Ideen folgende Merkmale zugesprochen: Vollkommenheit, Unteilbarkeit, Unbeweglichkeit. Sie existieren nicht in Raum und Zeit, sind demnach unkörperlich. Die sinnlich wahrnehmbaren Einzeldinge sind hingegen unvollkommen, beweglich, teilbar und körperlich. Sie sind raum-zeitlich.

Ideen existieren unabhängig von den sinnlich wahrnehmbaren Einzeldingen und unabhängig vom menschlichen Bewusstsein. Sie bilden daher selbstständige Größen. Darüber hinaus stellen sie eine höhere Art der Wirklichkeit als die Einzeldinge dar und werden von Platon als das eigentliche, wahre Sein betrachtet.

Im Ideenreich herrscht eine Rangordnung (Hierarchie). Die höchste Idee (die Idee der Ideen) ist die *Idee des Guten*. Sie wird von Platon jedoch nirgendwo inhaltlich bestimmt.

Platon fragt nach dem Verhältnis zwischen Ideen und Einzeldingen. Die Letzteren haben an den Ersteren teil. Sie existieren nur, sofern sie an ihnen teilhaben (Teilhabe: griech. »methexis«). Ein Ding ist schön, weil es an der Idee des Schönen teilhat. Die Einzeldinge werden als Abbilder der Ideen, die Ideen als Ur- bzw. Vorbilder der Einzeldinge bestimmt.

Den *Gegenstandsbereichen* (Welt der Einzeldinge, Welt der Ideen) entsprechen unterschiedliche *Erkenntnisvermögen*. Die Einzeldinge können mit Hilfe der sinnlichen *Wahrnehmung*, die Ideen mit Hilfe des *Denkens* erfasst werden.

Die Erkenntnis der Ideen geschieht aufgrund der *Wiedererinnerung* (griech. »anamnesis«) (vgl. »Menon«). Die Seele des Menschen ist ewig, sie existiert daher auch vor seiner Geburt, d.h. vor ihrem Eingang in den Körper. In der Präexistenz (Existenz vor dem Tod) »schaute« sie die Ideen. Nachdem sie in den Körper eingegangen ist, von ihm »gefangen« genommen wurde, ist sie in der Lage, sich beim Anblick der Einzeldinge an die einst erschauten Ideen wiederzuerinnern.

Die Erkenntnis der Ideen stellt sicheres, allgemeingültiges *Wissen* (griech. »episteme«) dar. Es stützt sich auf *Gründe*, die in der *Argumentation* (Rede – Gegenrede) ermittelt werden. Bezüglich der Einzeldinge können wir kein sicheres, allgemeingültiges Wissen erlangen, weil sie der ständigen Veränderung unterliegen. Das Wissen über die veränderbaren Einzeldinge ist ein *Schein*-Wissen. Es wird von Platon als bloße *Meinung* (griech. »doxa«) bezeichnet (vgl. »Theaitetos«).

Der Mensch gehört sowohl der Welt der Ideen als auch der der Einzeldinge an. Er besteht aus Leib und Seele. Der Leib ist materiell, vergänglich und veränderlich, die Seele ist hingegen immateriell, unveränderlich und unsterblich. Sie ist mit den Ideen verwandt.

Der Körper wird von Platon als der »Kerker« der Seele bestimmt.

Nach dem Tod, d.h. nach dem Absterben des Körpers, tritt sie wieder in die Welt der Ideen ein. Die Seele ist eine Vermittlungsinstanz zwischen dem Körper und den Ideen (vgl. »Phaidon«). Einerseits ist sie immateriell/geistig, andererseits ist sie an den Körper gebunden.

Platon unterscheidet drei Seelen-Teile: den *vernünftigen*, mit dessen Hilfe der Mensch die Ideen erschaut, den *mutvollen* und den *triebhaften*.

Das Ziel des Lebens ist das *Glück* (griech. »eudaimonia«). Es kann nur dann erreicht werden, wenn der Mensch – von der Vernunft geleitet – zwischen den drei Seelenteilen ein harmonisches Verhältnis herstellt.

Eine wichtige Voraussetzung für das Erreichen des Glücks ist die Einsicht in die Ideen, insbesondere in die Idee des Guten. Diese Einsicht ist auch die Grundlage für das Funktionieren eines gerechten *Staates*. Anders formuliert: Nur derjenige, der diese Einsicht hat, kann die Vorstellung von einem guten, gerechten Staat haben.

Nur der *Philosoph* ist in der Lage, die Idee des Guten zu erkennen. Daher kann nur er wissen, was gut ist und wie man moralisch richtig handelt. Er erkennt die wahre Ordnung der Welt und damit auch die Ordnung des sozialen Lebens. Platon fordert, dass der Philosoph den Staat leiten soll – Philosophen sollen Könige sein.

In seinem umfangsreichsten Werk »Politeia« (dt. »Staat«) entwickelt Platon das Modell eines *idealen Staates*. Der Mensch ist ein soziales Wesen. Er kann Glück nur im Rahmen einer staatlichen Ordnung erreichen.

Analog zu den drei Seelenteilen des Menschen gibt es im Staat drei Stände: dem begehrenden Seelenteil entspricht der *Erwerbsstand* (Handwerker, Bauern und Kaufleute), dem mutigen der *Wächter-* bzw. *Kriegerstand*, dem vernünftigen der *Herrscherstand*. Der Erwerbsstand produziert Güter, die Kardinaltugend seiner Mitglieder ist das *Maßhalten*. Der Wächterstand beschützt den Staat gegen äußere und innere Feinde, die Kardinaltugend seiner Mitglieder ist die *Tapferkeit*. Der Herrscherstand leitet den Staat, die Kardinaltugend seiner Mitglieder ist die *Weisheit*.

Die vierte Kardinaltugend ist die *Gerechtigkeit*. Sie ist die höchste aller Tugenden und soll Mitgliedern aller Stände zukommen. Herrscht in einem Staat Gerechtigkeit, so bedeutet dies, dass zwischen den drei Ständen eine Harmonie besteht. Platon spricht sich für die Herrschaft der Besten, der Philosophen, aus. Er favorisiert die *aristokratische* Staatsform.

In dem Dialog »Timaios« thematisiert Platon die Erschaffung des Weltganzen, des *Kosmos*. Der *Demiurg*, ein weltbildender Gott, hat gemäß den ewigen Ideen den chaotischen Raum zum geordneten Kosmos gestaltet.

Als Vorbild für die Ordnung der Welt dienen Platon mathematische Strukturen. Das Prinzip der Bewegung ist die *Weltseele*. Sie wird als der regelmäßige Ablauf der Gestirne und als die Lebendigkeit des Menschen aufgefasst.

In seiner Lehre vom *Schönen* unterscheidet Platon zwischen der unveränderlichen Idee des Schönen und den konkreten, veränderlichen schönen Einzeldingen. Die schönen Einzeldinge sind schön, weil sie an der Idee des Schönen teilhaben.

Platon nennt die Liebe zum Schönen *Eros* (vgl. »Symposion«). Durch einen Aufstieg über mehrere Erkenntnisstufen kann die Idee des Schönen erschaut werden. Sie bildet eine Einheit mit der Idee des Wahren und der des Guten.

Über das *Kunstschöne* äußert sich Platon abwertend. In der Kunst werden die sinnlich wahrnehmbaren, veränderlichen und vergänglichen Einzeldinge abgebildet. Kunstwerke sind Abbilder der Einzeldinge, die wiederum Abbilder der urbildlichen Ideen sind, kurz: sie sind Abbilder der Abbilder der Ideen. Somit sind Kunstwerke doppelt von der Wahrheit, die in den Ideen zum Ausdruck kommt, entfernt.

Platons Wirkung auf die Philosophie und auf das gesamte geistige Weltbild des Abendlandes ist immens. Der Philosoph A. N. Whitehead betont, dass die Geschichte der Philosophie aus einer »Reihe von Fußnoten zu Platon« besteht. Fast alle großen abendländischen Denker wurden von seiner Lehre angeregt. Fast alle philosophischen Positionen, Theorien und Strömungen nehmen direkt oder indirekt, bejahend oder ablehnend Bezug auf seine Gedanken. Sein bekanntester Schüler und zugleich Gegenspieler ist Aristoteles. Über Jahrtausende standen Positionen, die sich an die Philosophie Platons, mit denen, die sich an die Philosophie des Aristoteles anlehnten, in einem »Konkurrenzkampf«.

Mit *Platonismus* bezeichnet man alle Positionen, die sich an die Philosophie Platons anschließen. Zum *alten* Platonismus werden u. a. die Lehren von Speusipp und Xenokrates, zum *mittleren* u. a. die von Celsus und Plutarch gezählt. Er erlebte eine Wiedergeburt in der platonischen Akademie in Florenz (im 15. Jh.) und in der sog. »Cambridge Schule« im 17. Jh. Besonders sichtbar ist der Einfluss des Platonismus bei Leibniz, Husserl, Cantor, Frege und Russell.

Unter *Neuplatonismus* versteht man die philosophische Strömung der Spätantike (3.-6. Jh. n. Chr.), die sich ebenfalls auf die Philosophie Platons beruft. Er nimmt jedoch auch stoische, pythagoreische, aristotelische und religiös-mystische Elemente auf. Als Hauptvertreter des Neuplatonismus gilt Plotin.

Weitere Werke von Platon: Apologie; Charmides; Gorgias; Kratylos; Kritias; Kriton; Laches; Nomoi; Parmenides; Phaidros; Philebos; Protagoras; Sophistes; Sämtliche Werke in der Übersetzung von F. Schleiermacher, I – VI, W. F. Otto u. a. (Hg.), 1957-1959.

Literatur zu Platon: P. Friedländer, Platon, 3 Bde., 1954-60²; E. Hoffmann, Platon, 1961; W. Bröcker, Platos Gespräche, 1964; G. Martin, Platon in Selbstzeugnissen und Bilddokumenten, 1969; K. Bormann, Platon, 1973; W. Wieland, Platon und die Formen des Wissens, 1982; R. M. Hare, Platon, 1990; M. Suhr, Platon, 2001²; B. Zehnpfennig, Platon zur Einführung, 2001²; W. Ries, Platon für Anfänger, 2003; M. Bordt, Platon, 2004.

PLOTIN: der griechische Philosoph wurde ca. 205 in Lykopolis (Ägypten) geboren. Er studierte in Alexandria bei dem Platoniker Ammonios Sakkas. 242/243 nahm er an dem Feldzug des Kaisers Gordianus gegen die Perser teil. Nach dem Scheitern des Feldzugs ließ er sich 244 in Rom nieder und gründete dort eine Philosophenschule, die 25 Jahre unter seiner Leitung stand. Sein Vorhaben, eine Philosophenstadt (Platonopolis) zu gründen, scheiterte. Seine Lehrvorträge und Schriften

wurden von seinem Schüler Porphyrios unter dem Titel »Enneaden« herausgegeben. Plotin starb ca. 270 in Minturnae (Kampanien).

Plotin ist der wichtigste Vertreter des *Neuplatonismus*, einer philosophischen Strömung der Spätantike (3.-6. Jh. n. Chr.). Er knüpft hauptsächlich an die Philosophie Platons an, nimmt aber auch Elemente aus anderen Richtungen der antiken Philosophie auf, z. B. stoische, pythagoreische, aristotelische Elemente.

Im Mittelpunkt seiner Philosophie steht die Lehre von der *Emanation*, d. h. dem Ausfließen des Seienden aus dem *Einen* (griech. »hen«). »Alles Seiende ist durch das Eine ein Seiendes«.

Das Eine bildet die wahre und höchste Wirklichkeit. Es stellt eine vollkommene *Einheit* dar. Es wird als unteilbar, unveränderlich, eigenschaftslos und zeitlos definiert.

Das Eine kann nicht positiv, d. h. durch die Angabe von Eigenschaften, bestimmt werden. Man kann nur sagen, was es nicht ist. In anderen Worten: Es kann nur durch *Negationen* bestimmt werden.

Das Ausfließen des Seienden aus dem Einen erfolgt in Stufen. Dabei führt das Ausfließen nicht zur Minderung des Einen. Die erste Stufe bzw. den ersten Ausfluss stellt der *Geist* dar. Er umfasst die Ideen, d. h. allgemeine, abstrakte Wesenheiten. Im Gegensatz zum Einen ist der Geist unvollkommen, weil er die Trennung zwischen dem Denken und dem Gedachten voraussetzt.

Die nächste, niedrigere Stufe bildet die *Weltseele*, die auch individuelle Seelen umfasst. Sowohl der Himmel als auch die Erde sind beseelt. In ihnen waltet die Weltseele. Sie fließt in individuelle Seelen der Pflanzen, Tiere und Menschen ein.

Die Einzelseelen wiederum sind mit den materiellen, körperlichen Einzeldingen verbunden. Die *Materie* bildet die letzte und unterste Stufe des Ausflusses des Einen. Sie ist unvollkommen und böse. Plotin bezeichnet sie auch als das »Reich der Finsternis«. Im Gegensatz zu ihr ist das Eine gut und göttlich.

Den verschiedenen Seinsstufen entsprechen unterschiedlliche *Erkenntnisformen*. Mit Hilfe der *Wahrnehmung* werden Erscheinungen von materiellen Einzeldingen erfasst, mittels des argumentativ-diskursiven Denkens die Inhalte der Seele, mittels der intuitiv-anschaulichen Vernunft die Inhalte des Geistes (Ideen).

Das Eine kann nur in der kontemplativen Schau, im Zustand der *Ekstase* erfasst werden. In der Ekstase kommt es zu einer Vereinigung des Menschen mit dem Einen.

Die Vereinigung mit dem Einen ist das Ziel des Erkennens und Handelns. Der Mensch muss sich von der Welt der materiellen Dinge loslösen, um zur Schau des Einen zu gelangen. Ein *tugendhaftes Leben* ist nur dann möglich, wenn sich der Mensch vom Sinnlich-Materiellen loslöst (reinigt) und die Vereinigung mit dem Einen erstrebt.

Eine wichtige Rolle spielt für Plotin das *Schöne*, in dem das Eine zum Ausdruck kommt. Im Erfassen des Schönen kommt der Betrachter mit dem Einen in Berührung.

Plotin prägte nachhaltig die Entwicklung des Neuplatonismus (Porphyrios, Proklos). Große Wirkung hatte er auch auf christliche Denker, vor allem auf Augustinus. Seine Überlegungen zur Ästhetik (Lehre vom Schönen) wurden in der Renaissance aufgegriffen. Sein Einfluss ist sichtbar u. a. bei Goethe, Novalis, Herder, Jacobi, Schelling, Hegel und Bergson. Hegel bestimmt in Anlehnung an Plotin das Schöne als »sinnliches Scheinen der Idee«.

Weitere Werke von Plotin: Plotins Schriften, R. Harder (Hg.), I – VI, 1956-1971.

Literatur zu Plotin: H. Fischer, Die Aktualität Plotins, 1956; K.H. Volkmann-Schluck, Plotin als Interpret der Ontologie Platons, 1957; H. J. Krämer, Der Ursprung der Geistmetaphysik, 1967[2]; V. Schubert, Plotin, 1973; W. Beierwaltes, Denken des Einen, 1985; G. Siegmann, Plotins Philosophie des Guten, 1990; L. P. Gerson, The Cambridge companion to Plotinus, 1996; S. Möbuß, Plotin zur Einführung, 2000; W. Beierwaltes, Das wahre Selbst, 2001; J. Halfwassen, Plotin und der Neuplatonismus, 2004.

POINCARÉ, JULES HENRI: der französische Mathematiker, Physiker und Philosoph wurde am 29. 4. 1854 in Nancy geboren. Er studierte von 1873 bis 1875 an der École Politechnique in Paris, von 1875 bis 1877 an der École des Mines. 1877 wurde er Ingenieur für Bergbau, 1879 Doktor der mathematischen Wissenschaften. Von 1879 bis 1881 hielt er Vorlesungen über mathematische Analysis an der Universität Caen. 1885 wurde er Professor für mechanische und experimentelle Physik, 1886 für mathematische Physik, 1896 für mathematische Astronomie und Himmelsmechanik an der Sorbonne in Paris. Von 1883

bis 1897 war er Repetitor für Analysis, von 1904 bis 1908 Professor für allgemeine Astronomie an der École Politechnique in Paris. 1908 wurde Poincaré Mitglied der Académie Française. Er starb am 17. 7. 1912.

Poincaré ist einer der wichtigsten Repräsentanten des *Konventionalismus* in der Wissenschaftstheorie. Die meisten Prinzipien einer Wissenschaft sind *Hypothesen* (Annahmen), die als Konventionen (Übereinkünfte, Festlegungen) bzw. »verdeckte Definitionen« betrachtet werden sollen. Zu diesen Prinzipien gehören u. a. Axiome der Geometrie und Elementarprinzipien der Mechanik.

Konventionen stammen nicht aus der Erfahrung, sondern sind theoretischer Art. Sie werden von Wissenschaftlern frei gewählt, und zwar aus Einfachheits- bzw. Bequemlichkeitsgründen (vgl. »La science et l'hypothèse«, 1902; dt. »Wissenschaft und Hypothese«, 1904).

In der Wissenschaft geht es darum, möglichst einfache bzw. bequeme Beschreibungen der Welt zu liefern. Zur Beschreibung der Welt eignet sich nach Poincaré die Euklidische Geometrie besonders gut, weil sie einfacher als andere Geometrien ist.

Wissenschaftliche Prinzipien sind dann gültig, wenn Wissenschaftler ihnen zustimmen und sie verwenden. Eine wichtige Rolle im Prozess der wissenschaftlichen Begriffs- und Theoriebildung spielt die *Sprache*. Wissenschaftler erschaffen eine Sprache, mit deren Hilfe sie die Welt beschreiben.

Poincaré verfasste bahnbrechende Arbeiten auf fast allen Gebieten der damaligen mathematisch-physikalischen Forschung. Er begründete u. a. die qualitative Theorie der *Differenzialgleichungen*. Er untersuchte die automorphen Funktionen und löste das Integrationsproblem für gewöhnliche Differenzialgleichungen mit algebraischen Koeffizienten. Über dies veröffentlichte er grundlegende Arbeiten zur Himmelsmechanik und zur mathematischen Physik. Unabhängig von Einstein beschäftigte er sich mit Problemen der speziellen Relativitätstheorie.

Der von Poincaré entwickelte Konventionalismus wurde u. a. von H. Reichenbach und M. Schlick kontrovers diskutiert.

Weitere Werke von Poincaré: Œuvres, I – XI, 1916-1956.

Literatur zu Poincaré: J. Giedymin, Science and Convention, 1982; C. Thiel, Grundlagenkrise und Grundlagenstreit, 1972; W. Diederich, Konventionalität in der Physik, 1974; M. Meyer, Leiblichkeit und Konvention, 1992; R. Huber, Einstein und Poincaré, 2000; P. Galison, Einsteins Uhren und Poincarés Karten, 2003.

POPPER, KARL RAIMUND: der österreichisch-britische Philosoph wurde am 28. 7. 1902 in Wien geboren. Mit 16 verließ er das Gymnasium, ohne Abitur gemacht zu haben. An der Universität Wien besuchte er Vorlesungen u. a. zu Philosophie, Psychologie, Mathematik und Physik. Eine Zeit lang war er Mitarbeiter in den Erziehungsberatungsstellen Alfred Adlers. Von 1922 bis 1924 machte Popper eine Tischlerlehre, 1922 holte er das Abitur als Externer nach, studierte von 1922 bis 1923 Kirchenmusik am Wiener Konservatorium und machte gleichzeitig eine Lehrerausbildung. Seit 1924 arbeitete er als Erzieher. 1928 promovierte er bei Karl Bühler über

das Thema »Zur Methodenfrage der Denkpsychologie«. 1929 erhielt er eine Lehrbefähigung für Hauptschule in Mathematik und Physik, ab 1930 arbeitete er als Hauptschullehrer. Seit 1922 trat Popper mit Mitgliedern des »Wiener Kreises« (u.a. M. Schlick, H. Feigel, R. Carnap, O. Neurath) in Kontakt. 1937 emigrierte er als Jude nach Neuseeland, wo er Dozent am Canterbury University College wurde. 1946 wurde er an die London School of Economics berufen, wo er bis zu seiner Emeritierung im Jahre 1969 lehrte. 1965 wurde Popper geadelt. Er starb am 17.9.1994 in Croydon bei London.

Popper ist der Begründer des *Kritischen Rationalismus*. Dieser philosophischen Position zufolge gibt es keine sichere, unerschütterliche bzw. absolute Erkenntnis. Menschliches Wissen hat einen hypothetischen Charakter, es kann grundsätzlich *widerlegt* werden. Aussagen der Wissenschaften, sowohl der Natur- als auch der Sozialwissenschaften, müssen rationaler (von der Vernunft geleiteter) Kritik unterzogen werden.

Ziel der wissenschaftlichen Forschung ist es, Hypothesen (Annahmen) durch Tatsachen zu widerlegen, zu *falsifizieren* (von lat. »falsus«, »falsch«, und »facere«, »machen«), d.h. ihre Falschheit herauszustellen (vgl. »Logik der Forschung«, 1935). Das Grundprinzip der wissenschaftlichen Forschung besagt: Man soll nach Widerlegungen aktiv suchen, anstatt ihnen auszuweichen.

Die Falsifizierbarkeit wird von Popper als das wichtigste Merkmal wissenschaftlicher Aussagen und als das wichtigste Kriterium für die Wissenschaftlichkeit von Theorien bestimmt.

Eine wissenschaftliche (empirische) Aussage kann durch die Angabe eines Gegenbeispiels falsifiziert werden. Z.B. wird die Aussage »Alle Schwäne sind weiß« durch den Aufweis eines nicht-weißen (schwarzen) Schwans falsifiziert.

Empirische Aussagen können nach Popper nie endgültig verifiziert

(Verifikation = das Herausstellen der Wahrheit einer Aussage), sondern nur endgültig falsifiziert werden. Zur endgültigen Falsifikation einer Aussage reicht jedoch die Angabe eines Gegenbeispiels nicht aus. Notwendig dazu ist die Angabe einer weiteren Hypothese, die durch die Angabe des Gegenbeispiels nicht widerlegt wird.

Popper fordert, dass sich die weitere Hypothese *bewährt*. Empirische Hypothesen bleiben daher bis zu ihrer Falsifikation immer nur bewährte Hypothesen. Eine Hypothese hat sich bewährt, wenn sie viele Falsifikationsversuche übersteht. Bezogen auf Theorien heißt es: Eine Theorie hat sich bewährt, wenn sie vielen Falsifikationsversuchen standhält. Sie ist dann falsifiziert, wenn sich ihre Sätze aufgrund empirischer Überprüfung als falsch herausstellen.

Obwohl menschliches Wissen fehlbar ist und es keine absolut sichere Erkenntnis gibt, ist nach Popper *Erkenntnisfortschritt* möglich. Menschen können aus ihren Fehlern lernen und sich dadurch der *Wahrheit annähern* (dabei wird jedoch die Idee einer absoluten unumstößlichen Wahrheit abgelehnt).

Wenn Hypothesen Falsifikationsversuchen standhalten, können sie als Erklärungen der Welt vorläufig akzeptiert werden und Objektivität (Allgemeingültigkeit) beanspruchen. Popper betont immer wieder, dass objektive Erkenntnis möglich ist (vgl. »Conjectures and Refutations«, 1963).

Das ganze Leben ist in Poppers Augen ein *Problemlösen*. Sowohl in der Wissenschaft als auch im Alltag gehen wir von Problemsituationen aus und suchen nach Problemlösungen. Problemlösungsvorschläge werden ausprobiert und gegebenenfalls verbessert. Dabei soll man nach dem Prinzip »Versuch und Irrtum« vorgehen: Beim Versuch, ein Problem zu lösen, macht man Fehler, aus denen man lernen kann.

Denken und Handeln sollen sowohl in der Wissenschaft als auch im Alltag von der Tugend der *intellektuellen Redlichkeit* geleitet werden. Das bedeutet, dass Menschen eigene und fremde Irrtümer und Fehler systematisch aufdecken und aus ihnen lernen sollten. Popper plädiert für eine *kritische Einstellung*, zu der die Einsicht in die menschliche Fehlbarkeit, intellektuelle Bescheidenheit und Selbstkritik gehören.

Popper liefert wichtige Beiträge auf dem Gebiet der *Evolutionären Erkenntnistheorie* und der *Philosophie des Geistes*. Das menschliche Erkenntnisvermögen ist das Ergebnis der biologischen Evolution. In dem zusammen mit dem Neurophysiologen J. C. Eccles verfassten Werk »The Self and Its Brain« (1977; dt.

»Das Ich und sein Gehirn«, 1982) unterscheidet Popper *drei Welten* (drei selbständige Bereiche): Welt 1 der physischen (raum-zeitlichen) Objekte/Körper, Welt 2 der psychischen Zustände (Bewusstseinszustände, Vorstellungen, Gefühle) und Welt 3 der geistigen Gebilde (wissenschaftliche Theorien, wissenschaftliche Probleme, soziale Institutionen, Kunstwerke).

Die Objekte der Welt 3 sind zwar von Menschen geschaffen, sie stellen jedoch zum Teil selbstständige Gebilde dar. Mit anderen Worten: Sie sind zwar Produkte des Menschen, im Laufe der Zeit verselbstständigen sie sich jedoch und bilden eigenständige Größen.

Welt 3 und Welt 2 können auf Welt 1 nicht reduziert werden. Welt 3 kann auf Welt 1 nur durch die Vermittlung von Welt 2 wirken. Umgekehrt kann Welt 1 auch nur über die Vermittlung von Welt 2 auf Welt 3 wirken.

Das menschliche Bewusstsein wird nicht als bloßer Ausdruck physikalischer (physiologischer) Prozesse aufgefasst. Menschliches Handeln ist daher nicht vollständig vorherbestimmt (determiniert). Es zeichnet sich durch *Freiheit* und *Verantwortung* aus.

In seiner politischen Theorie erweist sich Popper als ein radikaler *Kritiker des Totalitarismus*, und zwar sowohl der faschistischen als auch der kommunistischen Prägung, und als ein *Verfechter des politischen Liberalismus*.

In seinem Werk »The Poverty of Historicism« (1944/45; dt. »Das Elend des Historizismus«, 1965) hebt er hervor, dass es keine notwendigen Gesetze in der Geschichte bzw. in der Gesellschaft gibt, die auch für zukünftige Ereignisse absolute Geltung hätten. Er wendet sich damit vor allem gegen die Lehren von Hegel und Marx, in denen von der Existenz solcher Gesetze ausgegangen wird.

Nach Hegel und Marx treten geschichtliche Ereignisse mit Notwendigkeit ein. Aussagen über das notwendige Eintreten zukünftiger Ereignisse werden von Popper als *Prophetien* (Weissagungen) bezeichnet. Sie sind mit einem religiösen Erlösungsglauben verbunden. In diesem Sinne sind Hegel und Marx politische Propheten.

Der Glaube an notwendige Gesetze in der Geschichte geht mit einem *Absolutheitsanspruch* einher, mit dem andere Meinungen, Positionen und Theorien als falsch abgewiesen werden. Hegel und Marx, aber auch Platon, werden somit zu Wegbereitern des Totalitarismus.

Möglich sind nach Popper nur *Prognosen*, d.h. Wahrscheinlichkeitsaussagen über das Eintreten von zukünftigen Ereignissen. Die Aufgabe des politischen und sozialen Handelns ist nicht die Verwirklichung von prophetischen bzw. utopischen Zielen, die meist zum Gegenteil des Angestrebten führt, sondern eine *schrittweise Verbesserung* der konkreten Lebensverhältnisse der Menschen.

Dies geschieht durch politische bzw. rechtliche Maßnahmen (z.B. Garantie von Grundrechten) und durch technische und wissenschaftliche Erfindungen. Die Praxis der allmählichen Verbesserung der Lebensverhältnisse wird von Popper als *Sozialtechnologie* bezeichnet.

Die von ihm geforderte kritische Einstellung kann am angemessensten in einer *offenen* Gesellschaft herausgebildet werden. Sie bietet die besten Möglichkeiten, Kritik zu äußern, und die besten Möglichkeiten, Fehler aufzudecken und zu korrigieren. Freiheit und Verantwortung können in einer solchen Gesellschaft am besten gedeihen (vgl. »The Open Society and Its Enemies«, 2 Bde., 1945; dt. »Die offene Gesellschaft und ihre Feinde«, 2 Bde., 1957/58). Die pluralistisch-liberale *Demokratie* ist diejenige Staatsform, in der sich die offene Gesellschaft etablieren und entfalten kann.

Der von Popper begründete Kritische Rationalismus bildet eine der einflussreichsten philosophischen Strömungen des 20. Jh. Zu seinen Vertretern gehören u.a.: Lakatos, Agassi, Albert, Bartley, Watkins und Andersson. Poppers wissenschaftstheoretische Konzeptionen sind zum festen Bestand wissenschaftlicher Methodologie geworden. Der Zusammenbruch der totalitären Systeme und der Siegeszug der liberalen Demokratie im 20. Jh. haben zur Bestätigung vieler seiner sozial- und staatsphilosophischen Gedanken geführt.

Weitere Werke von Popper: Objective Knowledge, 1972 (dt. Objektive Erkenntis, 1973); Die beiden Grundprobleme der Erkenntnistheorie, 1979; Auf der Suche nach einer besseren Welt, 1984; Ich weiß, dass ich nichts weiß – und kaum das, 1991; Alles Leben ist Problemlösen, 1994.

Literatur zu Popper: M. Bunge (Hg.), The Critical Approach to Science and Philosophy, 1964; H. Albert, Traktat über kritische Vernunft, 1968; P. A. Schlipp (Hg.), The Philosophy of Karl Popper, 2 Bde., 1974; H. Keuth, Realität und Wahrheit, 1978; H. Weinheimer, Rationalität und Begründung, 1986; E. Döring, Karl Raimund Popper, 1987; G. Andersson, Kritik und Wissenschaftsgeschichte, 1988; L. Schäfer, Karl Raimund Popper, 1996[3]; I. Pies, Karl Poppers kritischer Rationalismus, 1999; M. Morgenstern, Karl Popper, 2002; R. Neck, Karl Raimund Popper, 2004; H. Stelzer, Karl Poppers Sozialphilosophie, 2004.

PTOLEMÄUS, CLAUDIUS: der griechische Astronom, Mathematiker und Geograph wurde um 100 n. Chr. geboren. Man weiß wenig über sein Leben. Er wirkte in Alexandria. Seine astronomischen Beobachtungen stammen aus den Jahren 127 bis 141. Er starb vermutlich um 170 in Canopus bei Alexandria.

Ptolemäus ist der Begründer des nach ihm benannten *Ptolemäischen Weltbildes*. Es ist ein geozentrisches Weltbild, bei dem sich der Mond, die Sonne und die Planeten Merkur, Venus, Mars, Jupiter und Saturn um die Erde als Mittelpunkt bewegen.

Sein Weltbild stellt er in dem Werk »Mathematike syntax« (entstanden zwischen 127 und 141; dt. »Handbuch der Astronomie«, 1912/13), das auf arabisch »Almagest« heißt, dar. Das Werk bildete bis ins 17. Jh. die Grundlage der mathematischen Astronomie. Ptolemäus greift auf die Physik des Aristoteles sowie auf die astronomischen Konzepte von Apollonos von Perge und Hipparchos von Nikaia zurück.

In den ersten beiden Büchern werden das geozentrische Weltbild und die mathematischen Grundlagen der Astronomie erläutert. Die Grundsätze des geozentrischen Weltbildes lauten: 1) das Universum hat eine Kugelgestalt und dreht sich wie eine Kugel; 2) die Erde ist kugelförmig; 3) die Erde bildet den Mittelpunkt, das Zentrum des Universums; 4) die Bewegung der Erde verursacht keine Ortsveränderung. Das Universum wird durch eine Fixsternsphäre umgrenzt.

Der *ptolemäische Satz* (Gegensehnensatz) besagt, dass das Produkt der Diagonalen eines konvexen Sehnenvierecks in einem Kreis gleich der Summe der Produkte aus den Gegenseiten ist.

Im dritten Buch wird die Theorie der Sonne, im vierten und fünften die des Mondes behandelt. Im sechsten Buch untersucht Ptolemäus Mond- und Sonnenfinsternisse, die Bücher sieben und acht handeln von Fixsternen. In den restlichen Büchern neun bis dreizehn werden die Bahnen der fünf Planeten Merkur, Venus, Mars, Jupiter und Saturn untersucht.

Das zweite große Werk von Ptolemäus, die »Geographia«, galt lange Zeit (ebenfalls bis ins 17. Jh.) als das grundlegende Werk der Geographie.

Er zeigt darin, wie eine Karte der damals bekannten Erde herzustellen ist (das Werk selbst enthält jedoch keine Erdkarte). Er schlägt hierzu die Methode der Kegelprojektion vor. Weiterhin stellt er eine Liste von ca. 8000 Orten mit Angabe ihrer Länge- und Breitengraden auf. Die Erde wird in 26 Einzelkarten aufgeteilt.

Ptolemäus verfasste Werke zu Astrologie, Optik, Erkenntnistheorie und Harmonik. Das von ihm entworfene Weltbild behielt seine Gültigkeit bis zu seiner Ablösung durch das von Kopernikus begründete heliozentrische Weltbild. Dem neuen Weltbild zufolge steht die Sonne im Mittelpunkt des Universums.

Weitere Werke von Ptolemäus: Claudii Ptolemaei opera quae extant Omnia, I – II, J. L. Heiberg u.a. (Hg.), 1898-1961.

Literatur zu Ptolemäus: J. Mittelstraß, Die Rettung der Phänomene, 1962; B. Kanitscheider, Philosophisch-historische Grundlagen der physikalischen Kosmologie, 1974; O. Neugebauer, A History of Acient Mathematical Astronomy, 3 Bde., 1975; K. Mainzer, Geschichte der Geometrie, 1980; B. L. van der Waerden, Die Astronomie der Griechen, 1988; A. M. Smith, Ptolemy and the foundations of ancient mathematical optics, 1999.

PYTHAGORAS: der griechische Philosoph wurde ca. 570 v. Chr. auf der ionischen Insel Samos geboren. Über sein Leben weiß man sehr wenig. Um der Herrschaft des Tyrannen Polykrates zu entgehen, verließ er 532/531 v. Chr. Samos und ging

nach Kroton (Unteritalien). Dort gründete er eine philosophisch-religiöse Lebensgemeinschaft: die Gemeinschaft der Pythagoreer. Sie stand mit der religiösen Bewegung der Orphik in Verbindung. Pythagoras und seine Anhänger gewannen großen politischen Einfluss. Aus politischen Gründen musste er Kroton verlassen und nach Metapont (Unteritalien) fliehen. Er soll Reisen nach Ägypten und Babylon unternommen haben. Er starb ca. 480 v. Chr. in Metapont. Pythagoras verfasste selbst keine Schriften. Seine Lehre kennt man aus den Schriften seiner Schüler bzw. anderer antiker Autoren.

Pythagoras gehört zu den bedeutendsten *Vorsokratikern*, d.h. den ersten abendländischen Philosophen. Sie fragten nach einem Urstoff, Prinzip bzw. Wesen der gesamten Wirklichkeit.

Für Pythagoras machen *Zahlen* bzw. *Zahlenverhältnisse* das Wesen der Wirklichkeit aus. Die Welt hat eine mathematische Grundstruktur. Die Einzeldinge entstanden zwar nicht aus Zahlen, sie sind nach ihnen jedoch geordnet. So sind z.B. Himmelskörper nach festen Zahlenverhältnissen geordnet.

Der *Kosmos* (das Weltall) stellt eine gleichbleibende, ewige Ordnung dar. Bestimmte Zahlen wurden von Pythagoras und seinen Anhängern verehrt, z.B. die Zahl 10, die als vollkommen betrachtet wurde. Sie besteht aus der Summe der ersten vier ganzen Zahlen 1, 2, 3 und 4.

Der *Satz des Pythagoras* besagt, dass das Quadrat der Hypothenuse eines rechtwinkligen Dreiecks gleich der Summe der Quadrate der beiden Katheten ist. Dieser Satz stammt jedoch höchstwahrscheinlich nicht von Pythagoras, sondern ist früheren Datums.

Viele Zahlen erhielten eine symbolische Bedeutung. Die Zahl 3 symbolisiert die Erde, die Zahl 4 die Gerechtigkeit und die Zahl 7 die Rechtzeitigkeit.

Nach Pythagoras lässt sich auch die *Musik* auf Zahlenverhältnisse zurückführen. Die Intervalle zwischen den Tönen werden als Verhältnisse zwischen den ersten vier Integralen (den Zahlen 1 bis 4) dargestellt. Saitenlänge und Tonhöhe der Lyra verhalten sich proportional zueinander. Die Intervalle Oktave, Quinte und Quarte lassen sich in den Zahlenverhältnissen 1:2, 3:2 und 4:3 ausdrücken.

Pythagoras spricht sich für ein *asketisches Leben* aus. Die menschliche Seele ist genau wie der Kosmos etwas Ewiges, Unsterbliches. Sie wird in den vergänglichen Körper eingesperrt. Der Mensch kann sich nur dann vom Körperlichen befreien und sich mit dem ewigen Kosmos vereinigen, wenn er seine Seele *reinigt*.

Eine wichtige Rolle spielt dabei die rituelle Reinigung und der Verzicht auf den Fleischverzehr. Durch die Reinigung kann der Mensch der *Seelenwanderung*, d.h. der Wanderung der Seele von einem Körper in den anderen, die nach seinem Tod erfolgt, entgehen.

Die menschliche Seele ist ein Teil der ewigen und göttlichen Weltordnung. Durch die Reinigung vom Körperlichen, Unvollkommenen und Vergänglichem wird sie dem Göttlichen, Vollkommenen und Schönen ähnlich. Das Ideal der Gottähnlichkeit des Menschen wird von Pythagoras mit Nachdruck vertreten.

Pythagoras beeinflusste mit seiner Lehre u. a. Platon, Philon von Alexandria, Boethius und Augustinus.

Literatur zu Pythagoras: E. Baltzer, Pythagoras, 1868 (repr. 1987); W. Burkert, Weisheit und Wissenschaft, 1962; O. Gigon, Der Ursprung der griechischen Philosophie, 1968²; W. Schadewaldt, Die Anfänge der Philosophie bei den Griechen, 1978; B.L. van der Waerden, Die Pythagoreer, 1979; H. Seidel, Von Thales bis Platon, 1980; E. Baltzer, Pythagoras, 1991; P. Strathern, Pythagoras und sein Satz, 1999; Ch. Riedweg, Pythagoras, 2002.

Q

QUINE, WILLARD VAN ORMAN: der amerikanische Philosoph wurde am 25. 6. 1908 in Akron (Ohio) geboren. Er studierte seit 1926 Mathematik und Philosophie am Oberlin College und an der Harvard University. 1932 promovierte er bei A. N. Whitehead mit der Arbeit »The Logic of Sequences«. 1932/33 reiste er nach Europa, um seine philosophischen Kenntnisse zu vertiefen. Er nahm an den Treffen der Mitglieder des »Wiener Kreises« (M. Schlick, O. Neurath u. a.) teil, traf sich mit R. Carnap in Prag und

mit polnischen Logikern (u. a. A. Tarski) in Warschau. Die auf der Europa-Reise gewonnenen Einsichten beeinflussten maßgeblich Quines intellektuelle Entwicklung. Von 1933 bis 1936 war er Senior Fellow in Harvard, seit 1936 Dozent ebendort. Von 1942 bis 1945 diente er bei der US-Navy. Von 1948 bis 1977 war Quine Full Professor für Philosophie in Harvard. Er starb am 25. 12. 2000 ebendort.

Quine ist einer der bedeutendsten Vertreter der *Analytischen Philosophie*. Die zwei Säulen seiner Theorie sind die *formale Logik* und die *sinnliche Erfahrung*.

Die Philosophie hat für ihn keine Vorrangstellung gegenüber den empirischen (auf sinnlicher Erfahrung beruhenden) Wissenschaften. Quine lehnt in diesem Zusammenhang alle philosophischen Positionen, in denen von einer erfahrungsunabhängigen (apriorischen) Basis der Erkenntnis ausgegangen wird, ab. Auch philosophische Erkenntnis muss auf sinnlicher Erfahrung beruhen.

In seinem Werk »From a Logical Point of View« (1953; dt. »Von einem logischen Standpunkt«, 1979) lehnt er die Unterscheidung zwischen *analytischen* und *synthetischen*

Sätzen ab. Analytisch sind Sätze, die aufgrund von Definitionen und logischen Festlegungen wahr sind (Beispiel: »Junggesellen sind unverheiratete Männer«). Sie sind nicht erkenntniserweiternd, sondern erkenntniserläuternd. Synthetisch sind Sätze, die aufgrund von sinnlicher Erfahrung (bei synthetischen Sätzen a posteriori) wahr sind (Beispiel: »Es schneit jetzt«). Sie sind erkenntniserweiternd.

Quine betont, dass in der Alltagssprache Begriffe nicht ausdrücklich definiert werden. Nur in einem bestimmten (theoretischen) Rahmen kann die Unterscheidung zwischen analytischen und synthetischen Sätzen gemacht werden. Ein und derselbe Satz kann in einem bestimmten Rahmen analytisch, in einem anderen synthetisch sein. Daher kann diese Unterscheidung nicht streng getroffen werden.

Die Bedeutung eines Satzes kann nur vor dem Hintergrund eines »Netzes von Überzeugungen« bestimmt werden. Unsere sprachliche Erfassung der Wirklichkeit hängt von einem theoretischen Rahmen bzw. von einer Hintergrundtheorie (unserer zur Zeit besten Theorie, mit der wir die Welt beschreiben) ab. Sprachliche Bedeutung, Theorie und Erfahrung bilden demnach eine Einheit. Diese Position wird auch als *Holismus* bezeichnet.

In seinem Hauptwerk »Word and Object« (1960; dt. »Wort und Gegenstand«, 1980) entwickelt Quine seine sprachphilosophischen Überlegungen weiter. Er führt folgendes Gedankenexperiment durch: Ein Sprachforscher möchte eine ihm völlig unbekannte Dschungelsprache in seine Sprache übersetzen. Dabei stützt er sich nur auf das beobachtbare Sprachverhalten der Eingeborenen (die beobachtbaren sprachlichen Reaktionen der Redenden und der unmittelbaren, ebenfalls beobachtbaren Umgebung).

Quine behauptet, dass der *Sinn* sprachlicher Äußerungen nicht alleine aufgrund der Beobachtung des Sprachverhaltens ermittelt werden kann. Der Sprachforscher kann den Sinn vielmehr auf der Grundlage des von ihm verwendeten Begriffsschemas verstehen. Radikaler formuliert: Der Sinn wird von ihm geprägt oder sogar festgelegt.

Daraus folgt, dass eine Sinn- bzw. Bedeutungsgleichheit (Synonymie) ausgeschlossen ist. Ein gemeinsamer (zwischen dem Sprachforscher und dem Eingeborenen bestehender), »objektiver« Sinn sprachlicher Äußerungen kann nicht ermittelt werden.

Die Übersetzung bleibt unbestimmt (These von der »Unbestimmtheit der Übersetzung«), Sinn wird immer auf der Basis eines Begriffsschemas gebildet und kann niemals eindeutig bestimmt werden.

Die Beziehung zwischen dem bezeichnenden Ausdruck und dem bezeichneten Objekt (Referenzbeziehung) ist niemals eindeutig und ein für alle Mal festgelegt. Sie kann ebenfalls nur auf der Basis eines Begriffsschemas bestimmt werden. Alles, was Referenzobjekt sprachlicher Ausdrücke werden kann, sei durch ein Begriffsschema bzw. eine Hintergrundtheorie vorgezeichnet.

Quine spricht sich für eine *naturalisierte Erkenntnistheorie* aus. Sie ist den empirischen Wissenschaften nicht vorgeordnet, sondern ist ein Teil der empirischen Psychologie.

Quine prägte entscheidend die Entwicklung der Analytischen Philosophie. Er beeinflusste vor allem D. Davidson und N. Goodman. Sehr fruchtbar war seine Kontroverse mit R. Carnap.

Weitere Werke von Quine: Methods of Logic, 1950 (dt. Grundzüge der Logik, 1969); Ontological Relativity and Other Essays, 1969 (dt. Ontologische Relativität und andere Schriften, 1975); Philosophy of Logic, 1970 (dt. Philosophie der Logik, 1973); The Roots of Reference, 1974 (dt. Die Wurzeln der Referenz, 1976); The Time of My Life, 1985.

Literatur zu Quine: D. Davidson/J. Hintikka (Hg.), Words and Objections, 1975[2]; D. Markis, Quine und das Problem der Übersetzung, 1979; H. Lauener, Willard Van Orman Quine, 1982; G.D. Romanos, Quine and Analytic Philosophy, 1983; W. Stegmüller, Hauptströmungen der Gegenwartsphilosophie, Bd. 2, 1986[7]; L.E. Hahn/A. Schilpp (Hg.), The Philosophy of Willard Van Orman Quine, 1986; D. Koppelberg, Die Aufhebung der analytischen Philosophie, 1987; M. Sukale, Denken, Sprechen und Wissen, 1988; R. Naumann, Das Realismusproblem in der analytischen Philosophie, 1993; O. Müller, Synonymie und Analytizität, 1998; G. Keil, Quine zur Einführung, 2002; R.F. Gibson, The Cambridge companion to Quine, 2004.

R

REID, THOMAS: der schottische Philosoph wurde am 26. 4. 1710 in Strachan (Kincardineshire) geboren.

Seit 1726 studierte er Theologie in Aberdeen. Von 1737 bis 1751 arbeitete er als Vikar in New Machar. 1751 erhielt er eine Professur am King's College in Aberdeen. 1764 wurde er Professor für Moralphilosophie in Glasgow (als Nachfolger von A. Smith). Er starb am 7. 10. 1796 ebendort.

Reid ist der Begründer der *Philosophie des common sense* (»allgemeiner Sinn«, »Gemeinsinn«). Dieser Denkrichtung gemäß bilden unsere Alltagsüberzeugungen den Ausgangspunkt und das Fundament des philosophischen und wissenschaftlichen Forschens.

In seinem Hauptwerk »Essays on the Intellectual Powers of Man« (1785) wendet er sich gegen die Konsequenzen der von Descartes entwickelten und von Berkeley, Locke sowie Hume übernommenen Lehre von den Ideen/Vorstellungen. Eine dieser Konsequenzen ist die Leugnung der Realität der Außenwelt; nur subjektive Ideen/Vorstellungen sind uns unmittelbar gegeben und somit Gegenstand sicherer Erkenntnis. Eine weitere Konsequenz ist die Auflösung der Einheit (Identität) des Ich durch die Ablehnung des Kausalitätsprinzips.

Reid behauptet, dass es Prinzipien des *common sense* (des gesunden Menschenverstandes) gibt, die unbezweifelbar sind und selbstevidente Wahrheiten (engl. »self-evident-truths«) darstellen. Sie werden von den meisten Menschen als wahr akzeptiert und nicht weiter hinterfragt. Zu diesen Prinzipien gehören u. a.: die Überzeugung, dass Dinge, die man mittels der Sinne wahrnimmt, existieren; die Überzeugung, dass jeder normale Mensch ein Ich hat, das eine Einheit bildet.

Diese Überzeugungen werden von Menschen immer schon im Denken und Handeln als offensichtlich wahr angenommen. Sie entstammen der *menschlichen Lebenspraxis* und sind für den Lebensvollzug unentbehrlich. Es ist nach Reid daher nicht notwendig, diese Überzeugungen zu begründen bzw. zu rechtfertigen. Ihre Geltung ist offensichtlich, *evident*. Nur von einigen Philosophen werden sie unnötigerweise in Frage gestellt.

Eine wichtige Rolle spielt für Reid die *Sprache*. Die menschliche Erkenntnis ist sprachlich vermittelt. Auch die allgemeinen Überzeugungen/Prinzipien des common sense gewinnen ihre Geltung in der Sprache.

Reid begründete mit seiner Lehre die »Schottische Schule« (Th. Brown, D. Stewart, J. Macintosh). Seine Philosophie des common sense wirkte direkt oder indirekt auf alle Positionen, die die besondere Rolle der Alltagserfahrung hervorheben.

Weitere Werke von Reid: An Inquiry Into the Human Mind, 1764 (dt. Untersuchungen über den menschlichen Geist, 1782); Philosophical Works, I –II, W. Hamilton (Hg.), 1846 (repr. 1967).

Literatur zu Reid: S.A. Grave, The Scottish Philosophy of Common Sense, 1973; E. Lobkowicz, Common sense und Skeptizismus, 1986; K. Lehrer, Thomas Reid, 1989; P. J. Diamond, Common sense and improvement, 1998; A. Benz, Die Moralphilosophie von Thomas Reid zwischen Tradition und Innovation, 2000.

REIMARUS, HERMANN SAMUEL: der deutsche Theologe und Aufklärer wurde am 22. 12. 1694 in Hamburg geboren. Seit 1714 studierte er Theologie, Philosophie und

Philologie in Jena, seit 1716 in Wittenberg. 1717 schloss er das Studium ab und wurde 1719 Adjunkt der philosophischen Fakultät in Wittenberg. Von 1720 bis 1722 unternahm er Studienreisen nach Leiden, Oxford und London. 1723 wurde er Rektor der Stadtschule Wismar, 1728 Professor

für orientalische Sprachen am Akademischen Gymnasium in Hamburg. Er starb am 1. 3. 1768 ebendort.

Reimarus ist einer der bedeutendsten Verfechter der *natürlichen Theologie*, der Lehre von der *natürlichen Religion.* Im Gegensatz zur Offenbarungsreligion, in der die Inhalte des Glaubens dem Menschen durch die Offenbarung Gottes gegeben werden, werden in der natürlichen Religion solche Inhalte vom Menschen gesetzt.

Es gibt zwar einen persönlichen Gott, der die Welt erschuf, nach der Erschaffung finden jedoch keine Eingriffe Gottes auf die Welt statt. Gott hat somit keinen weiteren Einfluss auf das Weltgeschehen. Diese Position wird als *Deismus* bezeichnet. Reimarus verteidigt den Deismus einerseits gegen die Offenbarungstheologie der Kirche, andererseits gegen den Atheismus der französischen Aufklärung.

In seinem Werk »Die vornehmsten Wahrheiten der natürlichen Religion« (1754) behauptet Reimarus, dass die menschliche *Vernunft* die Grundlage der Religion ist. Die Religion ist ihrerseits die Erfüllung der Vernunft im menschlichen Geist.

Zu den unbezweifelbaren Glaubensinhalten der natürlichen Religion gehören die Existenz Gottes, die Unsterblichkeit der Seele und die Lebensmaximen Jesu Christi. Reimarus schließt von der Existenz der endlichen, veränderlichen, zufälligen, bedingten und unvollkommenen Dinge in der Welt auf die Existenz eines unendlichen, unveränderlichen, notwendigen, unbedingten und vollkommenen Wesens, das er *Gott* nennt.

Seine Kritik an der Offenbarungstheologie stellt Reimarus in seinem Werk »Apologie oder Schutzschrift für die vernünftigen Verehrer Gottes«, das erst nach seinem Tod von Lessing unter dem Titel »Fragmente eines Ungenannten« (1774-1778) herausgegeben wurde.

Offenbarungsschriften, hauptsächlich die Bibel, sollen wie andere Schriften einer Kritik bzw. Überprüfung unterzogen werden. Es kann dabei gezeigt werden, dass sie nicht göttlichen Ursprungs sind, weil sie Ungereimtheiten, Widersprüche und Unklarheiten enthalten.

In diesem Zusammenhang werden biblische Wundergeschichten als völlig unglaubwürdig und vernunftwidrig bezeichnet. Überdies werden in der Bibel Personen als moralische Autoritäten und Offenbarungsempfänger dargestellt, die unmoralisch handeln.

Reimarus verweist darauf, dass die Messiasweissagungen des Alten Testaments auf Jesus nicht zutreffen, weil sie Forderungen nach weltlicher Herrschaft des Messias beinhalten. Schließlich soll zwischen dem, was Jesus selbst gesagt habe, dem, was seine Schüler von ihm im Neuen Testament berichten, und den Lehrmeinungen der Kirche unterschieden werden.

Die Veröffentlichung der »Fragmente« führte zum sog. »Fragmentenstreit«, einer der wichtigsten theologischen Kontroversen des 18. Jh. Sie wirkte auf die kritische Bibelwissenschaft des 19. Jh., die Leben-Jesus-Foschung und die Theologie des 20. Jh.

Weitere Werke von Reimarus: Die Vernunftlehre als eine Anweisung zum richtigen Gebrauch der Vernunft, 1756; Allgemeine Betrachtungen über die Triebe der Thiere, 1760; Apologie oder Schutzschrift für die vernünftigen Verehrer Gottes, I – II, G. Alexander (Hg.), 1972; Kleine gelehrte Schriften, W. Schmidt-Biggemann (Hg.), 1944.

Literatur zu Reimarus: W. Walter/L. Borinski (Hg.), Logik im Zeitalter der Aufklärung, 1980; P. Stemmer, Weissagung und Kritik, 1983; W. Walter (Hg.), Hermann Samuel Reimarus, 1998.

RICKERT, HEINRICH: der deutsche Philosoph wurde am 25. 5. 1863 in Danzig geboren. 1888 promovierte er in Straßburg, 1891 folgte die Habilitation in Freiburg i. Br. Dort wurde er 1894 außerordentlicher, 1896 ordentlicher Professor für Philosophie. 1916 erhielt er eine Professur in Heidelberg (als Nach-

folger von W. Windelband). Er starb am 30. 7. 1936 ebendort.

Rickert ist neben Windelband der Hauptrepräsentant des *Südwestdeutschen Neukantianismus*. In Anlehnung an Kant ist für ihn das »Bewusstsein überhaupt« bzw. das transzendentale Subjekt der Ausgang und die Grundlage der Erkenntnis. Damit ist kein individuelles Bewusstsein eines einzelnen Menschen, sondern ein überindividuelles, allgemeines Bewusstsein gemeint, das die Welt (das Sein) erzeugt. Seiende Gegenstände werden somit zu Bewusstseinsinhalten.

Im Zentrum der Rickertschen Philosophie steht eine *Wertlehre*. Werte bilden neben der Sphäre des Seins (des Wirklichen) eine eigenständige Sphäre: die Sphäre des *Geltens*. Seiende Gegenstände existieren, Werte gelten, und zwar unbedingt.

Über dem biologischen Leben steht die *Kultur*. Sie wird durch den Bezug zu Werten erst erschaffen. Mit anderen Worten: Kultur ist die Welt von Gegenständen, die auf Werte bezogen sind. Im Gegensatz dazu ist *Natur* die Welt der auf *Gesetze* bezogenen Gegenstände. Sie ist wertfrei.

Werte werden von Rickert in den Bereich der *Eigenwerte* (Familie, Volk, Recht, Staat, Wissenschaft und Kunst) und den der *Bedingungswerte* (Wirtschaft, Technik, Vitalität) aufgeteilt.

Rickert liefert grundlegende Arbeiten zur *Methodologie der Kulturwissenschaften*. In seinem Werk »Die Grenzen der naturwissenschaftlichen Begriffsbildung« (1896) trifft er die strikte Unterscheidung zwischen der *naturwissenschaftlichen* und der *kulturwissenschaftlichen Methode*.

Die erste ist *generalisierend* (verallgemeinernd); mit ihrer Hilfe soll das Allgemeine in der Natur gefunden und allgemeingültige Naturgesetze aufgestellt werden.

Die zweite Methode ist *individualisierend*; ihr Ziel ist es, das Besondere, das Individuelle von Personen und Ereignissen zu erfassen. Dabei soll das Individuelle in seiner geschichtlich kulturellen Bedeutsamkeit und in seinem Bezug zu Werten verstanden werden.

Rickert prägte die Entwicklung des Historismus (E. Troeltsch, F. Meinecke u. a.), beeinflusste u. a. M. Weber, M. Heidegger und N. Hartmann.

Weitere Schriften von Rickert: Der Gegenstand der Erkenntnis, 1892; Kulturwissenschaft und Naturwissenschaft, 1899; Die Probleme der Geschichtsphilosophie, 1907; Die Philosophie des Lebens, 1920; Grundprobleme der Philosophie, 1934.

Literatur zu Rickert: H. Seidel, Wert und Wirklichkeit in der Philosophie Heinrich Rickerts, 1968; H.-L. Ollig, Der Neukantianismus, 1979; H. Schnädelbach, Philosophie in Deutschland 1831-1933, 1983; L. Kuttig, Konstitution und Gegebenheit bei Heinrich Rickert, 1987; P.-U. Merz, Max Weber und Heinrich Rickert, 1990; A. Peschl, Transzendentalphilosophie – Sprachanalyse – Neoontologie, 1992; D. Suber, Die Begründung der deutschen Soziologie, 2002.

ROSENZWEIG, FRANZ: der deutsch-jüdische Religionsphilosoph wurde am 25. 12. 1886 in Kassel geboren. Seit 1907 studierte er Geschichte und Philosophie in Freiburg i. Br. und Berlin, wo er 1912 bei F. Meinecke mit der Arbeit »Hegel und der Staat« promovierte. Er hatte die Absicht, zum Christentum zu konvertieren. Aufgrund einer tie-

fen religiösen Erfahrung am Jom Kippur 1913 verblieb er im Judentum. Während des Ersten Weltkriegs diente er als deutscher Soldat an der mazedonischen Front. Nach dem Krieg baute er mit anderen jüdischen Gelehrten (u. a. M. Buber, E. Fromm, G. Scholem) das »Freie Jüdische Lehrhaus« in Frankfurt am Main, eine Erwachsenenbildungsorganisation, auf. Wegen einer Krankheit, der progressiven Muskellähmung, konnte er die Organisation nur bis 1921 leiten. Seit 1924 arbeitete er zusammen mit M. Buber an der Verdeutschung der hebräischen Bibel. Er starb am 10. 12. 1929 in Frankfurt am Main.

Rosenzweig gehört zu den bedeutendsten *Religionsphilosophen* des 20. Jh. Beeinflusst wurde er vom Deutschen Idealismus (Hegel, Fichte, Schelling), vom Neukantianismus (Cohen), von der Existenzphilosophie (Heidegger) und von den religiösen Traditionen des Judentums und des Christentums.

Unter dem Eindruck der Kriegsereignisse entstand sein Hauptwerk »Der Stern der Erlösung« (1921). Er geht darin – wie viele Existentialisten seiner Zeit – von der *Todesproblematik* aus. Nur das Vertrauen auf Gott kann die Menschen vor der Angst vor dem Tod retten. Tod ist nicht das absolute Ende, sondern das Eingehen in die Ewigkeit.

Das *jüdische Volk* lebt – seinem Gesetz folgend – außerhalb der Geschichte. Es hat einen Bund mit Gott geschlossen und ist durch diesen Bund bei Gott, d.h. es ist in seinem Anfang schon am Ziel. Die Ewigkeit des Judentums äußert sich in dem liturgischen Jahr der Juden, das sich immer wieder erneuert.

Gott, *Welt* und *Mensch* sind nicht-hintergehbare Grundgegebenheiten allen Seins. Sie stehen alle in wechselseitigen Beziehungen zueinander. Die Beziehungen (»Brückenschläge«) sind *Schöpfung*, *Offenbarung* und *Erlösung*. In diesen Beziehungen kommen die drei Grundgegebenheiten erst zum Ausdruck.

Die *Offenbarung Gottes* ist nach Rosenzweig kein historisches Ereignis, sondern ein persönliches Erlebnis. Wahrheit kann nur vom Einzelnen, d. h. individuell bzw. persönlich, erfasst werden. Die absolute Wahrheit kann erst in der messianischen Zeit geoffenbart werden.

Rosenzweig kann als ein *Dialogphilosoph* bezeichnet werden. Menschliches Denken ist in ihrem Wesen dialogisch, d. h. es entwickelt sich in der *Ich-Du-Beziehung*. Nur über den Anderen, sei es einen anderen Menschen oder Gott, kann der Einzelne sein Selbst erkennen und entwickeln.

Rosenzweig lieferte der Religionsphilosophie, sowohl der jüdischen als auch der christlichen, wichtige Impulse. Seine Konzeption kann als eine Vermittlung, ein »Brückenschlag«, zwischen dem Judentum und dem Christentum betrachtet werden.

Weitere Werke von Rosenzweig: Zweistromland, 1926; Kleinere Schriften, 1937; Das Büchlein vom gesunden und kranken Menschenverstand, 1964; Die Schrift, 1984.

Literatur zu Rosenzweig: A. E. Bauer, Rosenzweigs Sprachdenken im »Stern der Erlösung«, 1992; A. Sh. Bruckstein, Die Maske des Moses, 2001; M. Fricke, Franz Rosenzweigs Philosophie der Offenbarung, 2003; I. Rühle, Gott spricht die Sprache der Menschen, 2004; B. Casper, Religion der Erfahrung, 2004.

ROUSSEAU, JEAN-JACQUES: der schweizerisch-französische Philosoph, Schriftsteller und Pädagoge wurde am 28. 6. 1712 in Genf geboren. Als Sechzehnjähriger brach er

seine Lehre als Kupferstecher ab und wanderte viele Jahre durch Europa (Italien, Frankreich). Kenntnisse in Philosophie, Naturwissenschaften und Musik eignete er sich autodidaktisch an. Von 1743 bis 1744 war er als Sekretär an der französischen Botschaft in Venedig tätig. Seit 1745 lebte er in Paris. Dort knüpfte er Kontakte zu den Enzyklopädisten (u. a. Diderot, d'Alembert, d'Holbach, La Mettrie) und verfasste für die Enzyklopädie musiktheoretische Aufsätze. Seit 1749 arbeitete Rousseau als freier Schriftsteller. 1762 wurde seine Schrift »Émile« verboten, woraufhin er in die Schweiz floh. 1766 ging er auf Einladung von D. Hume nach England, 1767 kehrte er nach Frankreich zurück. In seinen letzten Lebensjahren litt Rousseau unter Verfolgungswahn. Er starb am 2. 7. 1778 in Ermenonville bei Paris.

Rousseau gehört zu den bedeutendsten Repräsentanten der *französischen Aufklärung*. Ziel dieser geistigen Bewegung ist es, sich von der staatlichen und kirchlichen Autorität zu lösen (emanzipieren), überlieferte Meinungen zu hinterfragen und sie gegebenenfalls durch neue zu ersetzen. Jeder einzelne Mensch soll sich der eigenen Vernunft bedienen, d.h. selbstständig denken. Die meisten Aufklärer glauben an eine zum Positiven gehende Entwicklung des Menschen bzw. der Menschheit.

Rousseau wendet sich gegen den Fortschrittsoptimismus der meisten Aufklärer. In dem preisgekrönten Werk »Discours sur les sciences et les arts« (1750; dt. »Abhandlung, ob die Wiederherstellung der Wissenschaften und Künste etwas zur Läuterung der Sitten beigetragen habe«, 1752) antwortet er auf die von der Akademie in Dijon gestellte Frage nach der Rolle der Wissenschaft und Kunst in der Gesellschaft.

Nach Rousseau hat die Entwicklung der Wissenschaft und der Künste zum Sittenverfall und zur Entfremdung geführt. Der Mensch hat sich von einem einfachen und ursprünglichen Leben entfernt.

Rousseau entwirft das Konzept eines ursprünglichen gesellschaftlichen Zustands, eines *Naturzustands*, in dem der Mensch in einer Einheit mit der Natur lebt. Durch die Einführung der Arbeitsteilung und des Privateigentums zerbricht diese Einheit. Die ungleiche Verteilung der Güter führt zu Neid, Hass, Konkurrenzkampf, also letztlich zum gesellschaftlichen Verfall.

In seinem zweiten Discours, im »Discours sur l'origine et les fondemens de l'inégalité parmi les hommes« (1755; dt. »Abhandlung von dem Ursprung der Ungleichheit unter den Menschen«, 1756) führt Rousseau seine gesellschaftstheoretischen Überlegungen weiter aus.

Im Naturzustand ist der Mensch ein eigenständiges und unabhängiges Wesen, das *sich selbst liebt*, d.h. das natürliche Bedürfnis hat, sich selbst zu erhalten. Es schädigt dabei nicht die anderen. Unter den Menschen herrscht Gleichheit. Sie kennen kein Privateigentum.

Im Laufe der gesellschaftlichen Entwicklung wird die Selbstliebe durch *Selbstsucht* verdrängt. Selbstsucht wird als das Streben nach einer Überlegenheit über die anderen bestimmt. Der Mensch will seine Mitmenschen ausnutzen, ausbeuten und beherrschen. Folgen davon sind Abhängigkeit und Ungleichheit. Die Selbstsucht verursacht somit die Entstehung von Neid, Eifersucht und Hass sowie von Privateigentum, Privilegien und Macht.

Rousseau zufolge ist eine Rückkehr in den Naturzustand nicht möglich. Daher entwickelt er in seinem Hauptwerk »Du contract social ou principes du droit politique« (1762; dt. »Vom Gesellschaftsvertrag oder Prinzipien des Staatsrechts«, 1763) das Konzept einer auf einem *Gesellschaftsvertrag* basierenden sozialen Ordnung.

Der Gesellschaftsvertrag stellt eine Übereinkunft der Staatsbürger dar. Sie schließen sich durch ihn freiwillig und gleichberechtigt zu einem Gemeinwesen zusammen, das ein *gemeinsames Ich* (franz. »moi commun«) und einen *gemeinsamen Willen* (franz. »volonté général«) hat.

Vom Gemeinwillen ist der *Wille aller* (franz. »volonté de tous«) zu unterscheiden, der bloß die Summe aller individuellen Willen darstellt. Der Gemeinwille ist mehr als die Summe seiner Teile.

Der einzelne Mensch unterwirft sich durch die Zustimmung zum Gesellschaftsvertrag dem Gemeinwillen. Diese Unterwerfung bedeutet jedoch nicht den Verlust seiner Freiheit. Sie beruht auf einer freien Entscheidung der einzelnen Bürger. Die »wahre Freiheit« besteht in der Bindung der Bürger an den Gemeinwillen und an allgemeine Gesetze.

Im Gegenzug soll der Staat die natürliche Freiheit und Gleichheit der Bürger wiederherstellen und bewahren. Souverän des Staates ist die *Volksversammlung*. Alle politischen Entscheidungen sollen direkt von den Bürgern getroffen werden. Daher spricht sich Rousseau für eine direkte Demokratie aus. Die Gewaltenteilung wird von ihm abgelehnt.

Während im »contract social« Rousseau das Konzept einer idealen Gesellschaftsordnung entwickelt, zeigt er in seinem Werk »Émile ou de l'éducation« (1762; dt. »Emile oder von der Erziehung«, 1762) auf, wie unter negativen gesellschaftlichen Bedingungen *individuelles Glück* zu erreichen ist.

Dabei spielt die *Erziehung* eine entscheidende Rolle. Rousseau entwickelt jedoch kein abstraktes Erziehungskonzept, sondern schildert konkrete Erziehungsmaßnahmen. Er geht davon aus, dass der Mensch von Natur aus gut ist und erst unter negativen gesellschaftlichen Bedingungen böse wird.

Das Ziel der Erziehung ist es, einen vernünftigen, selbstständigen, tugendhaften und glücklichen Menschen herauszubilden. Die Entwicklung aller Anlagen, Fähigkeiten und Kräfte des einzelnen Menschen steht im Mittelpunkt der erzieherischen Maßnahmen.

Wichtig ist es, den geeigneten *Rahmen* für die Entwicklung des Kindes zu schaffen, in dem es seine Anlagen, Fähigkeiten und Kräfte voll entfalten könnte. Der Erzieher soll es vermeiden, direkt auf den Schüler einzuwirken, die Entwicklung seiner Anlagen usw. zu »erzwingen«. Vielmehr soll er *indirekt* vorgehen, d. h. Situationen schaffen, in denen sich solche Anlagen entwickeln können.

Eine wichtige Rolle in der Erziehung spielt die Herausbildung der *Liebesfähigkeit* und einer *toleranten*, aber *kritischen Haltung*. Rousseau betrachtet die Kindheit als eine *selbstständige* Entwicklungsstufe und nicht als bloße Vorstufe des Erwachsenseins. Für die Behandlung von Kindern gelten andere Regeln als die für die Behandlung von Erwachsenen. Das Kindsein wird nicht als ein mangelhaftes Sein gegenüber dem Erwachsensein betrachtet. Daraus folgt, dass auch Rechte für Kinder eingefordert werden können.

Rousseau ist der geistige Wegbereiter der *Französischen Revolution*. Seine Gedanken bilden ihre ideelle Grundlage. Seine staats- und erziehungstheoretischen Überlegungen wirkten auch auf Kant, Herder, Goethe, Schiller, Hegel, Fichte und Marx.

Weitere Werke von Rousseau: Œuvres complètes, B. Gagnebin/M. Raymond (Hg.), 1959-1969; Schriften, H. Ritter (Hg.), 1978.

Literatur zu Rousseau: W. Ritzel, Jean-Jacques Rousseau, 1959; M. Rang, Rousseaus Lehre vom Menschen, 1959; G. Holmsten, Jean-Jacques Rousseau, 1972; R. Brandt, Rousseaus Philosophie der Gesellschaft, 1973; I. Fetscher, Rousseaus politische Philosophie, 1975[3]; M. Forschner, Rousseau, 1977; R. Spaemann, Rousseau, 1988; J. von Stackel, Jean-Jacques Rousseau, 1999; H. von Hentig, Rousseau zur Einführung, 2003[2]; R. Wokler, Rousseau, 2004.

RUSSELL, BERTRAND: der englische Philosoph, Mathematiker, Logiker und politische Aktivist

wurde am 18. 5. 1872 in Trelleck (Wales) geboren. Von 1890 bis 1895 studierte er Mathematik und Philosophie am Trinity College in Cambridge, von 1895 bis 1901 war er dort als Fellow, von 1910 bis 1916 als Dozent (Lecturer) für Logik und Mathematik tätig. Seit 1911 war er Mitglied der »Royal Society«. Während des Ersten Weltkrieges sprach er sich entschieden gegen den Krieg aus und nahm Partei für die englischen Kriegsdienstverweigerer. Daraufhin verlor er seine Dozentur und wurde 1918 zu einer sechsmonatigen Gefängnisstrafe verurteilt. Nach dem Krieg besuchte er China, die Sowjetunion und die Vereinigten Staaten. 1927 gründete Russell zusammen mit seiner Frau Dora eine Privatschule in Beacon Hill, die er bis 1935 leitete. 1939 nahm er seine Lehrtätigkeit wieder auf, zunächst an amerikanischen Universitäten, 1944 wieder am Trinity College in Cambridge. 1950 erhielt er den Nobelpreis für Literatur. Russell setzte sich zeitlebens für den Weltfrieden ein. Er sprach sich u. a. gegen die atomare Aufrüstung, den Vietnamkrieg und die Invasion der Warschauer-Pakt-Staaten in der Tschechoslowakei aus. Er wurde zu einer Galionsfigur der internationalen Friedensbewegung. 1963 wurde in London das »Bertrand-Russell-Friedensinstitut« gegründet. Er starb am 2. 2. 1970 in Penrhyndeudraeth (Wales).

Russell gehört zu den bedeutendsten *Logikern* des 20. Jh. Er lieferte bahnrechende Arbeiten auch auf dem Gebiet der Philosophie der Mathematik, der Erkenntnistheorie, der Sprachphilosophie und der Philosophie des Geistes.

Das Leitmotiv seiner Philosophie ist die Suche nach *Gewissheit*, genauer: nach gewisser, unbezweifelbarer Erkenntnis. Als Vorbilder dienen ihm dabei die Mathematik und die Naturwissenschaften. Eine wichtige Rolle spielt als Erkenntnisfundament auch die sinnliche Wahrnehmung.

In dem zusammen mit seinem Lehrer A. N. Whitehead verfassten Werk »Principia Mathematica« (1910-1913; dt. »Principia Mathematica«, 1984) unternimmt er den Versuch, Grundbegriffe und Grundsätze der Mathematik auf Grundbegriffe und Grundsätze der Logik zurückzuführen (dieses Vorhaben wird als »logozistisches Programm« bezeichnet). Damit soll die von Russell entdeckte und nach ihm benannte *Antinomie* (Selbstwiderspruch) vermieden werden.

Die Antinomie kann auf folgende Weise formuliert werden: Die Menge aller Mengen, die sich nicht selbst als Element enthalten, enthält sich selbst als Element und enthält sich selbst nicht als Element. Dies stellt einen Widerspruch dar.

Russell umgeht diese Antinomie, indem er eine Typenhierarchie von Mengen einführt. Auf der niedrigsten Stufe sind die Elemente einer Grundmenge beheimatet, auf der nächsten Stufe befinden sich die Mengen dieser Elemente, auf der übernächsten Mengen von Mengen dieser Elemente usw. Ein Element einer Menge gehört immer einem niedrigeren Typus als diese selbst an. Antinomien entstehen durch einen Zirkel im Definieren.

Russell ist der Begründer des *Logischen Atomismus* (vgl. »Die Philosophie des Logischen Atomismus«, 1976). Die Methode der logischen Analyse spielt dabei eine zentrale Rolle. Nur eine logische *Idealsprache* stellt ein angemessenes Abbild der Welt dar. Die Alltagssprache ist vieldeutig und widersprüchlich. Daher soll sie durch eine Idealsprache ersetzt werden, die frei von Antinomien ist.

Es besteht eine *Isomorphie* (Strukturähnlichkeit) zwischen der Struktur der Welt und der Struktur der Idealsprache. Atomare Sätze (z. B. »Der Tisch ist braun«) können nicht in weitere Sätze zerlegt werden. In diesem Sinne bildet ein atomarer Satz eine ursprüngliche Einheit. Einem atomaren Satz entspricht eine Tatsache in der Welt. Er bildet sie ab. Atomare Sätze können wahr oder falsch sein.

Nach Russell gibt es zwei Formen der Erkenntnis: unmittelbare Erkenntnis durch *Bekanntschaft* (z. B. Sinnesdaten) und mittelbare Erkenntnis durch *Beschreibung*. Die letztere soll – soweit es möglich ist – auf die erstere zurückgeführt werden.

Russell liefert wichtige Beiträge zur Theorie der Beschreibung und der Kennzeichnungen. *Eigennamen* sind für ihn verkleidete Kennzeichnungen. Die Bedeutung eines Eigennamens wird mit Hilfe von Kennzeichnungen bestimmt (Beschreibungstheorie der Eigennamen). Die Bedeutung eines Satzes mit einer Kennzeichnung bestimmt man dadurch, dass man die Bedingungen angibt, unter denen ein solcher Satz wahr ist. Die Bedeutung eines Satzes wird mit seinen Wahrheitsbedingungen gleichgesetzt.

Der Satz »Der gegenwärtige König von Frankreich ist kahlköpfig« wird in folgende Sätze zerlegt: 1) »Es gibt eine Person, die König von Frankreich ist«, 2) »Es gibt nur eine Person, die König von Frankreich ist« und 3) »Der König von Frankreich hat eine Glatze«. Der erste Satz ist falsch, da es gegenwärtig keinen König von Frankreich gibt. Daher ist der zusammengesetzte Satz (der Satz, der zerlegt wird) falsch.

Kennzeichnungen müssen Russell zufolge sowohl die Existenz als auch die Eindeutigkeit des Gegenstandes, der gekennzeichnet wird, voraussetzen. Wenn wir eine Kennzeichnung verwenden, dann behaupten wir die Existenz und die Eindeutigkeit der Kennzeichnung mit.

Russell prägte in entscheidendem Maße die Entwicklung der Logik im 20. Jh. Die »Principia Mathematica« bildet das Fundament der modernen mathematischen Logik. Russell ist einer der Väter der Analytischen Philosophie. Er wirkte auf Wittgenstein und auf die Denker des »Wiener Kreises« (Carnap, Schlick). Seine gesellschaftskritischen Arbeiten hatten einen erheblichen Einfluss auf die breite Öffentlickeit.

Weitere Werke von Russell: The Problems of Philosophy, 1912 (dt. Probleme der Philosophie, 1926); The Analysis of Mind, 1921 (dt. Die Analyse des Geistes, 1927); The Analysis of Matter, 1927 (dt. Philosophie der Materie, 1929); My Philosophical Development, 1959 (dt. Philosophie, 1973); Philosophische und politische Aufsätze, U. Steinvorth (Hg.), 1971.

Literatur zu Russell: P. A. Schilpp (Hg.), The Philosophy of Bertrand Russell, 1951; A. J. Ayer, Bertrand Russell, 1973; R. W. Clark, Bertrand Russell, 1975; R. M. Sainsbury, Russell, 1979; R. Monk, Bertrand Russell and the origins of analytical philosophy, 1996; D. Robinson, Introducing Bertrand Russell, 2002; H. Leerhoff, Bertrand Russells Philosophie der Mathematik als Ursprung des Logischen Atomismus, 2004.

S

SAINT-SIMON, CLAUDE-HENRI DE: der französische Sozialphilosoph wurde am 17. 10. 1760 in Paris geboren. Nach einer Ausbildung als Offizier kämpfte er unter G. Washington im amerikanischen Unab-

hängigkeitskrieg. 1789, im Jahr der Französischen Revolution, kehrte er nach Frankreich zurück. Er beteiligte sich aktiv an der Revolution. Saint-Simon war u.a. der Präsident der Wählerversammlung von Falvy. Er spekulierte in dieser Zeit mit enteigneten Kirchengütern. Sein verschwenderischer Lebensstil führte zum Verlust seines Vermögens. Saint-Simon lebte seit 1805 in Armut. In seinen letzten Lebensjahren wurde er durch den Bankier O. Rodrigues, der einer seiner Anhänger war, unterstützt. Er starb am 19. 5. 1825 in Paris.

Saint-Simon ist einer der bedeutendsten Repräsentanten des *utopischen Sozialismus.* Er entwirft Konzepte und Pläne für die Neuordnung der bürgerlichen Gesellschaft. Es müssen Bedingungen geschaffen werden, unter denen die Menschen ihre Bedürfnisse optimal befriedigen können.

Saint-Simon orientiert sich bei der Ausarbeitung seiner Konzepte an der Idee der *Vervollkommnung des Menschen*; alle Fähigkeiten, Vermögen und Kräfte des Menschen sollen sich optimal entfalten. Die *Wirtschaft* trägt entscheidend zur Erreichung dieses Ziels bei. Sie dient der Produktionssteigerung und der Vermehrung des Wohlstands.

Von Saint-Simon stammt das folgende Prinzip der Verteilung von Privilegien und Gütern: »Jedem nach seiner Fähigkeit, jeder Fähigkeit nach ihren Leistungen«. Jeder hat soviel Nutzen wie es seiner Leistung für die Gemeinschaft entspricht (vgl. »Du système industriel«, 1821).

Demgemäß ist nicht die soziale Herkunft (Stand, Klasse), sondern der Beitrag des einzelnen Menschen zur Vermehrung des allgemeinen Wohlstands maßgebend für seine Stellung in der Gesellschaft. In dem von Saint-Simon entworfenen Gesellschaftskonzept herrscht Ungleichheit. Sie ist jedoch nicht vorgegeben, sondern das Resultat der unterschiedlichen Fähigkeiten der Menschen.

Die führende Klasse wird von ihm als »La classe industrielle« (»Industrielle«) bezeichnet. Er meint damit nicht die Industriellen im heutigen Sinne des Wortes. Ein *Industrieller* ist ein Mensch, der zur wirtschaftlichen Entwicklung eines Landes einen produktiven Beitrag leistet. Zu den Industriellen gehören Kaufleute, Handwerker, Bauern, Bankiers, Fabrikanten und auch die Arbeiter (Proletarier).

Eine besondere Rolle in der Gesellschaft spielen die *Bankiers*: Sie leiten die Wirtschaft. Neben den Industriellen gibt es noch zwei weitere Klassen von produktiven Menschen: die der *Wissenschaftler* und die der *Künstler*. Die Wissenschaftler stehen im Dienste der Wirtschaft. Sie sollen einen wichtigen Beitrag zur Wohlstandssteigerung liefern. Die Künstler entwerfen Vorstellungen einer zukünftigen, besseren Gesellschaft.

In seinem letzten Werk »Le nouveau christianisme« (1825; dt. »Neues Christentum«, 1911) nennt Saint-Simon moralische und religiöse Voraussetzungen für das Funktionieren einer Gesellschaft.

Als wichtigstes Gebot bezeichnet er das der *Nächstenliebe*. Es liegt auch im Interesse der Reichen, die Armen zu unterstützen, denn durch diese Unterstützung werden soziale Konflikte vermieden und der allgemeine Wohlstand gefördert. Es ist eine moralische Verpflichtung, den Armen zu helfen. Christliche Gebote sind demnach von großem Nutzen für das Zusammenleben der Menschen in einer sozialen Ordnung.

Als *Saint-Simonismus* wird die gesellschaftskritische Strömung bezeichnet, die sich in Anlehnung an die Lehre Saint-Simons entwickelte. Besonders starke Verbreitung fand sie in Frankreich. Zu ihren Vertretern gehören: A. Thierry, H. Carnot, P. Buchez und S.-A. Bazard. Angeregt durch Saint-Simons Gedanken wurden K. Marx und F. Engels.

Weitere Werke von Saint-Simon: Œuvres de Saint-Simon et d'Enfantin, 47 Bde., 1865-1878; Ausgewählte Schriften, L. Zahn (Hg.), 1977.

Literatur zu Saint-Simon: G. Salomon-Delatour, Die Lehre Saint-Simons, 1962; M. Halm, Präsozialismus, 1970; R. M. Emge, Saint-Simon, 1987; D.-E. Franz, Saint-Simon,

Fourier, Owen, 1988; M. Lemke, Ordnung und sozialer Fortschritt, 2003.

SARTRE, JEAN-PAUL: der französische Philosoph und Schriftsteller wurde am 21. 6. 1905 in Paris geboren. Von 1924 bis 1929 studierte

er Philosophie an der École normale supérieure in Paris. Von 1931 bis 1933 arbeitete er als Gymnasiallehrer in Le Havre. Von 1933 bis 1934 war er Stipendiat am Institut Français in Berlin, wo er sich vor allem mit der Philosophie E. Husserls vertraut machte. Danach arbeitete Sartre weiter als Gymnasiallehrer in Le Havre, Laon und Paris. Von 1940 bis 1941 war er in deutscher Kriegsgefangenschaft. Während der restlichen Kriegsjahre war er in der Widerstandsbewegung gegen die deutschen Besatzer (Résistance) tätig. Seit 1945 arbeitete Sartre als freier Schriftsteller. Er gab zusammen mit M. Merleau-Ponty und seiner Lebensgefährtin S. de Beauvoir die Zeitschrift »Les temps modernes« heraus. Sartre engagierte sich politisch auf der Seite der Linken, von 1952 bis 1956 u.a. auf der Seite der Kommunisten. Nach dem Einmarsch der sowjetischen Armee in Ungarn 1956 brach er jedoch mit der Kommunistischen Partei Frankreichs. Er engagierte sich jedoch weiter u. a. gegen die Kolonialpolitik Frankreichs in Vietnam und Algerien. 1964 lehnte er die Annahme des Nobelpreises für Literatur ab, weil er sich durch die Herrschenden nicht vereinnahmen lassen wollte. 1968 verurteilte er den Einmarsch der Truppen des Warschauer Pakts in die Tschechoslowakei. Darüber hinaus unterstützte er im selben Jahr die studentische Protestbewegung in Frankreich. Er starb am 17. 4. 1980 in Paris.

Sartre ist einer der bedeutendsten Vertreter des *Existentialismus*. Im Zentrum seiner Überlegungen steht der konkrete Einzelmensch (das Individuum) in seiner jeweiligen Lebenssituation. Die *Existenz* (das konkrete Dasein des Individuums) geht der *Essenz* (dem allgemeinen abstrakten Wesen des Menschen) voraus.

Die Grunderfahrung des modernen Menschen ist für Sartre der *Ekel* am Dasein. In der heutigen Welt gibt es keinen übergreifenden Sinn mehr; die Religion kann uns keinen Lebenssinn mehr geben. Durch die Auflösung des religiösen (monotheistischen) Weltbildes ist eine *Sinnleere* entstanden. Der Mensch begreift seine Existenz als zufällig, sinnleer und schließlich als *absurd* (vgl. »La nausée«, 1938, dt. »Der Ekel«, 1949).

Da es keinen übergreifenden Sinn gibt, muss sich der einzelne Mensch seinen Lebenssinn selbst setzen. Er tut dies nach Sartre aus *Freiheit*. Die menschliche Existenz wird als Freiheit bestimmt. Existieren heißt, sein Leben frei zu entwerfen und zu gestalten. Der Mensch ist zur Freiheit »verurteilt«. Dies bedeutet, dass er sich der freien Selbstbestimmung nicht entziehen kann. Die Gestaltung seines Lebens kann ihm kein anderer abnehmen. Er ist für seine Taten voll *verantwortlich*.

In seinem philosophischen Hauptwerk »L'être et le néant« (1943; dt. »Das Sein und das Nichts«, 1952) unterscheidet Sartre zwischen zwei fundamentalen Seinsweisen: das *An-sich-sein* (franz. »Être-en-soi«) und das *Für-sich-sein* (franz. »Être-pour-soi«). Etwas ist an sich, wenn es nur das ist, was es ist. Etwas ist für sich, wenn es zu sein hat, was es ist. Das An-sich-sein bezeichnet die Seinsweise der Dinge in der Welt, das Für-sich-sein die Seinsweise des Menschen, die »menschliche Realität«.

Der Mensch ist nicht bloß das, was er ist. Vielmehr gestaltet er sein Leben; er setzt sich Ziele, macht Pläne, ergreift immer wieder neue Möglichkeiten. Er ist in der Lage, Nein zu sagen, zu verneinen. Er kann sich ändern und ein neues Leben anfangen.

Von besonderer Wichtigkeit ist der Umstand, dass der Mensch auf sich selbst Bezug nehmen kann; er kann sich zu sich selbst verhalten. Auch in seinem philosophischen Hauptwerk verweist Sartre auf die fundamentale Rolle der Freiheit. Sie bedeutet für ihn auch Überschreiten (Transzendenz), Über-sich-selbst-hinausgehen.

Der Mensch strebt danach, an sich zu sein, d. h. sich eine Identität zu schaffen, wie sie für die an sich bestehenden Dinge charakteristisch ist. Anders formuliert: Er strebt nach Beständigkeit und Festigkeit. Er kann sie nur erreichen, indem er z. B. bestimmte soziale Rollen übernimmt.

Der Mensch kann sich zu den Dingen in der Welt, zu sich selbst und zu anderen Menschen verhalten. Dem letzteren Verhältnis, dem *Sein-für-andere*, schenkt Sartre besonders viel Aufmerksamkeit. Der Andere wird zunächst als ein An-sich-Seiendes wahrgenommen, er wird verobjektiviert und existiert wie die anderen an sich seienden Dinge.

Auch der Andere betrachtet mich durch seinen *Blick* wie ein An-sich-Seiendes, das ich in Wirklichkeit nicht bin. Nur indem ich das Für-sich-sein des Anderen anerkenne und umgekehrt er mein Für-sich-sein anerkennt, kann eine authentische Beziehung zwischen uns beiden entstehen.

In seinem Werk »Critique de la raison dialectique« (1960; dt. »Kritik der dialektischen Vernunft«, 1967) versucht Sartre, den Existentialismus mit dem *Marxismus* zu verbinden. Er ist von der Richtigkeit der Marxschen Analyse der kapitalistischen Gesellschaft fest überzeugt, wendet sich jedoch gegen das »Verschwinden« des einzelnen Menschen, des Individuums, aus dieser Analyse.

Im Marxismus, insbesondere im dogmatischen Marxismus, zu dem auch der Sowjetmarxismus zu zählen ist, spielt der einzelne Mensch – und somit auch seine Freiheit – keine Rolle. Er ist den allgemeinen Gesetzen der Gesellschaft und der Geschichte völlig unterworfen.

Nach Sartre stehen Individuum, Freiheit, Selbstbestimmung auf der einen, Gesellschaft, geschichtliche Notwendigkeit, ökonomische Bedingtheit auf der anderen Seite in einem dialektischen (sich wechselseitig bedingenden) Verhältnis zueinander. Aus diesem Verhältnis ergeben sich unterschiedliche Möglichkeiten des sozialen *Engagements.*

Das Engagement muss vom einzelnen Menschen ausgehen. Es stellt für ihn die höchste Form der Sinngebung dar. Freiheit soll in Solidarität mit anderen Menschen realisiert werden. Sartre bevorzugt spontane und revolutionäre Formen des Engagements. In ihnen kommt die Freiheit am stärksten zum Ausdruck.

Sartre gewann in den 50er und 60er Jahren einen großen Einfluss auf das intellektuelle Leben Frankreichs. Dieser Einfluss erstreckte sich sowohl auf das akademische Milieu als auch auf die breite Öffentlichkeit. Der von ihm repräsentierte französische Existentialismus wurde in vielen Ländern zu einer Modephilosophie.

Weitere Werke von Sartre: Gesammelte Werke in Einzelausgaben, T. König (Hg.), 1976-1993.

Literatur zu Sartre: A. Stern, Sartre, 1953; M. Merleau-Ponty, Die Abenteuer der Dialektik, 1968; P. A. Schilpp (Hg.), The Philosophy of Jean-Paul Sartre, 1981; A. Cohen-Solai, Sartre, 1988; T. König (Hg.), Sartre, 1988; A. C. Danto, Jean-Paul Sartre, 1990; W. Biemel, Jean-Paul Sartre in Selbstzeugnissen und Bilddokumenten, 1995[26]; Ch. Hackenesch, Jean-Paul Sartre, 2001; B.-H. Lévy, Sartre, 2002; M. Suhr, Jean-Paul Sartre zur Einführung, 2004[2]; D. Wildenburg, Jean-Paul Sartre, 2004; S. Möbuß, Sartre, 2004.

SAUSSURE, FERDINAND DE: der schweizer Sprachforscher wurde am 26. 11. 1857 in Genf geboren. Er studierte zunächst Physik und Chemie an der Universität Genf, seit 1876 Sprachwissenschaften an der Universität Leipzig. Nach der Pro-

motion 1880 lehrte er von 1881 bis 1891 als Dozent für Sprachwissenschaften an der Sorbonne in Paris. 1891 erhielt er eine außerordentliche Professur in Genf, 1896 eine ordentliche Professur für Sanskrit und indo-europäische Sprachen ebendort. 1906 wurde er ebenfalls dort Professor für allgemeine Sprachwissenschaften. Zwischen 1907 und 1911 hielt er drei Vorlesungen. Da Saussure seine Vorlesungsmanuskripte vernichtete, wurden sie von seinen Schülern Ch. Bally und A. Sechehaye aufgrund von Hörermitschriften rekonstruiert und 1916 unter dem Titel »Course de linguistique générale« (dt. »Grundfragen der allgemeinen Sprachwissenschaft«, 1931) herausgegeben. 1912 musste Saussure seine Lehrtätigkeit aufgeben. Er starb am 22. 2. 1913 in Vufflens bei Morges.

Saussure ist der Begründer der *strukturalen Linguistik* und einer der Väter der modernen *Sprachwissenschaft*. Sprache ist für ihn kein Produkt des einzelnen Menschen, sondern etwas Soziales – Sprache setzt Gemeinschaft voraus. Saussure unterscheidet zwischen Sprache als abstraktem *Sprachsystem* (franz. »langue«) und konkreter *Sprachverwendung* (franz. »parole«).

Zeichen wird als eine Beziehung zwischen Bezeichnendem und Bezeichnetem bestimmt. Saussure trifft die Unterscheidung zwischen dem *Signifikant* (dem Bezeichnendem = Sprachlaut) und dem *Signifikat* (dem Bezeichnetem = Begriff/Vorstellung). Beide Aspekte des Zeichens bilden eine Einheit. Ein Zeichen gewinnt seinen »Stellenwert« erst im Verhältnis zu anderen Zeichen eines Zeichensystems.

In der Linguistik sind nach Saussure zwei Betrachtungsweisen von Wichtigkeit: die *diachrone* und die *synchrone*. Die erste betrifft die historische Entwicklung der Sprache, die zweite das aktuelle Sprachsystem.

Die Wissenschaft von Zeichensystemen heißt *Semiologie*. Sie untersucht Zeichen in ihrem sozialen Kontext. Sprache ist nur ein Zeichensystem neben anderen.

Saussures Arbeiten waren grundlegend für die Entwicklung der Sprachwissenschaft (L. J. Prieto, E. Buyssens, R. Jacobson, L. Hjelmslev) und des Strukturalismus (C. Lévi-Strauss).

Literatur zu Saussure: T. M. Scheerer, Ferdinand de Saussure, 1980; M. Krampen, Die Welt als Zeichen, 1981; P. Wunderli, Saussure-Studien, 1981; P. Prechtl, Saussure zur Einführung, 1994; M. Linda, Elemente einer Semiologie des Hörens und Sprechens, 2001; S. Bouquet, Ferdinand de Saussure, 2003; C. Sanders (Hg.), The Cambridge companion to Saussure, 2004.

SCHELER, MAX: der deutsche Philosoph wurde am 22. 8. 1874 in München geboren. Er studierte Philosophie in München, Berlin und Jena. 1897 promovierte er in Jena bei R. Eucken, 1899 folgte die Habilitation. Im gleichen Jahr konvertierte

Scheler vom Judentum zum Katholizismus. Bis 1910 lehrte er als Privatdozent in Jena und München. Seit 1911 war er Privatgelehrter in Göttingen, wo er E. Husserl kennen lernte. 1919 erhielt er eine Professur für Philosophie und Soziologie an der Kölner Universität. 1928 wurde Scheler als Professor nach Frankfurt am Main berufen. Er starb am 19. 5. 1928 ebendort.

Scheler ist der Begründer der *materialen Wertethik*. In seinem Hauptwerk »Der Formalismus in der Ethik und die materiale Wertethik« (1913/16) behauptet er, dass es *objektive Werte* gibt. Sie existieren unabhängig von den Dingen bzw. Sachverhalten, in denen sie zum Ausdruck kommen. Werte können *gefühlt* werden (man spricht in Anlehnung an Scheler von »subjektivem Wertgefühl«).

Nach Scheler gibt es eine Rangordnung von Werten. Er unterscheidet fünf Stufen materialer, d.h. inhaltlich bestimmbarer Werte: sinnliche Werte, Nützlichkeit- und Lebenswerte, geistige Werte und Heiligkeitswerte.

Der Wertträger ist die individuelle *Person*. Sie fühlt die Werte. Die Person wird auch als das Zentrum geistiger Akte (»Aktzentrum«) bestimmt. Sie existiert im *Vollzug* dieser Akte.

Eine wichtige Rolle spielt für Scheler die *Liebe*. Die Fühlakte, in denen sich Werte äußern, gründen in der Liebe. Sie ist somit das Fundament des Wertempfindens.

Scheler gilt als der Begründer der *philosophischen Anthropologie* (Anthropologie = Lehre vom Menschen). Er fragt nach dem *Wesen des Menschen*. Der Mensch ist einerseits an das organische Leben mit seinen Trieben gebunden, andererseits ist er eine geistige Person, die sich durch die Geistigkeit vom Tier unterscheidet und eine Sonderstellung im Kosmos einnimmt (vgl. »Die Stellung des Menschen im Kosmos«, 1928).

Als geistige Person besitzt der Mensch Weltoffenheit und Selbstbewusstsein. Der Geist schafft Ideen, die für das Leben leitend sind, andererseits kann er diese Ideen nur im Leben bzw. auf der Grundlage des Lebens verwirklichen.

Geist und Lebensdrang bilden demnach keinen Widerspruch, sondern sie durchdringen sich gegenseitig. Das Leben wird vergeistigt und der Geist verlebendigt. Im Geschehen der gegenseitigen Durchdringung wird der Mensch zum »Mitarbeiter Gottes«.

Scheler wird auch als ein Mitbegründer der *Wissenssoziologie* angesehen. In seinem Werk »Die Wissensformen und die Gesellschaft« (1926) untersucht er den Zusammenhang zwischen Wissensformen und gesellschaftlichen Strukturen.

Er unterscheidet drei Wissensformen: das Wissen der positiven Wissenschaften, das philosophische Wissen und das religiöse Wissen. Das erste ist auf Leistung und Herrschaft bezogen, das zweite auf Bildung, das letzte auf Erlösung und Heil.

Die neuzeitliche Erkenntnistheorie und die mit ihr verbundene Lebenspraxis orientieren sich Scheler zufolge einseitig an der Wissensform der positiven Wissenschaften und vernachlässigen dadurch die anderen Wissensformen. Wissen bildet sich nur in einem sozialen und gesellschaftlichen Zusammenhang und durch das Zusammenwirken realer und idealer Faktoren.

Scheler beeinflusste die Entwicklung der Ethik, der philosophischen Anthropologie und der Wissenssoziologie.

Weitere Werke von Scheler: Vom Ewigen im Menschen, 1921; Wesen und Formen der Sympathie, 1923; Schriften zur Soziologie und Weltanschauungslehre, I – II, 1923; Gesammelte Werke, I – XIV, M. Scheler/M.S. Frings (Hg.), 1954ff.

Literatur zu Scheler: P. Good (Hg.), Max Scheler im Gegenwartsgeschehen der Philosophie, 1975; W. Mader, Max Scheler in Selbstzeugnissen und Bilddokumenten, 1980; K. Alphéus, Kant und Scheler, 1981; W. Cremer, Person und Technik, 1991; E. W. Orth/G. Pfafferott (Hg.), Studien zur Philosophie von Max Scheler, 1994; M. S. Frings, Max Scheler, 1996[2]; W. Henckmann, Max Scheler, 1998; P. Good, Max Scheler, 1998; A. Sander, Max Scheler zur Einführung, 2001; Ch. Bermes (Hg.), Vernunft und Gefühl, 2003.

SCHELLING, FRIEDRICH WILHELM JOSEPH: der deutsche Philosoph wurde am 27. 1. 1775 in Leonberg (bei Stuttgart) geboren. Er studierte von 1790 bis 1795 Philosophie und Theologie am Tübinger Theologischen Stift, wo er u.a. Hegel und Hölderlin kennen lernte. Nach dem Studium arbeitete er als Hauslehrer in Stuttgart. 1798 erhielt er eine Professur für Philosophie in Jena. Dort nahm er Kontakt zu führenden Vertretern der Romantischen Bewegung auf (u. a. F. Schlegel, A.W. Schlegel, Novalis). Von 1802 bis 1803 gab er zusammen mit Hegel

das »Kritische Journal der Philosophie« heraus. 1803 wurde Schelling auf eine Professur für Philosophie in Würzburg berufen. 1806 wurde er Mitglied der Bayerischen Akademie der Wissenschaften in München und 1808 Generalsekretär der Akademie der bildenden Künste ebendort. Ab 1820 lehrte er an der Universität Erlangen, 1827 erhielt er eine Professur für Philosophie in München. Von 1835 bis 1840 leitete er die philosophische Ausbildung des bayerischen Kronprinzen Maximilian II. 1841 erhielt er eine Professur für Philosophie in Berlin. 1846 zog er sich zurück. Er starb am 20. 8. 1854 in Bad Ragaz (Schweiz).

Schelling ist neben Hegel und Fichte der Hauptvertreter des *Deut-*

schen Idealismus. Seine Position wird auch als *objektiver Idealismus* bezeichnet. Er wendet sich gegen den von Fichte repräsentierten subjektiven Idealismus, nach dem das *Ich* (Subjekt) sowohl sich selbst als auch die *Natur* (Objekt) setzt. Die Natur wird dabei als die dem Ich äußere Welt aufgefasst. Das Ich setzt nach Fichte sogar die Differenz von Ich und Nicht-Ich (Natur), es ist der alleinige Grund des Ganzen.

Schelling behauptet, dass Fichte die Rolle der Natur nicht angemessen versteht. Nicht nur das Ich setzt, d.h. gestaltet die Natur. Auch das Umgekehrte gilt: Aus der Natur geht das Ich hervor.

Das Ich, das von Schelling auch als Geist bezeichnet wird, soll mit der Natur versöhnt werden. Mit anderen Worten: Der Gegensatz von Geist und Natur soll aufgehoben werden (vgl. »Ideen zu einer Philosophie der Natur«, 1797). Beide sind letztlich ein und dasselbe – sie sind *identisch*, indifferent (ununterscheidbar). Schellings Philosophie wird daher auch als *Identitätsphilosophie* bezeichnet.

Das Weltganze bildet eine Einheit, die als das *Absolute* benannt wird. Es ist der gemeinsame Grund von Geist und Natur. Es liegt dem Unterschied zwischen Geist und Natur voraus.

Das Absolute kann nur im Akt der *intellektuellen Anschauung* erfasst werden. Die intellektuelle Anschauung stellt ein Wissen dar, das ohne die Vermittlung der Sinne und Begriffe entsteht; es bringt sein eigenes Denkobjekt hervor.

Das Absolute entwickelt sich in einem *geschichtlichen Prozess*. Geist und Natur entwickeln sich in einem gemeinsamen Prozess. Schelling spricht sowohl von der Geschichte des Geistes als auch der Geschichte der Natur.

In der Frühzeit der geschichtlichen Entwicklung gab es eine Einheit von Geist und Natur. In einer weiteren Etappe zerfiel diese Einheit: Es kam zu einer Spaltung von Geist (Subjekt) und Natur (Objekt). Die Aufgabe der Philosophie ist es, die ursprüngliche Einheit von Geist und Natur wiederherzustellen.

Wissen wird von Schelling als eine Einheit von erkennendem Subjekt und erkanntem Objekt bestimmt. Die Entwicklung des Wissens wird als »Geschichte des Selbstbewusstseins« aufgefasst (vgl. »System des transzendentalen Idealismus«, 1800).

Schelling betont, dass das Absolute in der *Kunst* am angemessensten zum Ausdruck kommt. Die intellektuelle Anschauung, in der das Absolute erfasst wird, äußert sich in der Anschauung des Kunstwerks. Die Philosophie, die die Einheit von Geist und Natur stiftet, ist daher auf die Kunst angewiesen. Das

Kunstwerk ist das »Organon der Philosophie«. In ihm offenbart sich der Gesamtzusammenhang des Universums, genauer: die Einheit von Geist und Natur.

In seiner Spätphilosophie zweifelt Schelling zunehmend an der Vorstellung, dass die Welt von der Vernunft regiert ist. Er hebt immer mehr die Bedeutung der *Triebe* und des *Leibes* hervor. Das Ich kann sich nicht selber setzen, die Vernunft kann sich nicht selber begründen. Dazu bedarf es der *göttlichen Offenbarung*.

In Schellings Spätphilosophie überwiegen religiöse Motive. *Gott* wird als das Absolute, als der absolute Urgrund der Welt (des Geistes und der Natur) bestimmt (vgl. »Philosophie der Mythologie und Philosophie der Offenbarung«, 1856-1858).

Schellings Philosophie wirkte auf die Theoretiker der Romantik (F. Schlegel, Novalis u. a.) und auf die Denker des Deutschen Idealismus, insbesondere auf Hegel. Seine Gedanken über die Rolle der Triebe, des Leibes und des Willens beeinflussten Schopenhauer, Nietzsche, Scheler und Freud. Auch existentialistische Philosophen (Kierkegaard, Heidegger) empfingen von Schelling wichtige Impulse. Seine Gedanken über Ästhetik wurden u. a. von Adorno und Bloch aufgegriffen. In gegenwärtigen Diskussionen über die Einheit von Mensch und Natur spielen Schellings Überlegung eine wichtige Rolle.

Weitere Werke von Schelling: Sämtliche Werke, I – XIV, K. F. A. Schelling (Hg.), 1856-1861.

Literatur zu Schelling: W. Schulz, Die Vollendung des deutschen Idealismus in der Spätphilosophie Schellings, 1955; K. Jaspers, Schelling, 1955; M. Heidegger, Schellings Abhandlung über das Wesen der menschlichen Freiheit, 1971; H. M. Baumgartner (Hg.), Schelling, 1975; W. Marx, Schelling, 1977; J. Kirchhoff, Friedrich Wilhelm Joseph von Schelling in Selbstzeugnissen und Bilddokumenten, 1982; A. Gulyga, Schelling, 1989; M. Frank, Eine Einführung in Schellings Philosophie, 1995²; F. J. Wetz, Friedrich Wilhelm Joseph Schelling zur Einführung, 1996; G. Gamm, Der deutsche Idealismus, 1997; J. Jantzen (Hg.), Schellings philosophische Anthropologie, 2002; W. G. Jacobs, Schelling lesen, 2004; X. Tilliette, Schelling, 2004.

SCHLEIERMACHER, FRIEDRICH DANIEL ERNST: der deutsche Theologe, Philosoph und Philologe wurde am 21. 11. 1768 in Breslau geboren. Er studierte von

1787 bis 1789 Theologie in Halle und schloss sein Studium 1790 in Berlin ab. Von 1790 bis 1793 arbeitete er als Hauslehrer. 1796 wurde er Prediger an der Charité in Berlin.

Dort knüpfte er Kontakte zu führenden Vertretern der Romantik (u.a. F. Schlegel). 1802 wurde er Hofprediger in Stolpe (Pommern). 1804 erhielt Schleiermacher eine Professur für Theologie in Halle. Ab 1804 übersetzte er die platonischen Dialoge. 1807 siedelte er nach Berlin über, wo er sich an der Reform des Universitätswesens und der Gründung der Berliner Universität beteiligte. Darüber hinaus engagierte er sich gegen die französische Besatzung. 1810 wurde Schleiermacher zum Professor der Theologie an die neu gegründete Berliner Universität berufen. 1811 wurde er Mitglied der Berliner Akademie der Wissenschaften. Er starb am 12. 2. 1834 in Berlin.

Schleiermacher ist einer der Mitbegründer der modernen *Hermeneutik*, der Lehre des Verstehens. Sein Interesse für die Hermeneutik ist theologischer Natur. In der Bibel-Exegese stellt sich die Frage nach dem Verstehen biblischer Inhalte. Wichtig für ihn ist auch die Problematik des Übersetzens religiöser Texte aus einer fremden Sprache.

Jeder Mensch hat im Prinzip die Fähigkeit, die Bibel aus eigener Kraft zu verstehen. Schleiermacher ist hauptsächlich an der Herausfindung *allgemeiner* (universeller) Prinzipien des Verstehens interessiert. Die Hermeneutik soll eine Wissenschaft sein.

In seinem Werk »Hermeneutik« (1838) unterscheidet er zwischen einer *grammatischen* und einer *psychologischen Interpretation* von sprachlichen Ausdrücken. Die erste befasst sich mit der grammatischen Struktur der Ausdrücke in Texten und Gesprächen, die zweite mit der einem Autor oder Sprecher eigentümlichen Sprachverwendung.

In der psychologischen Interpretation geht es also um die Einzigartigkeit, die *Individualität* von Menschen. Sie kommt in ihren Werken (z.B. Texten) zum Ausdruck. Das Verständnis eines Textes ist nur aufgrund einer gemeinsamen psychischen Verfassung von Leser und Autor möglich.

Schleiermacher entwickelt das *divinatorische Verfahren* des Verstehens. Der Leser versucht, sich in den Autor *hineinzuversetzen*. Das Verstehen der Individualität bzw. des individuellen Ausdrucks basiert auf *Einfühlung*. Schleiermachers Hermeneutik wird daher auch als Gefühlsphilosophie bezeichnet.

Der Leser (Interpret) soll versuchen, den Text oder die Rede genau so gut oder sogar besser zu verstehen als der Autor des Textes bzw. der Rede selbst.

Texte und Reden haben keinen festen, ein für alle mal festgelegten Sinn. Das Verstehen ist eine »unendliche Aufgabe«, ein unendlicher Interpretationsprozess, in dem sich der Sinn von Äußerungen permanent verändert.

Schleiermacher hebt hervor, dass das Verstehen nur in der Gemeinschaft, genauer: in der *Kommunikation* mit anderen Menschen, möglich ist. Es vollzieht sich im *Gespräch*. Auch das Verstehen eines Textes kann als ein Gespräch zwischen dem Leser und dem Autor aufgefasst werden.

Eine wichtige Rolle spielt für Schleiermacher die *Dialektik*. Er begreift sie in Anlehnung an Platon als das Verfahren der Rede und Gegenrede. In seinem Werk »Dialektik« (1839) entwickelt er einen breiteren Begriff von Dialektik. Ihre Aufgabe ist es, die *Natur* mit der *Vernunft* zu versöhnen. Die Einheit der beiden Gegensätze stiftet ein Urgrund, der nur im Gefühl erfasst werden kann. Dieser Urgrund alles Seins ist *Gott*.

Das Fundament des Religiösen ist das *Gefühl*. In »Über die Religion« (1799) spricht er von der »Herzreligion«. Sie bildet einen eigenständigen Bereich neben Wissenschaft, Kunst und Moral. Zur religiösen Erfahrung gehört neben dem Gefühl auch noch die *Anschauung* (»Anschauen des Universums«). Religion ist somit »Sinn und Geschmack fürs Unendliche«.

Schleiermachers Hermeneutik-Konzeption beeinflusste Dilthey und andere Methodologen der Geisteswissenschaften. Seine Dialektik-Konzeption rief eine kritische Auseinandersetzung hervor, an der Hegel, Schelling und D. F. Strauß teilnahmen. Einen starken Einfluss hatte Schleiermacher auf die Entwicklung der protestantischen Theologie (R. K. Bultmann, G. Ebeling).

Weitere Werke von Schleiermacher: Kritische Gesamtausgabe, H.-J. Birkner u. a. (Hg.), 1980ff.

Literatur zu Schleiermacher: W. Dilthey, Das Leben Schleiermachers, 2 Bde., 1870; M. Frank, Das individuelle Allgemeine, 1977; D. Lange (Hg.), Friedrich Schleiermacher, 1985; W. H. Pleger, Schleiermachers Philosophie, 1988; R. Rieger, Interpretation und Wissen, 1988; H. Fischer, Friedrich Daniel

Ernst Schleiermacher, 2001; K. Nowak, Schleiermacher, 2002; Ch. Helmer (Hg.), Schleiermachers Dialektik, 2003; M. Feil, Die Grundlegung der Ethik bei Friedrich Schleiermacher und Thomas von Aquin, 2005.

SCHMITT, CARL: der deutsche Rechtstheoretiker und Politikwissenschaftler wurde am 11. 7. 1888 in Plettenberg geboren. Seit 1907 studierte er Rechtswissenschaft in Berlin, München und Straßburg. 1910 promovierte er in Straßburg mit der

Arbeit »Über Schuld und Schuldarten«, 1916 folgte ebendort die Habilitation »Der Wert des Staates und die Bedeutung des Einzelnen«. Von 1919 bis 1921 lehrte Schmitt als Dozent an der Handelshochschule in München. 1921 erhielt er eine Professur für Öffentliches Recht in Greifswald. Von 1922 bis 1927 war er Professor in Bonn, von 1928 bis 1933 in Berlin (an der Handelshochschule), 1933 in Köln und von 1933 bis 1945 wieder in Berlin (an der Universität). 1933 trat er in die NSDAP ein und übernahm bis 1945 wichtige Aufgaben und Ämter (er war u.a. preußischer Staatsrat, Mitglied im Bund Nationalsozialistischer Deutscher Juristen). Von 1945 verlor Schmitt seinen Lehrstuhl und wurde bis 1947 mehrmals (u.a. in Nürnberg) inhaftiert. Danach zog er sich nach Plettenberg zurück und arbeitete als Privatgelehrter. Er starb dort am 7. 4. 1985.

Schmitt ist einer der berühmtesten und umstrittensten *Rechtstheoretiker* und *politischen Denker* im Deutschland des 20. Jh. Seine Wurzeln liegen im Katholizismus. Seine weltanschaulichen Gedanken sind von Hobbes, De Bonald, D. Cortés und De Maistre geprägt. Schmitts Menschenbild ist *pessimistisch*. Der Mensch ist von Natur aus böse. Der *Kampf* ist die Grundlage des Lebens.

Das Fundament der Schmittschen Lehre bildet eine *politische Theologie* (vgl. »Politische Theologie«, 1922). Ihr Grundsatz lautet: Alle wichtigen juristischen Begriffe sind säkularisierte theologische Begriffe. Dem Theismus, d.h. dem Glauben an einen Gott, entspricht der Glaube an die Souveränität des Monarchen.

Letzte Folge des Säkularisierungsprozesses ist der Atheismus; an die Stelle Gottes tritt der Mensch.

Souveränität definiert Schmitt folgendermaßen: »Souverän ist, wer über den Ausnahmezustand entscheidet«. Der Ausnahmezustand hat für die Rechtswissenschaft eine analoge Bedeutung wie das Wunder für die Theologie.

Der liberale, parlamentarische Staat und seine Staatslehre sind nicht in der Lage, die Rolle des Ausnahmezustands zu erkennen und juristische Mittel zu seiner Umsetzung zu liefern. Dies kann die *Diktatur* leisten.

Der Grundbegriff der politischen Theologie Schmitts ist die *Entscheidung*. Sie ist »normativ aus dem Nichts« geboren. Das bedeutet, dass sie nicht von Normen abgeleitet werden kann. Wer aufgrund von Normen handelt, handelt nicht souverän, weil er durch die Normen gebunden ist. Die Entscheidung stellt eine »Ausnahme« dar.

Die politische Entscheidung stiftet Recht und Ordnung. Nach 1933 behauptet Schmitt, dass erst der nationalsozialistische Staat souverän handeln, d.h. Recht und Ordnung schaffen kann (vgl. »Über die drei Arten des rechtswissenschaftlichen Denkens«, 1934). Die Ordnung wird dabei vom Führer diktiert.

Schmitts grundlegende Schrift ist »Der Begriff des Politischen« (1927). Der Begriff des *Staates* setzt den Begriff des *Politischen* voraus. Damit wird der traditionellen Gleichstellung von Politik und Staat eine Absage erteilt. Politik kann sich in unterschiedlichen Formen äußern. »Staat« ist nur ein an eine geschichtliche Epoche gebundener Begriff.

Die *Entgegensetzung von Freund und Feind* ist nach Schmitt das nichthintergehbare Fundament des politischen Lebens. Feind ist der schlechthin Andere, der Fremde. Er ist nicht der private, sondern der öffentliche Gegner. Erst durch die Abgrenzung vom Feind ist die Bestimmung der eigenen politischen Identität möglich.

Zum Begriff des Feindes gehört die Möglichkeit eines bewaffneten Kampfes, insbesondere des *Krieges*. »Der Krieg folgt aus der Feindschaft, denn diese ist seinsmäßige Negierung eines anderen Seins«. Die Weltgeschichte wird von Schmitt als eine Abfolge von Kämpfen betrachtet. Innerstaatlich ist es der Kampf von Interessengruppen, zwischenstaatlich der Krieg der Nationen und übernational der Kampf zwischen See- und Landmächten (z.B. zwischen England und Deutschland).

Schmitt kritisiert den *Parlamentarismus* und den *Liberalismus* (vgl. »Die geschichtliche Lage des heutigen Parlamentarismus«, 1923). Im Parlamentarismus wird die Entgegensetzung von Freund und Feind nicht akzeptiert. Der Feind wird dort zum ökonomischen Konkurrenten oder zum Diskussionspartner. An die Stelle des Kampfes tritt der Kompromiss.

Der Parlamentarismus meidet die »Entscheidung« und verursacht damit politische Passivität. Schmitt widerspricht der Auffassung, dass der Parlamentarismus im Dienste der Wahrheitsfindung stehe.

Schmitts Rechtslehre und seine Rolle im Nationalsozialismus wurden nach dem 2. Weltkrieg kontrovers diskutiert. In diesen Diskussionen ging es auch um das politische Selbstverständnis der Bundesrepublik. Seine Gedanken wurden u. a. von E. Forsthoff, E.-W. Böckenförde und G. Maschke aufgegriffen. Stark kritisiert wurde er u. a. von L. Strauss, Ch. v. Krockow, D. Sternberger, K. Sontheimer und J. Habermas.

Weitere Werke von Schmitt: Politische Romantik, 1919; Die Diktatur, 1921; Verfassungslehre, 1928; Der Nomos der Erde im Völkerrecht des Jus Publikum Europaeum, 1950; Politische Theologie II, 1970; Der Leviathan in der Staatslehre des Thomas Hobbes, G. Maschke (Hg.), 1982.

Literatur zu Schmitt: L. Strauss, Anmerkungen zu: Carl Schmitt, Der Begriff des Politischen, 1932; H. Kuhn, Rezension zu Carl Schmitt: Der Begriff des Politischen, 1933; Ch. Graf von Krockow, Die Entscheidung, 1958; J. Habermas, Die Schrecken der Autonomie, in: ders., Eine Art Schadensabwicklung, 1987; H. Hansen/H. Lietzmann (Hg.), Carl Schmitt und die Liberalismuskritik, 1988; P. Noack, Carl Schmitt, 1993; H. Meier, Die Lehre Carl Schmitts, 1994; J. Habermas, Carl Schmitt in der politischen Geistesgeschichte der frühen Bundesrepublik, in: der., Die Normalität einer Berliner Republik, 1995; R. Mehring, Carl Schmitt zur Einführung, 2001; N. Campagna, Carl Schmitt, 2004.

SCHOPENHAUER, ARTHUR: der deutsche Philosoph wurde am 22. 2. 1788 in Danzig geboren. Er studierte ab 1809 zunächst Naturwissenschaften und Medizin, später Philosophie in Göttingen. Von 1811 bis 1813 studierte er Philosophie in Berlin. Zu seinen Lehrern gehörten J. G. Fichte und F. Schleiermacher. 1813 promovierte Schopenhauer mit der Arbeit »Über die vierfache Wurzel des Satzes vom zureichenden Grunde« in Jena. Ab 1813 war er Gast in dem von seiner Mutter, der Schriftstellerin Johanna Schopenhauer, geführten literarischen

Salon. Dort lernte er u.a. Goethe, Wieland, F. Schlegel und A.W. Schlegel kennen. Seit 1814 lebte er in Dresden, wo er an seinem Hauptwerk »Die Welt als Wille und Vorstellung« arbeitete. Es erschien

1819. 1820 habilitierte Schopenhauer in Berlin und hielt dort ein Semester lang Vorlesungen als Privatdozent. Um Hegel zu provozieren, setzte er seine Vorlesungen zur selben Zeit wie dieser an. Da er wissenschaftlich wenig Erfolg hatte, verließ er Berlin und ließ sich nach Umwegen 1833 in Frankfurt am Main nieder. Dort lebte er – finanziell durch das väterliche Erbe gesichert – als Privatgelehrter. 1851 erschien sein Spätwerk »Parerga und Paralipomena« (mit den Hauptteilen »Über die Universitäts-Philosophie«, »Aphorismen zur Lebensweisheit«, »Über Religion«), mit dem er die breite Öffentlichkeit erreichte. Er starb am 21. 9. 1860 in Frankfurt am Main.

Schopenhauer ist der Begründer der *Willensmetaphysik*. Der Wille ist die eigentliche und fundamentale Wirklichkeit. Er ist der Urgrund der Wirklichkeit und liegt anderen menschlichen Vermögen (z.B. dem Verstand) zugrunde.

Schopenhauer knüpft an die Philosophie Kants an. Er übernimmt von ihm in etwas veränderter Form die fundamentale Unterscheidung zwischen der *Welt der Erscheinungen* und der an sich existierenden, hinter den Erscheinungen liegenden Welt, dem *Ding an sich*.

Die Welt der Erscheinungen bestimmt Schopenhauer als *Vorstellung*, d.h. als einen Bewusstseinsinhalt des Menschen bzw. des erkennenden Subjekts. Die Vorstellung verweist immer auf einen Gegenstand, auf ein Objekt für das erkennende Subjekt. Es gibt kein Objekt ohne Subjekt und umgekehrt gibt es kein Subjekt ohne Objekt. Das erkennende Subjekt ist immer schon auf Erkenntnisobjekte bezogen.

In der Welt als Vorstellung herrscht das *Individuationsprinzip*. Ihm gemäß besteht die Welt aus einer Vielzahl von Vorstellungen. Daher ist es besser, von Vorstellungen im Plural zu sprechen.

In Anlehnung an Kant behauptet Schopenhauer, dass die Welt der Vorstellungen bzw. Erscheinungen durch die Anschauungsformen *Raum* und

Zeit sowie durch das Prinzip der *Kausalität* bestimmt ist.

Für Schopenhauer ist jedoch die Welt als Vorstellung nicht die einzige und auch nicht die eigentliche Wirklichkeit. Die Erfahrung des eigenen *Leibes* führt zu der Erkenntnis, dass der eigene Leib sowohl als eine Vorstellung, d. h. ein Objekt unter Objekten, als auch als Ausdruck eines *Willens* betrachtet werden kann.

Der Wille liegt allen menschlichen Vermögen und Fähigkeiten zugrunde. Er ist der Urgrund und die treibende Kraft des Menschen. Da der eigene Leib sowohl eine Vorstellung als auch ein Ausdruck des Willens ist, werden alle anderen Vorstellungen, d.h. alle Erscheinungen der Welt, als Äußerungen (Objektivationen) des Willens bestimmt.

Der Wille ist nicht nur der Urgrund und die treibende Kraft des Menschen, sondern auch der ganzen Welt, d.h. auch der Natur. Er ist die an sich existierende, eigentliche und wahre Welt, mit Kant ausgedrückt: das Ding an sich. Die Welt der Vorstellungen ist demgegenüber eine Scheinwelt.

Der Wille ist weder Objekt noch Vorstellung. Daher kann er nicht raum-zeitlich bestimmt werden und unterliegt nicht dem Prinzip der Kausalität. Er ist etwas Einheitliches und kann nicht geteilt werden. Demnach ist er dem Individuationsprinzip nicht unterworfen.

Schopenhauer bestimmt den Willen genauer als ein ewiges Begehren und Streben nach Befriedigung sowie als einen blinden und dumpfen Drang. Er ist der Ursprung des *Leidens*.

Der Wille äußert sich auf verschiedenen Stufen des Seins. Auf der Stufe der anorganischen Natur äußert er sich z.B. als die Bewegung der Himmelskörper, auf der der organischen Natur im Leben der Pflanzen und Tiere. Die höchste Stufe des Seins ist das menschliche *Bewusstsein*. Auf dieser Stufe kann der Wille als blinder Drang und als Ursprung des Leidens erkannt werden.

Der Mensch hat die Fähigkeit, den Willen zu verneinen. Das Ziel des menschlichen Lebens liegt darin, sich vom Willen und damit vom Leiden zu befreien. Dies kann in unterschiedlichen Bereichen geschehen.

In der *Kunst* können die ewigen und unveränderlichen Urbilder der Dinge, die Platonischen Ideen, erkannt werden. Sie werden als Äußerungen des Willens betrachtet und nehmen eine Mittelposition zwischen dem Willen und den Dingen ein.

Die Erkenntnis der Ideen wird von Schopenhauer als reine, d.h. vom Willen befreite, Erkenntnis bestimmt. Im Zustand des *interessenlosen Wohlgefallens*, in der ästhetischen Kontemplation, erkennt der Mensch die Ideen und befreit sich damit vom Willen. Er ist in diesem

Zustand ein willenloses Erkenntnissubjekt. Die Befreiung vom Willen kann in diesem Zustand allerdings nur für kurze Zeit, für die Dauer des Zustands, gelingen.

Ein anderer Bereich, in dem sich der Mensch vom Willen und vom Leiden befreien kann, ist der des *Ethischen*. Schopenhauer geht davon aus, dass im menschlichen Leben der Kampf aller gegen alle herrscht. Menschliche Beziehungen zeichnen sich durch Egoismus, Ehrgeiz, Habgier und Konkurrenzkampf aus.

Der Wille ist der Ursprung allen Begehrens. Das Begehren kann niemals gänzlich befriedigt werden und es führt zu immer weiterem Begehren. Dadurch entsteht im Menschen der Zustand des Mangels, der Unvollkommenheit und letztlich der Sinnlosigkeit.

Alles Leben ist in Schopenhauers Augen *Leiden*. Daher wird das *Mitleid* als die fundamentalste Beziehung zu anderen Menschen aufgefasst. Leiden verbindet alle Menschen miteinander; indem ein Mensch mit anderen Menschen Mitleid hat, erkennt er, dass er nicht alleine leidet. Das Mitleid ist das einzige Fundament der Moral.

Die endgültige Befreiung des Menschen vom Willen und damit vom Leiden kann erst in der *asketischen Haltung* vollzogen werden. Askese bedeutet für Schopenhauer Abkehr von der Welt. Sie führt zur Aufhebung der Bedürfnisse und somit zur Beseitigung des Begehrens.

Der in der Askese lebende Mensch ist ein *willenloser* Mensch. Er hebt sein Ich auf und geht im Ichlosen Nichts, im *Nirwana*, auf. Das Aufgehen im Nirwana bedeutet die endgültige Verneinung des Willens. Schopenhauer wird somit zum Verfechter des *Buddhismus*.

Schopenhauer wurde seit Mitte des 19. Jh. zu einem der populärsten deutschen Philosophen. Er avancierte zum Lieblingsphilosophen des aufstrebenden Bürgertums. Seine pessimistischen Ansichten über den Menschen entsprachen den Lebensauffassungen eines großen Teils des damaligen Bürgertums. Schopenhauers Lehre hatte eine große Wirkung auf Philosophie (F. Nietzsche, H. Bergson, L. Wittgenstein, M. Horkheimer), Psychologie (E. von Hartmann, S. Freud), Literatur (L. Tolstoi, Th. Mann) und Musik (R. Wagner). Er kann als ein Vordenker der Lebensphilosophie, des Existentialismus und der Tiefenpsychologie betrachtet werden.

Weitere Werke von Schopenhauer: Über den Willen in der Natur, 1836; Die beiden Grundprobleme der Ethik, 1840; Sämtliche Werke, I – VII, A. Hübscher (Hg.), 1937-1941.

Literatur zu Schopenhauer: A. Hübscher, Denker gegen den Strom,

1973; W. Weimer, Schopenhauer, 1982; J. Salaquarda (Hg.), Schopenhauer, 1985; R. Safranski, Schopenhauer und die wilden Jahre der Philosophie, 1987; V. Spierling (Hg.), Schopenhauer im Denken der Gegenwart, 1987; K. Pisa, Schopenhauer, 1988; R. Malter, Der eine Gedanke, 1988; A. Schmidt, Idee und Weltwille, 1988; K.-J. Grün, Arthur Schopenhauer, 2000; Th. Weiner, Die Philosophie Arthur Schopenhauers und ihre Rezeption, 2000; A. Estermann, Arthur Schopenhauer, 2000; V. Spierling, Arthur Schopenhauer zur Einführung, 2002; M. Fleischer, Schopenhauer, 2004.

SCHWEITZER, ALBERT: der deutsche Theologe, Arzt, Bach-Kenner und Philosoph wurde am 14. 1. 1875 in Kayserberg (Oberelsass) geboren. Er studierte ab 1893 Theologie und Philosophie in Straßburg. Neben dem Studium nahm er Orgelunterricht bei Ch. M. Widor in Paris. 1899 promovierte Schweitzer in Philosophie über Kants Religionsphilosophie, 1900 in Theologie über das Abendmahl. Von 1900 bis 1902 übernahm er das Amt eines Predigers an der St. Nicolai-Kirche in Straßburg. 1902 habilitierte er ebendort über »Das Messianitäts- und Leidensgeheimnis«. Seit 1905 studierte er Medizin, um als Arzt und Missionar in Afrika zu arbeiten. 1913 promovierte er in Medizin mit der Arbeit »Die psychische Beurteilung Jesu«. Im selben Jahr verzichtete er auf eine akademische Karriere, gab sein Amt als Prediger auf

und ging das erste Mal nach Lambarene (Gabun). Dort baute er ein Hospital, dessen Leiter er wurde. Schweitzer arbeitete dort – unterbrochen durch Vortrags- und Konzertreisen in Europa und den USA – mehr als 50 Jahre. Schweitzer engagierte sich stark für den Weltfrieden. Er warnte vor der Gefahr eines Atomkrieges und forderte zusammen mit A. Einstein und B. Russell die Einstellung der Atomversuche. 1951 erhielt er den Friedenspreis des Deutschen Buchhandels, 1953 den Friedensnobelpreis. Er starb am 4. 9. 1965 in Lambarene.

Schweitzer ist einer der bedeutendsten *Humanisten* des 20. Jh. Er war mehr ein Praktiker als ein Theoretiker. Seine theoretischen Einsichten und Erkenntnisse setzte er in die Lebenspraxis um.

Das Fundament seines Denkens und Engagements ist die *christliche Ethik*. In seinem aufseherregenden Buch »Von Reimarus zu Wrede. Eine Geschichte der Leben-Jesu-Forschung« (1906) vertritt Schweitzer eine *eschatologische* Deutung des Lebens Jesu. Eschatologie ist die Lehre von den letzten Dingen, d.h. vom Ende der Welt und vom Aufkommen des Reiches Gottes. Jesu glaubte, so Schweitzer, an das bevorstehende überirdische Gottesreich. Er hat sich als Messias gesehen.

Schweitzer lehnt die Versuche vieler Theologen ab, Jesus zu modernisieren, d.h. seine Lehre an den jeweiligen Zeitgeist anzupassen. »Die Tat Jesu besteht darin, dass seine natürliche und tiefe Sittlichkeit von der spätjüdischen Eschatologie Besitz ergreift und so dem Hoffen und Wollen einer ethischen Weltvollendung in dem Vorstellungsmaterial jener Zeit Ausdruck gibt«.

Das Verhältnis des Menschen zu der Persönlichkeit Jesu ist Schweitzer zufolge mystischer Art. Eine Beziehung zu ihr gewinnen wir nicht geschichtlich, d.h. durch die Betrachtung ihrer historisch gesicherten Lebensdaten, sondern »wenn wir in der Erkenntnis eines gemeinsamen Wollens mit ihr zusammengeführt werden«. Die auf Jesus zurückgehende *Liebesethik* kann ohne die Berücksichtigung ihrer historischen Entstehung betrachtet und vertreten werden. Die Gemeinschaft mit Jesus kommt im gegenwärtigen geistig-sittlichen Leben mit ihm zum Ausdruck.

Schweitzers Leitidee ist die *Ehrfurcht vor dem Leben*. In ihr sind Lebensbejahung und Ethik miteinander verbunden. Die fundamentale Tatsache des Lebens lautet: »Ich bin Leben, das leben will, inmitten von Leben, das leben will«. Allem Lebendigen soll in gleichem Maße Ehrfurcht entgegengebracht werden. Es ist geboten, Leben zu erhalten und zu fördern. Es ist verboten, Leben zu vernichten und zu schädigen.

Die bisherige Ethik ist nach Schweitzer unvollkommen, weil sie sich nur mit dem Verhalten der Menschen zu Menschen beschäftigt. Es geht darum, wie sich der Mensch zu allem Leben verhält. Ethische Überlegungen sollen somit auch die Tierwelt betreffen. Die Ehrfurcht vor dem Leben umfasst Liebe, Hingabe, Mitleid, Mitfreude und Mitstreben. Der Mensch soll die *Verantwortung* für alles, was lebt, übernehmen. In der *sittlichen* Tat kann das Einssein mit Gott erlebt werden. Das sittliche Handeln gibt dem Menschen einen Lebenssinn und -wert.

Schweitzer setzt sein Vertrauen in die *Vernunft*. Er plädiert für einen tieferen und stärkeren Rationalismus als den der vergangenen Zeiten. Das vernünftige Denken alleine kann jedoch nicht helfen. Hinzukommen muss ein auf Vertrauen, Verantwortung und Liebe beruhendes *Handeln*.

Seine Kulturphilosophie (vgl. »Kulturphilosophie«, 2 Bde., 1923) entwickelt Schweitzer in der Auseinandersetzung mit Schopenhauer und Nietzsche. Er übernimmt von Schopenhauer den Begriff des *Willens zum Leben*, verzichtet jedoch auf die pessimistischen Elemente seiner Philosophie. Von Nietzsche übernimmt er den Gedanken der bedingungslosen Lebensbejahung, kritisiert aber seine Deutung des Mitleids als Schwäche.

Schweitzer diagnostiziert den *Niedergang der Kultur*. Das Ergebnis dieses Niedergangs ist der Erste Weltkrieg. Einen rapiden Fortschritt gibt es im Bereich der Technik. Der technische Fortschritt kann den Menschen keine Lebensorientierung geben. Die ethischen Anlagen des Menschen haben sich hingegen nicht ausreichend entwickelt. Die »ethische Weltanschauung« hat sich nicht durchgesetzt, weil sie nicht tief genug begründet wurde. Sie konnte der Kritik (z.B. der Kritik Nietzsches) nicht standhalten. Ein Rückgriff auf Schweitzers Ethik der Furcht vor dem Leben soll zur Erholung der westlichen Kultur führen.

Schweitzers Gedanken wirkten vor allem auf die breite Öffentlichkeit nach dem Zweiten Weltkrieg. Sein Engagement für Kranke und Hilfsbedürftige in Afrika wurde zum Symbol für *Menschlichkeit* und *Humanität*. Die Leitidee der Ehrfurcht vor dem Leben spielt in der Verantwortungsethik eine wichtige Rolle. Auch in Diskussionen um die Erhaltung der Natur sind Schweitzers Gedanken lebendig. Schweitzer machte sich einen Namen in der Musikwelt als Bachforscher und -interpret (vgl. »J. S. Bach«, 1908).

Weitere Werke von Schweitzer: Gesammelte Werke, I – V, R. Grabs (Hg.), 1971; Die Ehrfurcht vor dem Leben, H. W. Bähr (Hg.), 1991⁶.

Literatur zu Schweitzer: W. Picht, Albert Schweitzer, 1960; H. W. Bähr (Hg.), Albert Schweitzer, 1962; H. Groos, Albert Schweitzer, 1974; H. Steffahn, Albert Schweitzer in Selbstzeugnissen und Bilddokumenten, 1979; E. Gräßer, Albert Schweitzer als Theologe, 1979; C. Günzler, Albert Schweitzer, 1996; Th. Honsak, Die Ethik des Albert Schweitzer, 1998; H. Lenk, Albert Schweitzer, 2000; G. Meurer, Die Ethik Albert Schweitzers vor dem Hintergrund der Nietzscheschen Moralkritik, 2004.

SEARLE, JOHN ROGERS: der amerikanische Philosoph wurde am 31. 7. 1932 in Denver (Colorado) geboren. Von 1949 bis 1952 studierte

er Philosophie an der University of Wisconsin, von 1952 bis 1959 in Oxford. Von 1956 bis 1959 war er dort Lecturer für Philosophie. 1959 erhielt er eine Professur für Philosophie an der University of California (Berkeley), wo er heute noch lehrt.

Searle ist neben Austin der bedeutendste Vertreter der *Sprechakttheorie*. Er geht von der Erkenntnis aus, dass sprachliche Äußerungen nicht nur dazu da sind, die Welt zu beschreiben, sondern dass mit ihnen auch *Handlungen* vollzogen werden. Beispiel: Mit der Äußerung »Ich verspreche Dir, dass ich morgen komme« vollziehe ich die Handlung des Versprechens.

Sprechen ist Searle zufolge eine besondere Form des regelgeleiteten, absichtlichen (intentionalen) Handelns. Der Sprechakt ist die kleinste Einheit der Sprache (vgl. »Speech Acts«, 1969; dt. »Sprechakte«, 1971).

In Anlehnung an seinen Lehrer Austin unterscheidet Searle drei Teilaspekte eines Sprechakts: den *Äußerungsakt*, den *propositionalen Gehalt* und den *illokutionären Akt*. Mit dem Äußerungsakt wird überhaupt etwas gesagt; es werden Laute ausgesprochen und Wörter geäußert. Der propositionale Gehalt eines Sprechakts umfasst die Referenz und die Prädikation. Referenz meint die Beziehung zwischen dem bezeichnendem Wort und dem bezeichneten Gegenstand, in der Prädikation wird dem Gegenstand eine Eigenschaft zugesprochen, z. B. Arthur (Referenz) ist ein Denker (Prädikation). Mit dem illokutionären Akt wird eine Handlung vollzogen, z. B. etwas versprochen, etwas empfohlen, etwas befohlen usw.

Searle untersucht unterschiedliche Bedingungen (Regeln), die erfüllt sein müssen, damit ein illokutionärer Akt vollzogen werden kann. Von besonderer Wichtigkeit ist die *Aufrichtigkeitsregel* (der Sprecher muss die Absicht haben, etwas zu tun) und die *wesentliche Regel* (mit der Äußerung eines Satzes soll der Sprecher die Verpflichtung übernehmen, etwas zu tun). Im Falle des Versprechens übernimmt der Sprecher die Verpflichtung, das Versprechen einzuhalten.

In Searles späteren Arbeiten steht die *Philosophie des Geistes* (engl. »philosophy of mind«) im Mittelpunkt seines Interesses. Die Philosophie der Sprache ist ein Teil einer umfassenden Philosophie des Geistes.

Das wichtigste Merkmal geistiger Akte ist deren *Intentionalität* (Gerichtetheit auf etwas) (vgl. »Intentionality«, 1983; dt. »Intentionalität«, 1987). Geistige Zustände richten sich (beziehen sich) auf Gegenstände und Sachverhalte. Die Intentionalität des Geistigen liegt der Intentionalität des Sprachlichen voraus.

Das letzte Fundament des Geistigen und Sprachlichen bildet der *Hintergrund* (engl. »background«). Er stellt eine Menge von Einstellungen, Fertigkeiten, Praktiken und Gewohnheiten dar. Searle spricht auch vom »Hintergrundwissen«, das allen unseren geistigen Tätigkeiten zugrunde liegt. Das Hintergrundwissen ist vor-intentional.

Searle unterscheidet zwischen einem *tiefen* und einem *lokalen* Hintergrund. Der tiefe umfasst alle biologischen Anlagen des Menschen (z. B. die Fähigkeit sich zu bewegen, zu essen, wahrzunehmen usw.). Der lokale Hintergrund umfasst kulturelle Praktiken (z. B. die Fähigkeit zu kochen, Auto zu fahren, mit einem Handy umzugehen).

Searles Arbeiten waren für die Entwicklung der Sprechakttheorie und der Philosophie des Geistes von entscheidender Bedeutung. Seine Kritik an der These, der menschliche Geist sei ein Computerprogramm, führte zu kontroversen Auseinandersetzungen.

Weitere Werke von Searle: Expression and meaning, 1979 (dt. Ausdruck und Bedeutung, 1982); Minds, Brains and Science, 1984 (dt. Geist, Gehirn, Wissenschaft, 1986); The Rediscovery of the Mind, 1992 (dt. Die Wiederentdeckung des Geistes, 1993); The Construction of Social Reality, 1995 (dt. Die Konstruktion der gesellschaftlichen Wirklichkeit, 1997); Consciousness and Language, 2002.

Literatur zu Searle: R. B. Nolte, Einführung in die Sprechakttheorie John Roger Searles, 1978; E. Lepore (Hg.), John Searle and his Critics, 1990; A. Burkhardt (Hg.), Speech Acts, Meaning and Intentions, 1990; C. B. Christensen, Language and Intentionality, 1991; N. Fotion, John Searle, 2000; G. Grewendorf (Hg.), Speech acts, mind, and social reality, 2002; B. Smith (Hg.), John Searle, 2003.

SENECA: der römische Philosoph, Schriftsteller und Politiker wurde 4 v. Chr. in Cordoba (Spanien) geboren. Als Sohn einer aristokratischen

Familie erhielt er in Rom eine Ausbildung in Philosophie und Rhetorik. Seine Lehrer waren Papirius, Attalos und Sotion. 41 wurde er wegen eines angeblichen Ehebruchs mit Julia Livilla, der Schwester des späteren Kaisers Nero, angeklagt und nach Korsika verbannt. 49 kehrte er auf Betreiben von Agrippina, der Mutter Neros, nach Rom

zurück und wurde mit der Leitung der Erziehung ihres Sohnes beauftragt. Nachdem Nero Kaiser wurde, hatte Seneca zusammen mit dem Gardepräfekten Sextus Afranius Burrus einen großen Einfluss auf die Politik des römischen Reichs. 55/56 war er Konsul. 62 zog er sich aus dem politischen Leben zurück und widmete sich der philosophisch-literalischen Arbeit. 65 nahm er sich auf Neros Befehl das Leben.

Seneca ist einer der bedeutendsten Repräsentanten der *Stoa*, genauer: der jüngeren Stoa (1. Jh. – 2. Jh. n. Chr.). Die *Vernunft* als Ordnungsprinzip durchwaltet die gesamte Wirklichkeit (Natur). Die menschliche Seele hat an der übergreifenden, göttlichen Vernunft teil. Die Entwicklung der Natur verläuft nach dem Gesetz der Vernunft.

Die Naturphilosophie steht bei Seneca im Dienst der *Ethik* bzw. der praktischen Philosophie. Erkennt man nicht die Beschaffenheit der Natur, so lebt man im Zustand der Furcht. Erkennt man ihr Wesen, so lebt man im Zustand der *Seelenruhe*. Die (theoretische) Erkenntnis der Natur und des Menschen soll in die konkrete Lebenspraxis umgesetzt werden.

Der Körper wird von der *Seele* geleitet. Sie besteht aus drei »Organen«: dem dienenden (Bewegung), dem von den Leidenschaften und dem von der Vernunft beherrschten Organ. Das letzte Organ ist das führende.

Das Ziel des menschlichen Lebens ist die *Glückseligkeit* (griech. »eudaimonia«). Der Zustand der Glückseligkeit kann nur dann erreicht werden, wenn sich der einzelne Mensch zum Guten entwickelt, sich sittlich vervollkommnet. Er soll der Vernunft gemäß handeln und in Übereinstimmung mit der Natur leben.

Eine wichtige Etappe auf dem Weg zur Glückseligkeit ist die Beherrschung der Leidenschaften wie Zorn, Hass, Neid und sexuelles Begehren. Seneca spricht sich für das stoische Ideal der *Leidenschaftslosigkeit* (griech. »apatheia«) aus.

Das zweite Ideal, für das Seneca eintritt, ist das der *Unerschütterlichkeit der Seele* (griech. »ataraxia«). Es besagt, dass man sich durch nichts aus der Fassung bringen soll. Auf eine Kränkung z. B. muss man nicht mit Zorn reagieren. Unerschütterlichkeit der Seele bedeutet Seelenruhe.

Handelt der Mensch in Übereinstimmung mit der Vernunft, so wird er *tugendhaft*. Mit anderen Worten: Das sittlich Gute verwirklicht sich in Tugenden. Die wichtigsten Tugenden sind: Weisheit, Tapferkeit, Maßhalten und Gerechtigkeit.

Der vorbildliche Mensch ist für Seneca der *Weise*. Er handelt gemäß der Vernunft und in Übereinstimmung mit der Natur. Der Weise beherrscht die Leidenschaften und ist von äußeren Gütern und Genüssen unabhängig. Äußere Schicksalsschläge können seine Seelenruhe nicht beeinträchtigen. Dem Tod schaut er mit Gelassenheit entgegen.

In sozialen Beziehungen spielt die *Freundschaft* eine herausragende Rolle. Bei Seneca findet man auch das Ideal der Gleichheit aller Menschen. Alle Menschen (auch Sklaven) haben an der Vernunft teil. Alle können aus eigener Kraft den Zustand der Glückseligkeit erreichen.

Werke von Seneca: Philosophische Schriften, I – V, M. Rosenbach (Hg.), 1969-1989.

Literatur zu Seneca: K. Abel, Bauformen in Senecas Dialogen, 1967; I. Hadot, Seneca und die griechisch-römische Tradition der Seelenteilung, 1969; V. Sörensen, Seneca, 1995[3]; M. Giebel, Seneca, 1997; G. Maurach, Seneca, 2005[4].

SEXTUS EMPIRICUS: der griechische Philosoph und Arzt lebte um 200-250 n. Chr. Sein Lehrer war Herodotos von Tarsos.

Sextus Empiricus ist einer der führenden Vertreter des antiken *Skeptizismus*, einer Lehre, derzufolge es keine sichere bzw. absolute Erkenntnis gibt. Er knüpft in seinen Überlegungen an die Lehre des Pyrrhon an, der als Begründer des Skep-

tizismus angesehen wird. Sextus Empiricus systematisiert die wichtigsten skeptischen Argumente. Er kritisiert den *Dogmatismus*, in dem von der Möglichkeit einer sicheren Erkenntnis ausgegangen wird.

Nach Sextus Empiricus kann die an sich existierende Wirklichkeit, die Dinge an sich, nicht erkannt werden. Bekannt sind uns nur die *Erscheinungen*. Unsere Sinne, auf die jegliche Erkenntnis angewiesen ist, können uns täuschen. Wir können uns auf sie nicht verlassen.

Außerdem ist die auf der sinnlichen Wahrnehmung basierende Erkenntnis subjektiv. Das, was wir wahrnehmen, muss in Wirklichkeit nicht existieren und nicht so beschaffen sein, wie wir es wahrnehmen. Dieselben Dinge können von verschiedenen Personen unterschiedlich betrachtet werden.

Es gibt kein Kriterium, mit dessen Hilfe die Wahrheit von Aussagen ermittelt werden könnte. Für jede Aussage kann mit gleicher Berechtigung ihr Gegenteil geltend gemacht werden.

Die skeptische Haltung, d.h. die Haltung der *Distanz* und des *Zweifels* im Urteilen spielt im praktischen Leben eine wichtige Rolle. Sie ist die Voraussetzung für das Erreichen der *Gelassenheit* und der *Seelenruhe*.

Allerdings betont Sextus Empiricus, dass in praktischen Angelegenheiten des Lebens keine radikale Skepsis herrschen kann. Dort muss man sich auf alltägliche Erfahrungen und auf das, was in einer Gemeinschaft gilt, verlassen. Gemeinsame Regeln, Normen und Werte können nicht gänzlich bezweifelt werden.

Auch im praktischen Leben meidet der Skeptiker jedoch Leidenschaften und Intensität. Er meidet es, Urteile über das Wahre oder Falsche, das Gute oder Schlechte zu fällen. Der Skeptiker erwartet nichts und enthält sich des Urteilens. Schicksalsschläge können ihn nicht erschüttern. Gegenüber äußeren Gütern bleibt er gleichgültig. Nur durch diese Enthaltsamkeit kann er den Zustand der Seelenruhe erreichen.

Sextus Empiricus hatte eine vielfältige Wirkung auf die Entwicklung des Skeptizismus ausgeübt. Montaigne und P. Bayle verdanken ihm wichtige Einsichten.

Werke von Sextus Empiricus: Opera, I – IV, H. Mutschmann u.a. (Hg.), 1911-1962; Grundriss der pyrrhonischen Skepsis, M. Hossenfelder (Hg.), 1993[2].

Literatur zu Sextus Empiricus: A. Goedeckemeyer, Die Geschichte des griechischen Skeptizismus, 1905; W. Heintz, Studien zu Sextus Empiricus, 1932; M. Hossenfelder, Die Philosophie der Antike 3, 1985; J. Barnes, The Toils of Scepticism, 1990; K.M. Vogt, Skepsis und Lebenspraxis, 1998; A. Bailey, Sextus Empiricus and Pyrrhonean Scepticism, 2002.

SIMMEL, GEORG: der deutsche Soziologe und Philosoph wurde am 1. 3. 1858 in Berlin geboren. Von 1876 bis 1880 studierte er Geschichte (bei T. Mommsen, J.G. Droysen), Völkerpsychologie (bei M. Lazarus) und Philosophie (bei E. Zeller) in Berlin. 1881 promovierte er mit der Schrift »Das Wesen der Materie nach

Kants physischer Monadologie«. Nach der Habilitation über »Kants Lehre von Raum und Zeit« durfte Simmel 1885 als Privatdozent an der Berliner Universität Philosophie lehren. Er übte eine große Wirkung auf das intellektuelle Leben Berlins aus. Seine Veranstaltungen wurden oft zu wichtigen kulturellen Ereignissen. Simmels akademische Karriere wurde hauptsächlich wegen seiner jüdischen Herkunft stark behindert. Erst 1914 erhielt er eine Professur für Philosophie an der Universität Straßburg. Er starb dort am 26. 9. 1918.

Simmel ist einer der *Begründer der Soziologie* und einer der bedeutendsten *Theoretiker der Moderne.* Er möchte die Soziologie als eine eigenständige Disziplin etablieren. Dies soll auf der Basis der Philosophie vonstatten gehen.

Simmel orientiert sich bei seiner philosophischen Grundlegung der Soziologie vor allem an der *Wertphilosophie* (H. Rickert). Die soziale Welt, die *Kultur*, wird durch Werte bestimmt. Die *Natur* ist dagegen wertfrei. In ihr herrschen allgemeine Naturgesetze. Werte bilden eine eigenständige Sphäre. Dinge in der Natur existieren, Werte hingegen *gelten.*

Wichtige Anregungen erhielt Simmel auch von Nietzsche, Marx, Spencer, Darwin und M. Weber. Fundamental ist für ihn die Einsicht, dass die Gesellschaft nichts Statisches ist, sondern sich im permanenten Wandel befindet.

Von besonderer Bedeutung ist für Simmel der Begriff der *sozialen Differenzierung* (vgl. »Über sociale Differenzierung«, 1890). Er bezeichnet den Prozess der Entstehung gesellschaftlicher Teilbereiche;

aus einer ursprünglich einheitlichen Gesellschaftsstruktur haben sich unterschiedliche Teilbereiche abgesondert.

In der modernen Gesellschaft entstanden komplexe Strukturen, z. B. spezifische Gruppen, Organisationen, Institutionen, aber auch spezifische soziale Rollen, unterschiedliche Weltinterpretationen, Lebensorientierungen und Lebensformen. Charakteristisch für den Prozess der sozialen Differenzierung ist die zunehmende Arbeitsteilung und Spezialisierung.

Ein weiterer zentraler gesellschaftlicher Prozess ist die *Individualisierung*. Individualisierung bedeutet allgemein die Herausbildung von Eigentümlichkeiten und Besonderheiten in der Gesellschaft, speziell die Herausbildung der Einmaligkeit und Einzigartigkeit (Individualität) eines Menschen.

Der einzelne Mensch (das Individuum) orientiert sich an den Idealen der Freiheit, der Selbstständigkeit (Autonomie) und der optimalen Entfaltung seiner Person.

Folge der sozialen Differenzierung und der Individualisierung ist die Auflösung traditioneller gesellschaftlicher Strukturen. Diese Auflösung führt wiederum zu krisenhaften Phänomenen in der modernen Kultur, wie z. B. Isolierung, Vereinzelung, Sinnverlust und Entfremdung. Simmel untersucht in seinen Schriften immer wieder diese negativen Phänomene.

In seinem Werk »Philosophie des Geldes« (1900) zeigt er auf, dass sich das Geld zu einem selbstständigen, von Menschen unabhängigen Gut entwickelt hat. Die personale Beziehung zwischen Käufer und Verkäufer wird im Laufe des Individualisierungsprozesses durch eine funktionale ersetzt. Bei der funktionalen Beziehung spielt die konkrete Person mit ihren Bedürfnissen und Nöten keine Rolle. Verobjektivierte gesellschaftliche Gebilde wie das Geld treten dem Menschen als fremde Mächte gegenüber.

Von großer Bedeutung ist für Simmel der Begriff der *Wechselwirkung*. Alles in der Welt steht mit allem in irgendeiner Wechselwirkung. Gesellschaft wird als die Folge der Wechselwirkung zwischen einzelnen Menschen, Gruppen von Menschen und anderen sozialen Gebilden (Organisationen, Institutionen usw.) bestimmt. Gesellschaft ist nach Simmel die Gesamtheit aller Wechselwirkungen.

Da alles mit allem in Wechselwirkung steht, hat die Gesellschaft keinen statischen, sondern einen *dynamischen* Charakter. Sie verändert sich ständig. Um den dynamischen Charakter der Gesellschaft hervorzuheben, verwendet Simmel oft den Begriff der *Vergesellschaftung*.

Zentral ist für Simmel die Unterscheidung von *Inhalt* und *Form* (vgl.

»Soziologie«, 1908). Zum Inhalt bzw. »Materie der Vergesellschaftung« gehören konkrete Erscheinungen des sozialen Lebens, wie Bedürfnisse, Neigungen, Motive und Interessen der einzelnen Menschen. Diese Erscheinungen erhalten erst dann einen sozialen Charakter, wenn sie sich zu bestimmten Formen der Wechselwirkung bilden.

Formen des sozialen Lebens sind z.B. Familie, Gruppe, Verband, Konkurrenz, Konflikt und Arbeitsteilung. Inhalte sind konkret, Formen sind dagegen abstrakt und allgemein. Eine Aufgabe der Soziologie ist es, Formen des sozialen Lebens zu analysieren.

Neben fachspezifischen Studien verfasste Simmel eine Menge von Arbeiten, die auch für die breite Öffentlichkeit von Interesse sind, u.a. Arbeiten über Kunst und große Künstler (Michelangelo, Rembrandt, Goethe und Rodin), Religion, Alltagsphänomene (Mode, Scham, Fremde und Arme), gesellschaftlich-politische Themen (Geschlechter, Frauenbewegung).

Simmel beeinflusste sowohl Philosophen als auch Soziologen. Zu den Philosophen gehören u.a. G. Lukács, E. Bloch, Th.W. Adorno und W. Benjamin, zu den Soziologen u.a. G. H. Mead und A. Schütz. Simmel wird als der Vater der Mikro- und Kleingruppensoziologie angesehen.

Weitere Werke von Simmel: Gesamtausgabe, I – XXIV, O. Rammstedt (Hg.), 1989ff.

Literatur zu Simmel: D. Käsler (Hg.), Klassiker des soziologischen Denkens I, 1976; P.-O. Ullrich, Immanente Transzendenz, 1981; A.M. Bevers, Dynamik der Formen bei Georg Simmel, 1985; O. Rammstedt (Hg.), Simmel und die frühen Soziologen, 1988; W. Jung, Georg Simmel zur Einführung, 1990; H.-J. Dahme/O. Rammstedt (Hg.), Georg Simmel und die Moderne, 1995[2]; K. Lichtblau, Georg Simmel, 1997; H. J. Helle, Georg Simmel, 2001; D.-Y. Kim, Georg Simmel und Max Weber, 2002; O. Rammstedt (Hg.), Georg Simmels Philosophie des Geldes, 2003.

SMITH, ADAM: der schottische Ökonom und Philosoph wurde am 5. 6. 1723 in Kirkcaldy geboren. Von 1737 bis 1740 studierte er klassische Philologie, Mathematik und Philosophie in Glasgow. Sein Lehrer F. Hutcheson machte ihn mit der Philosophie D. Humes vertraut. Von 1740 bis 1746 studierte er in Oxford. 1751 wurde er Professor für Logik, 1752 für Moralphilosophie in Glasgow. 1764 übernahm er die Erziehung des Herzogs von Buccleuch und begleitete ihn auf dessen Bildungsreisen. Auf der Reise durch Frankreich knüpfte er Kontakte zu d'Alembert, d'Holbach, Helvétius und Turgot. 1766 kehrte er nach England zurück, wo er weiter wissenschaftlich arbeitete. 1787 wurde

Smith zum Rektor der Universität Glasgow ernannt. Er starb am 17. 7. 1790 in Edinburgh.

Smith ist der führende Vertreter der schottischen *Moralphilosophie* und der Begründer der *Nationalökonomie*. In seiner Moralphilosophie unterscheidet er zwei Grundempfindungen des Menschen: die *Eigenliebe* und die *Sympathie*. Die Sympathie ist die Grundlage der zwischenmenschlichen Beziehungen und der Moral (vgl. »The Theory of Moral Sentiments«, 1759; dt. »Theorie der moralischen Empfindungen«, 1770). Sie ist das Vermögen, sich in andere Menschen, genauer: in ihre Situation, hineinzuversetzen.

Wir versetzen uns im Geiste in die Situation anderer Menschen und können dabei ihre Empfindungen bzw. Gefühle nachempfinden. Auf diese Weise sind wir in der Lage, über die Angemessenheit von Empfindungen und Handlungen dieser Menschen Urteile zu fällen. Handlungen können dabei als verdienstvoll oder tugendhaft beurteilt werden.

Wichtig ist für Smith der Umstand, dass wir aufgrund der Sympathie nicht nur Handlungen anderer, sondern auch unsere eigenen Handlungen beurteilen können. Wir stellen uns die Frage, ob ein unparteiischer Beobachter die Motive unserer Handlungen billigen würde und beurteilen dem gemäß unsere eigene moralische Haltung.

Die moralphilosophischen Überlegungen bilden die Grundlage des *wirtschaftlichen Handelns*. In der Wirtschaft herrscht die Eigenliebe. Allerdings wird sie durch die Sympathie gezügelt. Eigenliebe und Sympathie ergänzen sich gegenseitig.

In der Wirtschaft gilt die Handlungsmaxime: Das Bestreben, die eigenen Interessen zu verfolgen, dient unbeabsichtigt den Interessen der Gemeinschaft. Will jemand möglichst hohen Gewinn erzielen, so ist es vorteilhaft für die Volkswirtschaft.

In seinem Werk »An Enquiry into the Nature and Causes of the Wealth of Nations« (1776; dt. »Natur und Ursache des Volkswohlstands«, 1879) entwirft Smith die Grundzüge der modernen Volkswirtschaft. Er untersucht die Arbeitsteilung, den Tauschprozess und die Rolle des Geldes.

Von besonderer Wichtigkeit ist die von ihm getroffene Unterscheidung zwischen den drei Produktionsfaktoren *Arbeit*, *Kapital* und *Land* und den entsprechenden Einkommensarten *Lohn*, *Profit* und *Rente*.

Der Reichtum der Nation hängt von der Art und Menge der gesellschaftlichen Arbeit ab. Der *Tauschwert* eines Produkts bemisst sich hauptsächlich an der für seine Herstellung aufgewendeten Arbeit. Die *Arbeitsteilung* führt zu einer viel effizienteren Produktionsweise und zur Produktionssteigerung.

Die von Smith vertretene Moralphilosophie wirkte auf Lessing, Herder, Kant und Scheler. Seine nationalökonomischen Untersuchungen beeinflussten Ricardo, Mill und Marx und waren grundlegend für die Entwicklung der Wirtschaftswissenschaften.

Weitere Werke von Smith: The Glasgow-Edition of the Works and Correspondence of Adam Smith, I – VI, 1976-1983.

Literatur zu Smith: C.H. Recktenwald, Adam Smith, 1976; M. Trapp, Adam Smith, 1987; P. Ulrich, Der kritische Adam Smith, 1990; G. Streminger, Adam Smith in Selbstzeugnissen und Bilddokumenten, 1999²; K. Ballestrem, Adam Smith, 2001; G. J. Andree, Sympathie und Unparteiligkeit, 2003.

SOKRATES: der griechische Philosoph wurde um 470 v. Chr. in Athen geboren. Als Soldat nahm er an den Feldzügen von Poteidaia (432), Delion (424) und Amphipolis (422) teil. 406 sprach er sich als Ratsherr gegen die Verurteilung von

neun Feldherren aus. Seine Intervention blieb jedoch ohne Erfolg. 399 wurde er wegen Gotteslästerung und Verführung der Jugend angeklagt und zum Tode durch den Schierlingsbecher verurteilt. Er lehnte das Angebot seiner Freunde, ihm zur Flucht zu verhelfen, ab. Sokrates hat selbst nichts geschrieben. Seine Lehre wurde von anderen, zum größten Teil von seinen Schülern (Platon, Xenophon) schriftlich niedergelegt. Als wichtigste Quelle der sokratischen Philosophie werden die Dialoge Platons betrachtet, in denen Sokrates als der Hauptgesprächspartner auftritt. Man geht in der Sokrates-Forschung davon aus, dass die platonischen Frühdialoge (Apologie, Protagoras und das 1. Buch der Politeia, des Staates) die sokratische Philosophie wiedergeben.

Sokrates entwickelt seine Philosophie in der Auseinandersetzung mit den *Sophisten*. Er stimmt mit ihnen darin überein, dass der Mensch das Maß aller Dinge ist. Das Motto seiner Philosophie lautet: »Erkenne dich selbst«. Er kritisiert aber die von den Sophisten vertretene Ansicht, nach der es keine übergreifende Wahrheit gibt. Für die Sophisten gibt es nur subjektive Meinungen, Deutungen, Perspektiven und Interpretationen.

Darüber hinaus instrumentalisieren sie das Wissen; sie betrachten es als ein Mittel, mit dem man bestimmte (z. B. politische) Ziele erreichen kann. Anders ausgedrückt: Sophisten betreiben Wissenschaft nicht um des Wissens bzw. der Wahrheit willen. Außerdem nehmen sie für die Wissensvermittlung Geld.

Sokrates geht es im Gegensatz zu den Sophisten um das Herausfinden der Wahrheit, wobei wahre Erkenntnis für ihn die Erkenntnis des *Allgemeinen*, genauer: die Erkenntnis von Allgemeinbegriffen, ist.

Während seine Gesprächspartner unterschiedliche Begriffe von etwas (z. B. von Tapferkeit, Gerechtigkeit, Schönheit usw.) haben, fragt Sokrates nach dem Allgemeinen, nach dem, was diese Einzelbegriffe bzw. Einzelvorstellungen gemeinsam haben.

Erkenntnis besteht demnach in der Umwandlung von Einzelbegriffen in einen Allgemeinbegriff. Anstatt von Allgemeinbegriffen kann man auch vom *Wesen* einer Sache sprechen, z. B. vom Wesen der Tapferkeit oder Gerechtigkeit.

Die von Sokrates entwickelte Methode der Wahrheitsfindung heißt *Mäeutik* (vom griech. »maieutike«, »Hebammenkunst«). Im Dialog soll dabei durch geschicktes Fragen die Wahrheit herausgefunden werden.

Sokrates stellt sich zunächst unwissend und zeigt durch sein Fragen, dass der angeblich wissende Dialogpartner ebenfalls unwissend ist. Er fragt z. B. einen Feldherrn, was Tapferkeit ist. Der Feldherr stellt eine ihm vertraute Bestimmung des Begriffs der Tapferkeit auf. Er meint zu wissen, was Tapferkeit sei. Sokrates stellt jedoch entgegengesetzte Begriffsbestimmungen auf. Er weist überdies Widersprüche in der Argumentation des Dialogpartners auf. Dadurch *verwirrt* er seinen Dialogpartner. Der Feldherr ist sich seiner Sache nicht mehr sicher; er weiß nicht mehr, was Tapferkeit ist.

In einem weiteren Schritt wird vom Einzelnen/Besonderen zum Allgemeinen übergegangen. Wahre Erkenntnis (Erkenntnis des Allgemeinen) wird von Sokrates dem Dialogpartner nicht mitgeteilt. Sie liegt bereits im Dialogpartner. Sie ist ihm aber verborgen. Durch das geschickte Fragen des Sokrates wird wahre Erkenntnis aus dem Dialogpartner »herausgeholt«; sie kommt ihm ins Bewusstsein.

Die Frage-Kunst wird von Sokrates mit der Hebammenkunst verglichen. Wahre Erkenntnis wird erst im Dialog »geboren«. Auch Sokrates kennt am Anfang des Dialogs nicht die Wahrheit. Er kennt nur die richtige Frageweise, die Methode der Wahrheitsfindung. Erst im Verlaufe des Dialogs kann er zur wahren Erkenntnis gelangen.

Das eigentliche Anliegen der sokratischen Philosophie ist es, Wege zum *tugendhaften* und *guten Leben* aufzuzeigen. Das (theoretische) Herausfinden des Allgemeinen hat eine lebenspraktische Bedeutung. Wahre Erkenntnis führt nach Sokrates zum tugendhaften und guten Leben.

Die *Weisheit* ist das höchste Gut. Sie liegt den verschiedenen Tugenden zugrunde. Im politischen Bereich äußert sich die Weisheit in der Tugend der *Gerechtigkeit*. Ein gerechter Staat ist das Ziel des politischen Handelns.

Wie kaum ein anderer Denker beeinflusste Sokrates die Entwicklung der abendländischen Philosophie. Er wird oft als *erster Ethiker* bezeichnet. Zu seinen Schülern gehören: Platon, Xenophon und Aristippos.

Literatur zu Sokrates: B. Waldenfels, Das sokratische Fragen, 1961; K. Jaspers, Die maßgebenden Menschen, 1975; O. Gigon, Sokrates, 1979[2]; G. Böhme, Der Typ Sokrates, 1988; G. Martin, Sokrates in Selbstzeugnissen und Bilddokumenten, 1992[17]; E. Martens, Die Sache des Sokrates, 1992; W.H. Pleger, Sokrates, 1998; E.-M. Kaufmann, Sokrates, 2000; Ch. Kniest, Sokrates zur Einführung, 2003.

SPENGLER, OSWALD: der deutsche Philosoph, Historiker und Kulturkritiker wurde am 29. 5. 1880 in Blankenburg (Harz) geboren. Er studierte Mathematik, Naturwissenschaften, Geschichte, Kunst und Philosophie in Halle, Berlin und München. 1904 promovierte er in Halle mit einer Arbeit über Heraklit. Danach unterrichtete er als Gymnasiallehrer in Saarbrücken, Düssel-

dorf und Hamburg. Ab 1911 arbeitete er als Privatgelehrter in München. Mit dem Erscheinen seines Hauptwerkes »Der Untergang des Abendlandes« (2 Bde., 1918/1922) wurde Spengler schlagartig berühmt und avancierte zu einer Galionsfigur der national-konservativen Kräfte. Er wurde zum gefragten politischen Berater und von vielen wichtigen Persönlichkeiten unterstützt. Er starb am 8. 5. 1936 in München.

Spengler ist der führende Vertreter des *Kulturpessimismus*. Er wurde von Vico, Hegel, Goethe, Herder, J. Burckhardt, Schopenhauer und Nietzsche geprägt.

In seinem Hauptwerk »Der Untergang des Abendlandes« beansprucht er, eine »kopernikanische Wende« in der Geschichtsbetrachtung herbeizuführen. Er lehnt die Auffassung der Geschichte als eines zusammenhängenden, in Epochen einteilbaren Prozesses ab und möchte eine »Morphologie der Weltgeschichte« liefern.

Die Weltgeschichte stellt für ihn eine Abfolge von *Kulturen* dar, wobei die einzelnen Kulturen unabhängig voneinander existieren. Jede Kultur bildet eine selbstständige Größe, einen in sich geschlossenen Organismus (ein überindividuelles Lebewesen). Sie hat ihre eigene Dynamik, auf die einzelne Menschen keinen Einfluss haben.

Spengler spricht auch von der »Seele« einer Kultur, deren Entwicklung einer *schicksalhaften* Verlaufsgesetzlichkeit unterliegt. Schicksalhaft sind bestimmte, für ihn unabänderliche Gegebenheiten, wie das Schema von Herrschaft und Knechtschaft sowie Rassenunterschiede. Die Seele einer Kultur kann nicht rational, d.h. begrifflich, erfasst, vielmehr kann sie nur »erfühlt«, »erlebt« werden.

Leben ist für Spengler die zentrale Kategorie der Geschichte. Es hat keinen Plan, keine Vernunft. Vernunft wird als lebensfeindlich bestimmt. Die Seele einer Kultur kann nur dann erfasst werden, wenn man die Gesamtheit ihrer Äußerungen in Betracht zieht. Es sind Äußerungen in Philosophie, Wissenschaft, Kunst, Moral, Religion und Politik.

Jede Kultur durchläuft analog zu Altersstufen des Menschen einen

Zyklus von vier Phasen: Kindheit, Jugend, Männlichkeit und Greisentum, mit anderen Worten: Frühzeit, Blüte, Reife und Verfall. Ein Zyklus dauert ca. 1000 Jahre.

In der Weltgeschichte gibt es acht verschiedene Kulturen. Spengler analysiert genauer die antike und die abendländische Kultur. Die Epoche des Verfalls wird als *Zivilisation* bezeichnet.

Die Kultur des Abendlandes befindet sich bereits im Greisenalter, d.h. – ähnlich wie das spätrömische Imperium – im Verfallsstadium. Wichtigste Zeichen dieses Stadiums sind: Dekadenz und Eklektizismus in der Kunst, Rationalismus, Herrschaft des Geldes, Herausbildung der Großstädte, Ausbreitung der Technik. Weitere Merkmale sind: Ausbreitung der Demokratie, des Pazifismus und Kosmopolitismus sowie der Idee der Humanität. Der Verfallsprozess kann nach Spengler nicht aufgehalten werden.

Spengler ist ein *erzkonservativer* Denker. In einer Gesellschaft soll das Recht des Stärkeren herrschen. Der Schwächere muss sich dem Stärkeren unterwerfen. Es gibt eine natürliche Rangordnung zwischen den Menschen. Das Leben wird als ein *Kampf* aufgefasst, und zwar als ein Kampf um die *Macht*. Politik ist der »vorübergehende Ersatz des Krieges«.

Spengler ist ein erbitterter Gegner sowohl des Marxismus als auch des Liberalismus und Parlamentarismus. Er reklamiert für sich den Begriff des *Sozialismus*. Im Preußentum sieht er den wahren Sozialismus realisiert. Preußischer Geist und sozialistische Gesinnung werden von ihm gleichgesetzt (vgl. »Preußentum und Sozialismus«, 1919).

Der Staat soll in seinen Augen streng hierarchisch organisiert werden. Autorität, Zucht und Ordnung sollen grundlegende Prinzipien des sozialen Lebens sein. Nationalismus, Konservatismus und antidemokratische Haltung sind die von Spengler empfohlenen Elemente des politischen Handelns.

Eine *Elite*, deren Mitglieder aus Militär- und Wirtschaftskreisen sowie aus dem Adel rekrutiert werden, soll die Lenkung des Staates übernehmen (vgl. »Jahre der Entscheidung«, 1933). Nur sie kann – geführt von einer starken Persönlichkeit – den Verfallsprozess vorübergehend aufhalten.

Spenglers Schriften fanden große Verbreitung unter Großindustriellen, Offizieren und Adligen. Angesichts der Niederlage Deutschlands im Ersten Weltkrieg und der Revolution in Russland und in Deutschland erschien Spengler in national-konservativen Kreisen als ein Hoffnungsträger. Er zeigte Wege, die Verbreitung des marxistisch geprägten Sozialismus aufzuhalten. Trotz Sympathien für Hitler und den Nationalsozialismus vor 1933, distanzierte er sich immer mehr von der nationalsozialistischen Bewegung. Er kritisierte an ihr die pöbelhaften und populistischen Züge, die seiner aristokratischen Haltung widersprachen. Seine Gedanken wurden von O. y Gasset, B. Croce, R. G. Collingwood, P. Sorokin und A. Toynbee aufgegriffen.

Weitere Werke von Spengler: Neubau des deutschen Reichs, 1924; Der Mensch und die Technik, 1931; Politische Schriften, 1933.

Literatur zu Spengler: A.M. Koktanek, Oswald Spengler in seiner Zeit, 1968; M. Schroeter, Metaphysik des Untergangs, 1969; D. Felken, Oswald Spengler, 1988; A. Demandt/J. Farrenkopf (Hg.), Der Fall Spengler, 1994; J. Naeher, Oswald Spengler in Selbstzeugnissen und Bilddokumenten, 1994[2]; D. Conte, Oswald Spengler, 2004.

SPINOZA, BARUCH DE: der niederländische Philosoph wurde am 24. 11. 1632 in Amsterdam geboren. Er stammte aus einer jüdischen Kaufmannsfamilie, die Ende des 16. Jh. von Portugal nach Holland übergesiedelt war. Spinoza wuchs in jüdischer Tradition auf. Er wurde in den Talmud und in die jüdische Philosophie eingeführt. Später studierte er Naturwissenschaften, Mathematik und klassische Philologie. Er beschäftigte sich intensiv mit der Philosophie von Descartes und von Hobbes. Da er sich vom jüdischen

Glauben zunehmend distanziert hatte, wurde er 1656 aus der jüdischen Gemeinde von Amsterdam ausgeschlossen. Dem folgte die durch den Magistrat bewirkte Verbannung aus Amsterdam. Spinoza lebte danach an verschiedenen Orten Hollands. 1670 ließ er sich in Den Haag nieder. 1673 lehnte er eine Berufung auf eine Professur für Philosophie in Heidelberg ab. Um seinen Lebensunterhalt zu bestreiten, arbeitete er als Linsenschleifer. Er unterhielt Kontakte zu führenden Philosophen und Wissenschaftlern seiner Zeit, u. a. zu G. W. Leibniz, R. Boyle und H. Oldenburg. Er starb am 21. 2. 1677 in Den Haag an Lungenkrebs, der durch das Einatmen des Glasstaubs bei seiner Tätigkeit als Linsenschleifer verursacht wurde.

Spinoza ist neben Descartes und Leibniz der bedeutendste Repräsentant des neuzeitlichen *Rationalismus*, einer philosophischen Lehre, dergemäß die menschliche *Vernunft* der Ausgangspunkt und Garant der Erkenntnis ist (anstatt von Vernunft kann man auch von Verstand bzw. von Denken sprechen). Mit Hilfe der Vernunft soll die wahre Ordnung der Natur erkannt werden. Der Mensch ist ein Teil der Natur (Natur = Welt).

Die Erkenntnis der wahren Ordnung der Natur ermöglicht es dem Menschen, ein tugendhaftes und glückliches Leben zu führen. Tugendhaft zu leben heißt, unter der Leitung der Vernunft zu leben. Vernünftig ist »unser Geist, sofern er klar und deutlich erkennt«.

Wie andere Rationalisten orientiert sich Spinoza in seiner Philosophie am Wissenschaftsideal der Mathematik, insbesondere der *Geometrie*. Sein philosophisches System soll nach dem Vorbild der euklidischen Geometrie aufgebaut werden. Spinoza stellt sein System in seinem Hauptwerk »Ethica ordine geometrico demonstrata« (1677; dt. »Die Ethik nach der geometrischen Methode dargestellt«, 1976) dar.

Die Welt bildet eine *Einheit*, ein zusammenhängendes Ganzes. Der Struktur des Denkens entspricht die Struktur der Natur, genauer: Die Verknüpfungen von Vorstellungen (Ideen) im Denken entsprechen den Verknüpfungen der Dinge in der Natur. Letztlich sind beide, Denken und Natur, identisch.

Im Zentrum der Philosophie Spinozas steht der Begriff der *Substanz*. Er bestimmt die Substanz als »das, was in sich ist, und durch sich begriffen wird«. Die Substanz kann nicht von etwas Anderem verursacht werden, sie ist demnach die Ursache ihrer selbst (lat. »causa sui«). Weil sie durch sich selbst ist, kann sie nicht als nichtexistierend gedacht werden. Überdies ist sie unendlich, ewig und unteilbar.

Für Spinoza gibt es nur eine *einzige* Substanz: *Gott*. Aus ihm folgt alles andere mit Notwendigkeit. Alle anderen Dinge sind nur Modifikationen der einen göttlichen Substanz.

Gott hat unendlich viele *Attribute* (wesentliche Eigenschaften). Der Mensch kann nur zwei von ihnen erkennen: *Denken* und *Ausdehnung*. Denken ist eine typisch menschliche Eigenschaft. Es vollzieht sich in Vorstellungen/Ideen. Ausdehnung ist eine Eigenschaft der raum-zeitlichen (physischen) Körper. In der Welt der Körper herrscht die Kausalität (Ursache-Wirkung-Beziehung).

Gott ist in der Natur allgegenwärtig. Eigentlich sind Gott und Natur *identisch*. Diese Auffassung wird als *Pantheismus* (vom griech. »pan«, »all«, und »theos«, »Gott«) bezeichnet.

Spinoza bestimmt Gott als *natura naturans* (»erzeugende Natur«), die Einzeldinge, die aus ihm hervorgehen, als *natura naturata* (»erzeugte Natur«).

Folgerichtig lehnt Spinoza den Gedanken der Transzendenz (Jenseitigkeit) Gottes ab. Gott kann nicht losgelöst von der Natur, von seiner Schöpfung, existieren. Er ist als Substanz unbegrenzt. Wäre er begrenzt, müsste er an der Natur seine Grenze haben.

Spinoza lehnt auch die von Descartes vorgenommene Trennung von Leib (Körper) und Seele (Geist/Denken) bzw. von ausgedehnter und denkender Substanz ab. Beide sind Attribute der einen göttlichen Substanz. Sie bilden eine Einheit. Körperliche (physische bzw. physiologische) und seelische (verstandes- bzw. denkmäßige) Prozesse laufen parallel nebeneinander. Zwischen Körper und Seele besteht keine kausale Beziehung. Diese Auffassung wird als *Parallelismus* (vom griech. »parallelos«, »nebeneinander«) bezeichnet.

Spinoza unterscheidet drei *Erkenntnisstufen.* Auf der ersten Stufe gewinnen wir nur unsichere, vage Erkenntnis, die auf zufälligen Eindrücken basiert. Sie ist unklar, d.h. sie besteht aus unklaren, verworrenen Meinungen. Auf der zweiten Stufe gewinnen wir mit Hilfe des Verstandes die Einsicht in die wesentlichen Eigenschaften der Dinge. Hier handelt es sich um *adäquate* Erkenntnis, d.h. um die Erkenntnis der logisch notwendigen Beziehungen zwischen den Eigenschaften eines Dinges. Die höchste Stufe der Erkenntnis stellt das *intuitive Wissen* (lat. »scientia intuitiva«) dar. Auf dieser Stufe erkennt der Mensch die »Wesenheit der Dinge« in Gott.

Jedes Ding strebt nach *Selbsterhaltung.* Spinoza unterscheidet drei Grundaffekte (Grundgefühle): *Begierde*, *Lust* (Freude) und *Unlust* (Trauer). Die Begierde ist der Drang, sich auf ein Ding zu richten. Wenn der Mensch zu höherer körperlicher und seelischer Vollkommenheit gelangt, dann stellt sich der Zustand der Lust, gelangt er zu geringerer Vollkommenheit, der Zustand der Unlust ein. Alle anderen Affekte lassen sich aus diesen drei Grundaffekten erklären. Z.B. ist Liebe nichts anderes als Lust, die von der Idee einer äußeren Ursache begleitet wird.

In einem weiteren Schritt unterscheidet Spinoza zwischen *aktiven* und *passiven Affekten.* Die ersteren werden von klaren bzw. adäquaten Vorstellungen begleitet. Sie werden nicht durch äußere Ursachen bewirkt, sondern haben ihren Ursprung im Menschen, entspringen seiner rationalen Überlegung.

Aktive Affekte haben ihren Ursprung in der *Seelenstärke*, die als *Willenskraft* in Bezug auf das eigene Selbst und als *Edelmut* in bezug auf andere Menschen zum Ausdruck kommt.

Passive Affekte werden durch äußere Ursachen bewirkt. Sie sind Ergebnisse von zufälligen Einwirkungen und werden als der Grund der Unfreiheit betrachtet.

Der Mensch kann nur dann *frei* werden, wenn er sich von äußeren Einflüssen und Zwängen lossagt. Die Beherrschung der Affekte führt zur Freiheit. Allerdings ist diese Freiheit relativ, weil der Mensch letztlich immer von Gott als der letzten Ursache bestimmt (determiniert) ist.

Frei kann der Mensch darüber hinaus nur dann werden, wenn er die Ursachenkette der Natur begreift. Die Erkenntnis Gottes als der Ursache allen Geschehens (Gott ist die letzte Ursache) führt zur höchsten Freude und Glückseligkeit. Diese Erkenntnis wird mit *Liebe zu Gott* (lat. »amor Dei intellectualis«) gleichgesetzt.

Reichtum, Ehre und sexuelle Lust sind vergänglich. Sie verschaffen dem Menschen nicht die wahre Befriedigung. Der Mensch soll seine Kraft und Liebe auf Gott als das ewige und vollkommene Wesen richten.

In seinem Werk »Tractatus theologico-politicus« (1679; dt. »Theologisch-politischer Traktat«, 1976) setzt sich Spinoza für die Trennung von Theologie und Philosophie bzw. von Offenbarung und Vernunft ein. Er kritisiert die Vorurteile der Theologen und plädiert für einen freien Vernunftgebrauch. Die Vernunft – nicht die (biblische) Offenbarung – ist für ihn die wichtigste Quelle der religiösen und moralischen Grundsätze, Normen und Maximen.

Die Wahrheiten der Heiligen Schrift müssen einer kritischen Überprüfung durch die Vernunft standhalten. Spinoza lehnt den Wunderglauben ab, weil er mit den Ergebnissen der naturwissenschaftlichen Forschung unvereinbar ist. Die Entstehung und die Wirkungsgeschichte der biblischen Texte müssen kritisch untersucht werden. Er verweist außerdem auf die Kontext- und Zeitabhängigkeit der biblischen Lehren.

Spinoza spricht sich für *Gedankenfreiheit* und *religiöse Toleranz* aus. Der Staat soll seinen Bürgern ein Höchstmaß an Gedankenfreiheit garantieren. Die Herrschaft soll von Bürgern legitimiert werden. Der Souverän (Herrscher) muss in der Lage sein, seine Macht vernünftig zu gebrauchen. Seine Herrschaft soll der Vermehrung der Freiheit dienen.

Spinozas pantheistische Auffassung wurde in dem sog. »Pantheismusstreit«, an dem sich Mendelssohn, Jacobi und Lessing beteiligt haben, kontrovers diskutiert. Die

Denker des Deutschen Idealismus (Hegel, Fichte und Schelling) verdanken Spinoza wichtige Einsichten. Seine Lehre wurde von Novalis, Goethe, Herder und den Romantikern aufgegriffen.

Weitere Werke von Spinoza: Sämtliche Werke, I – VII, C. Gebhardt u. a. (Hg.), 1982-1994.

Literatur zu Spinoza: W. Cramer, Spinozas Philosophie des Absoluten, 1966; K. Jaspers, Spinoza, 1978; H. G. Hubbeling, Spinoza, 1978; B. Auerbach, Spinoza, 2 Bde., 1980; F. Wiemann, Baruch de Spinoza, 1982; M. Walther, Das Leben Spinozas, 1996; W. Bartuschat, Baruch de Spinoza, 1996; K. Hammacher (Hg.), Zur Aktualität der Ethik Spinozas, 2000; T. de Vries, Baruch de Spinoza in Selbstzeugnissen und Bilddokumenten, 2004[10].

STIRNER, MAX (Pseudonym für Johann Caspar Schmidt): der deutsche Philosoph wurde am 25. 10. 1806 in Bayreuth geboren. Er studierte Theologie und Philosophie in Berlin (von 1826 bis 1828), Erlangen (1828/29), Königsberg (1929) und nach einer Pause wieder in Berlin (von 1832 bis 1834). Sein Lehrer in Berlin war Hegel. Seit 1839 arbeitete Stirner als Lehrer und Publizist in Berlin. In seinen späten Lebensjahren war er als Übersetzer ökonomischer Schriften (u. a. von A. Smith) tätig. Stirner war Mitglied in der

Vereinigung »Die Freien«, wo er u. a. B. Bauer und L. Feuerbach kennen lernte. Hegel, Bauer und Feuerbach prägten entscheidend seine intellektuelle Entwicklung. Er starb vereinsamt und verarmt am 25. 6. 1856 in Berlin.

Stirner ist ein bedeutender Verfechter des *Individualismus*. Nicht das abstrakte und allgemeine Wesen des Menschen (die Gattung »Mensch«), sondern der einzelne, konkrete Mensch (das Individuum) stellt die eigentliche Wirklichkeit dar (vgl. sein Hauptwerk »Der Einzige und sein Eigentum«, 1845).

Stirner lehnt die Idee *des* Menschen ab. Ihn interessiert nur, wie sich der Einzige die Welt nach seinem Willen aneignet und sie für seine Zwecke benutzt. Die Entfaltung der eigenen Person (ihre Selbstverwirklichung) ist das oberste Ziel des Einzigen. Der Einzige ist ein *Egoist*, weil er seine Interessen in den Mittelpunkt des Lebens stellt und letztlich nur um seiner selbst willen handelt.

Nach Stirner soll der Einzige alles, was die Entfaltung seiner Individualität behindert, bekämpfen. Das, was ihn behindert, sind überindividuelle Kräfte und Mächte, wie Religion, Moral, Gesellschaft, Recht, Staat usw.

In der Religion z. B. wird der Einzige einer überindividuellen Macht (Gott) unterworfen. Gott ist für ihn die letzte moralische Instanz. Von ihm empfängt er alle für sein Leben wichtige Anweisungen. Er hat angesichts der Allmacht Gottes keine Entscheidungsfreiheit.

Stirners Abneigung richtet sich vor allem gegen den *Staat*, der als überindividuelle Größe dem Einzigen als etwas Fremdes, ihn Beherrschendes und Einschränkendes erscheint. Der Staat zerstört die Einzigartigkeit des Einzigen. Nur durch die *Abschaffung des Staates* kann der Einzige wahre Freiheit erlangen.

Stirner spricht sich jedoch gegen soziale Revolutionen aus, weil sie eine alte überindividuelle Ordnung durch eine neue, ebenfalls überindividuelle Ordnung ersetzen. In diesem Zusammenhang lehnt er den *Kommunismus* ab, weil in ihm die Gesellschaft über dem Einzigen steht; das im Kommunismus propagierte »Wohl aller« bedeutet in Stirners Augen nicht das Wohl des Einzigen. Außerdem widerspricht die von Kommunisten geäußerte Forderung nach der Abschaffung des Privateigentums den Interessen des Einzigen.

Stirner fordert anstelle von Revolutionen eine innere Rebellion des Einzigen gegen alle Mächte, die ihn bevormunden und einschränken. Er spricht von der »Empörung« als einer Form der individuellen Rebellion. Der Einzige ist nicht mehr bereit, sich dem Staat zu unterwerfen. Dadurch erhebt er sich in einem geistigen Akt über ihn.

Die Befreiung des Einzigen kann nicht von der Gesellschaft geleistet werden. Der Einzige muss aus sich heraus, aus eigener Kraft diese Aufgabe bewältigen. Er soll so viel wie möglich zu seinem Eigentum machen. Sein Motto lautet: »Greife zu und nimm, was du brauchst«. Der Einzige braucht auf den Staat, die Religion, die Moral usw. keine Rücksicht zu nehmen.

Marx und Engels setzten sich mit Stirners Konzeption kritisch auseinander. Seine Überlegungen wurden auch in der Literatur (z. B. bei Dostojewski) wirksam. Spuren seiner Konzeption sind bei Nietzsche sichtbar, vor allem in Nietzsches Vorstellung des »Übermenschen«. Mit der Hervorhebung der Rolle des Individuums wird Stirner als ein Vorläufer des Existentialismus (Camus, Sartre, Jaspers, Heidegger) angesehen. Seine Ideen wurden überdies im *Anarchismus* aufgegriffen. Angesichts des in der Gegenwart herrschenden Individualismus bleibt seine Konzeption von großer Aktualität.

Weitere Werke von Stirner: Parerga, Kritiken, Repliken, B. A. Laska (Hg.), 1986.

Literatur zu Stirner: J. H. Mackay, Max Stirner, 1898 (repr. 1977); H. G. Helms, Die Ideologie der anonymen Gesellschaft, 1966; U. Simon, Zur Kritik der Philosophie Max Stirners, 1982; G. Bartsch, Stirners Anti-Philosophie und die revolutionären Fisiokraten, 1992; A. Schaefer, Macht und Protest, 1997[2]; W. Korfmacher, Stirner denken, 2001.

T

THALES VON MILET: der griechische Philosoph wurde ca. 625 v. Chr. in Milet an der ionischen Küste (heute Westtürkei) geboren.

Über sein Leben weiß man sehr wenig. Er hat die Sonnenfinsternis am 28. 5. 585 v. Chr. vorausgesagt. Aufgrund seiner hervorragenden Kenntnisse der Astronomie hat er darüber hinaus eine gute Olivenernte vorausgesagt und sämtliche Ölpressen in Milet gepachtet. Damit hat er ein Vermögen verdient und konnte sich – befreit von finanziellen Sorgen – der Philosophie und den Wissenschaften widmen. Er starb ca. 547 v. Chr. in Milet.

Thales wird als der *erste abendländische Philosoph* betrachtet. Er gehört zu den Vorsokratikern, genauer: neben Anaximander und Anaximenes zu den ionischen Naturphilosophen. Unter »Natur« verstehen sie die gesamte Welt (Kosmos). Der Mensch ist ein Teil der Natur.

Thales vollzieht als erster Denker die *Wendung vom Mythos zum Logos*. Diese Wendung markiert die Entstehung der Philosophie und der Wissenschaften.

Der Mythos ist eine Erzählung über Götter, mit Göttern verwandte Menschen und übernatürliche Ereignisse. Götter werden dabei als »Prinzipien« der Natur betrachtet. Mythen dienen den Menschen dazu, die Natur zu erklären. Sie haben demnach eine wichtige Erklärungsfunktion.

Thales lehnt mythische Erklärungen ab. Mythische Inhalte sind den Menschen letztlich nicht zugänglich. Sie sind nicht überprüfbar. Thales geht es darum, eine *rationale*, d.h. von der Vernunft bzw. vom Verstand geleitete Erklärung der Natur zu liefern. Personifizierte Götter werden dabei durch nicht-personifizierte Größen/Inhalte (Grundstoffe/Prinzipien) ersetzt. Der Ursprung der Natur wird entpersonifiziert.

Das vom Mythos befreite philosophische Denken vollzieht sich in *Begriffen*. Zu diesem Denken gehören Elemente wie Nachweisbarkeit, Nachprüfbarkeit und Begründbarkeit. Eine wichtige Rolle spielt im philosophischen und wissenschaftlichen Denken die *Beobachtung*.

Thales fragt nach einem Grundstoff der Natur, nach etwas, aus dem alles in der Natur entsteht und was allen Naturerscheinungen zugrunde liegt. Für ihn ist dieser Stoff das *Wasser*.

Er nimmt an, dass die flache Erde auf Wasser schwimme. Alles Leben braucht zu seinem Fortbestand Wasser. Die Nahrung aller Lebewesen ist feucht. Auch Wärme entsteht aus der Feuchtigkeit.

Natürliche Stoffe wie Wasser sind etwas sinnlich Wahrnehmbares, etwas, was man unmittelbar erfahren kann. Für Thales ist jedoch Wasser nicht nur etwas Wahrnehmbares, konkret Gegebenes, sondern als Urstoff der gesamten Natur auch etwas *Allgemeines*, Abstraktes. Es kann auch als ein allgemeines *Prinzip* der Natur aufgefasst werden.

Damit vollzieht Thales den Übergang vom Konkreten/Besonderen zum Allgemeinen, genauer: zur allgemeinen (theoretischen) Erkenntnis. Sie wird in allgemeinen Sätzen formuliert. Die Suche nach dem Allgemeinen wird zum methodologischen Grundzug aller nach Thales kommenden Philosophie und Wissenschaft.

Die Natur (das gesamte Weltall) ist in der Sicht von Thales *beseelt*. Das bedeutet, dass nicht nur der Mensch, sondern auch alle anderen Dinge (auch ein Stein) eine Seele besitzen.

Als erster abendländischer Denker stellte Thales grundlegende Weichen für die Entwicklung der gesamten abendländischen Philosophie und der Wissenschaften.

Werke von Thales: H. Diels/W. Kranz (Hg.), Die Fragmente der Vorsokratiker, 1989[17].

Literatur zu Thales: O. Gigon, Der Ursprung der griechischen Philosophie, 1945; H.-G. Gadamer, Um die Begriffswelt der Vorsokratiker, 1968; W. Capelle, Die Vorsokratiker, 1973[8]; H. Blumenberg, Das Lachen der Thrakerin, 1987; W. Röd, Die Philosophie der Antike I, 1988[2]; W. H. Pleger, Die Vorsokratiker, 1991; M. Enders, Natürliche Theologie im Denken der Griechen, 2000; P. F. O'Grady, Thales of Miletus, 2002.

THOMAS VON AQUIN: der italienische Theologe und Philosoph wurde 1224 in Roccasecca bei Aquino geboren. Als Fünfjähriger wurde er von seiner Familie zur Ausbildung in das Benediktinerkloster Monte Cassino geschickt. Von 1239 bis

1244 studierte er artes liberales (allgemeinbildendes Studium) an der Universität Neapel. 1244 trat er gegen den Willen seiner Familie in den Dominikanerorden ein. Von 1245 bis 1248 studierte er in Paris, von 1248 bis 1252 bei Albertus Magnus in Köln, von 1252 bis 1526 wieder in Paris. 1256 wurde Thomas Magister der Theologie, 1257 Professor an der Pariser Universität. 1259 stellte er jedoch seine Lehrtätigkeit ein und wurde zum Hoftheologen des Papstes Urban VI. 1269 ging er wieder an die Pariser Universität, um in kirchlichen Streitigkeiten zu schlichten (dabei handelte es sich um den wachsenden Einfluss des Aristotelismus und Averroismus). 1272 siedelte er nach Neapel über, um dort seine Werke zu vollenden. Thomas starb am 7. 3. 1274 in Fossanuova. 1323 wurde er heilig gesprochen, 1567 zum Kirchenlehrer erklärt.

Thomas ist einer der bedeutendsten Denker des Mittelalters. Er ist der Hauptvertreter der *Hochscholastik* (12.-14. Jh.). Sein Anliegen ist es, eine *einheitliche christliche Lehre* auszuarbeiten. Er unternimmt es, die bis dahin konkurrierenden Lehren (vor allem die von Aristoteles, Cicero, Boethius, Maimonides, Avicenna, Averroes und Abaelard) zu einer Synthese, zu einer systematischen Einheit zu bringen. Die Auseinandersetzung mit der Lehre des *Aristoteles* spielt dabei eine herausragende Rolle.

Sein theologisch-philosophisches System stellt Thomas in seinem Hauptwerk »Summa theologica« (entst. 1266-1273; dt. »Die Katholische Wahrheit oder theologische Summe«, 12 Bde., 1886-1892) dar. *Gott* ist ihm zufolge Ursprung, Ziel und Zweck des Seins. Er ist *absolut*, aus sich und in sich bestehend. Alles Seiende (auch der Mensch) strebt zu Gott und vollendet sich in ihm. Alles Seiende hat an Gott teil.

Thomas stellt ins Zentrum seiner Überlegungen das Verhältnis von *Glauben* und *Wissen*. Der christliche Glaube hat einen Vorrang vor dem Wissen bzw. der Vernunft. *Offenbarungswahrheiten* sind dem Menschen nur im Glauben zugänglich. *Erfahrungserkenntnisse*, d.h. Erkenntnisse, die auf sinnlicher Wahrnehmung basieren, können mit Hilfe der Vernunft gewonnen werden (anstatt von Erfahrungserkenntnissen kann man auch von Vernunfterkenntnissen sprechen). Dabei ist die Vernunft auf den Glauben nicht angewiesen; sie ist in der Lage, einen Teil der Wirklichkeit aus eigener Kraft zu erfassen.

Quelle des Glaubens ist das *übernatürliche Licht* (lat. »lumen supranaturale«). Es wird in der Offenbarung bzw. in Offenbarungswahrheiten vernommen. Quelle des Wissen ist das *natürliche Licht* (lat. »lumen naturale«). Es bildet die natürliche Erkenntnisfähigkeit des Menschen. Allerdings kann es keinen Widerspruch zwischen Offenbarungswahrheiten und Erfahrungserkenntnissen geben, weil auch die Erfahrungserkenntnisse durch Gott ermöglicht werden. Sie sollen den Glauben stützen.

Dem Vorrang des Glaubens vor dem Wissen entspricht der Vorrang der *Theologie* vor der *Philosophie*. Die Theologie, die Fragen des Glaubens und der Offenbarung behandelt, steht über der Philosophie, in der Erfahrungserkenntnisse erörtert werden. Die Philosophie wird von Thomas als die Magd der Theologie bezeichnet.

Fundamental ist für Thomas die Unterscheidung zwischen *Potenz* und *Akt*. Sie sind die beiden Grundmodalitäten jedes geschaffenen, endlichen Seienden. Die Potenz ist die Modalität der *Möglichkeit*. Sie ist das bloße Etwas-werden-Können, das Angelegtsein auf etwas hin. Sie kann auch als der Zustand der Unentfaltetheit eines Seienden charakterisiert werden.

Der Akt ist die Modalität der *Verwirklichung*. Er ist die Verwirklichung des Angelegten, die Entfaltung aller Vermögen. Man kann ihn auch als die entfaltete Wirklichkeit bzw. die verwirklichte Gegenwart (Aktualität) bezeichnen.

Jedes geschaffene, endliche Seiende, auch der Mensch, strebt die Verwirklichung seiner Möglichkeiten an. Es kann nur dann wirklich existieren, wenn seine Möglichkeiten verwirklicht sind. Die Verwirklichung des Seienden ist ein Prozess, in dem es sich vervollkommnet, d. h. zu Gott kommt.

Gott ist *reiner Akt* (lat. »actus purus«), d.h. eine von allen Möglichkeiten reine Wirklichkeit. In ihm sind alle Möglichkeiten bereits verwirklicht. Daher birgt er in sich keine Möglichkeiten mehr. Gott ist das vollkommende Seiende. Die geschaffenen, endlichen Seienden sind weniger vollkommen als er, weil sie einige Möglichkeiten nicht verwirklicht haben.

Alle materiellen Dinge bestehen aus *Materie* und *Form*. Die Materie (der Stoff) wird zu einem Körper geformt. Thomas unterscheidet zwischen der *ersten Materie* (lat. »materia prima«), dem ungeformten Stoff, und der *zweiten Materie* (lat. »materia secunda«), dem geformten Stoff, dem Körper. Die erste Materie birgt in sich die Möglichkeit, Körper aus sich entstehen zu lassen. Die Form ist die Verwirklichung, Aktualisierung der Möglichkeit. Anders ausgedrückt: Die Formung der Materie bedeutet die Verwirklichung eines Seienden.

Die Form des *Menschen* ist die *Seele*, seine Materie der *Körper*. Seele und Körper sind nicht zwei getrennte Bereiche bzw. Substanzen, vielmehr bilden sie im Menschen eine *Einheit*. Die Seele ist mit dem Körper verbunden (z. B. ist die Wahrnehmung auf die Sinne angewiesen). Thomas betont jedoch, dass sie sich vom ihm trennen und unabhängig von ihm existieren kann. Die Seele ist unsterblich, weil sie auch geistige Fähigkeiten hat, die nicht an den Körper gebunden sind.

Der Ausgangspunkt des *menschlichen Erkennens* ist die sinnliche Wahrnehmung. Thomas lehnt in diesem Zusammenhang die Lehre von den angeborenen Ideen ab. Dieser Lehre zufolge gibt es im menschlichen Geist Ideen (Gedanken), die vor der Konfrontation des Menschen mit der sinnlich wahrnehmbaren Welt existieren.

Mittels der *Abstraktion*, d.h. des Absehens von sinnlich wahrnehmbaren Merkmalen der Einzeldinge werden Allgemeinbegriffe, *Universalien*, gebildet. Sie sind keine idealen, von den Einzeldingen unabhängigen Größen (Ideen), sondern sind reale Bestimmungen der Einzeldinge; sie existieren in den Dingen.

Die *Erkenntnis Gottes* kann auf zweierlei Weise erfolgen. Erstens können wir nur sagen, was Gott *nicht* ist. Wir können z. B. sagen, dass er nicht böse ist, denn böse zu sein würde seiner Güte widersprechen.

Zweitens können wir die Eigenschaften Gottes erkennen, indem wir das Verhältnis (Analogie) zwischen Gott und seiner Schöpfung, der Welt, untersuchen. Thomas spricht von der *analogia entis* (dt. »Verhältnisgleichheit des Seienden«).

Das geschaffene, endliche Sein hat an dem Sein Gottes teil. Zwischen den beiden Seinsbereichen gibt es daher eine Ähnlichkeit. Jedes endliche Seiende ist Gott in unvollkommener Weise ähnlich. Daher sind Erkenntnisse Gottes nur in unvollkommener, eben analoger Weise möglich.

Thomas liefert in seinem Hauptwerk vier Bestimmungen Gottes: 1) Gott ist der *erste Beweger*, der selbst unbewegt ist, 2) Gott ist die *erste Ursache* allen Geschehens bzw. aller Ursacheketten, 3) Gott ist im Gegensatz zum zufälligen Sein der Einzeldinge das *notwen-*

dige Sein, 4) Gott ist im Gegensatz zum relativ vollkommenen Sein der Einzeldinge das *absolut vollkommene Sein*.

Thomas bietet eine Lösung des sog. »Theodizee-Problems« an. *Theodizee* (vom griech. »theos«, »Gott«, und »dike«, »Gerechtigkeit«) meint die Rechtfertigung Gottes angesichts des Bösen in der von ihm geschaffenen Welt. Die Frage der Theodizee lautet: Wie kann Gottes Güte, Allmacht, Weisheit und Freiheit mit dem Bösen in der Welt (Krankheit, Hass, Krieg usw.) vereinbart werden?

Das *Böse* wird von Thomas als *Mangel am Guten* betrachtet. Der Mensch, genauer: die menschliche *Freiheit*, ist die Ursache der in der Welt vorkommenden Übel. Gott hat den Menschen mit Freiheit, die auch eine Voraussetzung für die Liebe zu Gott ist, ausgestattet. Er respektiert mit der Zulassung der Übel seine Freiheit.

Die Hinwendung des Menschen zu Gott führt zu seiner *moralischen Vervollkommnung*. Er handelt *gut*, wenn er aus Liebe zu Gott und im Dienste Gottes handelt. Die Aufgabe des Menschen ist es, sich Gott anzunähern. Nur in der *Schau Gottes* (lat. »visio beatifica dei«) kann er *selig* werden. Sie ist nur im *Jenseits* möglich, weil dort die Seele von allen Beschränkungen des Körpers frei ist. Dies bedeutet, dass erst im Jenseits der Mensch Seligkeit erlangen kann. Im Diesseits kann er nur bedingt selig werden, indem er in Übereinstimmung mit der Vernunft und in Liebe zu Gott handelt.

Die Lehre des Thomas ist für die christliche Theologie und Philosophie von fundamentaler Bedeutung. Mit *Thomismus* bezeichnet man die theologisch-philosophische Lehre des Thomas und die sich an sie anschließenden Konzeptionen. Wichtige Elemente seiner Theologie und Philosophie wurden zur offiziellen Lehre der katholischen Kirche.

Weitere Werke von Thomas von Aquin: Opera omnia, I – XXXIV, E. Fretté/P. Maré (Hg.), 1871-1882; Von der Wahrheit, A. Zimmermann (Hg.), 1986; Über das Sein und das Wesen, 1991; Summa contra gentiles, K. Albert u. a. (Hg.), 2001.

Literatur zu Thomas von Aquin: K. Bernath, Thomas von Aquin, 1978; J. Pieper, Thomas von Aquin, 1986[3]; N. Bathen, Thomistische Ontologie und Sprachanalyse, 1988; A. Zimmermann (Hg.), Thomas von Aquin, 1988; O.H. Pesch, Thomas von Aquin, 1995[3]; W. Kluxen, Philosophische Ethik bei Thomas von Aquin, 1998[3]; A. Zimmermann, Thomas lesen, 2000; R. Schönberger, Thomas von Aquin zur Einführung, 2002[2]; A. Kenny, Thomas von Aquin, 2004; E. Stump, Aquinas, 2005.

V

VICO, GIOVANNI BATTISTA (GIAMBATTISTA): der italienische Geschichtsphilosoph wurde am 23. 6. 1668 in Neapel geboren.

Nach dem Studium der Geschichte, Philosophie, klassischen Philologie und Jurisprudenz in Neapel arbeitete er als Hauslehrer. 1697 erhielt er eine Professur für Rhetorik in Neapel. 1710 wurde Vico in die »Arkadia«, eine literarisch-wissenschaftliche Anstalt, die einen großen Einfluss auf das intellektuelle Leben Italiens hatte, aufgenommen. 1734 wurde er zum Geschichtsschreiber des Königs von Neapel ernannt. Er starb am 23. 1. 1744 in Neapel.

Vico ist der Begründer der neuzeitlichen *Geschichtsphilosophie* und einer der Väter der *Geschichtswissenschaft*. Darüber hinaus wird er als einer der bedeutendsten Humanisten der Neuzeit betrachtet. Er stand unter dem Einfluss von Platon, Bacon, Ficino und Grotius.

Vico wendet sich gegen den zu seiner Zeit dominierenden *Rationalismus*, insbesondere die Philosophie Descartes'. Erstens kritisiert er die im Rationalismus herrschende einseitige Orientierung an der Mathematik, genauer: an der Methode der Geometrie.

Macht man diese einseitige Orientierung zum Prinzip der Erziehung, so wird die Entfaltung des Allgemeinsinns bzw. des Gemeinschaftsgeistes, der Phantasie und der poetischen Fähigkeiten des Menschen verhindert. Der Mensch verliert dadurch viel an seiner ursprünglichen Kraft und emotionalen Stärke.

Zweitens lehnt Vico die von Descartes vertretene Auffassung, nach der in der Geschichte kein Sinn bzw. keine Struktur erkennbar ist und von ihr keine sicheren Erkenntnisse möglich sind, ab. Nur in der Mathematik und den Naturwissenschaften (vor allem Physik) können – so Descartes – sichere Erkenntnisse gewonnen werden.

Vico behauptet das Gegenteil: Der Mensch kann nur das erkennen, was er selbst geschaffen hat. Und das ist die *Geschichte* (bzw. die Kultur). Sie ist das Ergebnis menschlicher Leistungen, kurz: Sie ist das Produkt des Menschen.

Geschichte können wir *verstehen*, weil wir uns in ihre Akteure *hineinversetzen* können. Auch Äußerungen der Geschichte, d. h. Kulturprodukte wie Kunstwerke oder Texte, können wir verstehen, weil sie Menschenwerk sind.

Es besteht demnach eine Verwandtschaft zwischen dem verstehenden Menschen und dem geschichtlich gebildeten Gegenstand des Verstehens. Sie ergibt sich aus dem Geschaffensein des Gegenstandes des Verstehens durch den Menschen.

Naturerscheinungen können wir hingegen in dem oben genannten Sinne nicht verstehen. Wir können uns z. B. nicht in eine Pflanze hineinversetzen. Die *Natur* existiert außerhalb des Menschen bzw. der menschlichen (geschichtlichen) Welt. Sie ist für ihn etwas Äußerliches. Daher bleibt ihre Erkenntnis immer unsicher. Die Natur kann nur von *Gott* angemessen verstanden werden, weil er sie geschaffen hat.

Von der Geschichte ist ein sicheres Wissen möglich. Ihr Studium ist für den Menschen von besonderer Wichtigkeit. Er gewinnt durch dieses Studium sein *Selbstverständnis*. Im Verstehen der geschichtlich vermittelten Kulturleistungen kann er sein Wesen und seine Bestimmung erkennen.

In seinem Hauptwerk »Principidi una scienza nuova intorno alla natura delle nazioni« (1725; dt. »Grundzüge einer neuen Wissenschaft über die Natur der Völker«, 1822) möchte Vico die Begründung einer neuen Wissenschaft vom Menschen und von der Geschichte liefern. Das innere Gesetz der Geschichte wird von ihm als Ausfluss der *Vorsehung Gottes* bestimmt. Nicht nur die Natur, sondern auch die Geschichte ist ein Werk Gottes. Damit ist sie nichts Zufälliges, vielmehr ein notwendiges Produkt der göttlichen Schöpfung. Alles geschieht in der Geschichte nach einem göttlichen Plan.

Am Anfang der Geschichte, in der archaischen Phase, steht eine mythisch-poetische Deutung der Welt. Das Allgemeine wird hier in Form von Mythen und poetischen Bildern erfasst (vgl. die Werke Homers). Erst in späteren geschichtlichen Phasen erfolgt eine begrifflich-reflexive Deutung der Welt.

Die Geschichte eines Volkes zerfällt in die Zeit der Götter, dann der Heroen und schließlich der Menschen. Sie zeichnet sich durch Wiederholungen aus und verläuft *zyklisch* folgende Stufen: Aufstieg, Fortschritt, Blüte, Verfall und Ende.

Für Vico sind die *Sprachen* der Völker das »mächtigste Mittel« zur Etablierung einer menschlichen Gemeinschaft. Am Anfang der universitären Ausbildung sollen Sprachstudien stehen. Geschichtliche Phänomene können nur auf der Basis des rechten Sprachverstehens untersucht werden.

Das rechte Sprachverstehen ist notwendig, um z.B. historische Quellen und Zeugnisse zu erschließen. Geschichte verstehen bedeutet für den Menschen die Welt und sich selbst zu verstehen. Und da Geschichte verstehen nur auf der Basis des rechten Sprachverstehens erfolgt, ist Sprache die Grundlage des menschlichen Welt- und Selbstverständnisses.

Vico hat vieles vorweggenommen, was später in der Geschichtsphilosophie und in der Geschichtswissenschaft weiter entwickelt wurde. Seine Konzeption wurde vor allem bei Herder wirksam. Beachtet wurden seine Ideen auch von Michelet und Croce. Eine wichtige Rolle spielen Vicos Einsichten in der Hermeneutik (Dilthey). Seine Gedanken über die Rolle der Sprache wurden in der gegenwärtigen Sprachphilosophie (K.-O. Apel) fruchtbar gemacht.

Weitere Werke von Vico: Opere, I – VIII, G. Gentile u.a. (Hg.), 1914-1941.

Literatur zu Vico: F. Fellmann, Das Vico-Axiom, 1976; R. W. Schmidt, Die Geschichtsphilosophie Giambattista Vicos, 1982; S. Otto, Giambattista Vico, 1989; K.-O. Apel, Die Idee der Sprache in der Tradition des Humanismus von Dante bis Vico, 1992[4]; J. Trabant, Neue Wissenschaft von alten Zeichen, 1994; P. Burke, Vico, 2001; M. Edler, Der spektakuläre Sprachursprung, 2001; R. C. Miner, Vico, 2002; A. P. Zeoli, Vicos Geschichtsbegriff im hermeneutischen Kontext, 2003.

VOLTAIRE (eigentlich François Marie Arouet): der französische Philosoph, Schriftsteller und Historiker wurde am 21. 11. 1694 in Paris geboren. Er besuchte das Jesuitenkolleg Louis-le-Grand. 1718 wurde sein Theaterstück »Oedipe« uraufgeführt. 1726 wurde er wegen Streitigkeiten mit dem Chevalier de Rohan verhaftet, dann jedoch mit der Auflage frei gelassen, Frankreich zu verlassen. Voltaire ging im selben Jahr nach England, wo er wichtige Impulse von Lockes Philosophie, Newtons Physik, vom englischen Deismus und vom engli-

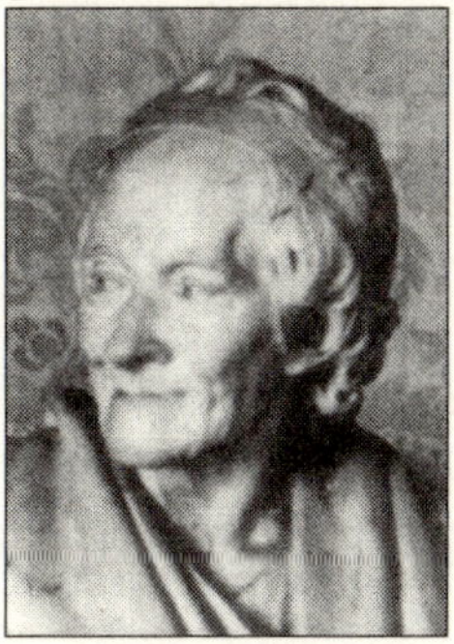

schen Liberalismus empfing. 1729 kehrte er nach Frankreich zurück. 1734 erschien seine Schrift »Lettres philosophiques« (dt. »Philosophische Briefe«, 1981), in der er seine Faszination für die englische Kultur zum Ausdruck brachte und französische Verhältnisse scharf kritisierte. Die Schrift wurde durch das Pariser Parlament verurteilt. Um einer Verhaftung zu entgehen, floh Voltaire 1734 auf das Schloss der Madame du Châtelet in Cirey, wo er die nächsten 15 Jahre verbrachte. Dort arbeitete er u. a. an der Schrift »Eléments de la philosophie de Newton« (erschienen 1737; dt. »Metaphysik des Newton«, 1741), mit der er zur Newton-Rezeption in Frankreich beitrug, und an seinem Werk über Ludwig XIV »Siècle de Louis XIV« (erschienen 1751). 1750 folgte er einer Einladung Friedrich II von Preußen nach Potsdam. Dort konnte er in der liberalen Atmosphäre des königlichen Hofes ungehindert an seinen Werken arbeiten. 1753 verließ Voltaire Potsdam und durchreiste mehrere Länder Europas. Ab 1758 lebte er auf dem von ihm erworbenen Gut Ferney bei Genf. 1778 reiste er nach Paris, wo er von seinen Anhängern mit Begeisterung empfangen wurde. Er starb dort am 30.5.1778.

Voltaire ist einer der Hauptrepräsentanten der *französischen Aufklärung*. Er wendet sich gegen Metaphysik, Aberglauben, Dogmatismus, Fanatismus und Intoleranz. Der Mensch soll nicht überlieferten Meinungen unkritisch folgen, sondern sie einer kritischen Prüfung unterziehen. Halten sie dieser Prüfung nicht stand, dann können sie revidiert oder durch andere Meinungen ersetzt werden.

Das alleinige Richtmaß des Denkens und Handelns ist die menschliche *Vernunft*. Voltaire kritisiert mit besonderem Nachdruck den religiösen Dogmatismus, der von der katholischen Kirche verbreitet wird.

Erkenntnistheoretisch orientiert sich Voltaire an dem *Sensualismus* Lockes. Das Fundament der menschlichen Erkenntnis bildet die *sinnliche Wahrnehmung*. Voltaire lehnt die von Descartes vertretene Lehre von den »angeborenen Ideen«, d. h.

Ideen, die nicht der sinnlichen Wahrnehmung entstammen, ab.

Skeptisch ist Voltaire gegenüber metaphysischen Spekulationen. Sie übersteigen den Bereich der sinnlichen Erkenntnis und lassen sich auf die sinnliche Erfahrung als letzte Erkenntnisquelle nicht zurückführen.

Der Sensualismus Lockes und das naturwissenschaftlich ausgerichtete Denken Newtons und Bacons bilden ein Gegengewicht zu der an Descartes' Rationalismus orientierten französischen Denktradition.

In seinem Werk »Essai sur les mœurs générale ...« (1756; dt. »Über den Geist und die Sitten der Nationen», 6 Bde., 1867-1868), das als das grundlegende Werk der modernen Geschichtswissenschaft betrachtet werden kann, formuliert Voltaire das Programm eines *aufgeklärten Absolutismus*.

Der Gang der Geschichte wird durch drei Faktoren bestimmt: große Persönlichkeiten, den Zufall und ökonomische sowie kulturelle Umstände. An wichtigen kulturellen Leistungen, an »nützlichen Wahrheiten«, bemisst sich der Wert der Geschichte. Sie wird als ein Prozess der *Vervollkommnung der Vernunft* aufgefasst.

Voltaire interessiert sich als einer der ersten neuzeitlichen Historiker für konkrete soziale Verhältnisse und die mit ihnen verbundenen Denkformen. Er behandelt Fragen der Politik und des Rechts. Auch die Untersuchung ökonomischer Probleme nimmt einen wichtigen Platz in seinen Ausführungen ein.

Voltaire ist ein prominenter Kritiker der offiziellen Lehre der katholischen Kirche, er lehnt jedoch den Glauben an die Existenz Gottes nicht ab. Er ist ein *Deist*. Gemäß dieser Religionsauffassung gibt es zwar einen persönlichen, übernatürlichen Gott, es finden jedoch nach der Schöpfung keine Eingriffe dieses Gottes auf die Welt statt. Er hat zwar die Welt erschaffen, hat aber keinen weiteren Einfluss auf sie. Im Deismus werden Wunder und jede übernatürliche Offenbarung geleugnet.

Jede Wirkung hat eine Ursache. Auch das Geschehen in der Welt (als Wirkung) hat eine (letzte) Ursache: *Gott*. Die Ordnung (Struktur, Gesetzmäßigkeit) der Welt wird auf Gott als die höchste Intelligenz zurückgeführt. Anders formuliert: Nur Gott als höchste Intelligenz hat der Welt eine wohlgeordnete Struktur und Gesetzmäßigkeit geben können (vgl. »Le philosophie ignorant«, 1766; dt. »Unwissender Weltweise«, 1767).

Die Religion hat eine wichtige Funktion in der menschlichen Gesellschaft. Der Glaube an Gott und die Unsterblichkeit der Seele ist für die Lebensgestaltung von großer Bedeutung. Von Voltaire stammt der berühmte, gegen die atheistische

Haltung der meisten französischen Aufklärer gerichtete Satz: »Wenn Gott nicht existierte, müsste er erfunden werden«. Er spricht sich für eine *Religion der Tugend* aus, in der die Ideale der *Brüderlichkeit* und *Nächstenliebe* eine zentrale Rolle spielen sollen.

Im Laufe seiner intellektuellen Entwicklung wurde Voltaire gegenüber dem Fortschrittsglauben und dem Optimismus der Aufklärung immer skeptischer. Dies wurde u. a. durch die Erdbebenkatastrophe von Lissabon 1755 verursacht. Er lehnt die von den meisten Aufklärern propagierte, auf Leibniz zurückgehende Auffassung, die uns bekannte Welt sei die beste aller möglichen Welten, ab. Angesichts der Übel und des Leidens in der Welt kann diese Auffassung nicht akzeptiert werden.

Das Ziel des sozialen Lebens ist die stete Verbesserung der menschlichen Lebensbedingungen. Voltaire ist ein Verfechter der *religiösen Toleranz*, der *Meinungsfreiheit* und des *politischen Liberalismus*. Er setzt sich für die *Gleichheit* aller Menschen vor einem allgemeingültigen, auf Vernunft basierenden Gesetz.

Toleranz wird von ihm als ein Grundprinzip des Naturrechts bestimmt. Sie ist etwas *Universelles*, weil sie in fast allen Kulturen (auch vorchristlichen) vorzufinden ist.

Wie kaum ein anderer hat Voltaire zur Verbreitung der Ideale der französischen Aufklärung beigetragen. Er entfaltete seine Wirkung auf dem Gebiet der Philosophie, der Geschichtsschreibung und der Literatur. Mit seinen Schriften griff er unmittelbar in die gesellschaftliche Praxis ein und wurde damit zum Paradebeispiel eines engagierten Denkers. Mit der Schrift »Lettres philosophiques« trug er in erheblichem Maß dazu bei, die englische Kultur in Frankreich zu verbreiten. Sein besonderer Verdienst ist es, die Ideale der Aufklärung in populärer Form darzustellen, sodass sie von einer breiten Öffentlichkeit aufgenommen werden konnten.

Weitere Werke von Voltaire: Œuvres complètes, I – LII, M.L. Moland (Hg.), 1877-1885 (repr. 1967).

Literatur zu Voltaire: H. Baader (Hg.), Voltaire, 1980; A. J. Ayer, Voltaire, 1994; J. Orieux, Das Leben des Voltaire, 1994; J. G. Leithäuser, Voltaire, 1996; J.v. Stackelberg, Über Voltaire, 1998; G. Holmsten, Voltaire in Selbstzeugnissen und Bilddokumenten, 1999[13]; S. Finke, Voltaire – ein Klassizist?, 2002; V. Klemperer, Voltaire, 2004.

W

WEBER, MAX: der deutsche Soziologe wurde am 21. 4. 1864 in Erfurt geboren. Ab 1882 studierte er Nationalökonomie, Rechtswissenschaft und Geschichte in Heidelberg, Berlin und Göttingen. Er promovierte 1889 und habilitierte sich 1892 in Berlin. 1893 bekam er eine außerordentliche Professur für Handels- und deutsches Recht in Berlin,

im selben Jahr eine ordentliche Professur für Nationalökonomie in Freiburg i. Br. 1896 erhielt er eine Professur für Nationalökonomie und Finanzwissenschaften in Heidelberg. Ab 1897 litt Weber unter schwerer Nervenkrankheit und wurde mehrmals von der Lehrtätigkeit befreit. 1903 musste er wegen dieser Krankheit seine Professur aufgeben. Nachdem er sich wieder erholt hatte, arbeitete er als Privatgelehrter. Weber gründete 1909 die »Deutsche Gesellschaft für Soziologie«. 1918 erhielt er eine Professur für Gesellschaftswissenschaften, Wirtschaftsgeschichte und Nationalökonomie in München. Er engagierte sich in verschiedenen Organisationen sozial und politisch. Weber war Mitglied im »Verein für Sozialpolitik« und der »Deutschen Demokratischen Partei«. Er starb am 14. 6. 1920 in München.

Weber ist einer der Begründer der *Soziologie* als Wissenschaft. Die Grundlagen seiner soziologischen Theorie stellt er in seinem Hauptwerk »Wirtschaft und Gesellschaft« (1922) dar. Er behandelt darin auch ökonomische, rechts-, geschichts-, religions- und kulturwissenschaftliche Themen.

Im ersten Teil des Werkes gibt Weber eine Definition der Soziologie und der soziologischen Grundbegriffe. *Soziologie* ist ihm zufolge eine Wissenschaft, die »soziales Handeln deutend verstehen und dadurch in seinem Ablauf und seinen Wirkungen ursächlich erklären will«.

Der Handelnde verbindet mit seinem Handeln einen *subjektiven Sinn*. Dieser Sinn bestimmt sein Handeln. Wenn er sein Handeln auf das Verhalten anderer Menschen bezieht, dann ist es *sozial*.

Der Begriff des Sinns bildet die fundamentale Kategorie der Weberschen Soziologie. Es geht darum, den subjektiven Sinn des Handelns zu *verstehen*. Das Sinnverstehen wird als »deutende Erfassung eines Sinns« aufgefasst. Webers Theorie wird deshalb auch als »Verstehende Soziologie« bezeichnet.

Der primäre Träger des sozialen Sinns ist der einzelne Mensch, das Individuum. Soziale Gebilde wie Staat, Gemeinschaft und Recht werden von Weber als »Abläufe und Zusammenhänge spezifischen Handelns einzelner Menschen« bestimmt.

Von besonderer Wichtigkeit ist Webers Analyse von *Herrschaftstypen*. Herrschaft betrachtet er als eine spezifische Form des sozialen Handelns. In einem Herrschaftsverhältnis gehorcht ein Mensch dem Willen eines anderen Menschen. Es gibt nach Weber drei »reine« Typen legitimer Herrschaft: *Legale Herrschaft*, die auf dem Glauben an legale Ordnung beruht; *traditionale Herrschaft*, die in dem Glauben an überlieferte soziale Formen und an Personen, die zur Herrschaft bestimmt sind, gründet; *charismatische Herrschaft*, die auf dem Glauben an außergewöhnliche, außeralltägliche Ausstrahlung einer Person beruht.

Weber untersucht im zweiten Teil von »Wirtschaft und Gesellschaft« unterschiedliche Bereiche der Gesellschaft, wie Staat, Recht und Religion. Als zentraler gesellschaftlicher Prozess wird dabei die *Rationalisierung* bestimmt. Ihre Elemente sind: Auflösung des einheitlichen (religiösen) Weltbildes, Entstehung und Etablierung des (natur)wissenschaftlichen Weltbildes, Technisierung, Herausbildung von selbstständigen gesellschaftlichen Teilbereichen (z. B. Recht) und rationale Lebensplanung. Das wichtigste Merkmal der neuzeitlichen Rationalität ist die *Mittel-Zweck-Relation*.

Weber zeigt in seiner Schrift »Die protestantische Ethik und der Geist des Kapitalismus« (1920/21), dass die vom *Protestantismus*, genauer: Kalvinismus, geprägte asketische Lebensführung einen wichtigen Einfluss auf die Entstehung der modernen kapitalistischen Wirtschaft hatte. Er weist auf, dass am Ende des 19. Jh. Protestanten in der Wirtschaft besonders erfolgreich waren. In der protestantischen Lebenshaltung wird der Beruf zur Berufung.

Im Mittelpunkt der methodologischen Überlegungen Webers steht das Konzept des *Idealtypus*. Idealtypen bestimmt er als »theoretische Konstrukte«, »Gedankenbilder«. Sie werden zwar aus der empirischen Wirklichkeit, genauer: aus der Vielfalt von Erscheinungen, gewonnen, stellen jedoch keine Kennzeichen dieser Wirklichkeit dar.

Idealtypen sind *rein gedanklich*. Mit ihrer Hilfe werden empirische Erscheinungen durch eine »gedankliche Steigerung« besser erfasst. Die Vielfalt empirischer Erscheinungen soll damit geordnet werden. Ein Idealtypus ist dann »nützlich«, wenn er sich in der Forschung bewährt.

Als Beispiele für Idealtypen können die von Weber in »Wirtschaft und Gesellschaft« genannten Typen sozialen Handelns betrachtet werden: zweckrationaler, wertrationaler, affektueller und traditionaler Typus.

Weber fordert die Werturteilsfreiheit in *Wissenschaften* (vgl. »Der Sinn der ›Wertfreiheit‹ der soziologischen und ökonomischen Wissenschaften«, 1917). Der Wissenschaftler soll zwischen »rein empirischer Tatsachenforschung« und »praktischer Wertung« trennen. Seine politischen oder weltanschaulichen Ansichten haben in der empirischen Tatsachenforschung nichts zu suchen. Weber zufolge können Natur- und Sozialwissenschaften dem Menschen keinen Lebenssinn und keine Lebensorientierung geben.

Webers Theorie wirkte und wirkt bis heute auf fast allen Gebieten der Soziologie. Zu den Soziologen, die von Webers Analysen besonders stark profitiert haben, gehören: A. Schütz, T. Parsons, N. Elias, W. Schluchter, R. Münch, A. Giddens und J. Habermas. Bedeutsam sind Webers Untersuchungen auch für andere Wissenschaften, wie z.B. Ökonomie, Geschichts-, Rechts- und Religionswissenschaft.

Weitere Werke von Weber: Politik als Beruf, 1919; Wissenschaft als Beruf, 1919; Gesamtausgabe, 1984ff.

Literatur zu Weber: D. Henrich, Die Einheit der Wissenschaftslehre Max Webers, 1952; J. Weiß, Max Webers Grundlegung der Soziologie, 1975; W. Schluchter, Rationalismus der Weltbeherrschung, 1980; H. N. Fügen, Max Weber in Selbstzeugnissen und Bilddokumenten, 1985; R. Richter, Soziologische Paradigmen, 1997; D. Käsler, Max Weber, 2003[3]; V. Heins, Max Weber zur Einführung, 2004[3].

WEIZSÄCKER, CARL FRIEDRICH VON: der deutsche Physiker, Philosoph und Friedensforscher wurde am 28. 6. 1912 in Kiel geboren. Er studierte von 1929 bis 1933 Physik in Berlin, Göttingen, Kopenhagen (bei N. Bohr) und Leipzig (bei W. Heisenberg). 1933 promovierte er, 1936 folgte die Habilitation. Von 1941 bis 1944 war er Professor für theoretische Physik an der Universität Straßburg. Im Zweiten Weltkrieg

arbeitete er an dem »Uranprojekt«, das zum Bau der Atombombe beitragen sollte. Von 1946 bis 1957 war Weizsäcker Abteilungsleiter am »Max-Planck-Institut für Physik« in Göttingen, von 1957 bis 1969 Professor für Philosophie in Hamburg, von 1970 bis 1980 Direktor des »Max-Planck-Instituts zur Erforschung der Lebensbedingungen der wissenschaftlich-technischen Welt« in Starnberg. 1956 initiierte er die »Göttinger Erklärung«, in der sich Wissenschaftler gegen die atomare Bewaffnung der Bundesrepublik Deutschland aussprachen.

Weizsäcker ist einer der bedeutendsten *Physiker* und *Naturphilosophen* des 20. Jh. Außerdem gehört er zu den bekanntesten *Friedensforschern* der Bundesrepublik. Er lieferte bahnbrechende Arbeiten auf dem Gebiet der *theoretischen Physik*. 1936 wies er die Spinabhängigkeit der Kernkräfte nach, 1937 entwickelte er eine Theorie der Energieproduktion in Sternen und 1943 eine Theorie der Entstehung des Planetensystems.

Weizsäcker knüpft in seinen Überlegungen an die Kopenhagener Deutung der *Quantenmechanik* (N. Bohr) und an die Idee der *apriorischen* (vor jeder sinnlichen Erfahrung liegenden) *Begründung der Erfahrung* (I. Kant) an. Die Quantenmechanik ist für ihn die Grundlage der Naturwissenschaften. Sie führt zu einer Änderung des Realitätsbegriffs. Die strikte Trennung zwischen erkennendem Subjekt und Erkenntnisgegenstand (Objekt) kann nicht aufrechterhalten werden. Das Objekt ist im Erkenntnisprozess auf ein Subjekt bezogen.

Im Unterschied zur klassischen Physik spielt der Begriff der *Wahrscheinlichkeit* in der Quantenmechanik eine fundamentale Rolle (vgl. »Aufbau der Physik«, 1985). Einem Elementarteilchen kommt ein Spektrum an Möglichkeiten von Zuständen zu. In der Quantenmechanik wird nicht vorgängig festgelegt (determiniert), welche dieser Möglichkeiten verwirklicht werden (eine solche Festlegung wird in der klassischen Physik vorgenommen). Es besteht ihr gemäß ein *Indeterminismus*.

Nach Weizsäcker bildet die gesamte Wirklichkeit eine *Einheit*. Man kann von einer Einheit von Mensch, Natur und Gott sprechen. Diese Einheit äußert sich z. B. in der Einheit von Mensch und Natur und in der Einheit der Wissenschaften.

Weizsäcker wendet sich in diesem Kontext gegen die traditionelle Trennung zwischen Natur- und Geisteswissenschaften. Die Naturwissenschaften sind auf die Geisteswissenschaften, insbesondere auf die Philosophie, angewiesen und umgekehrt.

Die Frage nach der Einheit der Natur deutet er als die Frage nach der Einheit der Physik (vgl. »Die Einheit der Natur«, 1971). Die Grundlage der Physik bilden Bedingungen der Erfahrung derjenigen Gegenstände, die den physikalischen Gesetzen unterworfen sind. Diese Bedingungen müssen gegeben bzw. erfüllt sein, damit überhaupt empirische Erfahrung gemacht werden kann.

In Anlehnung an Kant ist Weizsäcker der Überzeugung, dass apriorische Begriffe und Anschauungsformen als Bedingungen für erfahrungsbezogene (empirische) Erkenntnis aufgefasst werden können.

Die Einheit der Physik sieht er in einer allgemeinen Theorie, die solche Bedingungen aufzeigt. Die einzelnen physikalischen Theorien sollen auf diese allgemeine Theorie zurückführbar sein.

Im Zentrum dieser Theorie steht die Quantenmechanik. Sowohl die Elementarteilchenphysik als auch die Kosmologie sollen aus ihr abgeleitet sein. Die Zeit und eine Logik zeitlicher Aussagen werden in ihr besonders berücksichtigt.

Das *naturwissenschaftlich-technische Weltbild* bestimmt unsere Zeit. Naturwissenschaften und Technik sind einerseits ein Segen für die Menschheit, andererseits erzeugen sie Gefahren, die den Weltfrieden gefährden. Daher ist die *Sicherung des Friedens* die wichtigste Aufgabe, vor der die Menschheit in unserem Zeitalter steht. Sie kann nur dann bewältigt werden, wenn Menschen trotz unterschiedlicher Weltanschauungen, Interessen usw. zu einer friedlichen Einigung gelangen.

Angesichts der in der heutigen Welt auftauchenden Krisenphänomene, d.h. angesichts der Kriegsgefahr, der ökologischen Probleme und des Strebens nach Wachstum fordert Weizsäcker einen *Bewusstseinswandel*. Der Mensch muss seine Ansprüche verkleinern. Er muss dem Streben nach Wachstum Einhalt gebieten. Weizsäcker schlägt vor, dass der Mensch ein *liebendes Verhältnis* zu sich selbst und zur

Umwelt entwickeln soll. Als Orientierungsmarken sollen ihm dabei die *Bergpredigt* und der *kategorische Imperativ* Kants dienen.

Weitere Werke von Weizsäcker: Über die Spinabhängigkeit der Kernkräfte, 1936; Die Atomkerne, 1937; Zum Weltbild der Physik, 1943; Atomenergie und Atomzeitalter, 1957; Die Verantwortung der Wissenschaft im Atomzeitalter, 1957; Bedingungen des Friedens, 1963; Voraussetzungen des naturwissenschaftlichen Denkens, 1972; Der bedrohte Friede, 1981; Die Zeit drängt, 1986; Bewusstseinswandel, 1988; Zeit und Wissen, 1992.

Literatur zu Weizsäcker: M. Schütz, Die Einheit des Wirklichen, 1986; T. Görnitz, Carl Friedrich von Weizsäcker, 1992; M. Dönhoff, Carl Friedrich von Weizsäcker, 1992; M. Drieschner, Carl Friedrich von Weizsäcker zur Einführung, 1992; U. Bartosch, Weltinnenpolitik, 1995; K. Lindner, Carl Friedrich von Weizsäckers Wanderung ins Atomzeitalter, 2002; D. Hattrup, Carl Friedrich von Weizsäcker, 2004.

WILHELM VON OCKHAM: siehe Ockham

WINDELBAND, WILHELM: der deutsche Philosoph wurde am 11.5.1848 in Potsdam geboren. Er studierte zunächst Medizin und Na-

turwissenschaften, dann Philosophie und Geschichte in Jena, Berlin und Göttingen. Zu seinen Lehrern gehörten R. H. Lotze und K. Fischer. Er promovierte 1870. Nach der Habilitation 1873 lehrte er als Privatdozent in Leipzig. 1876 erhielt er eine Professur in Zürich, 1877 in Freiburg i. Br. und 1882 in Straßburg. 1903 wurde er als Nachfolger von K. Fischer auf eine Professur für Philosophie in Heidelberg berufen. Er starb am 22.10.1915 ebendort.

Windelband ist der Begründer der *Südwestdeutschen Schule des Neukantianismus* und einer der Hauptrepräsentanten der *Wertphilosophie*. Als Vorbild dient ihm die Kantische Philosophie. Im Sinne Kants möchte er allgemeine, apriorische (vor jeder sinnlichen Erfahrung liegende) Bedingungen aller Erkenntnis und aller Wissenschaften offen legen.

Allerdings kritisiert er bei Kant die einseitige Orientierung der Erkenntnistheorie an den Methoden der *Naturwissenschaften*. Windelband möchte die kantische Erkenntnistheorie um eine Analyse der Bedingungen der geisteswissenschaftlichen Erkenntnis erweitern. Er fordert eine eigenständige Grundlegung der *Kultur-* bzw. *Geisteswissenschaften*. Seine Maxime heißt: »Kant verstehen heißt über ihn hinausgehen«.

Werte gehören nach Windelband zu einem eigenständigen Bereich des Seins. Sie existieren nicht wirklich, sondern *gelten*, und zwar universell (allgemein). Universelle (allgemeingültige) Werte bilden die Kulturwelt. Zu ihnen zählen die Grundwerte: das *Wahre*, das *Gute*, das *Schöne* und das *Heilige*. Sie haben einen apriorischen Charakter. Alle individuellen Wertungen lassen sich auf sie zurückführen.

Sehr wirkungsvoll wurde die von Windelband getroffene Unterscheidung zwischen den *nomothetischen Naturwissenschaften* und den *idiographischen Kulturwissenschaften* (Geisteswissenschaften). In den ersteren werden Erkenntnisse *verallgemeinert* (generalisiert); sie suchen nach *allgemeinen Gesetzen* (Naturgesetzen), unter die Einzelfälle untergeordnet werden können. In den letzteren werden die *Einmaligkeit* und die *Einzigartigkeit* von Ereignissen, Personen usw. herausgestellt; sie sind *individualisierend*. Die ersteren nennt Windelband auch »Gesetzeswissenschaften«, die letzteren »Ereigniswissenschaften«.

Die Kulturwelt bzw. die geschichtliche Welt ist von Werten bestimmt, die Natur ist wertfrei. Die geisteswissenschaftliche Methode hat nach Windelband einen Vorrang vor der naturwissenschaftlichen, weil mit ihrer Hilfe Werte erkannt werden, die wiederum die Gestaltung des Lebens maßgeblich bestimmen.

Die Unterscheidung zwischen nomologischen und idiographischen Wissenschaften hat lange Zeit die Diskussion über das Verhältnis zwischen Geistes- und Naturwissenschaften geprägt. Windelbands Lehre wurde von seinem Schüler H. Rickert und von E. Lask weiter entwickelt.

Werke von Windelband: Die Geschichte der neueren Philosophie, 2 Bde., 1878/1880; Präludien, 1884, 2 Bde., 1911[4]; Einleitung in die Philosophie, 1914; Geschichtsphilosophie, 1916.

Literatur zu Windelband: H. Rickert, Wilhelm Windelband, 1915;

G. Daniels, Das Geltungsproblem in Windelbands Philosophie, 1929; K. C. Köhnke, Entstehung und Aufstieg des Neukantianismus, 1986; H. Schnädelbach, Philosophie in Deutschland 1831-1933, 1991[4]; M. Pascher, Einführung in den Neukantianismus, 1997; P.-U. Merz-Benz (Hg.), Ethik und Ästhetik, 2004.

WITTGENSTEIN, LUDWIG JOHANN JOSEF: der österreichisch-britische Philosoph jüdischer Herkunft wurde am 26. 4. 1889

in Wien geboren. Er studierte Ingenieurwissenschaft von 1906 bis 1908 in Berlin, von 1908 bis 1912 in Manchester. Ab 1912 studierte er Mathematik und Logik am Trinity College in Cambridge (u. a. bei B. Russell), schloss das Studium jedoch nicht ab. 1914 meldete er sich freiwillig zum Kriegsdienst. 1921 erschien sein Werk »Logisch-philosophische Abhandlung«, 1922 auf englisch unter dem Titel »Tractatus logico-philosophicus«. In diesem Werk sah Wittgenstein alle Probleme der Philosophie gelöst und seine Beschäftigung mit Philosophie für beendet. Nach einer Lehrerausbildung arbeitete er von 1920 bis 1926 als Grundschullehrer in Österreich. 1926 ließ er sich in Wien nieder, wo er Kontakt mit führenden Mitgliedern des »Wiener Kreises« (u. a. M. Schlick und F. Waismann) unterhielt. 1929 kehrte er nach Cambridge zurück, wo er mit dem »Tractatus« bei Russell und Moore promovierte. Von 1930 bis 1936 war Wittgenstein Fellow am Trinity College. 1939 wurde er auf eine Professur für Philosophie in Cambridge berufen. Während des Zweiten Weltkriegs arbeitete er freiwillig – inzwischen als britischer Staatsbürger – als Sanitäter in Krankenhäusern in London und Newcastle. 1947 gab er seine Professur auf und zog sich nach Irland zurück. Wittgenstein unternahm noch einige Reisen, u. a. nach Wien, Oxford, Cambridge und nach Norwegen. Er starb am 29.4.1951 in Cambridge.

Wittgenstein ist einer der bedeutendsten Repräsentanten der *Analytischen Philosophie*. Er leitet die sog. *linguistische Wende* in der Philosophie ein. *Sprache* wird zum zentralen

Thema und Medium des Philosophierens. Philosophische Probleme sollen auf dem Wege eine *Analyse der Sprache* gelöst werden.

Philosophie ist für Wittgenstein daher *Sprachkritik*, d.h. das Aufzeigen der Bedingungen des sinnvollen Sprechens. Sie ist keine Theorie bzw. Lehre, sondern eine *Tätigkeit*, und zwar eine *therapeutische*. Der Philosoph ist ein Therapeut; er behandelt eine Frage oder ein Problem wie eine Krankheit. Viele philosophische Probleme entstehen durch mangelndes Verständnis des Funktionierens der Sprache.

Wittgenstein stellt im »Tractatus« das *Verhältnis von Sprache und Welt* in den Mittelpunkt seiner Analysen. Er vertritt dabei die *Abbildtheorie*: Die Sprache bildet die Welt ab. Die Welt besteht aus Dingen und Sachverhalten. In einem Sachverhalt werden Dinge durch eine Relation miteinander verbunden. Die Relationen bilden das logische Gerüst der Welt. Sprache und Welt haben die gleiche logische Struktur.

Nur *Elementarsätze* bilden die Welt direkt ab. Sie weisen mit den Sachverhalten, die sie abbilden, eine Strukturgleichheit, *Isomorphie*, auf. Ein Elementarsatz ist dann *wahr*, wenn der in diesem Satz abgebildete (ausgedrückte) Sachverhalt besteht. Der Satz »Der Hund sitzt auf dem Sofa« ist nur dann wahr, wenn ein bestimmter Hund auf einem bestimmten Sofa sitzt. Er ist *falsch*, wenn der Sachverhalt nicht besteht.

Ein Elementarsatz kann also wahr oder falsch sein. Der Wahrheitswert (wahr oder falsch) eines zusammengesetzten Satzes wird aufgrund der Wahrheitswerte der Elementarsätze ermittelt. Das Sinnkriterium, d.h. das Kriterium, anhand dessen sinnvolle von sinnlosen Sätzen unterschieden werden können, ist für Wittgenstein die *Verifikation*, der Nachweis der Wahrheit eines Satzes.

Ein Satz ist dann *sinnvoll*, wenn er etwas direkt abbildet. Sätze, die nichts direkt abbilden, z.B. Sätze der Philosophie, Logik oder Religion, sind daher *sinnlos*. Trotzdem werden sie von Wittgenstein verwendet, weil sie eine wichtige Erklärungsfunktion haben. Das, wovon solche Sätze handeln, lässt sich nicht sinnvoll sagen, sondern nur *zeigen*. Was sinnvoll gesagt werden kann, sind eigentlich nur (empirische) Sätze der Naturwissenschaften.

Die Grenze der Sprache ist die Grenze der Welt. Das nicht sinnvoll Sagbare liegt jenseits der Grenze der Sprache und damit jenseits der Grenze der Welt. Es ist das *Metaphysische* bzw. *Mystische*.

In seiner Spätphilosophie hebt Wittgenstein hervor, dass die Sprache in erster Linie nicht dazu da ist, die Welt abzubilden bzw. zu beschreiben, vielmehr können wir mit sprachlichen Ausdrücken *Handlungen* vollziehen (mit der Äußerung »Ich warne Dich« vollziehen wir z.B. die Handlung des Warnens). Darüber hinaus ist die Sprache ein Mittel der menschlichen *Kommunikation*.

Diese gegenüber dem »Tractatus« neue Auffassung von Sprache stellt Wittgenstein u.a. in seinem Werk »Philosophical Investigations« (1953; dt. »Philosophische Untersuchungen«, 1958) dar. Die Bedeutung eines sprachlichen Ausdrucks zeigt sich im konkreten *Gebrauch* dieses Ausdrucks. Mit Wittgensteins Worten: »Die Bedeutung eines Wortes ist sein Gebrauch in der Sprache«.

Sprachliche Ausdrücke können nur dann angemessen verstanden werden, wenn man den *Kontext*, in dem sie gebraucht werden, berücksichtigt. Sie sind in eine *soziale Welt* eingebettet und gewinnen nur in einer *Sprachgemeinschaft* ihre Bedeutungen.

Zentraler Begriff der Spätphilosophie Wittgensteins ist der des *Sprachspiels*. »Das Wort ›Sprachspiel‹ soll hier hervorheben, dass das Sprechen ein Teil einer Tätigkeit oder einer Lebensform ist«. Beispiele für Sprachspiele sind: Beschreiben eines Gegenstandes, Berichten eines Hergangs, Danken, Fluchen, Bitten usw. Der Gebrauch von Ausdrücken wird durch *Regeln* festgelegt.

Sprachspiele sind mit einer *Lebensform* verbunden. Wittgenstein bezeichnet mit dem Begriff der Lebensform den globalen Handlungs- und Bedeutungszusammenhang, die Gesamtheit von Gebräuchen, Gepflogenheiten und Institutionen einer Sprachgemeinschaft. Ein sprachlicher Ausdruck gewinnt seine Bedeutung nur vor dem Hintergrund einer Lebensform. In der Gesellschaft herrscht eine Pluralität von Lebensformen.

Eine Lebensform ist das letzte, nicht-hintergehbare Begründungsfundament. Wenn wir ein Sprachspiel spielen, dann verlassen wir uns auf bestimmte *Gewissheiten* (vgl. »Über Gewissheit«, 1969), die in diesem Sprachspiel selbst nicht begründet werden, z.B. »Dies ist eine Hand«.

Wittgenstein leugnet die Möglichkeit einer *Privatsprache*. Auch im Selbstgespräch ist es nicht möglich, über private Erlebnisse (z.B. Schmerzen) in einer privaten Sprache zu sprechen. Die Sprache ist etwas Soziales, in einer Sprachgemeinschaft Gebildetes.

Auch Bedeutungen von Äußerungen können wir nur in einem sozialen Kontext verstehen (siehe oben). Um sprachliche Äußerungen zu beurteilen, braucht man allgemeine, *öffentliche* Beurteilungskriterien, sonst könnten wir nicht sagen, was falsch oder richtig ist.

Die beiden Hauptrichtungen der Analytischen Philosophie, die *Philosophie der idealen Sprache* (B. Russell, R. Carnap) und die *Philosophie der Alltagssprache* (J. L. Austin, J. R. Searle) gehen auf Wittgenstein zurück. Die erste auf den Wittgenstein des »Tractatus«, die zweite auf den der »Philosophischen Untersuchungen« und anderer Spätschriften. Sein Einfluss erstreckt sich nicht nur auf Philosophie, sondern auch auf Linguistik, Psychologie, Kunstwissenschaft und Theologie.

Weitere Werke von Wittgenstein: The Blue Book/The Brown Book, 1958 (dt. Das Blaue Buch/Das Braune Buch, 1970); Lectures and Conversations on Aesthetics, Psychology and Religious Belief, 1966 (dt. Vorlesungen und Gespräche über Ästhetik, Psychologie und Religion, 1968); Zettel, 1967; Schriften, I – VIII, 1960-1982.

Literatur zu Wittgenstein: A. Kenny, Wittgenstein, 1974; P.M. Hacker, Einsicht und Täuschung, 1978; E. Tugendhat, Selbstbewusstsein und Selbstbestimmung, 1979; G. H. v. Wright, Wittgenstein, 1986; N. Malcolm, Erinnerungen an Wittgenstein, 1987; J. Schulte, Wittgenstein, 1989; M. Kober, Gewissheit als Norm, 1993; A. Ulfig, Lebenswelt – Reflexion – Sprache, 1997; E. M. Lange, Ludwig Wittgenstein, Philosophische Untersuchungen, 1998; Ch. Bezzel, Wittgenstein zur Einführung, 2000[4]; W. Vossenkuhl (Hg.), Ludwig Wittgenstein, Tractatus logico-philosophicus, 2001; A. C. Grayling, Wittgenstein, 2004.

WUNDT, WILHELM: der deutsche Psychologe und Philosoph wurde am 16. 8. 1832 in Neckarau (heute ein Stadtteil von Mannheim)

geboren. Er studierte von 1851 bis 1856 Medizin in Tübingen, Heidelberg und Berlin. 1856 promovierte er in Berlin, 1857 folgte die Habilitation in Heidelberg. Von 1858 bis 1863 war er Assistent bei H.v. Helmholtz ebendort. 1864 wurde Wundt auf eine Professur für Anthropologie und Medizinische Psychologie der Universität Heidelberg berufen. Von 1864 bis 1868 war er Abgeordneter der Badischen Fortschrittspartei im Badischen Landtag. 1874 wurde er Professor für Philosophie in Zürich, 1875 Professor für dieses Fach in Leipzig. Dort gründete er 1879 das erste Institut für experimentelle Psychologie der Welt. 1883 folgte die Gründung der Zeitschrift »Philosophische Studien« (ab 1906 unter dem Namen »Psychologische Studien«). Er starb am 31.8.1920 in Leipzig.

Wundt ist der Begründer der *Psychologie* als eigenständige Wissenschaft. Die von ihm vertretene Strömung heißt *Experimentelle Psychologie*. Den Hintergrund seiner psychologischen Forschung bildet die Medizin, genauer: die Physiologie (Lehre vom Körper).

Die menschliche *Seele* wird von Wundt als ein Naturphänomen, die Seelenlehre (Psychologie) als eine Naturwissenschaft betrachtet (vgl. »Grundzüge der physiologischen Psychologie«, 3 Bde., 1874). Der Untersuchung der »körperlichen Grundlagen des Seelenlebens« schenkt er besonders viel Aufmerksamkeit. Damit vollzieht er die Abkehr von der geisteswissenschaftlichen Betrachtung des Seelischen.

Der Gegenstand der psychologischen Forschung ist das in der seelischen Erfahrung unmittelbar Gegebene, d.h. unmittelbare Erlebnisse bzw. Vorgänge. Die Psychologie hat zwei Hauptmethoden: *Beobachtung* und *Experiment*. Die Methode der Selbstbeobachtung (Introspektion) wird von Wundt genutzt, allerdings nur als Element des Experiments.

Die Seele wird nicht als eine unveränderliche Substanz, sondern als die Gesamtheit aller unmittelbar erlebten seelischen Vorgänge aufgefasst. Zugänglich sind dem Psychologen nur bewusste seelische Vorgänge. Die Annahme unbewusster Vorgänge wird von Wundt abgelehnt.

Seelische Vorgänge werden unterteilt in solche des Vorstellens, des Fühlens und des Wollens. Das *Wollen* wird als ein gleichberechtigtes seelisches Phänomen neben Vorstellen und Fühlen betrachtet.

Seelische Vorgänge werden nicht auf physiologische reduziert bzw. aus ihnen (kausal) abgeleitet. Seelische und physiologische Vorgänge sind zwar verschieden, sie entsprechen jedoch einander, genauer: sie laufen parallel zueinander. Diese Position wird als *psychophysischer Parallelismus* bezeichnet. Zwischen seelischen und physiologischen Vorgängen bestehen keine Kausalrelationen (Ursache-Wirkung-Relationen).

Eine psychologische Untersuchung des sozialen Lebens liefert Wundt in seiner Schrift »Völkerpsychologie« (10 Bde., 1900-1920). Die *Völkerpsychologie* ergänzt in seinen Augen die Experimentelle Psychologie, die sich als Individualpsychologie nur mit seelischen Vorgängen einzelner Menschen beschäftigt.

Das menschliche Seelenleben kann nicht angemessen verstanden werden, wenn man nur individuelle seelische Vorgänge untersucht. Vielmehr sind dazu auch Analysen der sozialen Welt erforderlich. Den individuellen Vorgängen des Vorstellens, Fühlens und Wollens entsprechen die sozialen, überindividuellen Gebilde *Sprache*, *Mythos* und *Sitte*. Die letzteren sind Manifestationen der ersteren.

In der Sprache drückt sich das Vorstellen aus, der Mythos verleiht den Vorstellungen ihre Inhalte. Sitte ist die Gesamtheit der allgemeingültigen Normen, die ihren Ursprung im Wollen haben.

Die Psychologie ist eine deskriptive (beschreibende) Wissenschaft. Sie hat die Aufgabe, seelische Vorgänge zu *beschreiben*. Logik dagegen ist eine »Normwissenschaft«. Sie sagt uns, wie wir denken *sollen*, um zur Erkenntnis zu gelangen.

Weltweit wurden viele Institute nach dem Vorbild des von Wundt geleiteten Leipziger Instituts gegründet. Besondere Verdienste erwarb sich Wundt in der Ausbildung des wissenschaftlichen Nachwuchses. Seine vielen Schüler trugen wesentlich zur weltweiten Verbreitung der Experimentellen Psychologie bei.

Weitere Werke von Wundt: Beiträge zur Theorie der Sinneswahrnehmung, 1862; Logik, 2 Bde., 1880-1883; Ethik, 2 Bde., 1886; Ausgewählte psychologische Schriften, 2 Bde., M. Meischner (Hg.), 1983.

Literatur zu Wundt: P. Petersen, Wilhelm Wundt und seine Zeit, 1925; A. Arnold, Wilhelm Wundt, 1980; R. W. Rieber (Hg.), Wilhelm Wundt and the Making of a Scientific Psychology, 1980; C. M. Schneider, Wilhelm Wundts Völkerpsychologie, 1990; B. Oelze, Wilhelm Wundt, 1991; R. W. Rieber, Wilhelm Wundt in history, 2001.

X

XENOPHANES: der griechische Theologe und Philosoph wurde ca. 570 v. Chr. in Kolophon (Ionien) geboren. Er war nach 545 Wanderlehrer in Unteritalien und Sizilien (da-

mals griechische Kolonien). Von seinen Schriften sind nur Fragmente überliefert. Xenophanes stellte seine Lehre in poetischer Form dar. Er starb ca. 475 v. Chr.

Xenophanes gehört zu den Vorsokratikern, den ersten abendländischen Philosophen. Er vollzieht wie andere Vorsokratiker den *Übergang vom Mythos zum Logos*. Im Mythos (griech. »Erzählung«) treten menschenähnliche Götter als »Prinzipien« des gesamten Weltgeschehens auf. Mythen dienen der Erklärung dieses Geschehens. Die Vorsokratiker ersetzen personifizierte Götter durch nicht-personifizierte Inhalte/Prinzipien.

Unter Logos versteht Xenophanes etwas *Göttliches*, eine göttliche, alles umfassende *Einheit*. Er ist der erste Vertreter des *Monotheismus* (vom griech. »monos«, »allein/einzig«, und »theos«, »Gott«), der Lehre von *einem* Gott, im antiken Griechenland.

Im damaligen Griechenland herrschte die Auffassung, dass es viele Götter gibt (Polytheismus) und dass sie Menschen ähnlich sind (Anthropomorphismus), d.h. menschliche Eigenschaften haben und ähnlich wie Menschen handeln.

Bei Homer und Hesiod, die einen großen Einfluss auf die griechische Kultur hatten, besitzen Götter unmoralische Eigenschaften (sie lügen, klauen, begehen Ehebruch usw.). Menschen übertragen ihre eigenen Eigenschaften und Handlungsweisen auf Götter.

Xenophanes weist diese Auffassung ab. Auf ihrer Basis kann das Göttliche, insbesondere seine Vollkommenheit, nicht angemessen bestimmt werden. Er vertritt dagegen die Meinung, dass es *einen* Gott gibt, der von Menschen wesensverschieden ist. Er ist *vollkommen* und daher den Menschen in keiner Weise ähnlich. Aus seiner Vollkommenheit resultieren weitere seiner Eigenschaften: Er ist ungeworden, unvergänglich (ewig), unveränderlich und unbeweglich.

Gott erzeugt und durchwaltet das gesamte Weltall. Obwohl er unbeweglich ist, bewegt er geistig alles Seiende. Xenophanes setzt an einigen Textstellen Gott mit dem kugelförmigen Weltganzen gleich. Es ist sowohl materiell als auch geistig (beseelt und denkend) und bildet eine *Einheit*. Gott als das Weltganze ist das *Eine*.

Xenophanes macht jedoch deutlich, dass Gott nicht unmittelbar erkannt werden kann und dass von ihm wie auch von anderen Dingen kein *sicheres Wissen* (griech. »epiteme«) möglich ist. Wir können nur eine *Meinung* (griech. »doxa«) über Gott und andere Dinge haben, eine Meinung, an die wir *glauben* können. Damit trifft Xenophanes als erster die folgenreiche Unterscheidung von Wissen und Meinen.

Wahre Erkenntnisse sind nicht möglich, nur der Wahrheit *ähnelnde*. Xenophanes führt damit den Begriff des Wahrscheinlichen in die philosophische Diskussion ein.

Gott hat den Menschen am Anfang der Schöpfung nicht alles offenbart. Mit der Zeit können sie als Suchende neue Erkenntnisse gewinnen. Erkenntnis wird somit zum Ergebnis menschlicher Suche und nicht nur der göttlichen Offenbarung. Da neue – vielleicht auch bessere – Erkenntnisse gewonnen werden können, gibt es eine Entwicklung des menschlichen Denkens. Damit formuliert Xenophanes als erster den *Fortschrittsgedanken*.

Xenophanes beeinflusste in erheblichen Maße andere Vorsokratiker. Von einigen Forschern wird er als der Begründer der *eleatischen Schule* (Hauptvertreter: Parmenides) angesehen. Der Gedanke des Einen wurde von Parmenides, Platon und Plotin aufgegriffen. Aristoteles' Lehre vom *unbewegten Beweger* lässt sich auf die von Xenophanes entwickelte Gottesvorstellung zurückführen. Er kann auch als ein Wegbereiter des Pantheimus (vom griech. »pan«, »all«, und »theos«, »Gott«), demgemäß Gott überall in der Welt ist, betrachtet werden.

Werke von Xenophanes: Die Fragmente, E. Heitsch (Hg.), 1983.

Literatur zu Xenophanes: W. Jaeger, Die Theologie der frühen griechischen Denker, 1953; A. Lumpe, Die Philosophie des Xenophanes von Kolophon, 1953; W. Röd, Geschichte der Philosophie, Bd. I, 1976; G. S. Kirk u. a., Die vorsokratischen Philosophen, 1994; C. Schaefer, Xenophanes von Kolophon, 1996; M. Enders, Natürliche Theologie im Denken der Griechen, 2000.

Z

ZENON VON ELEA: der griechische Philosoph wurde ca. 495 v. Chr. in Elea geboren. Über sein Leben ist ganz wenig bekannt. Er war ein

Schüler des Parmenides und besuchte Athen, wo er vermutlich von Sokrates gehört wurde. Da von ihm keine Schriften erhalten sind, verdanken wir die Kenntnisse seiner Philosophie Platon und Aristoteles. Er starb ca. 440 v. Chr.

Zenon zählt zu den *Vorsokratikern*, einer Gruppe griechischer Denker vor Sokrates, die als erste abendländische Philosophen betrachtet werden. Sein Ziel ist es, die Lehre des Parmenides, nach der die sinnlich wahrnehmbare Welt eine Scheinwelt ist und es nur das *Eine* (eine hinter den wahrnehmbaren Dingen liegende eigentliche Realität) wirklich gibt.

Zenon möchte zeigen, dass die sinnliche Wahrnehmung uns täuscht. Die eigentliche Wirklichkeit (das Eine) kann nicht mittels der sinnlichen Wahrnehmung, sondern nur durch das *Denken* erfasst werden. Sinnliche Wahrnehmung führt zu Scheinerkenntnissen, Denken zur wahren Erkenntnis. Die Vielfalt und die Bewegung, die wir sinnlich wahrnehmen, kann deshalb nur ein Schein sein.

Bekannt wurde Zenon durch die von ihm aufgestellten Paradoxien (sog. »zenonische Paradoxien«). Eine *Paradoxie* (vom griech. »paradoxon«, »Gegenmeinung«) bezeichnet ein Paar von wohlbegründeten Aussagen, die entgegengesetzt sind bzw. sich widersprechen.

Am bekanntesten ist die »Paradoxie von Achilles und der Schildkröte«. Achilles veranstaltet ein Wettrennen mit einer Schildkröte. Da er viel schneller als die Schildkröte laufen kann, gibt er ihr einen Vorsprung. Nach Zenon kann Achilles, egal wie schnell er läuft, die Schildkröte niemals einholen. Bevor er an den Punkt A angelangt ist, an dem sich die Schildkröte befindet, hat sie schon einen weiteren Punkt B erreicht. Bevor Achilles den Punkt B erreicht, ist die Schildkröte bereits am Punkt C angelangt, und so weiter.

Zenon will mit dieser Paradoxie zeigen, dass die wahrgenommene Bewegung nicht denkbar ist und dass es letztlich keine Bewegung in Wirklichkeit gibt. Bewegung ist nur ein Schein, eine Illusion.

Zenon leugnet die Existenz von Atomen, den kleinsten Teilchen der Materie. Alles, was räumlich ist, lässt sich immer wieder *teilen*, und zwar bis ins Unendliche. Eine Strecke besteht aus unendlich vielen Punkten. Es ist nicht möglich, unendlich viele Punkte zu passieren. Deshalb kann man eine Strecke niemals in einer begrenzten Zeitspanne durchlaufen.

Aristoteles bezeichnet Zenon als den Erfinder der Dialektik, wobei er unter »Dialektik« die Kunst, Widersprüche zu erzeugen, versteht. Zenons Paradoxien werden bis heute in Philosophie und Mathematik diskutiert.

Werke von Zenon: H. Diels/W. Kranz (Hg.), Fragmente der Vorsokratiker, 1989[17].

Literatur zu Zenon: H.-G. Gadamer, Um die Begriffswelt der Vorsokratiker, 1968; W. C. Salomon, Zeno's Paradoxes, 1970; R. Ferber, Zenons Paradoxien der Bewegung und die Struktur von Raum und Zeit, 1981; A. P. D. Mourelatos (Hg.), The Presocratics, 1993; G. S. Kirk u. a., Die vorsokratischen Philosophen, 1994.